HERMES

在古希腊神话中,赫耳墨斯是宙斯和迈亚的儿子,奥林波斯神们的信使,道路与边界之神,睡眠与梦想之神,亡灵的引导者,演说者、商人、小偷、旅者和牧人的保护神……

西方传统 经典与解释 **HERMES**
Classici et Commentarii

基督教与古典传统

刘小枫 ● 主编

保罗与马克安
—— 一种思想史考察

Christ's Resurrection in Early Christianity:
and the Making of the New Testament

[德]马克斯·文森 Markus Vinzent ｜ 著

郑淑红 ｜ 译

华夏出版社

古典教育基金·"益道"资助项目

"基督教与古典传统"出版说明

　　基督教并非西方文明传统中的原始宗教,而是从古希腊宗教、古罗马宗教、犹太教等民族政制宗教的母体中孕生出来的普世宗教。基督教成为政制性宗教以后,孕生基督教的古希腊罗马宗教成了所谓"异教",基督教与"异教"的交融及其内在冲突便构成了西方文明发展的基本动力因。一般认为,现代西方是基督教的西方,现代性是基督教文化的结果——但我们不能无视一个基本的历史事实:现代西方文化发端于"异教"文化的复兴(所谓"文艺复兴")。从马基雅维利、培根、霍布斯到尼采,基于"异教"思想立场对基督教的攻击逐渐从隐秘走向公开。尼采把现代启蒙哲人诊断为病入膏肓的病人,因为他们在"充斥着机密和压抑的空气"中不断编织"无比丑恶的阴谋之网"(《论道德的谱系》,第三章第14节)——但尼采同时指出,现代启蒙哲人的普世博爱看似源于基督教宣扬的爱心,其实来自普罗米修斯点燃的火堆:

　　　　我们的科学信仰的基础仍然是形而上学的信仰,就连我们现在的这些认知者,我们这些无神论者和反形而上学者,就连我们的火也是取之于那由千年的古老信仰点燃的火堆。(《论道德的谱系》,第三章第24节,周虹译文)

　　基督教与古希腊—罗马古典传统的关系,因此是西方思想史上的枢纽性问题。本"丛编"旨在积累两类文献:一、历代基督教神学要著(教父时期、中古时期、近代时期和现代时期),这些论著与古希腊—罗马的古典传统或多或少有这样或那样的关系;二、西方学界近百年来的研究成果。编译者期望这套"丛编"有助于我国学界的基督教思想史研究进入西方大传统的纵深,搞清基督教与古典传统之间复杂的思想关系。

古典文明研究工作坊
西方典籍编译部乙组
2005 年 5 月

目 录

译者导言：思想史写作的一种启示 ······ 1
中译本序言 ······ 11

绪 论　基督复活之兴起？ ······ 1
一篇写于二世纪的复活节布道书 ······ 8
"基督若没有复活，你们的信便是徒然" ······ 13

第一章　结束的开始 ······ 37
犹太教的开始 ······ 37
犹太人与撒玛利亚人眼中的耶稣之死与复活 ······ 41
复活：在传统中遗失？ ······ 61
保罗作品之外的基督献身与永恒生命 ······ 97

第二章　保罗与再次被发现的基督复活 ······ 107
《新约》的形成 ······ 117
复活"狂热" ······ 156
马克安之后保罗的基督复活信仰 ······ 176
马克安的教师同行们作品中的基督复活 ······ 238
信仰的条规与基督复活 ······ 255

第三章　庆祝生与死 ……………………………………………… 271
　　安息日与星期天 …………………………………………… 278
　　这一天"我们逾越节的羔羊—基督已经被杀献祭了" …… 284
　　所谓的"星期天" …………………………………………… 290
　　巴拿巴与伊格那丢论庆祝基督复活 ……………………… 298
　　逾越节——"纪念我的死亡!" …………………………… 300

参考文献 ……………………………………………………… 319

译者导言:思想史写作的一种启示

译完这本书如释重负,好像一位迟到的考生拖延好久终于交上一份还算满意的答卷。对于一个没有经过教父学专业训练的译者,要翻译这样一部在教父学与《圣经》研究领域引起轰动的学术著作,的确需要很大的勇气。尽管我在读博期间听我的导师也就是本书的作者文森(Markus Vinzent)多次谈起这本书,也兴致勃勃地读过书稿,并且目睹了他在伦敦跟国王学院神学系的同行之间就书中一些观点展开的激烈而持久的论辩,但我始终认为我无法胜任此书的翻译工作。真正让我下决心冒险译这本书的人是图宾根大学的梅特教授(Dietmar Mieth),他跟文森是多年的好朋友,在学术跟生活上来往密切。记得 2013 年在慕尼黑开会时,他跟我讲起他们两人之间的一些交往趣事,完了总结道:"我心中只有一尊圣像,那就是埃克哈特(Meister Eckhartc. 1260 - c. 1328),而马克斯心中有两尊,埃克哈特与马克安。"那时我刚译完文森教授的埃克哈特专著《无执之道》,①梅特教授的这番话让我明白,我的任务只完成了一半,翻译文森教授对埃克哈特的研究而不理会他对马克安的研究就等于把他思想的前半段搬运到汉语世界,后半段还停留在其原初场域——欧洲大陆及英语世界。

有了这个念头之后,我开始寻找时机静下心来仔细阅读,确定能不能找到感觉动笔开译。直到 2015 年夏天,我来到埃克哈特曾经生活过的小城埃尔福特,作为埃克哈特研究团队的成员在马克斯

---

① [德]文森,《无执之道:埃克哈特神学思想研究》,郑淑红译,北京:华夏出版社,2016。

韦伯研究中心访学。这座中世纪小城完整地保留着十一至十四世纪的建筑,埃尔福特大学的图书馆藏有不少神学著作的中世纪善本,教堂的钟声与市中心广场的钢琴、提琴、小号的演奏交织在一起,湛蓝的天空将金子般的阳光撒向这座恬静的小城,我坐在教堂旁边的办公室打开书开始翻译绪论。

在绪论中作者首先阐明本书所要处理的问题。复活是本书的主题,而马克安是保罗复活教理最得力的倡导者,可以说马克安在基督教思想史中扮演的角色与早期基督教中的复活教义之演变是同一问题的两个面向。值得注意的是,这样一种思想史研究不同于对某一历史事件之真实性的探究,从根本上来说对复活教义的思想史考察所关注的是基督复活观念,而不是基督复活事件。因此本书不会追问基督复活这件事是否真的发生过、与基督相遇是历史事件还是叙述性的虚构,也不会问复活是不是视觉体验或者信徒的幻象等宗教体验的问题。

绪论也交代了相当复杂的著述缘由。作者在二十年前准备一篇会议论文时发现,在时下如此丰富的基督教研究文献当中,竟然没有一本教父学专著跟进复活教义在最初几个世纪的发展变化。随着研究的不断深入,他越来越无法认可大多数《新约》学者与系统神学专家的观点:耶稣受难之后,他的复活激发了一场新的宗教运动,使基督宗教变成这样一个新的"上帝的团体"。事实上,大量的基督教文献向我们展示了另一幅思想史景观:直至公元140年前后,在那些富有争议的早期基督教著作中,完全没有提及基督复活的文本占了很大比例。即使在后期教父学著作中,复活的出场也与我们的预期不符。最令人不解的是,即便是谈论死者复活的片段也没有提及基督的复活。这是一个不容忽视的思想史现象:基督复活既没有引起早期基督教作家们的注意,也没有吸引当时的艺术家或手工艺者。但是从君士坦丁时代起也就是四世纪30—50年代,这类作品的数量不断增长。为什么早期艺术家与雕刻家们没有发展出象征复活的意象?是因为复活的信息太超然、太神秘还是因为它太普通了？为什么同一时期的作品又象征性地暗示圣餐与受洗的神秘性？可以肯定在早期教会中没有对基督复活的一个全面的考察。但作者还要进一步追问：为什么会出现复活的缺失？如何理解复活教义在基督教思想史上的这段空档期？

经过多年的思考与研究之后，他决定将这个酝酿已久的问题付诸笔端。诚如作者所言，展现在我们面前的是一幅波澜壮阔的思想史画面，由复活问题牵引出马克安，由马克安牵引出福音书的写作与筛选以及有关《新约》成书问题的争议。也就是说，由一个看似不经意的小问题套出一串大问题。

这虽是意料之外的收获，却也在情理之中。因为基督复活教义不可能一蹴而就，任何教义的形成都有其特定的历史语境与宗教背景，基督徒的复活观念不可能脱离基督徒团体的复活节庆典，也与早期教会参与且主导的福音书制作过程密切相关。无论是使徒保罗的原创性基督复活教理，还是"大异端"马克安在二世纪对复活教义的重新阐发，都无法绕开正统之争，也必然涉及基督徒的身份认同问题。正典与次经的区分或者正统与异端的对立诉说着文本背后的权力结构。我们今天所看到的正典其实代表着教会对早期基督教著作的一种挑选，而《新约》本身就是"基督教学术、神学与制度化发展的产物"（绪论，页33）。鉴于此，本书所依据的文本不限于列入正典的那些文献，本研究也不从正典的最后成品开始，而是进入一个动态的《新约》成书历程。

行文至此，我们隐约可以感受到作者已经把自己推向一个极具争议的研究领域，接下来他用三章的篇幅为我们展示早期基督教中复活教义的演变以及《新约》的形成，而这幅思想史画卷的中心人物就是被教会判为异端的杰出思想家马克安。

第一章讲述保罗的复活教义。马克安的故事要从使徒保罗开始讲起，正是马克安这位德尔图良极力贬斥的大异端重申基督复活教义，使得保罗传统得以在二世纪中叶复兴。保罗也因此成为第一章的中心人物。对使徒保罗而言，复活教义扮演着护身符与尚方宝剑的角色。首先,基督复活论是保罗使徒身份合法性的教理依据;其次,保罗宣教的权威也依赖于复活基督给他的启示,因为他从未见过拿撒勒的耶稣,与复活基督的神奇相遇给保罗的人生带来戏剧性的转换,使他从一个狂热地迫害耶稣追随者的法利赛人变成了这场基督运动的积极倡导者。保罗宣讲的复活故事表面上看来仅诉诸私密的个人体验,但保罗在犹太传统中长大,他的基督复活论已经渗透了诸多传统因素。作者在此为我们提供了一个长时段的思想史考察。他指出犹太教的生死观也经历一个变化与发展的过程。公元前六世纪末那些从流放中归来的第一代犹太人几乎没有对死后生命的信仰。复活是犹太人在巴比伦流放之后才逐渐发展起来的观念。具体来说,是安提亚古四世(Antiochus IV Epiphanes)时期发生的宗教迫害与殉道事件使得犹太信众开始把目光投向尘世生活之上,开始在此生之外寻找上帝的奖赏。而犹太教内部对复活的理解也存在严重的分化。随着一世纪末法利赛拉比正统派在"亚麦尼亚大会"(Synod of Jamnia)的胜利以及公元132—135年的科赫巴(Bar Kochba)灾难,复活信仰才被广泛接受下来。犹太拉比吸收了琐罗亚斯德教有关死后生命的教义,也发展出救主观念、对弥赛亚的期盼以及对复活与永恒生命的期许。保罗在死者复活这个问题上明显受法利赛传统影响,但他进一步把死者复活与基督复活联系起来。由此,保罗所理解的末世就不再关乎遥远的未来,而是"活生生的"现实世界,末日始于耶稣的复活。

作者把保罗的基督复活教义放在早期的宣教活动当中来考察,他强调并非所有的族群都能接受复活观念,撒玛利亚人就是个典型的案例。从《约翰福音》可以看出,在那个时代耶稣运动已经在撒玛利亚人所在地区如荼如火地进行,他们发展出一套撒玛利亚—基督教教义,包括智慧、知识、真理、道成肉身、摩西类型的救主、变形论、末世论意识等,但他们的神学体系仍然无法真正消化保罗的复活教义。就算在保罗传统当中基督复活时而被其他主题遮蔽。保罗传统中对基督复活的信仰这一思想遗产随着时间的推移而褪色,马克安的出现才扭转了这种局面。

第二章是全书的核心,马克安作为"复活的保罗"站在历史舞台的中央。这位激进的一神论者成功地激活了保罗使徒的基督复活论,使复活观念重新回到基督徒的视野当中。由于种种原因,马克安的重要性一度被低估。本书尝试从复活这个问题入手,由复活教义之起伏引出一个动态的福音书写作场景及"新约"经典化历程,从而对马克安的思想史角色进行了一番复杂而深刻的解构与重构。依照本书的架构,马克安的思想具有开创性及奠基意义。作为基督教思想史上倡导"新约"的第一人,马克安的经典导向使得他把福音书写作提上日程,如此一来,基督宗教信仰将奠基于经典文献而非先前的口述传统、道听途说、礼拜仪式或问答教理。保罗的激进风格在马克安的精神世界全面复燃,不仅犹太律法的神圣性被消解,就连《旧约》本身也被降格为一部记录这个灾难世界及其邪恶创造者的典籍。在马克安看来,《旧约》中那位杀气腾腾的上帝以每一种可能的方式与保罗福音书里的上帝相对抗。他因此主张用基督之"新约"取代犹太教的《旧约》,称"新约"为唯一可信的、规范的基督教文献,并且以这些文献为基督教教义的基础。一旦"新约"问题被正式提出,基督教与犹太教分庭抗衡的局面就不可避免,在神学上两本圣约、两个上帝、两种宗教的对立模式开始在马克安的思想中熔铸成型。

整体而言,本章的叙事充满历史想象,作者以马克安及其学派为主轴为我们展现二世纪中叶基督教作家们的福音书制作过程,剧情生动,人物鲜活。作者几十年训练出来的解读文本的功力在这一章的写作中发挥得淋漓尽致,不管你是否赞同他的观点、是否认同他的解读方式,你都不能否认这样一个事实:他把人物连同他们的思想一起从文本中挖掘出来,他像一位技艺娴熟而又耐心无比的考古学家,把岁月的泥沙一铲一铲地挖出,探寻被掩埋的思想骨架,试图复原最接近真相的思想史脉络。在这里作者顺便交代了本章的研究方法:把不同观点之间的微妙差异与众多学派之间的复杂互动结合起来,通过考察两者的对应关系重新解读思想史画卷。换句话说,通过重构当时活跃在罗马的各学派之间的关系来解释现有文献中保留的这些混杂的、通常含糊不清的反马克安观点。

二世纪中叶的罗马呈现令人向往的开放性,这里活跃着一个有宗教信仰的知识群体,他们的教学活动构成一个学术圈,这些教师、学派、团体之间存在复杂的双向思想交流,包括相互借鉴、合作、竞争、对抗及无意识的影响。由于不同学派间的互动复杂多变,再加上他们当中一些大师及其著作后来被打上"异端"的烙印从而隶属于不同的异端谱系,我们今天很难理清其源流。但作者通过仔细检查经典与非经典文献,为我们提供了一个重组后的二世纪中叶罗马学者论辩大拼图,他称之为"一个有趣的、几乎是考古学意义上的重建,对一个已经丢失的、通常很精微的、建构性的拼图的重组"。这个辩论拼图为我们展示了教师与教师、学派与学派之间存在的细微分歧、相互影响以及彼此改进,由此勾勒出学派内及学派间进行的一个持续不断的口头与书面交流的动态图景,这是一个生产知识、书写文献、塑造传统的过程。马克安是这个拼图的核心,作者猜想对马克安的各种回应可能是由同一时期在罗马的同行们发起的论辩,而这些反对的声音并不协调一致,只有到爱任纽与德尔图良时代,学者们才开始有一个更系统的反马克安方案。作者在此做出了一个大胆的假设:身为教师的马克安在当时的文化中心罗马开始了他的福音书写作,他既没有找到也没有使用或编辑这本福音书,而是在他的罗马课室里制造了它。由此产生了第一本基督徒自己的福音书。这样的假设得到正反两方面的证据支持。按照这个思路,作者也为我们仔细解读了马克安之后的一些重要的文本,如《耶稣基督智慧书》《使徒书信》《马利亚福音书》《犹大福音》等,他以马克安思想为坐标来解读这些非正典文本之间微妙而隐晦的关联。同时也考察了马克安的教师同行们作品中的复活教义,如尤斯丁的《护教辞》。

持续不断的论战在基督教的不同学派之间激烈地进行着,无论是在尤斯丁还是德尔图良的作品中我们都能闻到残存的火药味儿。论辩的区域不限于罗马,还包括亚历山大、安提阿以及其他的大城市。值得注意的是,在这一时期作品中出现的"异端"仅仅代表学派间相互指责的一种说辞,如尤斯丁会把敌对的学派称为"异端"。要在各种"异端"之间划出一道明确的分界线十分困难,因为确立正统身份的方法还没有发展起来由马克安开启的这场书写新圣约的革新运动自然涉及基督徒与犹太教的关系,基督徒的身份认同问题在此浮出水面。而同样的身份困惑也存在于犹太教当中。在公元70年圣殿被摧毁后,犹太拉比也在寻求更连贯、更有约束力的方式以解决犹太教身份认同问题。这种情况使得基督徒与犹太教的纽带不可避免地弱化。正是在这种背景下,马克安试图把保罗作品与一个福音书文本糅合、把它变成一本"新约"使之与现行的"旧约"抗衡,他的这些构想以及与此相应的论战,都成为早期基督徒寻求身份认同的历史见证。我们应该意识到,在第二世纪当个基督徒并不意味着分享共同的记忆,而寻找、创造基督徒的共通性本身就是一种挑战。因为基督徒并不像犹太人那样可以共享一本《托拉》,"不像柏拉图主义者那样可以共享他们导师的著作,也不像希腊人、罗马人、叙利亚人、埃及人、波斯人以及其他族群那样,他们有各自的家庭,有当地的、区域性的以及国家的传统。基督徒来自所有这些不同的边角,来自社会的不同阶层,在最多元的文化背景中长大。就像今天的学者想知道什么把基督徒联系在一起,第二世纪的学者也问同样的问题"。

　　回到复活这个主题,我们还是要追问:使徒保罗发明的基督复活论如何演变成基督教最基本的信仰条规?基于以上的思想史考究,作者在第二章的最后给出了一个有待完善补充的答案。他认为,马克安在二世纪中叶的活动起了决定性的作用。直到马克安模仿犹太传统提出另一个圣约的观点,基督复活才真正被纳入可供参考的教义。他指出,早在任何一部由更规范化的基督教著作集结而成的正典被确立之前就已经有了对信仰的概括,这点毋庸质疑。但问题的另一个面向也不容忽视,那就是正典的裁决功能。事实上许多教义在被纳入信仰条规时本身就受正典影响也被其决定,包括基督徒创作的、那些开始被当作构成[共同]记忆的著作以及书面声明。拜马克安慧眼所赐,使徒保罗的复活教义在二世纪中叶得以复兴,基督复活由此进入福音书创作者的视野,也成为理解《新约》书写过程的一条重要线索。"这个由一个正在形成的信仰条规和一本基督教圣经组成的跷跷板慢慢地把基督复活推进基督徒的意识与信仰当中。"从思想史的连续性来看,马克安的天才构想最终在俄利根的神学体系中发展成熟。马克安强调以书面文献取代口述传统,以便让基督信仰拥有一个无可争议的坚实的经典基础,由马克安开启的经典导向以及相应的哲学解经学传统被后来的思想家保留下来,到俄利根才取得成果并趋于完善。如果说马克安是开创者与奠基者,那么俄利根就是集大成者,在俄利根的著作中我们可以看到一套成熟的体制化、传统化了的基督教学术。

第三章介绍基督徒所关切的复活庆典。作者指出,在犹太传统当中逾越节的本义无关复活。公元70年耶路撒冷被攻陷后变成一座罗马的城市,圣殿作为犹太教的礼拜中心被毁,由撒都该祭司主导的等级制庆典不复存在,取而代之的是法利赛人与拉比犹太人,以及成千上万的朝圣者共享的庆典。既然基督教最初是在犹太背景中发展壮大,那么基督徒什么时候开始在星期天聚会并且庆祝复活节?他们如何庆祝?庆祝什么?基督徒显然不是从创造一个不同的礼拜体系开始他们的团契活动,诸多文献显示早期教团还延续着犹太传统的几种礼拜方式。作者要此依然沿用他的文本细读方法,以尤斯丁《第一护教辞》对星期天聚会的描述为例来揭示复活节庆典的历史演变。由此得出如下结论:"直到马克安之后,主日的庆祝才慢慢地从对圣殿的一种灵性化的替代或对主的献祭之死的纪念变成对他的复活的庆典。随着马克安的出现,人们开始通过福音书里发现的复活节故事解读主日。不过,尽管有影响的神学家开始采纳主日的复活—象征论,直到四世纪君士坦丁与亚波里拿留的时代,复活才与星期天以及复活节完完全全地联系起来。"与第二章相呼应,作者在本书的结尾特别强调俄利根为基督教礼拜传统做出的独特贡献,在俄利根这位东方世界最多产的基督教神学家笔下,逾越节被正式解读为纪念基督受难的胜利、降到地狱,以及复活的庆典。透过解码一系列早期基督教著作,作者为我们讲述了这段被学界忽略的思想史故事。这本探索性的专著再一次提醒我们,历史的真相往往溢出大多数人的定见、偏见与想象。与大多数基督徒、系统神学家及《新约》学者对复活的理解不同,真实的情况很可能是这样的:在复活成为基督教信条中的一个核心教规之前,基督复活只是逾越节三日礼拜当中的其中一个要素。在头两个世纪当中,除了保罗之外,对更大范围的教会而言,基督复活影响甚微。只有当马克安使保罗作品再次浮出水面,当他把福音书引入基督教时,基督复活才开始被认可。如果没有"大异端"马克安在二世纪中叶的努力,使徒保罗的复活教义可能会在思想史的长河中销声匿迹,基督教信条也许会以基督受难收尾。

　　本书的整体架构是以马克安为主轴来论述复活教义之演变,由复活观念引出重估马克安的思想史议题。作者以现代学术所注重的深耕细作的专题研究方式绘制出一幅被历史遗忘的思想家肖像画。这种思想史写作方式的优势在于,它使得一个观念本身的思想史演变过程与一位思想家在特定历史场域中的天才发挥交织重叠。不得不说这样一种思想与人物二重奏的叙事手法更贴近思想史本身,因为思想史中跃动的观念无不是思想者倾其一生在历史舞台上全力演奏的心灵曲目。读者难免会产生疑问:这本书到底是要写复活呢,还是要为马克安翻案?换言之,本书旨在勾勒一个观念在思想史中的变化轨迹,还是企图重估观念背后的人物在思想史中的意义及地位?

　　这个问题只能由作者本人来回答。2017年暑假期间,我回到英国之后专门去了一趟埃尔福特。我们坐在市中心一家小咖啡馆里,他像几年前指导我论文写作时一样,一页页翻看译稿。讨论完一些细节问题之后,我问他书中交织在一起的两条主线——复活与马克安——哪个占主导地位,他的回答是两者一样重要。鉴于复活与《新约》成书都是中国读者不太熟悉的话题,我们决定将中译本的书名由"早期基督教中的复活教义与《新约》之形成"改为"保罗与马克安——一种思想史考察",以便引导读者从马克安切入复活这一主题。本书在埃尔福特开译也在埃尔福特收工,历时两年。很凑巧,那天下午梅特教授也正好路过,他也来到咖啡馆,我送给他一本《无执之道——埃克哈特神学思想研究》的中文版,顺便告诉他,几年前他在慕尼黑不经意说出的一句话,让我在瞬间做出决定,最终把马克斯心中的偶像马克安搬运到汉语世界。

郑淑红

2018年6月23日

中山大学(广州)

中译本序言

何谓身体？不同文化对身体有不同的理解。如本书所示，每种文化传统都涉及身体概念，而人们的身体观念也在历史的长河中不断变化发展。就以色列民族而言，犹太人甚至把本传统当中的身体、死亡与生命观念完全翻转过来。从最早的犹太文献来看，生命与身体是同义词，当身体死亡时生命也终结。由于受到来自东方的亚洲思想、实践与信仰的影响，犹太人开始相信一种连续的死后生命。他们最先采纳了灵魂的观念，即相信身体中有某物被称为灵魂，灵魂在人死后可以继续存活。后来又叠加新的观念，即灵魂本身不但不死，而且还能够跟一个复活的身体合为一体。有些人认为复活的身体是一个更新了的天使般的或超物质的实体；另外一些人则认为复活的身体有着跟死前一样或相似的鲜活的物质特征；还有一些人甚至认为灵魂可以从一个身体移居到另一个身体。不过，从我们所知道的考古证据及文献资料来看，这些相互冲突的观念存在于以色列人当中，其中的一些人后来成为拿撒勒的耶稣的门徒与追随者。尽管在学界这已是广为人知的史实，但鲜有学者撰文解释早期基督教文献呈现的身体、生命及死亡观念的多样性。很多人过于仓促地接受了保罗书信与《新约》福音书所表达的观点，这些经文讲述末日的死者复活，也讲耶稣基督死在十字架上三天之后复活的故事。然而，不只是《新约》中的文本，还有很多别的保留下来的基督教头四百年文献与证据表明，正如犹太人对身体的理解存在很大的分歧，基督徒的复活观念也不断分化且呈现多种样态。

本书基于公元后两百到三百年间的主要文献来考察这些观念之间的差异并设法对此做出解释。基督复活被视为人类在末日复活的基础,这个在当今基督教世界占主导地位的观念显然来自保罗。由保罗倡导的复活教义也被一些福音书作家采纳。但复活是典型的犹太观念,亦即法利赛人保罗的标记。在使徒保罗时代,犹太人当中只有法利赛人提倡复活信仰,而法利赛人在当时被视为犹太人当中的现代派,而且是被相对边缘化的一个群体,其社会地位不及撒都该人以及其他一些不相信死后生命及身体复活的族群。许多基督徒显然来自非法利赛传统,这些人并不认同保罗的生死观,对耶稣受难的理解也与保罗不尽相同。他们最关心的问题不是基督复活,而是如何面对这样一个难堪的事实:他们所爱戴的导师、他们的拉比拿撒勒的耶稣没有像一位英雄那样结束自己的生命,而是被他自己的犹太宗教领袖与罗马统治者合伙杀害。

这些人当中的绝大多数都会参照替犹太传统中的替罪羊或逾越节羔羊来解释十字架与耶稣受难,视耶稣为先知与导师。在他们眼里,耶稣是宗教与政治的牺牲品,他被无辜地杀戮。耶稣受难同时也被理解为拯救其追随者、拯救整个犹太人的国度乃至全人类的宇宙事件,实属灵性净化行为。

研读这些早期基督教文本会发现,当时存在着许多种不同的信仰,其中最主要的有两类:一类受保罗影响聚焦于基督复活;另一类受非保罗作家影响对耶稣受难作献祭式解读。直到到三世纪之后,复活信仰才进入更大的基督教团体。在这之前,对耶稣基督复活的声明只出现在与保罗传统有明显关联的文本中。任何时候只要保罗的名字被提及、引用或讨论,就很有可能在该文本中找到与基督复活相关的内容。在公元一至二世纪的早期基督教文献中,但凡不显示高度依赖保罗思想的文本,都不会提及耶稣基督复活,但是会提供对耶稣受难及其拯救意义的其他解释。从早期基督教历史可以看出,基督复活这个问题的热度远远比不上在当时被热烈讨论的其他议题,比如道成肉身的教义、把先于存在的基督等同于上帝之子的信仰等。

仔细研究头两个世纪的早期基督教文献还会发现另外一个问

题,那就是这些资料当中有很大一部分文献的成书时间有待重新勘定,以往的观点并不完全可靠。比如说,现在公认的构成《新约》核心的四本所谓的"福音书",写于二世纪中叶而不是大家普遍认可的一世纪末,这四本福音书经过三世纪才成为最重要的基督教文献。虽然这个提法引起很大争议,但我还没有发现一个实质性的讨论能够证明这些福音书写于更早的年代,支持这个理论的证据很多,现在又被最近的《新约》研究进一步坐实,也就是说,我们所看到的《新约》中的福音书基于基督教思想史上的第一本福音书,① 也就是公元144年前后由马克安(Marcion of Sinopec. 85-160)撰写的福音书。这位商人、船主、学者与教师生活在西亚(今天的土耳其北部),但他在公元132—135年犹太人反对罗马统治的大叛乱之后来到了意大利的罗马。马克安在罗马建立了自己的课堂,同时着手撰写福音书,他把保罗的书信集结起来合成我们现在所知道的第一部基督徒的"新约"。

在这个基础之上,其他学者写了他们的福音书并且拓宽了马克安的"新约",把它变成我们今天所了解的基督徒的"新约"。正是马克安这位保罗思想的追随者以基督复活为其福音书的历史叙事收尾,由此为基督徒的复活信仰奠定基础。

这项研究表明:东方与西方思想原本没有固定的分界线;几大世界宗教均起源于亚洲大陆,今天的西方宗教事实上浸透着东方的实践、信仰及思想。当然,不同的文化发展轨迹不尽相同,就像通过本研究能够看到的那样,即便在同一传统当中也会发生观念更新与突变,基督教与其他传统互动也受其他传统影响,其分化与演变往往超出预期的范围,以至于今天大家认可的核心教义如基督复活在此前还不是基督教传统的一部分,还没能进入早期基督教信仰体

---

① 参 Matthias Klinghardt,《最古老的福音书与正典福音书的出现》(*Das älteste Evangelium und die Entstehung der kanonischen Evangelien*), 2 vols. Tübingen, 2015。

系。传统与宗教从来都不是稳定不变的,就像地球上的每样东西都在各自的生命时段成长变化一样,文化、宗教与传统也处于不断的变化当中。

这本书也经历了自身的成长、变迁与翻译的过程。2011 年首次以英文出版,2014 年推出德文版,现在中文版即将面世。为此我要特别感谢我的学生郑淑红,感谢她的坚韧与刻苦。她的文字功底与翻译技巧以及哲学造诣使得这本教父学著作能与中文世界的读者相遇,最终在亚洲大陆被广泛阅读。与此同时,我要感谢"经典与解释"丛书的主编刘小枫教授对本书的关注,也感谢贵州师范大学的朱云飞老师以及华夏出版社的编辑马涛红女士与刘雨潇女士为本书付出的辛劳。

马克斯·文森
2018 年 5 月 24 日
伦敦·埃尔福特

绪论　基督复活之兴起？

[1]在早期基督教中,基督复活扮演一个什么样的角色？在这里,我们不讨论耶稣是否死而复生这样的历史问题,而是追问：什么时候、对谁而言、为什么承认复活的基督如此重要？这个信条对基督教的写作、《新约》与教义有何种影响？它的存在不像彼拉多(Pontius Pilate)那样作为一个边缘化的注解,或者像童贞女玛利亚作为一个富于争议的论点,而是作为一个最中心的、基督教及其教会依赖的最基本的信条而存在。相信耶稣确实死而复生是基督教团体的信仰基础。①

我们的论题从多年的学术研究中演化而来,最终导致以下的观察结果：一个先前的"下降",② 或者说对这一问题的兴趣的淡化激发了这一话题,使得基督复活教义兴起。尽管早期的基督徒深信保罗,但复活对他们无关紧要。由于保罗与复活概念密切相关,保罗死后他的神学声望一度减弱,但是在第二世纪中期忽然重返,引导着基督徒对基督复活的思考。③基督徒"不采纳,或许不再理解保罗

---

① A. D. Nock,《复活》("Resurrection"),收于 Alfred E. J. Rawlinson, *Essays on the Trinity and the Incarnation*, London, 1928, 页47。

② 参 K. Aland,《备注》("Bemerkungen"),收于 Adolf M. Ritter (ed.), *Kerygma und Logos, Festschrift Carl Andresen*, Göttingen, 1979, 页46。

③ A. Harnack,《马克安》(*Marcion*, Leipzig, 1923. ²1924 = Darmstadt, 1960),页12; A. Lindemann,《保罗》(*Paulus*), Tübingen, 1999, 页280; J. Carleton Paget,《保罗》("Paul"),载于 *Novum Testamentum*, 38, 1996, 页359-381; A. E. Barnett,《保罗》(*Paul*), Chicago, 1941, 页186。

的激进主义"。①一百多年以后,我们还可以从爱任纽(Irenaeus)处理保罗的手法中觉察到"某种辩解的味道"。保罗与他对复活的信仰一道,只是在早几十年之前被一位杰出的基督教导师再次发现,他就是在罗马执教的马克安。爱任纽保留了保罗的廉直,但批判地指出:②

> 考察保罗的见解是必须的,我们有必要理解从异教徒那里吸取了什么样的解释,这些异教徒全都误解了保罗的教理。我们有必要指出他们那些疯狂的浅见有多么愚蠢;而且还要证明,他们通过同一个保罗、通过他的(作品)给我们出难题,我们要证明他们确实是谎言的发声筒,而使徒是真理的传播者。③

[2]几年后德尔图良(Tertullian)在其驳马克安的著作中表现了比爱任纽更严苛的姿态。德尔图良以《福音书》为基准,他注意到"使徒名单"上没有保罗的印记;因此马克安所宣称的教理,即复活的基督授权给保罗,让人觉得基督欠缺远见,"事先不知道他会需要保罗":

> 来自本都(Pontus)的船长[马克安]……你能不能告诉我们你依据哪张提货单接受保罗为使徒?谁给他盖上那个光荣的印章?谁把他托付给你?又是谁把他置于你的管制之下?只有这样你才有信心让他上岸;只有这样他才可以免于证明所

---

① C. K. Barrett,《争议》("Controversies"),载于 *New Testament Studies*,20,1974,页235。
② 前揭,页235;参 R. Noormann,《爱任纽》(*Irenäus*),Tübingen,1994。
③ 爱任纽(Iren.),《驳异端》(*Adv. haer.*),IV 41,4;英译 ANFa(这里及后面出现的引文都采用这个译本,作者对部分译文做了修正)。

有证实他使徒身份的公文属于他。马克安说,保罗自己声称他是一位使徒,他的这一身份没有在任何人那里得到认可,而是未经由任何人,通过耶稣基督得到认可。① 很明显,任何人都可以声称自己是什么:但他所声称的头衔要被另外一个人证实。一个人写公文,另一个人签字,第三个人为之签名作证,第四个人作记录。没有人既是自己的债权人又是自己的证人。②

对德尔图良而言,保罗的著作与他的证人即复活的基督,可信度还不够,这些东西需要其他人的、《福音书》与《使徒行传》的橡皮图章:"《使徒行传》引导我相信保罗。"③

马克安于公元 140 年后在罗马教学,如果他没有收集保罗的书信并把它们跟一本《福音书》放在一起(参 A. E. Barnett,《保罗》,前揭,页 222),那么基督复活将无法进入基督教的教义当中。④道成肉身的神话逐渐让位于另一个神话——复活的基督,当然也并非完全被后者取代。⑤即使在两百年后,当罗马皇帝凭借自身影响宣扬复活的教义时,基督复活也没有取得跟道成肉身一样强大的象征力。复活教义在西方维持这样的状态,而在基督教世界的东方,这一教

---

① 参《加拉太书》1:1;译文参照最新版本的英译《新约》,部分译文有改动(NT,1998;2005)。

② 德尔图良,《驳马克安》,前揭,v 1;英译本《德尔图良:驳马克安》(Tertullian: *Adversus Marcionem*,Oxford,1972),第一至三卷以及四至五卷,Ernest Evans 编译,部分译文有改动。

③ 同上。

④ 参 P. King,《历史》(*History*,London,⁵1737),页 253;M. Vinzent,《起源》(*Ursprung*,Göttingen, 2006),页 70。

⑤ 参 J. Hick (ed.),《神话》(*Myth*,London,1977); M. Wiles,《赤裸的支柱》("Naked Pillar"),收于 Stephen Barton and Graham Stanton (eds),*Resurrection*,1994,页 118f.; I. U. Dalferth,《复活的那位被钉在十字架上》(*Der auferweckte Gekreuzigte*,Tübingen,1994),页 28。

义不仅被亚坡理纳(Apolinarius of Laodicea)、阿塔那修(Athanasius)与西里尔(Cyril of Alexandria)激活,就连卡帕多西亚教父们(Cappadocian fathers)也为它助兴,复活节与复活了的基督的教会由此形成。①

[3]其结果是,全世界东西方的各个国家的新纪元不是从基督复活的那一年起开始计算;而是从主的出生算起,AD(Anno Domini)指基督出生的年份。②对那些追随这位拿撒勒人的信徒来说,他的死并不像人们有时候描述得那么悲惨,虽然他的信众知道他们的大师的死,他们把全部希望都寄托在他身上,把他当作一位为公义献身的殉道士,或者按各自的家庭背景来解读其体验。他们在解读中首先注入的是他们的犹太文化,犹太教中的法利赛人与拉比已有对死而复活的信仰。我们设法去理解基督复活的缘起,并且追问为什么复活这一信仰没有像道成肉身与基督受难那么有影响,这样的做法不同于追问基督复活这件事是否真的发生过、与基督相遇是历史事件还是叙述性的虚构,或者问这是不是视觉体验、幻象、假象。即使这个神话没有任何历史依据,这个问题的神学重要性依然不变,就算一个朝圣者今天到了那个空空的墓穴,或一个抵达第三天堂的灵性之旅再次证明了早期基督教作家们所描述的基督之临在,这个问题也一样重要。几个世纪以来人们的注意力一直集中在基督受难,但最终在二十世纪,复活成为基督教的一个核心标识符,即使在新教徒眼里也是这样。他们当中的一些人,如杰出的神学家巴特就持这种观点。③

---

① K. L. King,《福音书》(*Gospel*, Santa Rosa, 2003),页163。
② 狄奥尼修斯·伊希格斯(Dionysius Exiguus,约470—约544)在525年创建纪年体系时把它整个地安置在其复活节时间表当中,用以计算复活节的日期。
③ 参G. Koch,《复活》(*Auferstehung*, Tübingen,^{2}1965),页126f.; I. U. Dalferth,《复活的那位被钉在十字架上》,前揭,页28,页54-57。

更令人费解的是,为什么研究早期基督教中的基督复活竟然像是在造访一个不久前还被叫作"处女地"的领域?①而我们有几百本这方面的书,包括严肃的与不太严肃的,大众化的与学术性的,有上千篇论文讨论《新约》中基督的复活,但还没有一本教父学专著跟进这一神学话题在基督教最初几个世纪的学术路径。我们现在踏上一条人迹罕至的道路,一段有趣的旅程,带着正统与非正统问题,穿过经典与非经典文献的荒原,打开视野,以期理解早期基督教思考、写作与庆祝仪式的广阔视野。由于篇幅所限,我们只能讲到第二世纪。希望在不久的将来,我们会把这个旅程推进到第三、四、五世纪甚至更远。

这样的考察将会令人大开眼界,对于信徒与非信徒都是如此,它将使人们更深入地理解早期基督徒的创造性技艺,[4]最早的关于生与死,失败与救赎的生存论的争辩。

在最初两个世纪内,基督徒首先关注的是耶稣的话语,以及他的十字架与献祭式的死,不久也开始关注他的出生、壮年乃至全部一生。他们没有强调保罗所说的法利赛人对基督复活的重视,而是遵循保罗对基督这个逾越节祭神的羔羊的信仰,一个僧侣式的犹太圣殿传统,而这一传统在很多方面与昆兰(Qumran)、撒玛利亚(Samaria)以及撒都该人(Sadducees)有关。这里潜伏着历史的讽刺意味。随着保罗作品的再发现,受保罗的启示以及复活的基督所支持的爱与律法的根本对立重新浮出水面,马克安把一些核心的拉比特征带入早期基督信仰,其中包括他们的经典取向以及对复活的信仰。

马克安对早期基督教的发展有重大影响,但其价值在今天仍被低估,这点我们将会看到。虽然马克安很快被质疑,但教会还是接受了不少他的基本教义。基督徒也接纳了他的观点,认为他们真正地有了自己的身份,不再是犹太教的一部分,而这个身份认同基于

---

① A. Hamman,《复活》("Résurrection"),载于 *RevSR*,49,1975,页 292f.。

一个新的经典集结,那就是《新约》,它可能与现在被称作"旧约"的文本形成对照,作为后者的一个对立面存在。①马克安自然是在犹太环境中长大的一位基督徒,他"参照旧(约)",或者更准确地说是参照旧约的黑暗面来研读基督教的作品(同前,页82),为保罗及其福音书——一个光芒四射的充满爱心的上帝的"福音"——开辟了道路。

一些基督徒发展出明显的反马克安的观点。在马克安作品中出现的保罗所说的绝对灵性的基督被替换了,取而代之的是一个有血有肉的人性的耶稣——马槽里的婴儿、叛逆的少年、受诱惑的成人、犹太人。尽管他被先知们预言过,但没人知道也没人像马克安那样认可他。马克安的观点与此相反,对他而言基督死在十字架上,第三天复活,不用打开门进入屋子里,在天堂居住,但在地上也能看见他、摸着他,在他死前与死后都是这样,他不是被玛利亚生出来的,也没有长大,而是突然作为一个年轻的成人出现。

虽然保罗从未与地上的耶稣碰面,只见过复活的基督,但他坚持自己的使徒身份。不过反马克安的人认为,所有那些在基督受洗到受难这段时间跟他在一起的人都胜过保罗。保罗自己也承认他不是第一个而是最后一个目睹基督复活的使徒。本书之后将会谈到,只有在马克安之后,保罗的书信与《福音书》才被彼得、约翰以及其他修改了保罗肖像的"使徒"文学所补充(德尔图良,《驳马克安》,前揭,IV 3)。他在《使徒行传》中操持家务,在《帖撒罗尼迦后书》中被更正,在马克安看来,他的《福音书》也被重写、扩展,以几个版本公之于世,上面加上马可、马太、约翰与路加的名字。路加与《使徒行传》连在一起。[5]从公元140年到公元160年这段时间代表一个非凡的文字活动时期。②如果我们相信《新约》学者们最新

---

① 参 S. Moll,《大异端》(*Arch-Heretic*, Tübingen, 2010),页82f.,页102。

② 有关《使徒行传》的成书时间,参 R. I. Pervo,《成书日期》(*Dating*, Santa Rosa, 2006),页23。

的发现,我们便知道这个新的文集有意识地被制造、编辑、出版,以回应马克安版本的《新约》,也与它的对立面《旧约》相关。①

即使以前的学术研究把这些正典《福音书》的成书日期放在马克安之前是正确的,即放在一世纪的某个时间,但事实上,在这些文本当中没有任何一个文本在马克安的《新约》写出来之前被任何人引用过;②保罗的再次浮现是跟马克安一起,我们称为《福音书》的文本也跟他一起出现。它们只是经过缓慢的过程才找到途径得以进入基督徒意识当中。所有早期基督教的教会会议都未能建立起一本经典的《圣经》,阿塔那修(约295—373)在376年那封喜庆的信里给我们列出一个《旧约》与《新约》的书单,另外一位与他同时代的、在同一座城市的教理学院任教的导师狄迪莫斯(Didymus)接受其他的《福音书》,而且认为《希伯来福音》的地位在《马太福音》与《路加福音》之上。③

这些得到马克安与反马克安观点支持的新的"使徒的"工具,有意识地集结成一组明显有歧义的作品,其中既有补充性的也有已完成的著作,而不是全由马克安一人来撰写的保罗《新约》。从二世纪中叶起,基督教学院传统的经典阐释确实强化了不少基督教模式与反模式,以及复活的不同类型。绝少有迹象显示保罗的复活神学在马克安之前已经被人接受,马克安之后迅猛增长的复活理论不能被简化为"异端"与"正统"的对立。相反,马克安的观点留下了印迹,它引发出一个正在形成的正统基督教。甚至在四世纪,当君士坦丁(Constantine)让他的太阳神(Sol Invictus)与复活的基督联姻并且提倡复活教义时,太阳神首先占了主导地位,而且为复活教义

---

① 参 A. Gregory,《接受》(*Reception*,Tübingen,2003),页210,页350f.。

② 参 B. Aland,《接受》("Rezeption"),载于 Jean-Marie Sevrin (ed.),*The New Testament in Early Christianity*,1989,页1。

③ 《希伯来福音》(*Gospel of the Hebrews*),frg. 4,参 D. Lührmann and E. Schlarb,《残篇》(*Fragmente*,Marburg,2000),页51。

的肖像与建筑表达开辟了道路:每周的礼拜天变成"太阳日"(sunday),"复活的日子"(day of the Resurrection)要晚很多;复活节在头两个世纪一直是纪念基督死的日子,而不是他的复活;婴儿以耶稣基督"出生且受难"(natum et passum)的圣子的名受洗,而不是以复活基督的名受洗。

一篇写于二世纪的复活节布道书

其他核心教义,诸如创世论、神的显现、道成肉身与基督受难,可以从早期的复活节布道书中看到。在一篇匿名的写于二世纪的《圣逾越节布道书》(Homily on the Holy Pascha)中,①[6]我们读到一些今天看来比较奇怪的内容。比如复活节是"一年中的第一个月,每个时代的开始",这个论述的核心不是基督的复活,而是作为"第一个受孕第一个生出来的"主:

> 我们先说为什么这个月是"所有月份的开始"以及为什么逾越节的月份"是一年当中的头一个月份"(《出埃及记》12:2)。现在"神秘的《希伯来教义》"(Doctrine of the Hebrews)称,就是在这个季节里神圣的工匠与万物的制造者创造了宇宙……我并不排斥这样的解释,但我认为,或者说我相信,逾越节的灵性盛宴是其中的原因,之所以所有时间与整个时代开端、首领与最高权威都在逾越节的这个月,在这个月当中伟大的神秘事件完成也被庆祝,是因为主是第一个受孕的(参《约翰福音》1:18)也是那在所有可知而不可见的存在物当中第一个出生的(参《歌罗西书》1:15),所以这个庆祝神圣仪式的月份就

---

① 参 C. C. Richardson,《谜》("Riddle"),载于 *The Journal of Theological Studies*(*JTS NS*),24,1973,页77。

成为一年的开始,也是所有时代的开端。①

我们的牧师使用了一个他称作"神秘的《希伯来教义》"的文本,事实上,他参考了一个无法在任何犹太正典里找到的文本,该文本来自所谓的《巴勒斯坦塔古姆》(Palestinian Targum)。②《塔古姆》是用亚兰语对希伯来经典的解释,这种解释可以追溯到耶稣那个时代,当听众不能理解犹太经典所使用的古老的希伯来宗教语言时,他也做了这样的解释。③在犹太会堂聚会时,《托拉》(the Torah)也就是《摩西五经》或《先知书》(the Prophets)被诵读,"每一句希伯来文后面都跟着"亚兰语翻译与解说,译者会用亚兰语也就是当时的大众口语对希伯来经文逐句做出解释。④不过,它不完全是字面翻译或"简单的亚兰语复述",通常的情况是,这样的沟通拓宽了《圣经》文本。"最后它变得更复杂详尽,这里或那里加入的对经典的细节解释与希伯来经文合并。"(同前)这些口译者非但没有从冗长的意译中退出身来,而且敢于对抗经典解读的字面[7]意义。他们制造了一个所谓的"反译",这种翻译经常引入一个"相反的意思"。⑤把这类口译付诸文字的书写活动"最先在巴勒斯坦地区产生,后来在巴比伦修改",其中的一些"塔古姆译本"在犹太教社团

---

① Anon,《圣逾越节布道书》(Homily on the Holy Pascha),17,1-3 (SC 27,145-149 Nautin;no. 27b Cantalamessa/Quigley/Lienhard),译文有改动。

② 精校本及英译:Alejandro Díez Macho,《巴勒斯坦塔古姆》(Neophyti 1, Targum Palestinense,Madrid,1970),页77-79。

③ 参如下文献。斐洛在《论特殊律法》(De spec, leg. II 28.159)中已经提到"圣经注疏者们",明显指《巴勒斯坦塔古姆》中与此相应之处。

④ B. M. Metzger,《圣经》("Bible"),载于 Bible Studies,150,1993,页40。

⑤ 同前,页41;以及 Michael Klein,《逆向翻译:一项塔古姆技艺》("Converse Translation: A Targumic Technique"),载于 Biblica,57,1976,页515-537; Etan Levine,《亚兰语版圣经》(The Aramaic Version of the Bible,Berlin,1988),页33-36,页151-166。

获得广泛认可,①这些译本在基督教的初期已经在使用(B. M. Metzger,《圣经》,前揭,页40)。虽然我们不知道"作者与编撰者是谁,他们在什么情况下为了什么特殊目的从事这项工作,文字传承又是如何完成的"(同前,页42),但塔古姆译本在犹太教与犹太—基督教社团中广为人知。上面谈到的这些文本与"希伯来教义"融为一体,已经是现成可用的了,不过还有一些人视之为"秘教的"甚至"渎神的",②另一些人则视之为学习的资料。③

斐洛(Philo of Alexandria)自己就依赖塔古姆译本提供的材料与"圣经的解释者们",对除酵节的性质做了解释,他认为这是一个独立的节日,与"逾越节合在一起"(同前,II 28. 150)。除酵节的产生在他看来基于两个原因:一个指以色列人出埃及而建立国家;另一个原因是"普遍的",是宇宙性的,认为逾越节所在的这个月是众月份之首,纪念上帝创世的开端。斐洛对此做出一个天文学的解释,认为在这个月里,春天开始,夜晚的黑暗逐渐消失:

> 这个月,作为数字与秩序的第七个,根据太阳的运转,它是最有力量的;由于这个原因,它在神圣经典中也被称作第一个。其中的原因,我想是这样的。春分模仿或代表这一开端,世界依此被创造。相应地,每年上帝提醒人们世界的创造,由此提出春的观念,在这个季节所有的植物繁荣开花

---

① 比如所谓的《巴勒斯坦塔古姆》与《昂克罗斯塔古姆》(*Targum of Onkelos*),两者都跟摩西五经相关,《乔纳森塔古姆》(*Targum of Jonathan*)谈论的是先知。

② 拉比朱迪(Rabbi Juday 约公元2世纪):"按字面义翻译经文的人是撒谎者,对此做进一步阐释的人是渎神者"——出自《土西他》(*Tosephta*), Megillah 4:41,ed. M. S. Zuckermandel(Jerusalem,1937),页228。.

③ 参斐洛《论特殊律法》,前揭,此处及后面提到的英译(某些地方对译文略作修改)来自如下文献:《斐洛著作》(*Works of Philo Judaeus*), C. D. Yonge 译,London,1854。

……这个节日在此月的第十五日即月中开始,在满月的时候,因为神意[8]照看,在这天没有黑暗。还有,这个节日被庆祝七天,因为七这个数字的荣光,目的是让所有喜乐、感恩上帝的事物都不会与神圣的数字七分离。在这七天里,摩西断言两天是神圣的,第一天与最后一天。很自然地,给开头与结尾优先地位,好比谈论乐器,希望把两端合一达到和谐。规定吃未发酵的饼是因为他们的祖先就是在神的指引下带着未经发酵的饼逃出埃及。(同前)

我们这篇基于巴勒斯坦塔古姆译本的布道书包含斐洛的思想,但绝对比斐洛的解释更充分。逾越节在第一个月份,这跟创世的开始以及光的出现(《出埃及记》12:42)有关,也指向一本更古老的,在别的方面不为人知的《纪念书》(*Book of Memorials*)。逾越节意味着要守一夜,塔古姆译本对此做出一个有四层含义的解释,第一个与最后一个对我们现在的讨论有特别意义。

"夜晚"首先纪念主在创世过程中以及"当这个世界到达被拯救的终点时"的道(Word)。①像斐洛的塔古姆译本(或这个被引用的《纪念书》)那样,它强调始点与终点,它也谈到救赎的问题,这里的拯救者有两个,即摩西与另外一个人(J. A. Fitzmyer,《书评》,前揭,页578)。因为在创世时,主在起点,即第一个夜晚显示他自己,当世界处于迷乱、混沌与黑暗时,主用他那"闪着光、本身即是光"的道显现自身。同样,主也会在最后一个夜晚拯救这个世界,通过打破铁的枷锁(参《耶利米书》28:2-14),摧毁邪恶的世代,用他的道引导摩西与另外一位(大概是弥赛亚),这两个人群中的头领。逾

---

① No. 5,页 30, Cantalamessa/Quigley/Lienhard,此处根据 Joseph A. Fitzmyer 对 A. Díez Macho 著作的评论对译文作了修改,参 Joseph A. Fitzmyer,《书评:评 A. Díez Macho, *Neophyti* 1 (1970)》("Review of A. Díez Macho, *Neophyti* 1 [1970]"),载于 *Journal of Biblical Literature*,91,1972,页 575-578。

越节被解释为主的道(the Lord's Word)在第一个夜晚创造了世界,也会在最后一个夜晚拯救世界,拯救本身就是逾越。

这些看起来充满宇宙论与末世论色彩的意象,对早期基督教的修辞与哲学都有影响,①即使有些文本拒斥这个法利赛人的观点,如《路加福音》十七章20节,这些文本不认为天国会以一种能够看得见的方式降临,比如它们称"神的国就在你们心里"(《路加福音》17:21)。这个意象的影响可能从《约翰福音》的开篇(一章4节:"生命在他里头"),或从被引用的逾越节布道书中感受到。

[9]有关光——那夜里闪耀的光——的概念,主导着这篇布道书的开头。布道者自己承认,它更接近亚历山大或巴勒斯坦的希伯来教义:

> 基督的神圣光芒早在闪耀,纯粹的灵迸射出纯粹的光,恩典与神性的天国宝藏正在打开。巨大的暗淡的夜晚被吞没,那无法穿透的黑暗在神性中消融,悲伤的死亡之阴影也被覆盖。生命倾注到所有事物之上,一切都泛着无限的光辉,黎明之曙光占领了宇宙,他是"比晨星还早"的那一位(参《诗篇》109:3),是天堂的光,永恒而无限。伟大的基督照耀着一切,比太阳还要亮丽。②

基于一个全宇宙的太阳—基督论,我们的布道者阐释了那不可思议的上帝的工作,他"从不可能中创造神奇的一切,这样人们就可以知道唯有他能做他想做的一切"。布道者最后谈到上帝以人的形象显现而人像上帝一样攀升,他以赞美诗般的风格给出

---

① 参注释 k ,no. 5,页124,Cantalamessa/Quigley/Lienhard。
② Anon,《圣逾越节布道书》,前揭,17, 1 (SC 27, 145 Nautin; no. 27b Cantalamessa/Quigley/Lienhard)。

结语:

>哦,神秘消耗之(逾越节)!
>
>哦,灵性盛宴之(逾越节)!
>
>哦,神圣的逾越者,你一路从天堂来到尘世,又从尘世上到天堂!
>
>哦,这样的欢庆,一切的一切都参与其中,宇宙的庄严!
>
>哦,全宇宙的快乐与荣光,持续与欢喜!经由你,黑暗死亡被毁,生命延伸到所有的一切,天堂之门被打开,上帝以人的形象显现,人像上帝一样攀升。经由你,地狱的门被砸碎,铁栏杆断裂(参《诗篇》107:16),下面的人们,听到福音,死了的复活,地上的唱诗班被赋予天上的位阶。①

所有这一切对逾越节的宇宙意义上的赞美聚焦于这样的场面:上帝"加入"人当中,与人一起住在地上,上帝以人的形象显现,于是人看起来也像上帝,这难道不是离奇非凡的神迹?布道者甚至提及当人们听到福音、当"死了的复活"时的喜乐效应,这是与上帝的灵性合一,是我们与上帝的婚礼,弥赛亚的复活并不是作者关注的焦点。

"基督若没有复活,你们的信便是徒然"②

[10]今天看来,基督徒似乎持不同的看法:基督的死后面紧接着他的复活,空的墓穴,向他的女徒弟、男徒弟显示基督活在地上的

---

① Anon,《圣逾越节布道书》,前揭,62, 1-4,1(SC 27, 189-191 Nautin; no. 27d Cantalamessa/Quigley/Lienhard)。

② 《哥林多前书》15:17。

各种异象。基督徒发现他们的信仰在保罗给哥林多教会的第一封信里很明白地表达出来了:

> 基督若没有复活,你们的信便是徒然,你们仍在罪里,就是在基督里睡了的人也灭亡了。我们若靠基督,只在今生有指望,就算比众人更可怜。(《哥林多前书》15:17-19)

既然保罗,我们最早的基督复活见证者(参 A. Lindemann,《保罗》,前揭,页 27-36),对复活教义如此坚决,认为它是基督信仰的关键——缺少复活"你们的信仰就是虚妄的",那么除了作为基督信仰的基石,复活还能扮演什么别的角色?难道耶稣本人没有预告他将来的复活吗——很明显在《对观福音》中他有(尽管没在《约翰福音》中)?①我们的四部正典《福音书》不都记载了复活吗?基督徒不是在复活后的日子开始在每个周末纪念它吗?难道他们不是每年在复活节聚会,而不是跟犹太人一起禁食、庆祝逾越节吗?他们受洗与基督一起死,难道不是为了跟他一起复活吗?

确实如此,根据我们的《对观福音》,耶稣告诉弟子们他将会"去耶路撒冷",这样"人子要被交给祭司长与文士",撒都该人与法利赛人会"定他死罪","第三日"他要复活。②事情的发展正"如他

---

① 参 J. Terence Forestell,《十字架》(*Cross*, Rome, 1974),页 92。

② 《马太福音》20:17-19。B. M. Metzger,《工具》(*Tools*, Leiden, 1960),页 19-21:"阿提斯(Attis)的信奉者们在 3 月 22 日喋血日纪念他的死亡,在三天后即 3 月 25 日欢乐节(the Feast of Joy or *Hilaria.*)纪念他的重生。根据埃及教派的描述,奥西里斯(Osiris)死于亚特(Athyr)月(10 月 28 日到 11 月 26 日)的第 17 日,19 日晚,他的尸体被发现,他得以复活。阿多尼斯(Adonis)何时复活并不确定,但依据一个修复的蒲草本,这个时间可能被认为是第三日。……事实上,我们没有早于安东尼·庇护(Antoni[n]us Pius 公元 138—161)时代的古文献提及阿提斯,视他为西布莉(Cybele)的配偶,更少有文字论及他的复活。……在阿多尼斯的案例中……仅有四个证据……可追溯到二至四世纪。"

所说的那样"：

> 安息日将尽，七日的头一日，天快亮的时候，抹大拉的马利亚和那个马利亚来看坟墓。忽然，地大震动，因为有主的使者从天上下来，把石头滚开，坐在上面。他的相貌如同闪电，衣服洁白如雪。看守的人就因他吓得浑身乱战，甚至和死人一样。[11] 天使对妇女说："不要害怕！我知道你们是寻找那钉十字架的耶稣。他不在这里，照他所说的，已经复活了。你们来看安放主的地方。快去告诉他的门徒，说他从死里复活了，并且在你们以先往加利利去，在那里你们要见他。看哪，我已经告诉你们了。"妇女们就急忙离开坟墓，又害怕，又大大地欢喜，跑去要报给他的门徒。(《马太福音》28：1-8)

这不只是道听途说或妇女们要传给徒弟们的口信，① 同样，马太报道了他个人与复活基督的相遇：

> 忽然，耶稣遇见她们，说："愿你们平安！"她们就上前抱住他的脚拜他。耶稣对她们说："不要害怕！你们去告诉我的弟兄，叫他们往加利利去，在那里必见我。"②

《路加福音》讲了一个非常相似的耶稣复活故事，虽然对叙述成分有做调整：这里添加了香料与两个放光的人；他插入《马太福音》里预先告诉他们的受难与复活的情节；这里不只是有两个马利

---

① 参 J. Lieu,《女人》("Women")，收于 Stephen Barton and Graham Stanton (eds), *Resurrection*, 1994。
② 《马太福音》28：1-10；J. Hartenstein,《叙事》("Geschichten")，收于 Tobias Nicklas, Andreas Merkt and Joseph Verheyden (eds), *Gelitten*, 2010, 页 139f. 。

亚,其中一个特别指出是"雅各的母亲马利亚",还有另外两个,约亚拿与一个未给出姓名的女子;我们看到他们不相信这些妇女的话,彼得跑到坟墓检查也觉得奇怪。"在《对观福音》中只有《路加福音》……声称复活的主首先向彼得一个人显现,……抹大拉的马利亚相应地失去了作为复活见证人的优势。"① 另外一些元素消失了,包括忽然发生的强烈地震、主的天使从天而降身着白衣坐在石头上,惊恐的看守,以及这事发生在加利利的暗示:

> 七日的头一日,黎明的时候,那些妇女带着所预备的香料来到坟墓前,看见石头已经从坟墓滚开了。她们就进去,只是不见主耶稣的身体。正在猜疑之间,忽然有两个人站在旁边,衣服放光。妇女们惊怕,将脸伏地。那两个人就对她们说:"为什么在死人中找活人呢?他不在这里,已经复活了。当记念他还在加利利的时候怎样告诉你们,说:'人子必须被交在罪人手里,钉在十字架上,第三日复活。'"她们就想起耶稣的话来,便从坟墓那里回去,把这一切事告诉十一个使徒和[12]其余的人。那告诉使徒的,就是抹大拉的马利亚和约亚拿,并雅各的母亲马利亚,还有与她们在一处的妇女。她们这些话,使徒以为是胡言,就不相信。彼得起来,跑到坟墓前,低头往里看,见细麻布独在一处,就回去了,心里希奇所成的事。(《路加福音》24:1-12)

虽然有修改、删除与增加的内容,但《马太福音》与《路加福音》的描述仍有很多共同之处。不过在复活出现的地点设置上两者有很大区别——《马太福音》中复活的基督出现在加利利,而《路加福音》只说在耶路撒冷附近(J. Hartenstein,《故事》,前揭,页140)。

---

① A. G. Brock,《抹大拉的马利亚》(*Mary Magdalene*),Harvard,2003,页19,页32。

两者都谈到复活的基督见到朋友、妇女与徒弟。

马可的《福音书》的最后一章即第十六章在学术界引起颇多争议,①它是否本来就缺少基督复活之后的段落(《马可福音》16:9-20),十六章 1 至 8 节让我们想到《路加福音》,还有几个《马太福音》的元素。我们又遇到两个马利亚,包括雅各的母亲,此外还增加了一个撒罗米,然后才提到香料;一个人身着白衣而不是两个;这本《福音书》还插入了同样的对基督受难与复活的预告;彼得跑到坟墓的情节没有了,彼得是作为复活信息的受众出现,而且措辞奇怪("甚至彼得"),好像最初的读者已经料到告诉他复活的信息是徒劳的——后面的那句经文支持了这个假设,妇女们"什么也不告诉人":

> 过了安息日,抹大拉的马利亚和雅各的母亲马利亚并撒罗米,买了香膏,要去膏耶稣的身体。七日的第一日清早,出太阳的时候,她们来到坟墓那里,彼此说:"谁给我们把石头从墓门滚开呢?"那石头原来很大,她们抬头一看,却见石头已经滚开了。她们进了坟墓,看见一个少年人坐在右边,穿着白袍,就甚惊恐。那少年人对她们说:"不要惊恐!你们寻找那钉十字架的拿撒勒人耶稣,他已经复活了,不在这里。请看安放他的地方。你们可以去告诉他的门徒和彼得说:'他在你们以先往加利利去。在那里你们要见他,正如他从前所告诉你们的。'"她们就出来,从坟墓那里逃跑,又发抖,又惊奇,什么也不告诉人,因为她们害怕。(《马可福音》16:1-8)

[13]《马可福音》与《路加福音》的关系也可以从有争议的部分

---

① 参考书目在 S. Sabugal,《复活》(*Anástasis*, Madrid, 1993)页 413;J. Fenton,《结局》("Ending"),收于 Stephen Barton and Graham Stanton (eds),*Resurrection*, 1994。

即十六章 9 至 20 节看得出来,这里《马可福音》说,当门徒中的两个走在往乡下去的路上的时候,复活的基督"变了形象",向他们显现(《马可福音》16:12),这是《路加福音》中门徒往以马忤斯去的缩影(《路加福音》24:13-35)。另一方面,马可的《福音书》有新的内容(复活的耶稣向抹大拉的马利亚显现),但它也有一些跟《马太福音》与《路加福音》相同的内容,比如说都提到基督信息要传达的国度:

> 约翰给复活故事一个不同的变形,不只在最后两章,这两章像对以前发生的事情所作的一个总结。早在所谓的"道别对话"中约翰已经提到基督的死与世界的命运,他离世归父的时刻(十三章 1 节)……通过在十字架上的死,耶稣要去父那里为他的门徒在父的家里预备位置……这个文本的十四章 1 至 3 节没有暗示基督的荣耀归来,也没有时间上的暗示能够决定这里所指的是复活基督的显现、个体死亡或世界末日……这个文本也表明耶稣死亡的必要性。在这些对话的其他地方,耶稣告诉门徒他会来到他们中间,他们会再次看到他。(J. Terence Forestell,《十字架》,前揭,页 93f.)

当耶稣向他的门徒说他会再来看他们时(《约翰福音》16:22),它象征着比复活的基督现身"更确定的东西":对门徒来说,从耶稣死亡的悲伤到与父在一起的生命,这段所描述的是一个末世论的事件;对世界而言却不是这么回事,耶稣之死就意味着世界战胜了他。"门徒们……再也不用问什么了,因为他们会得到内在的指示"(J. Terence Forestell,《十字架》,前揭,页 94f.),

> 而在《对观福音》中对复活的宣传基于发现墓穴空空。"他不在这里,已经复活了。"(《路加福音》24:6)《约翰福音》中的段落描述的则是耶稣死后的一个新的灵性与荣耀的地位:

"不要摸我,因我还没有升上去见我的父。你往我弟兄那里去,告诉他们说我要升上去见我的父,也是你们的父,见我的上帝,也是你们的上帝。"(《约翰福音》20:17)……这个约翰式的叙述跟路加式的特异景象描述不同,并不强调复活的基督其身体所具有的物理特征。相反,它描绘了一个神秘的画面,一个荣耀的基督在场的画面。(J. Terence Forestell,《十字架》,前揭,页 97)

拯救在《约翰福音》中"完全是以基督为中心的",重点并不在复活,而在"他最后的升天"(同前,页 146)。

[14]在《约翰福音》中,抹大拉的马利亚有着突出的地位,她在《约翰福音》中比在《马可福音》或《路加福音》中更加重要。的确,"抹大拉的马利亚在一些早期基督徒中是如此德高望重,以至于他们给她一个敬称——'使徒的使徒',①然而对另外一些人来说她根本没有使徒的地位,她只是一位改头换面的妓女,一个没有经典依据的概念"(A. G. Brock,《抹大拉的马利亚》,前揭,页 1)。根据《约翰福音》,抹大拉的马利亚单独一个人,她到坟墓那儿时天还黑。她给彼得带去了"墓穴是空的"这个信息。接着,彼得"与另外一位"没有给出姓名的"门徒出发往墓地去",后者不仅比彼得早到那儿,而且是被说成唯一"看见且相信"的门徒(《约翰福音》20:9)。抹大拉的马利亚一个人站在坟墓外向里望去,看见两个身着白衣的天使;她还享有看见"耶稣站在那里"的神赐,听到他叫她,虽然"她不知道那人就是耶稣"(《约翰福音》20:14)而把他当成园工。只有当耶稣"跟她说'马利亚'时,她才转过身用亚兰语叫他'拉比'(意思是老师)"(《约翰福音》20:16)。这段用亚兰语口语进行的十分亲密的对话,突显出《约翰福音》里描述的耶稣与马利亚的亲密关系。

---

① 参希坡律陀(Hippotytus),《论〈雅歌〉》(On the Song of Songs),25,6;参 J. A. Cerrato,《马大》("Martha"),载于 StP, 34,2001,页 297。

她没有得到触摸他的许可(不知这是否是读者所期待的),但被赐予那个要达传给"弟兄们"的信息。《约翰福音》里增加了耶稣的显现(二十章),耶稣首先在耶路撒冷向门徒显现(《路加福音》的传统),然后向十二位使徒、向多马显现,而且他好像也知道耶稣在加利利的显现(《马太福音》的传统)。这个片段出现在最后一章即二十一章,特别聚焦于一个耶稣喜爱的门徒,又一个关系亲密者,这篇《福音书》结尾出现的故事显得怪异:

> 彼得转过来,看见耶稣所爱的那门徒跟着,就是在晚饭的时候,靠着耶稣胸膛说"主啊,卖你的是谁"的那门徒。彼得看见他,就问耶稣说:"主啊,这人将来如何?"耶稣对他说:"我若要他等到我来的时候,与你何干?你跟从我吧!"于是这话传在弟兄中间,说那门徒不死;其实耶稣不是说他不死,乃是说:"我若要他等到我来的时候,与你何干?"(《约翰福音》21:20-23)

如果我们想要进一步证明早期基督教中,甚至在耶稣生平叙述的巅峰时期,基督复活与显现的重要性,我们只需要阅读被看作《路加福音》后续的《使徒行传》。[①]彼得是福音要旨的宣传者,这些要旨概括了耶稣的行为、生平、死亡与复活:

> [15]以色列人哪,请听我的话:上帝藉着拿撒勒人耶稣在你们中间施行异能、奇事、神迹,将他证明出来,这是你们自己知道的。他既按着神的定旨先见被交与人,你们就藉着无法之人的手,把他钉在十字架上杀了。神却将死的痛苦解释了,叫他复活,因为他原不能被死拘禁。(《使徒行传》2:22-24)

---

① 参 R. I. Pervo,《成书日期》,前揭;J. B. Tyson,《马克安》(*Marcion*, Columbia, 2006),页 10。

通过把耶稣与大卫连在一起,《使徒行传》强调了在大卫王与复活的基督之间维系的一个未曾断裂的犹太传统,彼得宣扬基督不会朽坏的肉身早就被预言过:

> 就预先看明这事,讲论基督复活说:"他的灵魂不撇在阴间,他的肉身也不见朽坏。"(《诗篇》16:10)这耶稣,上帝已经叫他复活了,我们都为这事作见证。他既被上帝的右手高举,又从父受了所应许的圣灵,就把你们所看见、所听见的浇灌下来。(《使徒行传》2:31-33)

彼得转向大众,再说了一句:"你们杀了那生命的主,上帝却叫他从死里复活了。我们都是为这事作见证!"(《使徒行传》3:15)像是老调重弹,这位被"治民的官府与长老"以及"以色列人"杀掉的人,上帝又让他复活,对复活的见证在《使徒行传》好几个章节出现,不是出自彼得之口(《使徒行传》4:10;5:30;10:40),就是出自保罗之口(《使徒行传》13:30-31;17:31-32)。

看起来《使徒行传》确实采用保罗自己对复活信息的理解,就像他在书信中表达的那样。不过,我们将会看到,只是在一定程度上效法而已。在至关重要的《加拉太书》中,保罗不得不为自己的权威辩护,他的福音反对那些扰乱他的行程、破坏他的传教思想、讽刺他的使徒权威的基督教弟兄,他在开头一句就确立了这样的基调:"做使徒的保罗,不是由于人,也不是借着人,乃是借着耶稣基督,与叫他从死里复活的上帝。"(《加拉太书》1:1)保罗接着阐明对福音的正确理解,以反对他的敌人对福音的歪曲,他坚持自己所传的道来自神。他对基督的理解不是从人而来,亦非以任何形式来自任何一个传统,他的洞见源于启示,一个没有中介的来自耶稣基督的启示:

> [16]弟兄们,我告诉你们,我素来所传的福音,不是出于人

的意思,因为我不是从人领受的,也不是人教导我的,乃是从耶稣基督启示来的。(《加拉太书》1:11-12)

这样的启示保罗在《哥林多后书》又一次提到,他自夸主给了他隐秘异象与启示:

> 我自夸固然无益,但我是不得已的。如今我要说到主的显现和启示。我认得一个在基督里的人,他前十四年被提到第三层天上去。或在身内,我不知道,或在身外,我也不知道,只有上帝知道。我认得这人,或在身内,或在身外,我都不知道,只有上帝知道。他被提到乐园里,听见隐秘的言语,是人不可说的。(《哥林多后书》12:1-4)

在同一封信里,保罗让启示体验成为主的光,这光"照在我们心里,叫我们得知上帝荣耀的光显在耶稣基督的面上"(《哥林多后书》4:6),他并没有把这样的体验局限于自己。

我们不得不加上保罗在《哥林多前书》里做的见证,与在《加拉太书》中一样,他要为自己辩护,反驳那些不承认他使徒身份的人:

> 我不是自由的吗?我不是使徒吗?我不是见过我们的主耶稣吗?你们不是我在主里面所作之工吗?假若在别人,我不是使徒;在你们,我总是使徒。因为你们在主里正是我作使徒的印证。我对那盘问我的人就是这样分诉。(《哥林多前书》9:1-3)

听到也看到了主之后,保罗知道(《腓立比书》3:8)他已经被授权当一位"使徒",传播他的福音,建立基督徒团体。他通过一个有关基督的体验得到这样的权力,当然不是地上的耶稣,而是向他呈现的一个异象。保罗以为他得到的这个启示与复活的基督向其他

门徒的显现同等重要(《哥林多前书》15:5-7):

> [主]显给矶法看,然后显给十二使徒看,后来一时显给五百多弟兄看,其中一大半到如今还在,却也有已经睡了的。以后显给雅各看,①再显给众使徒看,末了也显给我[保罗]看。

[17]读了所有这些见证之后,我们可以很轻松地写出几百页对保罗书信、《路加福音》、《使徒行传》、《马太福音》、《约翰福音》或《马可福音》的评注。这看起来是个很有说服力的前后一致的画面。耶稣死在十字架上之后,是他的复活激发了这场新的宗教运动,使基督教变成这样一个新的"上帝的团体"。这至少是《新约》学者与系统神学专家们的观点。②

不过,在研究早期基督教的学者当中,有对上述观点的异议。比如说,博学的意大利天主教学者坎塔拉梅萨(Raniero Cantalamessa)就不同意这种看法。他在1978年出版了《早期教会中的复活节》(*Easter in the Early Church*)这本书。他在导论中突出了复活节庆祝的独特性,认为在这个新兴的宗教运动中复活节是其礼拜日历上唯一的节日:"在教会的历史中有这么一个时期,'逾越节'(只是后来才发展成复活节,我们稍后会提到)③ 在某种意义上就是一切。"为什么逾越节在早期基督教的庆祝日程表中有突出的独特地

---

① 参《希伯来福音》,其中提到复活的基督明明白白地向雅各显现,参杰罗姆(Jerome)所著《圣人传》(*De vir. inl.* II);还可参考 D. Lührmann and E. Schlarb,《残篇》,前揭,页52。

② 比如说,参 G. Vermes,《复活》(*The Resurrection*, London, 2008); N. T. Wright,《上帝之子的复活》(*The Resurrection of the Son of God*, London, 2003); E. Schillebeeckx,《基督:与上帝相遇的圣餐礼》(*Christ the Sacrament of the Encounter with God*, New York, 1963)。

③ 这本书的英译者更喜欢使用"Easter"这个词,但也指出这个词的含义发生了变化。

位?坎塔拉梅萨回答:"没有别的节日了,逾越节独自扮演着纪念全部拯救史的角色,从上帝创世一直到基督再来的整个历史。此外,某些特定的团体生活中必不可少的要素也在这个庆祝过程中涌现出来,比如说礼拜,还有预表论(typology)的解释、教理问答、神学以及经文中的特定正典。"①

坎塔拉梅萨认为许多早期基督教文本就是在逾越节的语境中完成的,他提到其中最重要的一些著作:作为正典的四福音书、《哥林多前书》、《彼得前书》、《启示录》,以及非正典的著作如《巴拿巴书》(Barnabas)与《丢格那妥书》(Diognet)(同前)。因为有太多可供参考的涉及逾越节的资料,坎塔拉梅萨给自己设定了一个范围,只考虑那些有助于理解逾越节/复活节发展史及其仪式、礼拜、灵性与神学的文本。

与坎塔拉梅萨的判断相反,斯达慈(Reinhart Staats)的观察显示出完全不同的情景。就在前者的论文集出版一年之后,斯达慈在倍受尊崇的德语《神学百科全书》(Theologische Realenzyklopädie)上发表了他那篇极有分量的论文《基督的复活》。②他强调基督的复活既没有引起早期基督教作家们的注意,也没有吸引当时的艺术家或手工艺者。斯达慈的先导是研究教父学与教会礼仪的法国学者哈曼(Adalbert Hamman),他在三年前已经发表了两篇有关复活教义的论文,他注意到《新约》与早期基督教研究之间存在的不一致:"[18]关于复活的问题存在大量的解经学资料,而早期基督教研究对这一问题的探讨还不存在",或者说得简洁点,这还是块"处女地"。③

---

① R. Cantalamessa,《复活节》(*Easter*), engl. Übers.: *id.*, *Easter in the Early Church*, weitere Anmerkungen durch James M. Quigley und Joseph T. Lienhard, Collegeville, 1993, 页 1。译文有改动。
② R. Staats,《复活 II/2》("Auferstehung II/2"),载于 *TRE*, 4, 1979。
③ A. Hamman,《复活》,前揭,页 292f.; T. Nicklas, A. Merkt and J. Verheyden (eds),《复活》(*Auferstanden*, Tübingen, 2010)。

特别值得一提的是，直至公元140年，在那些富有争议的早期基督教著作中，完全没有提及基督复活的文本数量之多让人惊讶。①其他一些著作只是在很短的注里提到复活或间接指涉复活。②最主要的反例出现在伊格那丢(Ignatius of Antioch)的书信中，而这些书信的写作时间、地点与作者都还有很大争议。这些书信两次提到保罗，③很明显地多次提到复活(关于伊格那丢，参考下面的注释)。斯达慈还指出，即使在后期教父学著作中，基督复活的显现与复活后的显现也没有出现在我们期待它会出现的地方。最令人不解的是，即便是在谈论死者复活的一些片段里，也没有提到或介绍基督的复活。当然，没有写出来的有可能是最重要的，它可能是为了保密，或者因为人人皆知而没必要再提及。我们知道，在最初的几个世纪中，基督教著述者们很少有意给他们的信仰一个完全的或连贯的描述，因为当时的基督教信仰还在形成之中，④所以论述中有间隙是很自然的，不管是否有意为之。不过用这样的假设去解释每一个缺失的环节也同样有问题，特别是当我们把基督复活与基督教信仰中的其他元素做比较时，其中的问题就更加显豁。我们有必要查问为什么某个话题受到了特别的重视，不管是基于文本之间的相互依赖关系，还是因为这个话题反映了某个观点、思想的组成部分，或者代表那些遮盖了小课题的大问题，早期基督教中的基督

---

① 比如作为正典的新约文本《提摩太前书》、《提多书》、《雅各书》、《彼得后书》、《约翰一至三书》以及《犹大书》，还有作为非正典流传的文本像《十二使徒遗训》(*Didache*)、《黑马牧人书》(*Hermas*)、《克莱门二书》(2 *Clement*)及《夸得拉都》(*Quadratus*)。

② 《新约》中的文本:《提摩太后书》2:8,《希伯来书》13:20,《启示录》1:5,2:8;非正典文本:《克莱门一书》(1*Clem.*), 24:1, 42:3,《巴拿巴书》(*Barn.*), 15:9。

③ 《伊格那丢致以弗所书》(*IgnEph.*), 12:2;《伊格那丢致罗马书》(*IgnRom.*), 4:3。

④ 相关的批评性评述，参 A. Lindemann,《保罗》, 前揭, 页295。

复活研究就属于这类被遮盖的小课题。我们必须要问:对基督徒来说什么事要紧?什么对他们重要?他们什么时候考虑拯救与永生?什么时候庆祝他们自己将来的复活?

只举一个例子。当《论复活》(On the Resurrection)的作者,一位鲜为人知的二世纪的基督教哲学家雅典那哥拉(Athenagoras?)反驳别的基督徒,说他们"像我们一样承认这些基本原理,但不知为何远离了他们自己所承认的教理"(《论复活》(On the Resurrection),19,英译ANFa),他们反对肉体复活的信仰。虽然《论复活》的作者对论据作了仔细考量,但他通过引用《哥林多前书》十五章54节的一句经文"这必朽坏的既变成不朽坏的"(同上,18)把这个问题跟"使徒"连在一起。[19]但是,作者却没有引用保罗在同一章稍前经文里的强硬表白:"我当日所领受又传给你们的,第一就是:基督照圣经所说,为我们的罪死了,而且埋葬了,又照圣经所说第三天复活了。"(《哥林多前书》15:3-4)

如果当时的人们怀疑死者的肉体复活,那《论复活》为什么不以保罗那样的口吻对他们说话?在《哥林多前书》中保罗的处境与此相似,他在这封书信的开端便提出了自己的假设与对基督复活的不可动摇的信仰。他不能理解"一些"哥林多人"怎么"会"说没有死者复活这事""而现在却宣扬基督从死里复活"(《哥林多前书》15:12)。保罗是不是在面对一群跟《论复活》作者有同样背景的人并不重要,重要的是两者都必须说服一群持这样观点的人:他们不相信肉体复活。保罗直接指出那个他认为的铁的事实,以为他的对话者会同意或应该同意他的说法,即上帝已经让基督从死里复活了,而《论复活》的作者却给出一个冗长的哲学论述,其中有不少亚里士多德思想要素,可是他根本没有向他的基督徒同伴们提及基督复活。

作者论辩的性质使学者猜想,他要面对的是在俄利根(Origen)学院接受过哲学训练的基督徒,或者是像那位著书反对基督教的塞尔苏斯一样的异教徒哲学家。在后一种情境中很容易解释作者为何没有提及基督的复活,但我们很清楚他是在跟基督徒对话。还有,如果听众是异教徒,作者又为什么要引用保罗的话呢? 作者引用了来自十诫的见证,这篇短文以引用《出埃及记》中那个自名为"是自有永有的"(《出埃及记》3:14)上帝结尾,但是,如果作者发现依赖保罗对死而复生的信仰有用,他为什么不提及基督与他的复活呢?"大多数"《论复活》的听众(《论复活》,前揭,25),尤其是他们当中不相信死者复活的人——作者承认如此——对犹太经典与保罗都很熟悉。而这位作者没有暗示《哥林多前书》十二章1至3节。对保罗而言,这点很明确:如果他不宣扬复活的基督,他对上帝的见证就是假的,他也就站在上帝的对立面。如果人们不相信复活,比如说像撒都该人,①他们不会相信基督已经复活。不过在我们所说的这篇短文中,尽管某些地方明显引用"使徒",但几乎不见保罗关于基督复活的教义。

勒克莱尔(Henry Leclerq)是一位渊博的法国学者,主要研究古代基督教后期的礼拜史、考古学与肖像学,也是著名的《基督教考古学与礼拜辞典》[20](*Dictionnaire d' archéologie chrétienne et de liturgie*) 的编辑。②他在1948年发表的《救主的复活》一文中也对复活主题在基督教肖像学不同艺术形式中的缺失表示惊讶。他认为复活"应该给画家、镶嵌工艺人、雕刻师提供创作的灵感,但事实上没有,其中的原因不很清楚,因为它所象征的慰藉与胜利,这一主题似乎有必要被加诸艺术家的想象与工作中。有人问基督复活到底是怎么发生的,对这个秘密的无知不大可能阻止艺术家或多或少地对这一象征性描述作进一步阐释"。③

---

① 参《马可福音》12:18;《马太福音》22:23;《路加福音》20:27;《使徒行传》4:1-2,23:6-8 以及下面提及的一些文本。

② 参 G. Koch,《艺术》(*Art*, London, 1996)。

③ H. Leclerq,《救世主的复活》("Résurrection du Sauveur"), 载于 *DACL*, 14, 1948, 页2398-2401, 页2400。

对这类先是象征性的,其次是解释性的描述的搜索,①坐实了以上的疑问,但此类作品只有从四世纪以后才出现,②我们在后面会看到,这一现象跟复活主题在文学作品中兴起的时间吻合,即从四世纪起直至今日。③四世纪之前,即使是对复活的象征性描绘也几乎完全缺失。

在已知的《新约》里,罗马石棺是与复活相关的图像(在坟墓边的妇女以及基督向妇女、门徒,或多马的显现)非常稀缺。④这个现象在《基督复活的肖像》(Iconography of the Resurrection of Christ)的第一章被称作"问题"。⑤的确如此,在头三个世纪的基督教碑文与肖像中,我们发现的象征符号主要有以下几个:羔羊、锚、酒杯、鸽子、橄榄枝、妇女祈祷像、棕榈树、饼、良牧、鱼、葡萄树与葡萄、约拿/恩底弥翁,十字架、玛利亚、显神迹的耶稣。⑥ 与以上列出的符号一样能说明问题的是君士坦丁以前的基本象征符号,其内容如下:

1. 象征冲突(锚、船、鱼);
2. 象征拯救与解脱(妇女祈祷像、鸽子⑦、橄榄枝);
3. 象征团体(良牧、羔羊、棕榈树或树、饼、酒或酒杯、葡萄树与葡萄);

---

① G. F. Snyder,《和平之前》(Ante pacem, Macon,²2003,¹1985),页 23。

② 参 G. Ristow,《基督受难》("Passion"),收于 Spätantike und frühes Christentum,1983。

③ 参 P. Seewald,《耶稣基督》(Jesus Christus, München,2009),页 648-659。

④ 参 G. Koch,《石棺》(Sarkophage, München,2000),页 181。

⑤ O. Schönewolf,《复活》(Auferstehung, Leipzig,1909),页 1-2。

⑥ 参考有关这里列出的内容以及接下来的七个编目,取自 G. F. Snyder 所著《和平之前》,前揭,页 23;A. Provoost,《公元三世纪的田园风光的意义》("Ilsignificatodelle scene pastorali del terzosecolod. C."),载于 Atti del IX congressointernazionale di archaeologiacristianaI, Vatican,1978,页 407-431,他的图表出现在页 414。

⑦ F. Sühling,《鸽子》(Taube, Freiburg i. Br. ,1930)。

4. 象征满足（约拿）；
5. 象征拯救者/解脱者（神迹显示者）；
6. 象征至高地位（玛利亚）；
7. [21]象征失败（十字架）；
8. 象征无形的权力（上帝）。

象征冲突的符号"所指的是在一个陌生环境中生存的安全问题。[他们]在基督教早期度过非常艰难的岁月。[从四世纪起]当基督徒与罗马的疏离感不存在时，象征船的符号锚也就失去了它在基督教艺术中的普遍性"（G. F. Snyder,《和平之前》,前揭,页30）。另外，鱼指向耶稣基督。鱼在希腊文中是 IXΘΥΣ，它形成了一首离散诗，也就是耶稣（J[I]esus）、基督（Ch[X]rist）、上帝之子（Son [ΥΙΟΣ] of God [ΘΕΟΥ]）、救主（Saviour [ΣΩTHP]）的第一个字母的组合。我们可以认为德尔图良在三世纪初期已经熟悉这个离散诗组合了。在他的著作《论洗礼》(*On Baptism*)的开头，德尔图良就把鱼等同于耶稣基督，把这个符号同洗礼的水联系起来，以此来巩固基督徒的恒心，在"自在得永生"的良好环境中持之以恒：

> 我们的圣水中有欢喜的神秘，因为我们之前的盲目罪过被洗掉了，我们自在得永生了！这篇文章不会无用，因为它给那些此刻思想正在定型的，以及那些满足于简单信仰的人提供指示。后者不追究从祖上传下来的信仰有何依据，他们在无经验中背负着一个没有经受考验的信仰……我们不过是小小的鱼儿，依着我主耶稣基督（IXΘΥN），在水里出生，只有继续待在水里我们才是安全的。①

---

① 德尔图良,《论洗礼》(*De bapt.*),1;英译 Alexander Souter,《德尔图良有关祷告与洗礼的论文》(*Tertullian's Treatises Concerning Prayer and Baptism*, London,1919),译文有改动;参 F. J. Dölger,《鱼》(*IXΘΥΣ*,Rome,1910)。

这个离散诗组合 ΙΧΘΥΣ 在三世纪已经为基督徒熟知。除了德尔图良外,《西比拉神谕》(*Sibylline Oracles*)也提供了一首长诗,其中每一行的第一个字母拼在一起"最终形成完整的 ΙΧΘΥΣ;还有七行诗,每行的第一个字母合起来形成 ΣΤΑΥΡΟΣ,或十字架"。①这些有关十字架的诗句表达了救主这个符号的重要性,诗句最后一行提到救主:"救主,永远的王,你为了我们受难。"②通过耶稣基督这条鱼而得的永生表现在救主的受难与永恒的王国中,而不是在其复活中彰显,因此永生的概念通过十字架这个符号来象征,其主题不是"死与复活",而是战胜"疾病、政治与社会的困难,还有死亡……[强调]解脱与胜利而不是死亡与复活"(G. F. Snyder,《和平之前》,前揭,页 46)。

为什么艺术家与雕刻家们没有发展出象征复活的意象?是因为复活的信息太超然、太神秘,还是[22]与此相反,太普通了?如果是这样,为什么早期基督教象征性地暗示圣餐与受洗的神秘性?

当我们审视约拿传统时会发现另外一个关注焦点。③《约拿书》中的主人公被一条鱼吞进肚子,三天后才被吐出来。结合《路加福音》十二章 29 至 32 节以及《马太福音》十六章 1 至 4 节("除了约拿的神迹以外,再没有神迹给他看"④)的描述,这里的"第三日"怎么会跟耶稣在"第三日"的死与复活没有关联呢?事实上很多经典诠释者们已经得出这个结论,也以此解释约拿的肖像,⑤因为《路加福音》与《马太福音》把耶稣提及约拿神迹的事放在他与法

---

① G. F. Snyde,《和平之前》,前揭,页 32;参 F. J. Dölger,《鱼》,前揭,页 51-52。

② 《神谕集》(*Orac. Sibyll.*), GCS Geffcken,页 153ff.;G. N. Stanton,《耶稣》(*Jesus*,Cambridge,2004),页 45-46。

③ R. Staats,《复活 II/2》,前揭,页 522;G. Koch,《石棺》,前揭,页 154-156;P. Prigent,《艺术》(*L'art*,Paris,1995),页 159-178。

④ 留意《马可福音》8:11-13 声称没有神迹给这个世代看。

⑤ 参 E. Stommel,《问题》("Problem"),载于 *JAC*,1,1958,页 112。

利赛人及撒都该人的讨论这个片断中,这种解释也更加普遍。不过,争论的焦点不是有关死者的复活,而是末世、最后审判的到来。我们又一次看到,在早期基督教著作与肖像中,复活对约拿这个人物的刻画并没多少影响。①

学者们已经开始在《福音书》之外寻找能够启发他们灵感的资料,他们把目光投向非正典里出现的一个故事,把它当作约拿这个人物的原型(*Vorlage*)出处(参 E. Stommel,《问题》,前揭,页 112-114)。"这个形象被很肤浅地现实化,用来宣传忏悔的功效。"②通过与基督的一个预表论的比较,当然后者为人类贡献的比约拿要多得多,③可以发现"好多有关约拿的教父学文本,在古代基督教艺术中对他的描绘数量更多,但让人吃惊的是它们都没有提及《马太福音》十二章 40 节,也就是说没以此影射基督的复活。很重要的一点是,就连视约拿的命运为基督受难之先导的德尔图良,也没有把约拿在鱼肚子里待三天跟基督在他的坟墓里休息三天做直接的比较。对他来说最重要的是:约拿被吐出来后还完好无损,所以在死者复活的末日我们作为人的身体也是完好的"。④

早期基督教肖像学也有可能涉及复活,但那只是一种潜在的特例。如果有这样的特例,它也正好证明了我们所说的:原则上没有什么能阻止艺术家发展出有关复活的肖像学。对复活的描绘出现在三世纪中叶一个"笨拙的"壁画中,这个壁画在杜拉欧罗普斯(Dura-Europos)十字路口小镇上一间屋子里,该小镇坐落在叙利亚

---

① 参 J. Allenbach,《约拿》("Jonas"),收于 André Benoit u. a. (ed.),*La Bible et les Pères*(Paris,1971),页 107。

② 尤斯丁,《与特来弗对话录》(*Dial.*),107,3;P. Prigent,《艺术》,前揭,页 177;E. Dassmann,《宽恕》(*Sündenvergebung*,Münster,1973),页 231。

③ 参《保罗行传》(*Act Paul*),8,3;爱任纽,《驳异端》,前揭,IV 19,1;IV 52,1;V 5,2。

④ R. Staats,《复活 II/2》,前揭,页 522(作者自译);德尔图良,《论祷告》(*Orat.*)3-4 及《论肉体复活》(*De res.*),32,3。

美索不达米亚平原幼发拉底河右岸。① 这幅壁画"对故事的情景[23]做了不同的诠释,其中最合理的解释是那位妇女在复活节清晨来到圣体安置所……壁画所描绘的细节跟任何一部福音书都不相符"。②

与此相反,从君士坦丁时代也就是四世纪30—50年代起,我们发现这类作品的数量不断增长。③ 四世纪中期的肖像画强调十字架的中心地位,因为最早的纪念物上显示的是十字架而不是复活的基督,但这十字架不是作为死亡的符号,而是作为胜利的符号出现,它顶着王冠,王冠上刻着"基督头衔在希腊文中的头两个字母。X(Chi)与R(Ro)这两个字母上下叠加……成为四世纪所有基督教符号中最普遍的一个"。④ 解经学家如以法莲(Ephrem of Syria)把十字架上的字母R与一个很古老的异教徒的解释统一起来,认为它代表救赎、幸运与帮助:"十字架上的R意味着 $βoήϑια$(帮助),跟100的价值一致。"⑤ 希腊文中的R承载着100的价值,因为组成 $βoήϑια$ 的字母合起来就是100,这是一个古代数值进位(isopsephy)的例子:⑥

$$βoήϑια$$
$$2 + 70 + 8 + 9 + 10 + 1 = 100 = R$$

---

① 参 M. Rostovtzeff,《杜拉欧罗普斯及其艺术》(*Dura-Europos and its Art*, Oxford, 1938),页100-101。

② A. Perkins,《艺术》(*Art*, Oxford, 1973),页53-54;参 R. Milburn,《艺术》(*Art*, Berkeley, 1988),页12。

③ R. Harries,《基督受难》(*Passion*, Aldershot, 2004),页5; R. M. Jensen,《艺术》(*Art*, Oxford, 2000 = 2007)。

④ H. v. Campenhausen,《石棺热》("Die Passionssarkophage"),载于 *Marburger Jahrbuch für Kunstwissenschaft*, 5, 1929,页81。

⑤ 以法莲,《邪恶准备》(*Insanctam Parasceven* [Ephraem Syri opera omnia quae exstantgraece-syriace- latine III], Rome, 1746),页477。

⑥ F. J. Dölger,《太阳》(*Sol*, Münster, 1925),页74。

胜利的十字架是个显著的符号,因为它不仅象征着人们关注的中心发生转换,从基督之死转到基督复活,前者被视为拯救的中心时刻,后者被当作胜利的十字架上的王冠;它也表明没有理由说明为什么缺少对复活的描述,哪怕是象征性的描述。①

为什么我们会面对一个对复活信仰的艺术与文字表达的缺失?我们又回到这个纪元最初的两个世纪。与以前的学术研究不同,我们不会从时代错植的观念或态度入手,这些观念针对一个已经成立的教会,一本被尊为正典的经书,一个受罗马皇帝以及他的统治、警察、代议制所支持的制度化了的基督教,处在这样的一个当罗马——至少政治权力的上层(皇帝的家族、统治精英、军队官员、元老院与各省的官员)——已经广泛地接受了基督教,而基督教也吸收了很多罗马文化、礼仪、信仰与意识形态的成分的时代。我们的研究不会从重写耶稣之死真实历史以及接下来发生的历史事件开始,因为没有[24]目击者,这个历史问题无法解决。与此相反,我们不得不小心谨慎以免落入一个与去魅论相反的窠臼,像十八世纪以来的伪历史研究那样。

我们的研究必须建立在一个比正典著作更宽广的文本基础之上:《新约》著作,特别是它的结构,已经代表对早期基督教著作的一种挑选,它是基督教学术、神学与制度化发展的产物。以最后的规范形式出现的正典不会早于四世纪,就像我们在后面看到的那样,它的形成,也是争辩的产物,与围绕基督复活的论争有内在的关联。所以我们的研究不从正典的最后成品开始,而是进入《新约》的形成过程当中,这是一个创造性的成书历程。

我自己是在 18 年前,也就是 1993 年,进入这个研究领域,当时我应邀为在罗马举行的学术会议准备一篇论文,会议的主题为"早期基督教叙述"(*La Narrativa Cristiana Antica*)。我之前曾研究过一

---

① 参 J. Bowden,《复活》("Resurrection"),收于 Stephen Barton and Graham Stanton, *Resurrection*,1994。

个四世纪的神学家亚坡理纳(Apollinaris),他视复活为基督教信仰的一个核心元素。我误以为会直截了当地进入一个研究课题,即早期基督教对复活教义的叙述。① 很快地,为这个会议准备的发言稿变成一篇与我自己的初衷相反,也与此次会议的一般假设相反的论文,标题为"历史并非一直在讲故事"(History does not always tell stories)。我发现在最初的两个世纪当中,这类叙述在基督教文学中的数量极少,神学论述也非常有限。

这个至今还未走到尽头的漫长的研究史,说明了为什么其中的一些观察仍处于试探性阶段,特别是某些观察导致的新观点。另一方面,我尽量少对原始资料做出自己的解读,搁置定论,而不是陷入常规解释当中或给出非常规的猜想。在此我要特别感谢我的同事也是我以前在慕尼黑的老师胡布那(Reinhard M. Hübner)与在海德堡的瑞特(A. Martin Ritter),他们两人都阅读了这本书的初稿。在波恩的兹维勒(Otto Zwierlein)不仅通读了初稿,还给了重要的建议。我也感谢与我讨论过此书部分章节的本科生与研究生。锲而不舍的文本编辑韦勒姆(Ann-Marie Wareham)在校对整理完最后一稿后写道:这"可以是一项持续终生的研究!你在这里发现了新大陆,这看起来不同凡响。我想知道为什么这个问题被忽略这么久——你把这方面著作的缺失归于无知、自满还是怕得罪已有的制度?是不是因为学者们深深扎根于自己的传统中,所以不管有意还是无意,他们不会看得更远一些?这个文稿确实引发我的想象"。

事实上,我之前并不愿意写这样一本专著,原因是我一直在反复思考这个问题:为什么从事教父学研究的学者们没有着手从事这类研究?只因为以前或现在的同事忽略了一个几乎是基督徒生活与基督教信仰中最重要的一个元素?这个课题不是已经被包含在有关[25]复活节历史研究当中了吗?这方面学术研究的缺乏是不

---

① M. Vinzent,《历史》("History"),收于 *La Narrativa Cristiana Antica*, Rome,1995。

是因为现有的资料不足？是不是因为基督复活已经嵌入他们的礼拜日庆祝中，成为庆祝的核心内容，也成为每周礼拜的一部分，所以在早期基督教的著作、礼拜文本与祷告中没有提及或间接指涉基督复活？关于基督复活信仰出现较晚而且有一段时间被淡化的这一假想，难道定期举行的圣餐礼与一年一度的复活节庆祝不是最明显的反证吗？它不正好证明基督复活的中心地位从早期教会一开始就已经确定？

如果真是这样，那为什么没有学者对这一不证自明的真理进行反思？举个例子，格利梅尔(Alois Grillmeier)在他那本权威著作《基督教信仰中的耶稣基督》(*Jesus Christ in Christian Belief*)——这是一部多卷本的百科全书，研究早期基督徒在前五个世纪当中如何思考耶稣基督这个问题——讨论了历史上的耶稣与活在教会、祷告、礼拜、信条与争议中的主之间的关系。第一卷的索引涵盖了直至公元451年的历史跨度，只有五处提及复活：《彼得福音》(*Gospel of Peter*)（二世纪）；优西比乌(Eusebius of Caesarea)；还有三个五世纪的文本。①在索引中列出的众多拉丁语词汇中没有 resurrectio（复活），希腊语中的 ἀνάστασις（复活）仅仅指向使徒保罗与四世纪亚历山大长老（与异端）阿里乌(Arius)。②另外一个例子，在长达1020页的《早期基督教研究牛津手册》(*The Oxford Handbook of Early Christian Studies* [2008])中，涉及"经典解释""有关上帝的教义""基督与基督中心论""有关创世论的教义""早期基督教伦理"以及其他

---

① A. Grillmeier,《教会信仰的耶稣基督：从使徒时代到卡尔西顿会议(451)》(*Jesus der Christus im Glauben der Kirche. I. Von der Apostolischen Zeitbis zum Konzil von Chalcedon* [451], Freiburg i. Br.,² 1979)，页7，页44，页58-59（有关《新约》的论述）；页154（有关《彼得福音》的论述）；页317（有关优西比乌的论述）；页353（有关布道者阿斯提里乌斯 [Asterius, the homilist] 的论述）；页570（有关阿波尼乌斯 [Aponius] 的论述）；页615（有关狄奥多若 [Theodore of Mopsuestia] 的论述）。

② 同上，页81（有关保罗的论述）；页376（有关亚里乌的论述）。

由最知名的学者写成的章节,都没有涉及基督复活。①

当然,我们在早期基督教文献中比在最早的研究中能发现更多的证据。从四世纪后期以来,有一个丰富的有关教义与礼拜的文献在流传。不过,有一点可以肯定:"在早期教会中没有对基督复活的一个全面的考察。"②

---

① Susan Ashbrook Harvey and David G. Hunter (eds),《早期基督教研究牛津手册》(*The Oxford Handbook of Early Christian Studies*, Oxford, 2008)。

② R. Staats,《死者复活》("Auferstehung der Toten"),载于 *TRE*, 4, 1979, 页468。

第一章 结束的开始

犹太教的开始

[27]任何想要理解早期基督教的努力都不得不克服这样一个根深蒂固的假设,即把耶稣运动视为一扬"新的"宗教运动,基于一篇"新的"福音书,一本《"新"约》,视之为一个"新"以色列诸如此类的观念。正如我们稍后将会看到的那样,这样一幅图景只是二世纪中叶由马克安勾勒出来的。我们会再回来谈论这位基督教的导师。

基督教并非在犹太教中诞生,从其幼年起,它仅是犹太教的,我们所说的"犹太教"变种的一部分,①这个开端对基督复活的意义以及复活节与礼拜日的内容都产生影响。② 而且,在第一世纪中我们所说的"犹太教"是由巴勒斯坦—以色列以及更远地区的多种区域性传统与概念传统组成,它被希腊城市与罗马权力塑造,在亚历山大、安提阿(Antioch)、罗马以及其他地方都有其中心。法利赛人、撒都该人、亚森人、撒玛利亚人在由思想相近的成员组成的犹太会堂中碰面,这些人有着相似的社会、文化与地理背景。在公元前四、五世纪之前,有亚兰语倾向的拉比派并没有主导犹太教,而它本身已经是被基督化、希腊化的罗马帝国当中犹太教与基督教相互隔离

---

① 参 A. van Aarde,《倾向》("Tendencies"),载于 Neotest,40,2006,页 354。
② 参 H. C. Cavallin,《生命》("Leben"),载于 ANRW 2,19/1,1979,页 243。

的产物。即使后来犹太教也曾努力摆脱希腊传统,宣扬一种以亚兰语为基础、反拜占庭的宗教,①但收效甚微,以希腊—罗马制度化了的基督教为背景,而这时的基督教已部分地失去其基于希伯来语与亚兰语的犹太传统。如果我们回过头看基督教的开端,那么我们就是在读解犹太传统。无论是保罗还是他的团体中的任何一个成员都不知道他们是基督徒,也不知道他们后来会被称作"最早的"基督徒。②这种日益增长的、通常会很痛苦的分裂在犹太教中不是第一次,也非最后一次,而是无始无终的。③几个世纪之前,犹太传统已经遭受分裂:撒玛利亚人与犹太人曾经共享《托拉》,但他们发展出不同的相互竞争的礼拜中心,坐落于地理上相互隔离的地域——索马里靠近塞巴斯特(Sebaste)的基利心山(Mount Garizim),与耶路撒冷老城北部犹太地区的锡安山。

[28]犹太教与基督教日益增长的分裂并没有发展成一个整齐的地理分界。相反,公元70年之后,在反抗罗马的战役失败后,犹太人被逐出耶路撒冷,分散到当时已经存在的遍布全国的犹太人散居点,也就是说犹太人与犹太基督徒不得不在希腊—罗马环境中作为少数族群比邻而居。

撒玛利亚人与犹太人共享《托拉》中的大部分内容,更多的犹太教文献的权威是犹太教内部争论的一部分,也是犹太教当中众多条线索形成的原因之一;撒都该人在一定程度上与撒玛利亚人相似,完全接受《托拉》;法利赛人加上《先知书》与《经典》,后者的部分内容产生了更多的文献。法利赛—犹太经典的形成与圣典化当中很重要的一步是把希伯来文《塔那赫》(Tanak)(《托拉》[Torah = 5 Books of Moses]、《先知书》[Nebiim = Prophets]、《经典》[Ketubim =

---

① 参 N. de Lange,《接受》(Reception,Tübingen,2009)。
② J. Lieu,《犹太人》(Jew,Oxford,2005),页 192。
③ 参 A. H. Becker and A. Yoshiko Reed (eds),《道路》(Ways,Tübingen,2003)。

Scriptures]）翻译成希腊文,此外还有翻译《七十士译本》(Septuagint),此译本于公元前 132 年之前在埃及的亚历山大港完成。①这个译本之后,《塔那赫》仍然"还不是严格意义上完成了的经典,它的第三部分还处于一种流动状态,而且,……还有很多用希腊文写的神圣文本在流通,其中相当一部分逐渐地、很自然地附着于权威的文集"。②"如果从基督教方面来看,有一些新的启发性的著作加在这个文集之上",那也"不足为怪,也不会被视为非比寻常的东西"(同前)。

犹太教在公元前二世纪以及一世纪初既使用希腊语也使用亚兰语,在公元一世纪基督教的文献中,即便不是全部,也有相当大的比例都是犹太文献制作的一部分,虽然希腊传统与亚兰传统的分化肯定是在加剧。亚兰文献"应该说记录了从一世纪到三世纪早期居住在巴勒斯坦地区的拉比圣人们的教理",所谓的《塔那赫》文献,涵盖的范围很广,包括《密西拿》(the *Mishnah*)、《托赛夫塔》(the *Tosefta*)、耶路撒冷的《巴莱托特》(the *Baraitot*),以及巴比伦的《塔木德》,拉比以实玛利(Rabbi Ishmael)的《法规》(the *Mekhilta*),《〈利未记〉注疏》(*Sipra*)以及《〈民数记〉与〈申命记〉注疏》(*Sipre*)。③而这些拉比文献只是"犹太教内部一个特定的教派或宗教运动"的产物。"还有其他形式的犹太教",比如说,"散居的形式,……在巴勒斯坦拉比的权力烙印还没有完全加诸很多流散的团体之前,这种形式存在。还有'流行'的犹太教"(同前)。许多这样的文献产生于法利赛人的教派,拉比、本地教派导师、哲学讲师,可惜今天已经失传。

---

① A. F. Segal,《生命》(*Life*,New York u. a.,2004),页 363。
② A. Harnack,《起源》(*Origin*,London,1925),页 4。
③ P. S. Alexander,《托拉》("Torah"),收于 D. A. Carson, Peter T. O' Brien and Mark A. Seifrid, *Justification and Variegated Nomism* I,Tübingen,2001,页 262。

[29]开始取代早先几个世纪的口述传统的拉比文献与基督教文献①只是逐渐地取代这一"活的声音"。②在公元二世纪时,帕皮亚(Papias of Hierapolis)主教就认为活的声音比任何文字见证更可靠,不过他本人也写书。在二世纪中,书写文献只是在"有限的地理区域被几个特别的团体"接受(参同前,页33)。

基督教在"犹太教"中成长,它也只是慢慢地脱离"犹太教"。当然由于保罗及其传教活动,甚至有可能更早,当耶稣最早期的追随者被逐出犹太教时,在非犹太人当中进行的传教活动已经开始了。但是我们从《马太福音》与《使徒行传》可以知道,这样的冒险活动并非没有受到某些耶稣追随者的干扰。越过巴勒斯坦、法利赛—犹太人据点进入撒玛利亚人的区域,这种传教活动并不容易被接受,犹太人与撒玛利亚人的冲突就有这么久远。③不过,保罗是一个越过边界的典范。他在犹太—拉比传统中接受教育,但我们发现他的观点在很多方面接近那些与第一位殉道士司提反(Stephen)、腓力(Philip)以及其他《使徒行传》六章记载的所谓希腊化了的犹太人相关的教理,我们在后面会看到这点,它与撒玛利亚思想有很多共通之处。

在最初的年月,早期教会主要关注跟他们所在的犹太大团体相关的事物——解释律法以及更定有关割礼、食物、交往与伦理的法律事务。是把福音书限制在犹太教律法的范围之内,还是让福音书走出犹太人社群,传到所谓的畏惧上帝者、撒玛利亚人甚至外邦人那里,这两者之间从一开始就存在某种紧张。

---

① 参 J. Neusner,《传统》("Traditions"),载于 *Kairos*,14,1972。
② 参 H. Koester,《福音书》("Gospels"),收于 Andrew F. Gregory and Christopher M. Tuckett(eds),*Trajectories*,2005。
③ 比如说参考约瑟夫斯,《犹太古史》(*Ant.*),Xiii 74-79;S. J. Isser,《杜西弗斯派》(*Dositheans*,1976),页 5-6,以及《马太福音》10:5-6 与《路加福音》9:45-46 的对比。

一个很重要的话题把火药味带入犹太会堂,这个话题虽不是复活,但触及这一问题,因为当时所讨论的内容必须跟解释犹太律法相关。这个重大的话题就是受过洗礼的新男性成员要不要行割礼。受洗被视为上帝与耶稣追随者之间的圣约。保罗的位置很突出,他对《律法》作了极端的解读。他要让非犹太人改信基督的积极举措让这场年轻的宗教运动经受了第一次考验,几乎到了分裂的地步。复活让保罗得以强调洗礼的救赎品格,这一话题依然牢靠地嵌入犹太框架,在这一话语体系中一个更大的基督教团开始繁荣。于是,复活巩固了保罗自己的权威地位,让他独立于任何人。①对保罗来说,不但他的权威依赖于他的体验——复活基督给他的启示,因为他从未见过拿撒勒的耶稣;而且他还从[30]这次经历中获得一场戏剧性的人生转换:从一个狂热地迫害耶稣追随者的法利赛人②变成了这场基督运动的积极倡导者。

犹太人与撒玛利亚人眼中的耶稣之死与复活

这一运动通过保罗得以拓展并超出犹太教的边界,也给年轻的耶稣教团带来压力。不过好几十年内,很大数量的成员仍然持守犹太律法。

加利利,巴勒斯坦北部犹太人散居地,有强大的希腊—罗马帝国城市,如提比里亚(Tiberias),还有深受希腊影响的拿撒勒,为耶稣和最早追随他的人们提供了家园。在耶路撒冷与犹大地区年轻的耶稣运动的成员来自不同阶层,涵盖犹太人生活的方方面面,也

---

① 其他权威分别为十二门徒、其他使徒、雅各、彼得与约翰这三位耶路撒冷的支柱;安提阿的先知与教师巴拿巴、西门、路求与马念。

② 尽管保罗有个温和的老师迦玛列——但师徒之间常常差别很大,就像我们比较亚里士多德与他的老师柏拉图时所看到的那样。

包括慕名而来与耶稣接触的撒玛利亚人,他们也见过耶稣,使用他的名号。这些人全都背负着希腊化的文化行囊。

背景如此不同的人们对这个命中注定的十字架脚本会做出什么样的回应?很自然地,他们会试图透过各自的宗教与文化来理解这一现象,于是产生了一幅"没有精确性"的多元图景。①

"在死亡之境没人会记得你"——更早的犹太教传统

拉比们共享一个活生生的对死后生命的信仰。不过这个犹太教核心信条只是在犹太教中缓慢地发展起来,以取代早先的生死观。"以色列人热爱生活……因此有信仰的人也不渴望逃离这个世界……进入某种非时间性的灵性境界……以色列这一理想在刻画约伯这个人物时得以表达,在荣誉上物质上都很满意,一个完美正直的人,极其富有,一个虔敬与慷慨的典范。"②因此,"没有写在圣典里的教义支持犹太人对死后生命的信仰",③这种观念"对绝大多数的《旧约》传统来说是陌生的",④公元前六世纪末在美索不达米亚平原上那些从流放中归来的第一代犹太人当中普遍不存在这种观念(参 H. C. Cavallin,《生命》,前揭,页243)。《托拉》里面并没有死者复活的说法,只有"精液"与"名字"的残留。唯有生殖能保障"死后的生命"(同前;比如《保罗行传》[*ActPl*],14)。只有一种例外能够[31]克服生与死之间的严格分界,那就是在活着时不经历死亡而被直接提升到上帝那里,像以诺(Henoch)那样(《创世记》

---

① A. Harvey,《马可福音9.10》("Mark 9.10"),收于 Stephen Barton and Graham Stanton (eds), *Resurrection*,1994,页69。

② R. Martin-Achard,《生命》(*Life*,Edinburgh and London,1960),页3;比如说参考《诗篇》128。

③ J. J. Adler,《生命》("Life"),载于 *JBQ*,22,1994,页85。

④ E. -J. Waschke,《复活》("Auferstehung"),载于 *RGG*⁴,1,1998,页915;尽管会出现在一些陪葬的铭文中,参 E. Puech,《信仰》(*Croyance*,Paris,1993),页10-13。

5∶24;《希伯来书》11∶5），或者像后来讲述的有关先知以利亚（Elia）的故事（《列王记上》17∶17-24 a. o.）。"但这些都不算是复活故事，就像……在重生的尽头还有另外一次死亡。"（E. -J. Waschke,《复活》，前揭，页915）《诗篇》也是这样，跟《托拉》传统很接近，对生命的看法主要也是以死为终结，①阴间是上帝不可企及的地方，像《诗篇》六章5节所说的那样。②

复活只是在公元前六世纪巴比伦流放之后才发展起来的信仰，那是个受不同宗教影响的年代，当时遍布于波斯到美索不达米亚平原的琐罗亚斯德教（Zoroastrian）的教义，其中夹杂着埃及与希腊的国际化了的观念，关于在这个世界活动的上帝的观念。在安提亚古四世（Antiochus IV Epiphanes）时期，犹太人因受迫害而殉道，这样的事实让犹太信众把目光投向尘世生活之外，在那里寻找上帝的奖赏。③

明显提及死者复活的说法只出现在《先知书》后来附加的残篇里，在著名的《以西结书》里有"满是骨头"的山谷（《以西结书》37），以及在《以赛亚书》中出现的相关描述（参 R. Martin-Achard,《生命》，前揭，页118-138），这些文字在犹太逾越节庆祝中扮演重要角色，糅合了最富戏剧性的期许信息以及将来死后人之完整性的预设，跟末日审判的景象一起出现：④

　　他已经吞灭死亡直到永远。
　　主耶和华必擦去各人脸上的眼泪……

---

①　参对《诗篇》16∶10,17∶15,49∶16,73∶23-8 的讨论，特别是根据后来注疏者的理解展开的讨论，详见 E. Puech,《信仰》，前揭，页46-59。

②　"因为在死亡之境没人会记得你。在阴间谁感恩你？"这句经文也出现在《诗篇》88∶2-3 当中。

③　《但以理书》12∶2-13。参 H. C. Cavallin,《生命》，前揭，页244。

④　参 W. Schmithals,《神学》（Theology, Louisville, 1997），页10-15, 页281。

> 这是耶和华，我们素来等候他，
> 我们必因他的救恩欢喜快乐(《以赛亚书》25:8-9)。

《但以理书》被看作公元二世纪前以来深化了的对肉身复活信仰①的"唯一一个无争议的证明"。②公义的人被允许[32]复活，③尤其是殉道者，④复活成为对忠诚持守的奖赏。⑤死去的长老在一般所说的死者复活之前已经受难了。⑥约伯被提升到上帝的住所，被当作殉道者，在天堂坐在上帝右手边的宝座上。⑦《马加比二书》(2 Maccabees)把"复活"与殉道联系起来。⑧殉道士波利卡普(Polycarp)

---

① 《但以理书》12:1-4.13。E.-J. Waschke,《复活》，前揭，页 916；承接 H. C. Cavallin,《生命》，前揭，页 249-250；也参 R. Martin-Achard,《生命》，前揭，页 138-146。

② 参《以诺一书》(1*Hen.*),51:1;《西缅遗训》(*Test. Sim.*),6:7;《犹大遗训》(*Test. Jud.*),25:1;《便雅悯遗训》(*Test. Benj.*),10:6f.;《西布伦遗训》(*Test. Zeb.*),10:2;《约伯遗训》(*Test. Job.*),4:9;《伪圣经古史》(*LibAnt.*) 3:10;《以斯拉四书》(4*Esr.*)7:29 ff.;《亚当与夏娃的生平》(*Vita Adae et Evae*),13:3;《巴录二书》(2*Bar.*),42:50-51；更进一步的详细论述见 K. Schubert,《复活的希望》("Suferstehungshoffnung"),*WZKM*,56,1960；H. Wahle,《教学》("Lehren"),载于 *Kairos*,14,1972,页 291-309；G. Stemberger,《复活》(*Auferstehung*, Rome, 1972); 氏著,《问题》("Problem"),载于 *Kairos*,14,1972,页 273-290；H. C. Cavallin,《生命》，前揭，页 252-272；E. Puech,《信仰》，前揭。

③ 《以诺一书》(1*Hen.*),90-92;《所罗门诗篇》(*PsSal.*),3:12。

④ 参《马加比二书》(2*Macc.*),7;《马加比四书》(4*Macc.*);《所罗门智训》(*Sap. Sal.*),2-5；U. Kellermann,《复活》(*Auferstanden*, Stuttgart, 1979)。

⑤ 也可参考道成肉身的观念(比如《马可福音》6:14)，A. Harvey,《马可福音 9:10》，前揭，页 69。

⑥ 《便雅悯遗训》(*Test. Benj.*),10:6；一个相似的观念在《马可福音》12:26-7 出现；U. Kellermann,《复活》，前揭，页 64。

⑦ 《约伯遗训》(*Test. Job.*),4:9-10,41:4,让人想起《启示录》20:4-5。有关《启示录》的论述，参 U. Kellermann,《复活》，前揭，页 122-127。

⑧ 《马加比二书》，前揭，7;U. Kellermann,《复活》，前揭，页 65。

因他被认为值得分享圣杯而感谢主,为了"肉体与灵魂永恒生命的复活"(《波利卡普殉道记》(*Mart. Pol.*),XIV 2)。殉道者急于赴死,"为了提早获得死者的……重生"(《皮奥尼乌斯殉道记》[*Mart. Pion.*],XXI 4):

> 君王啊,我不是为了我的国王而活过短暂的一生!如果你把我的头砍了,我还会复活出现在你的面前(证明)我没死,我为我主耶稣基督活着。(《保罗殉道记》[*Mart. Paul.*],IV)

人们相信死后灵魂被提升到永恒生命的国度。安提帕特(Antipatros of Sidon)(约公元前 170—100)让人在他的墓碑上刻着:"让赫拉克利亚升到天堂云端的广袤天国的人们永远地有福了。"① 其他人提到灵魂的永恒生命,死后的生命或死者的复活。②

"在活生生的上帝所在的团体之外,旧有的观念依然没被打破,巴勒斯坦犹太社群内依然流行着阴间笼罩下的生命这一观念",③ 饱学之士斐洛即便[33]通晓《但以理书》与《马加比二书》,也不支

---

① 《希腊文选 7》(*Anthologia Graeca* 7),页 748;更多例证讨论,参 U. Kellermann,《复活》,前揭,页 89-93。

② H. C. Cavallin,《生命》,前揭,页 321-322;E. Puech,《信仰》,前揭,页 184-199。

③ 比如说(旧的希伯来文版的)《便西拉智训》(*Jesus Sirach*)、《多比传》(*Tob.*)、《巴莱他》(*Bar.*)、《马加比一书》(1*Macc.*)、《摩西升天记》(*Assumptio Mosis*)、《以赛亚殉道记》(*Martyrium Isaiae*)这些文本都没有讨论人死之后的生命、奖赏或处罚,"尽管这些文本的内容可以引申出超验的生命",参 H. C. Cavallin,《生命》,前揭,页 245;我们也可以提及其他文献,像《犹滴传》(*Judith*)、《阿立斯蒂亚书信》(*Aristeas*)、《马加比三书》(3*Macc.*)、《以斯拉三书》(3*Esra*),在这些文献当中,不提及死后的生命这个话题可能才是偶然的。《昆兰古卷》的文本还有疑义。

持死者复活的教义,而是主张没有死亡的生命这一哲学观点。① 人们要求写的碑文也违背死后复活的信仰,有这样的训示:"勇敢点,没有人是不朽的",② 或者"乐吧,活着的弟兄,喝吧,快活的人们,没有谁是不朽的"。③

只是随着"一世纪末法利赛——拉比正统派在'亚麦尼亚大会'(Synod of Jamnia)的胜利"以及公元 132—135 年的科赫巴(Bar Kochba)灾难,复活信仰才被广泛接受下来(H. C. Cavallin,《生命》,前揭,页 245)。拉比们很积极地宣扬肉身复活,这成为拉比身份的标志之一。④ 他们"在日常祷告中加上对复活的认同",而且强调"那些否认复活教理的人在天国没有立足之地",⑤ 证明复活教理的经文就是《托拉》。问题就变成"一个人只需要知道如何解释"经典(《米德拉什〈申命记〉注释》(*SifDev*),306)。

拉比犹太教吸收了琐罗亚斯德教有关死后生命的教义,一个救主的出现,对弥赛亚的期盼,以及对复活与永恒生命的期许。因为犹太人已经在一定程度上饮过琐罗亚斯德教的奶汁,他们偏离了许多旧观念的实质。有关天堂、地狱与打入冷宫的新观念,还有在天桥上的个体灵魂审判或末日审判,也通过犹太教与希腊文化进入基督教,被消化吸收后再传给后来兴起的伊斯兰教。宗教与文化上的彼此适应从来都不是简单的单向式的借或偷。相反,它从来都是一个非常复杂的、动态的创造性的过程,一个拿来、塑造与淘汰的过

---

① 参 Philo,《善者皆自由》(*Prob.*),109;U. Kellermann,《复活》,前揭,页 48。

② 进一步论述参 H. C. Cavallin,《生命》,前揭,页 321。

③ 更详细的文献,参 E. Puech,《信仰》,前揭,页 184 。

④ 我们对此还只有一个模糊的图景,在拉比传统内确实存在不同的理解(比如说,包括道成肉身的教义),这点已经被 Harvey 揭示出来,参 A. Harvey,《马可福音 9.10》,前揭,页 69-70。

⑤ G. Stemberger,《复活》("Auferstehung"),载于 *RGG*^{4},1,1998,页 917,提及《论公会》(*Sanh.*),10:1;H. C. Cavallin,《生命》,前揭,页 312-321。

程，包括努力寻找使用各种新旧概念的正确方式，有意无意地挪用、铸造或生成某些新的观念。①

弥赛亚末世论——法利赛派与拉比派犹太教

［34］出了名的撒都该人的反对者后来逐渐被称为法利赛人或拉比②（参 E. Puech，《信仰》，前揭，页 213-242）。他们不只相信死者复活，而且还像自称是法利赛人的约瑟夫斯（Josephus）那样提倡这一教义。他们还认同有关灵魂存留与永恒的观点，这是一个特别的且被柏拉图思想同化了的观点。③ 像在柏拉图那里一样，灵魂是神圣的、永恒的，是上帝所在的地方（参约瑟夫斯，《犹太战记》，前揭，III 372）。死者复活是末日景象的一部分，在这个时候灵魂会进入一个全新的身体。④

保罗在死者复活这个问题上受到法利赛人的影响。但他走得更远，他看到了死者复活与基督复活之间的联系："基督死了又活过

---

① 参 Christian Gnilka，《基督 II》（Chrêsis II, Basel, 1993）；留意我的评论，载于 ZKG, 106, 1995, 页 133-137。

② "拉比们与公元 70 年前的法利赛人之间的准确关系是一个有争议的问题…… 这个团体在公元 70 年后转化为一个国家政党，这个事件是早期犹太教发展史中最重要的环节之一。"P. S. Alexander，《托拉》，前揭，页 263 注释 3；也参 M. Goodman，《国家》（State, Totowa, 1983）；C. Heszer，《拉比运动》（Rabbinic Movement, Tübingen, 1997）；R. Deines，《法利赛人》（Pharisäer, Tübingen, 1997）。

③ 参约瑟夫斯（Joseph.），《犹太战记》（BJ），II163b-c 与《犹太古史》，前揭，XVIII 14 只是柏拉图化了，而不是柏拉图主义的，因为法利赛人不相信存在灵与肉的根本区别，而相信二者之间的沟通。尽管约瑟夫斯也能讲述柏拉图主义对身体的理解，即身体是灵魂的监狱，参《犹太战记》，前揭，VII 340-350。

④ 参同前，374b；有关后来出现的基督徒伪造的所谓的《夫拉维亚遗训》（Testamentum Flavianum），参 F. W. Horn，《夫拉维亚遗训》（"Das Testamentum Flavianum"），收于 Josephus und das Neue Testament, ed. v. Christfried Böttrich, Tübingen, 2007, 页 124（lit.）。

来,这样他可以是死人与活人的主。"① 对于保罗来说,永生在受洗时获得,这是已经发生的事情,② 永生亦发生在一个人死的时候。③ 保罗所持的末世景观不在遥远的将来展开,而是"活生生的"现实,末日始于耶稣的复活:

> 论到了睡的人,我们不愿意弟兄们不知道,恐怕你们忧伤,像那些没有指望的人一样。我们若信耶稣死而复活了,那已经在耶稣里睡了的人,上帝也必将他与耶稣一同带来。我们现在照主的话告诉你们一件事:我们这活着还存留到主降临的人,断不能在那已经睡了的人之先。因为主必亲自从天降临,有呼叫的声音和天使长的声音,又有上帝的号吹响;那在基督里死了的人[35]必先复活。以后我们这活着还存留的人必和他们一同被提到云里,在空中与主相遇。这样,我们就要和主永远同在。(《帖撒罗尼迦前书》4:13-17)

我们不知道保罗是否受到琐罗亚斯德教《宇宙论》(*Bundahishn*)影响,④ 虽然它与《帖撒罗尼迦前书》的相似(与不同)很明显:与弥赛亚式的救主的关联,复活景象中的时间顺序(尽管琐罗亚斯

---

① 《罗马书》14:9;也见《罗马书》10:9;《帖撒罗尼迦前书》1:10;《加拉太书》1:1;《哥林多前书》15:12 等;也参《马太福音》27:52。

② 《罗马书》6:1-11。参后来进一步发展了这个观点的思想家 Menander,在:爱任纽,《驳异端》,前揭,I 23,5;德尔图良,《论灵魂》(*De anima*),50 以及《论肉体复活》,前揭,5。

③ 《腓立比书》1:23;3:10-11;也见《哥林多后书》5:1-10;参 U. Kellermann,《复活》,前揭,页 109-113。

④ 参《宇宙论》(*Bundahishn*),XXX 1-32,E. W. West 译自:《东方圣典 V》(*Sacred Books of the East* V, Oxford, 1897);M. Boyce,《琐罗亚斯德教徒》(*Zoroastrians*,1979 = 2003);氏著,《琐罗亚斯德教》(*Zoroastrianism*,1992)。

德教救主不死也不复活)。①

有证据表明保罗不是唯一一个盼望受难、死、复活的弥赛亚的法利赛人。最近的研究也显示"弥赛亚约瑟夫之子其人与他受难的传统是公元前一世纪末或公元一世纪初产生的";② 一个刻有选自《加百列异象》的片断③的石碑似乎证实"这个弥赛亚式的人物在当时已经为人所知"。④

依据《出埃及记》三十章 22 至 25 节的记载,一位受膏的国王或教士已经被称为弥赛亚,即希伯来语中的"受膏的[那一位]"。经典甚至把波斯国王居鲁士大帝(Cyrus the Great)等非犹太人也称为"上帝的受膏者"、上帝的弥赛亚(《以赛亚书》45:1)。弥赛亚成为犹太希望的中心点,指向一位未来的犹太国王,大卫王(《以赛亚书》11:1)与所罗门(《哥林多前书》22:8-10;《历代志下》7:18)的后裔将成为受膏者。作为受膏的王(Mélekh ha-Mashíah),他会开启弥赛亚时代,不仅统治犹太人,甚至会成为所有国家的领导者(《以赛亚书》2:4;《撒迦利亚书》8:23)。他会影响全球:战争的武器将被销毁(《以西结书》39:9),他会是和平使者(《以赛亚书》52:7),他会影响来自所有国家拥有不同文化背景的人,并把这些人团结起来(同前,11:10),让上帝的知识充满世界(同前,11:9),这样整个世界将会崇拜[36]以色列的这一位上帝(同前,2:11-17)。这个世

---

① 一个与此相似的不同点也从另外一个受琐罗亚斯德教影响的教派,即米特拉教(Mithras),看得出来,参 G. Bertram,《复活》("Auferstehung"),载于 *RAC*,1,1950,页 926。

② 这点有争议,参 V. Sasson,《异象》("The Vision"),参见 3. September 2009: http://victorsasson.blogspot.com/2009/09/vision-of-gabriel-and-messiah-in.html, besucht am 21.11.2009

③ A. Yardeni and B. Elitzur,《文献》("Document"),载于 *Cathedra*,123,2007,页 155-166。

④ I. Knohl,《加百列》("Gabriel"),载于 *JR*,88,2008,页 149;也参考他早期的文章《圣子》("Son"),载于 *Tarbiz*,68,1998,页 13-38。

界中一个敬畏上帝的人(同前,11:2)会重建耶路撒冷(《以西结书》16:55),恢复其法官与律师制度(《以赛亚书》1:26,11:4),让所有流散在外的以色列人重回故乡(同前,11:12),不再有饥饿与疾病,死亡也会终止(同前,25:8);所有死者会在永恒的喜乐中(同前,26:19;51:11)、在一块丰饶的土地上复活。①

那些与耶稣相识并且经历了他受审、被钉上十字架与死亡苦痛的人怎么能不把耶稣与《以赛亚书》里的那一位等同呢?怎能不把他与弥赛亚一位"天使般的灵性的化身"②甚至上帝自身等同呢?——"看,这就是我们的上帝!"以赛亚说,"我们等待他,他拯救我们……"

以今天的眼光来看,在耶稣身上见到弥赛亚,甚至把他等同于上帝,这要跨越很大的一步。但如果基督徒已经年复一年地听《逾越节哈加达》(Passah Haggadah),他们一定会感受到这两者之间的关联,也会觉得应当做出这般声明,就像保罗在他的福音书里所说的那样,宣称这位弥赛亚的复活与主的到来。不过并非所有人都追随保罗,不是所有耶稣的信徒都有法利赛背景,即便他们当中很多人是这样。

没有人"复活"——撒都该人的观点

在耶稣的时代,最有权力的是撒都该人而不是法利赛人。③他们强调"圣殿与耶路撒冷在国家生活中的中心地位",④以及"重建

---

① 《阿摩斯书》(Amos),9:13-15;《以赛亚书》11:6-9;51:3;《以西结书》36:29-30。

② W. Horbury,《弥赛亚主义》(Messianism,London,1998),页83-86。

③ 参 H. C. Cavallin,《生命》,前揭,页246-247;有关撒都该人的更多论述,参 J. M. Baumgarten,《启示》("Apocalyptic"),载于 ANRW,2,19/1,1979,页236-239;E. Puech,《信仰》,前揭,页202-212。

④ J. M. Baumgarten,《启示》,前揭,页237。

理想的以色列王国,像大卫王那样统治"。①即便是一位"敌视撒都该人""把他们描述为亵慢与不虔诚的人"的作家,也不得不重申撒都该人自称"公义者"。②公义再现于他们的传统与名称当中:他们期盼 sedeq(公义)降临 Sedeq(耶路撒冷)。"公义的"国王(从麦基王[Melchisedeq]到迦南王[Canaaniteadonisedeq]直至最后一位犹大王西底家[Zedekiah])随着[37]弥赛亚这位"义者"的到来而达到高潮,"在那日子犹大必得救,耶路撒冷必安然居住,他的名必称为'耶和华我们的义'"。③

早期基督教著述者是否认为年轻的耶稣运动与撒都该人之间存在某种关联?有撒都该基督徒吗?

《新约》中的三个《对观福音》提到撒都该人"说没有复活的事"。④在《使徒行传》中撒都该人甚至排除天使与灵性存在的复活。⑤这种说法与我们在其他犹太文献中了解到的情况吻合。约瑟夫斯在其《犹太战记》(Jewish War)⑥中证实了撒都该人否弃"灵魂的存留与阴间的惩罚"这种说法(参约瑟夫斯,《犹太古史》,前揭,XVIII 16)。撒都该人与著名的拉比迦玛列(Gamaliel)之间的一场饶有趣味的讨论,又为我们了解保罗的背景提供了一条线索,迦玛列有可能是保罗的老师。⑦这场辩论也显示出保罗在何种程度上顺

---

① R. Meyer,"'撒都该'条"("art. Saddoukaios"),《新约神学辞典7》(*Theological Dictionary of the New Testament* 7,1971),页 44。

② 《摩西升天记》(*Assumptio Mosis*),7:3:*homines pestilentiosi et impii docentes se essejustos*,这句引语来自 J. M. Baumgarten,《启示》,前揭,页 237。

③ 《耶利米书》33:16。J. M. Baumgarten,《启示》,前揭,页 237。

④ 《马可福音》12:18;《马太福音》22:23;《路加福音》20:27。

⑤ 《使徒行传》4:1f.。参 E. Puech,《信仰》,前揭,页 206-208。

⑥ 约瑟夫斯,《犹太战记》,前揭,II 165;也参约瑟夫斯,《犹太古史》,前揭,XVIII。

⑦ 《论公会》,前揭,90b.,不是迦玛列 II,因为有关复活的讨论还在继续,正如前面所揭示的,它不太可能发生在雅麦尼亚会议(Jamnia)也就是公元 70 年之后。

应他那个时代的潮流:"从哪里我们得知这个神圣的、有福的会让死者复活?——从律法书而来,因为上面写着:'耶和华又对摩西说:"你必和你列祖同睡。"'"(《申命记》31:16)而撒都该人出于良好的理由做出反驳:"也许(我们应该读作):'这人将会起来而且转身离去。'"①

《坦胡玛创世记诠释5》(*Tanchuma Bereshith* 5)这么说:

> 撒都该人否认[复活]而且说:"云彩消散而过;照样,人下阴间也不再上来。"②

不过,有些撒都该人对耶稣感兴趣。这些人走到耶稣跟前,提起他们跟法利赛人争论的问题,即死者复活的问题。③根据《马可福音》,耶稣回答:

> 论到死人复活,你们没有念过摩西的书荆棘篇上所载的吗?上帝对摩西说:"我是亚伯拉罕的上帝,以撒的上帝,雅各的上帝。上帝不是死人的上帝,乃是活人的上帝。你们是大错了。"

---

① 参 H. C. Cavallin,《生命》,页 315,他也指向《论公会》,前揭,90b 中与此对应的讨论,这场讨论在拉比 Jehoschua B. Chananja 与罗马人以及 R. Jochanan 之间展开,后者采用的名字是 R. Schimon B. Jochaj。

② 《约伯记》7:9。有关这个话题以及进一步的论证,参 H. C. Cavallin,《生命》,前揭,页 246。

③ 根据《马可福音》,这个问题提出涉及《申命记》25:5-10 以及实施"利未婚"("Yibbum"或 levirate marriage),参《路得记》4:1-12;《密西拿塔木德》(*m. Yevamot*);约瑟夫斯,《犹太古史》,前揭,iV 8.23(4,254-256)。利未婚在其他"部族"也是既定风俗——东方社会像印度的旁遮普人、贾特人、匈人,中国的匈奴、蒙古与西藏人。

有人也许会问,为什么耶稣要提到摩西在燃烧的荆棘边?是不是要让撒都该人高兴?因为《新约》福音书的作者们都没有让耶稣提到自己的复活(他们频繁地在别的地方提到),而是介绍上帝继续照顾他的子民这类的观念(参 E. Puech,《信仰》,前揭,页 205-206)。同一顺序中接下来的部分,耶稣还是在"圣殿的大堂"布道(《马可福音》12:28-37),《马可福音》表明提及《出埃及记》三章 6 节是在暗示弥赛亚的到来,是撒都该基督徒听得懂的内容。根据《马可福音》,耶稣继续对《出埃及记》三章进行弥赛亚式的解读,还提出了一个问题,即弥赛亚是大卫王的儿子,还是上帝本身。根据犹太人的一神论,耶稣首先引用祷文(Shema'Israel)"以色列啊,你要听!耶和华我们的上帝是独一的主。你要尽心、尽性、尽力爱耶和华你的上帝"(《申命记》6:4-5),还加上"爱人如己"(《利未记》19:18)。于是,一位"律法专家"强调这样的祷文里蕴含的一神论主张。通过重申"唯有耶和华他是上帝,除他以外,再无别上帝"(《申命记》4:35),他也接受耶稣引用的这两条戒律比"烧祭祀供品重要"(《马可福音》12:29-33)。虽然如此,他的布道高潮在后边:

"文士怎么说基督是大卫的子孙呢?大卫被圣灵感动,说:'主对我主说,你坐在我的右边,等我使你仇敌作你的脚凳。'(《诗篇》110:1)大卫既自己称他为主,他怎么又是大卫的子孙呢?"众人都喜欢听他。(《马可福音》12:35-37)

耶稣的主要论点是神格唯一论,即独一无二的上帝是"活人的上帝",他的弥赛亚不是"大卫的儿子",而是上帝自身。这个故事以"很大一群人带着喜悦听他讲"这个评论结束,虽然在下一轮布道里耶稣会批评[39]"律法专家"的公众形象与行为,这个片断却说明亲近耶稣的撒都该人也在那群喜欢他的人当中。

永恒的生命——撒玛利亚人

我们对撒玛利亚基督徒知道多少呢？如果在耶稣的追随者当中有撒玛利亚人的话，他们对耶稣、他的布道、他的生与死又将做出何种解释？我们刚刚已经看到早期基督徒不太可能都从法利赛背景而来。而且，我们也知道古老的祭司历法的重要性，这也是法利赛人所未使用的历法。法利赛人使用的是阴历，这样一来他们的主要节日就不再是固定的星期几（就像在基督教中每年的圣诞节不定落在星期几），早期基督徒并非依据拉比历而是依据古老的祭司历来庆祝五旬节，所以这个节日总是落在一周的第一天（我们的星期天）。这一古历也同样被撒玛利亚人、撒都该人以及《昆兰古卷》的人们使用。①这些不同的历法传统不是拉比犹太人与撒玛利亚人之间对抗与仇视的唯一根源，这种情况在亚历山大尤其明显，就像我们在法利赛人约瑟夫斯的《犹太古史》(Antiquities) 一书中看到的那样（参 E. Puech,《信仰》，前揭，页 287-292）。而约瑟夫斯称撒玛利亚人为"犹太国家的背教者"，他也视他们为商业上的竞争者：

> 当犹太人处于困境中时，他们否认跟他们[撒玛利亚人]有亲属关系，于是，他们确确实实，承认了真相；但任何时候只要看到一点钱财的光芒投射过来，他们会立即扑上去，抓住分享财富的机会，说跟他们[撒玛利亚人]有关系，把他们的谱系

---

① 参 A. Jaubert,《耶稣》("Jésus")，载于 NTS, 7, 1960/61 (1960/61): 1-30；她因此提议耶稣是在一个星期二的晚上吃了最后的晚餐，所以应该是星期三的开始，参氏著，《日期》(Date), Paris, 1957。

追溯到约瑟的后代以法莲与玛拿西。①

虽然犹太人与撒玛利亚人这两个族群为圣殿所在山脉的地位问题争战不休,但有务实倾向的人们还是跨越了彼此的边界。犹太人以耶路撒冷的山为圣地,撒玛利亚人则以基利心山为上帝的选址,在这里的神坛于公元前 129 年被许尔堪(John Hyrcanus)毁灭。②

我们不得不问,[保罗]的思想怎么能在撒玛利亚人当中产生影响?大卫王没有出现在撒玛利亚人的《圣经》当中;他是在耶路撒冷开启祭拜的主—叛教者。弥赛亚不是撒玛利亚人的概念;撒玛利亚人没有听说过但以理或人子。他们的信仰是恢复基利心山上的祭拜,而不是相信哪个人的死有可能是一种牺牲;复活,从所有[40]可能性来说,对他们都是外来概念……腓力的布道开始可能以耶稣为摩西那样的先知,但在最后他必须赶上西门马吉斯的能力。他不能把耶稣说成大卫王的犹太人之子,而是最终作为一个撒玛利亚的上帝变成人……一个撒玛利亚的基督中心论倾向于从五个方面对迄今为止的对耶稣意义的加利利式解释有所贡献:

1. 强调改信的首要果实不是信与爱,而是智慧与知识;

2. 耶稣预先存在于神格中的秘密以及道成肉身的神话;

3. 一个有关"荣耀"的布道而有关非人子的布道,以摩西而非大卫王为代表人物;

4. 十字架与复活极小化——耶稣应该只是走在去见天父的路上;

5. 一个已经实现了的末世论而不是未来的末世论。而且,强

---

① 约瑟夫斯,《犹太古史》,前揭,Xi 340f.,H. St. J. Thackeray 与 R. Marcus 译,London and Cambridge, Mass.,1934.

② 参约瑟夫斯,《犹太古史》,前揭,Xiii 254ff.;S. J. Isser,《杜西弗斯派》,前揭,页 6-7。

调超世界的神秘训示会导致对这个世界的贬低、苦行禁欲与唯信仰式的伦理推论,就像在二世纪的诺斯底主义那样。①

探索我们所知道的撒玛利亚信仰与上面提到的五个中心论点的源起与发展会很迷人,但我们需要专注于几个话题而已。

撒玛利亚《圣经》的全部就是《摩西五经》,启示到摩西这里终止。其结果就是,上帝被理解为一个脱离历史的神性,而不是像犹太拉比那样,认为上帝在历史中持续发挥作用。体验上帝无法通过历史,只能通过启示,这启示作为秘密、神秘之光、智慧及知识,保存在《摩西五经》中(参 M. D. Goulder,《基督教神话》,前揭,页 68-69)。对撒玛利亚人来说,主要片断是《创世记》开篇的七天创世说,所有撒玛利亚教堂礼拜总是以这段经文开始:"主下降到云端与他站在那儿,宣扬主的名(《出埃及记》34:5-7)。"这里有一个"很强的二元论的观点",可能基于上帝在《创世记》一章的创世故事(伊罗兴[Elohim])与《创世记》二章(耶和华[Jahwe])的不同名字,或者像在《出埃及记》三十四章以同样的名字"耶和华"出现了两次,而且"这个文本的字面意思显示一种二元论",指向造物主与救赎者,第一个耶和华"在云端",第二个就是那位"其圣名被第一个所呼的主"(M. D. Goulder,《基督教神话》,前揭,页 71)。第一位主站在云端,与人一起,宣扬那没有被分化的主,他的生命没有死亡。"犹太教与基督教的主要文献都[41]说撒玛利亚人不相信死者复活,在这个问题上通常把他们和撒都该人放在一起。"(同前,页 73)

《约翰福音》跟对观福音书不同,它在提及腓力传统时也很明显地涉及撒玛利亚人的资料(参 A. von Dobbeler,《传道者腓力》,

---

① M. D. Goulder,《基督教神话》("Christian Myth"),收于 John Hick(ed.),*The Myth of God Incarnate*,1977,页 74-75;另外的研究,参 A. Von Dobbeler,《传道者腓力》(*Philippus*),Tübingen and Basel,2000。

前揭)。它甚至给出一个腓力与拿但业(Nathanael)之间的简短场景。① 腓力问耶稣问题,逼着耶稣讲透过他才能见到父,超出耶稣平常宣讲的"父与子合一"这个教理(《约翰福音》10:30)。只有当腓力要求对这些非凡的陈述做出解释时,耶稣才再次回到他之前说的父与子一体的教理:

> 耶稣对他说:腓力,我与你们同在这样长久,你还不认识我吗?人看见了我,就是看见了父! ……住在我里面的父做他自己的事。你们当信我,我在父里面,父在我里面;即或不信,也当因我所做的事信我……你们若奉我的名求什么,我必成就。(《约翰福音》14:8-14)

《约翰福音》"依赖腓力传统,腓力是希腊化的基督徒,独立行神迹,宣扬一个荣耀的天上的基督[如《腓立比书》2:6-11 里的赞歌所言],这让他在一小时内成为门徒,腓力同时也充当希腊人的联系者"。② 《约翰福音》也提到耶稣与井边妇女的故事,这个故事明显发生在撒玛利亚地区,这并不奇怪,这里所指的是犹太人与撒玛利亚人的不同,包括对死者复活这一教义的看法(《约翰福音》4:3-30)。与《约翰福音》三章"那场跟尼哥底母(Nicodemus)之间进行

---

① 《约翰福音》1:45-46。可能是由于作者"想以对观福音书的风格让腓力开始作为一名门徒出现",J. Hartenstein,《推测》("spekulationen"),载于 ZAC,13,2009,页73。只有在《马可福音》3:16-19,18 里腓力才被当作十二门徒当中的一位;在《马太福音》10:2-6,3:位于巴多罗买(Bartholomew)之前;《路加福音》6:14-16,14:位于巴多罗买之前;《使徒行传》(Acts 1:13)位于安得烈与多马之间,参与分饼给众人吃,得到安得烈的帮助(《约翰福音》6:5-9),对人子有兴趣的希腊人向他求助,他(跟安得烈一起)把他们带到耶稣面前(《约翰福音》12:21-22)。

② J. Hartenstein,《推测》,前揭,页73;A. von Dobbeler,《传道者腓力》,前揭。

的无果的对话相反",在这个选段,耶稣吸引人们从撒玛利亚的村镇叙加(Sychar)来看他。据《使徒行传》,基督运动已经在撒玛利亚地区站稳脚跟。"约翰特别表现出有同情撒玛利亚人的迹象,也交代了详细背景",学者从中看到这样一个三角联系:撒玛利亚人、约翰身边的人与《使徒行传》六章中那些说希腊语的希腊化了的犹太人,这些人受第一个基督教[42]殉道者司提反领导。①有些甚至把司提反当作撒玛利亚人,或者从《使徒行传》中他的演讲词中发现撒玛利亚元素。②

《约翰福音》开篇就讲耶稣与这妇女的相遇,其行程从犹大地区一直到加利利。虽然他的旅程并非一定要穿过撒玛利亚地区,事实上,向北经过约旦河谷更符合惯例,也更简单、更安全,说耶稣"一定"要取径撒玛利亚表明这条绕道而行的背后有一个神圣的计划。故事中提及的撒玛利亚传统、雅各与他的井,就为支持撒玛利亚的背景埋下了伏笔。当故事接近尾声时,耶稣的门徒回来了,他们很

---

① 参 O. Cullmann,《圈子》(*Kreis*, Tübingen, 1975),页 41-60,页 89-98;也参氏著,《撒玛利亚人》("Samarien"), zuerst publiziert in Französisch, 1953/4,收于 id., *Vorträge und Aufsätze*, Tübingen, 1966, 页 232-240;以及《司提反的圈子》("Stephanuskreis"),收于 *Jesus und Paulus: Festschrift für Werner Georg Kümmel*, Göttingen, 1975, 页 44-56.; A. M. Johnson Jr.,《传道者腓力》("Philip"),载于 *Abr-Nahrain*, 16, 1975/6, 页 49-72; G. Bouwman,《撒玛利亚》("Samaria"),载于 *Bijdragen*, 34, 1973, 页 40-59; H. H. Scobie,《起源》("Origins"),载于 *NTS*, 19, 1973, 页 393; R. Scroggs,《基督教》("Christianity"),收于 Jacob Neusner (ed.), *Religions in Antiquity*, Leiden, 1968, 页 176-206; J. Bowman,《问题》(*Probleme*), Stuttgart, 1967, 页 53-54, 页 76; E. H. Plumptre,《要素》("Element"),载于 *The Expositor* (series 1) 7, 1878, 页 22-40; J. J. Wettstein,《新约》(*Novum Testamentum*, Amsterdam, 1752 = Graz, 1962), 页 494, 页 496; M. H. Scharlemann,《司提反》(*Stephen*), Rome, 1968, 页 19-22, 页 45-51, 页 186-188。

② A. Spiro,《司提反》("Stephen"),收于 Johannes Munck (ed.), *The Acts of the Apostles*, Garden City, 1967, 页 285。

惊讶,不是因为他们的导师在与一个撒玛利亚人交谈,而是因为他在同一位妇人说话。

撒玛利亚人不相信死者复活,而是相信一个永远持续的、不可毁灭的生命,即上帝的在场。在"一个喜乐的新时代"(M. D. Goulder,《基督教神话》,前揭,页73),当上帝再次成为鲜活的,送来一个像摩西那样的先知,"耶和华——你的上帝要从你们弟兄中间给你兴起一位先知,像我,你们要听从他。……我要将当说的话传给他;他要将我一切所吩咐的都传给他们"(《申命记》18:15,18-19)。耶稣暗示上帝的礼物便是那活水,那向着永恒生命涌出活水的源泉。他以这位虽然结了五次婚仍没有丈夫的妇人为例给出教导,强调如何从字面上理解永恒生命的含义——在撒玛利亚语中这个词是没有终点的生命,所以说她的第一个丈夫从未死去。在随后的讨论中,耶稣没有指向他自己将来的复活,而是智慧,他对这妇人系列婚姻的神秘洞察。作为回应及包容撒玛利亚宗教特征的结果,《约翰福音》的故事这样收场:

> 于是撒玛利亚人来见耶稣,求他在他们那里住下,他便在那里住了两天。因耶稣的话,信的人就更多了,便对妇人说:"现在我们信,不是因为你的话,是我们亲自听见了,知道这真是救主。"(《约翰福音》4:40-42)

《约翰福音》为撒玛利亚基督徒找到了充分的理由。在作为"拉比"的耶稣已经被法利赛人尼哥底母看到之后,为了传达永恒生命,耶稣试着对他讲解[43]"人子"下凡与受难。看得出来在撒玛利亚人那里对同样的布道内容给予肯定的回应。还有,《约翰福音》也以撒玛利亚人之口道出"这真是救主",补充了之前的陈述"他到自己的地方来,自己的人倒不接待他。凡接待他的——就是信他名的人——他就赐他们权柄作神的儿女"(《约翰福音》1:11-12)。《约翰福音》中,最先相信耶稣是救主的是撒玛利亚人,而不是犹太人!他们接受了他的名字所影射的含义:"耶稣"是亚兰语名字约书亚(*Yeshua*)或者更古老的在礼拜中使用的希伯来语 *Yehoshua* 的希腊化拼写,这个希伯来名字直译过来就是"上帝拯救"。

经由《约翰福音》这个透镜我们可以看到,通过巧妙使用撒玛利亚人的中心概念"灵"与他们信奉的真理,同时克服了犹太教在圣殿的礼拜活动与撒玛利亚人在山上的祭拜活动两者的局限性,耶稣(被写成)在为扩大犹太教所指的范围作准备,将撒玛利亚人包括在内。到《约翰福音》的时代,耶稣运动想必已经在撒玛利亚人所在地如火如荼地进行,他们有自己的撒玛利亚—基督教教理,这一教理基于智慧、知识、真理、二元论、先在论、道成肉身、摩西类型的救主、变形论、末世论意识,所有这些元素我们在后面都要返回来讨论。对于撒玛利亚人来说,复活在神学上是不可能的。

一个非比寻常的公元 500 年前的撒玛利亚文献为我们提供了非常详细的资料,文献涉及耶稣生平、死亡、被钉十字架上,以及早期教会的生活,还有他的"39 本《福音书》"(其中有些是我们到二十世纪才发现的文本)。这个文本对基督教不持批评态度,而是斥责反对基督的犹太人。对耶稣生平的报道显然不是以他的复活收尾,而是下面这个十字架场景:

> "你,这位圣殿的摧毁者也在三天之内重建它,拯救你自己吧!如果你是上帝的儿子,那么从十字架上下来呀!你能拯救别人,那当然能拯救你自己了。如果你是以色列的王,那你从十字架上走下来,我们才会信你。"但是他没有回答他们[彼拉多的士兵]当中的任何一个,而是提高嗓门哭泣……拿撒勒的耶稣是他自己人的、他自己社群的复仇对象,他在这些人当中长大,在犹太社群中长大。他们全心全意地憎恨他,以至于他

们成为他被处死、被钉上十字架的原因。①

复活:在传统中遗失?

[44]保罗对早期基督教有很深的影响。我们只需要阅读作为正典的《使徒行传》就可以明白这点。这些叙述勾勒出教会成长的历史图景,同时也是保罗这个传教士的一个有倾向性的传记。

不过,保罗的权威性只是就《使徒行传》而言的。我们注意到保罗死后数十年当中,他在教会(由别人或保罗自己建立)中宣讲的福音书都在朝着背离保罗预想的方向发展。在更为广阔的保罗式早期基督教框架中重新审视复活教义之神学意义,这种做法在保罗的书信中可以识别出,在被保罗影响的团体中也可以看出,透过这条途径我们可以了解文化、宗教与政治环境的力量,以及操纵这一发展的思想上的自由与思维视野。特别值得一提的是,犹太教与非犹太教徒对耶稣的期盼一直在变化之中,无论是认为在耶稣身上他们所期盼的救赎将会实现,还是认为耶稣开启了他们的希望。

只要我们一打开那些明显属于保罗传统的伪保罗与非保罗作品,与保罗自己的作品对照来读,我们便会惊讶于两者之间的差异,它们性质不同,信仰也不同。我们好像进入这样的世界,在这个世界中耶稣被解读的方式跟保罗完全不同;而且我们还会发现对保罗的公开批评,这些作者怀疑、拒绝保罗的书信与教理,有时还会全盘否认这位使徒的权威。复活是这类有争议的问题当中的一个:它通常被遮蔽,有时被彻底遗弃,或者仅仅作为上帝活动的一个见证而被保留下来。

---

① J. McDonald(导论、文本、翻译与注释)and A. J. B. Higgins(评注),《基督教》("Christianity"),载于 *NTS*,18,1971,页 65。

被遗弃的复活教义

我们的第一个例子已经显得很激进了:[1]一般认为,《帖撒罗尼迦后书》是一世纪之交的匿名作品,[2]在这封书信中保罗否定了之前给帖撒罗尼迦教会写的第一封信,"声称出自"保罗之手,"想要说主的日子现在到"(《帖撒罗尼迦后书》2:2)。

作者批评《帖撒罗尼迦前书》里的末世论,而且在文字上模仿其风格,意在制造一封竞争性的信给帖撒罗尼迦教会,或者一封声称有完全真实性的信件。[3]

在《帖撒罗尼迦前书》中,像在别的作品中那样,保罗一再提及基督的复活。帖撒罗尼迦的信众们欢迎保罗,他们从外邦人的偶像崇拜改为"归向上帝,要服事那又真又活的上帝,等候他儿子从天降临,就是他从死里复活的——那位救我们[45]脱离将来忿怒的耶稣"(《帖撒罗尼迦前书》1:9-10)。稍后,他描述了一个迫在眉睫的末世场景,从耶稣复活开始讲起,以此为死者复活这一信仰的基础,如上所述(《帖撒罗尼迦前书》4:14-17)。救主,耶稣基督,通过他的死为世人提供救赎,"因为上帝并不预定我们受刑"(《帖撒罗尼迦前书》5:9),生命的标记乃是基督的复活。

与此相反,《帖撒罗尼迦后书》甚至没有提及复活。保罗关于末世临近的陈述被修正,[4]他的中心信仰,以基督复活作为我们未来得拯救的这一信仰被另一个通过"福音"得拯救的观念取代了,

---

[1] 很难理解为什么 A. Lindemann 称这封书信最少神学独立性,见氏著,《保罗》,前揭,页 42。

[2] 同前,页 238-239。因为马克安已经把它作为保罗的一封书信接受下来了。

[3] 非常具有说服力,参 A. Lindemann,《保罗》,前揭,页 232。

[4] 这点被学者忽视了,比如 A. Lindemann,参氏著,《保罗》,前揭,页 240。

而这"福音"就是现在"我们通过口传或书信教给你们的传统",即因"我们主耶稣基督的荣光"而来的灵性财产(《帖撒罗尼迦后书》2:14-15),它不再是对复活的信仰。

以复活为弥赛亚的见证

现在已有足够理由证明《歌罗西书》这封信 ① 并非保罗所写,虽然作者借用了保罗的名字与权威,以便把这封信列入保罗的谱系。②保罗关注的焦点从复活转移到道成肉身,特别是死亡。主的死拯救了我们:"但如今他藉着基督的肉身受死,叫你们与自己和好,都成了圣洁,没有瑕疵。"(《歌罗西书》1:22)经由基督之死我们获救,我们在受洗时与基督一起死亡。这个灵性的割礼从基督徒身上去除了邪灵的魔力,也清除了那些植根于犹太教或异教礼仪、律法与历法的影响(《歌罗西书》2:20)。

《歌罗西书》中提及受洗时与基督一起被埋葬,"也就在此与他一同复活,都因信那叫他从死里复活的上帝的功用"(《歌罗西书》2:12),尽管作者谈论这些话题时,也让读者想到复活,但这复活已经变成对上帝拯救力量的一个弥赛亚式的见证,复活被灵性化、被伦理化了,在这里十字架成为核心:

> 你们从前在过犯和未受割礼的肉体中死了,上帝赦免了你们一切过犯,便叫你们与基督一同活过来;⋯⋯把它撤去,钉在十字架上。既将一切[46]执政的、掌权的掳来,明显给众人看,就仗着十字架夸胜。③

---

① 事实上写给老底嘉的教会吗?相关讨论参 A. Lindemann,《保罗》,前揭,页 195-199。
② A. Lindemann,《歌罗西书》(*Kolosserbrief*, Zürich, 1983),页 73-75。
③ 《歌罗西书》2:13-15,有关基督复活的道德影响,参《歌罗西书》3:1-5。

道成肉身与十字架上拯救行为的中心性也是赞美诗的支柱,被作者整合、表述或至少重塑了(《歌罗西书》1:15-20);从末世论角度而言,和解与和平来自"他十字架上的宝血",以及如《启示录》(一章5节)所说的他作为"第一个死里得生的"身份。基督的末世论存在作为"第一个死里得生的"并不像你读一封真正的保罗书信所期待的那样与复活相关联,而是与作为身体之首的主连在一起,这身体既不是物质或非物质意义上的,也非天体的,而是一个教会意义上的身体,即教会本身。

　　《以弗所书》①被视为《歌罗西书》的翻版,这个说法可以通过比较这些书信中关于复活与拯救的教理得到证明。《以弗所书》一开始就暗示《歌罗西书》,说"我们借这爱子的血得蒙救赎"(《以弗所书》1:7)。跟在《歌罗西书》中一样,作者强调拯救是通过主的血,这一行动渴望"在日期满足时候"的末世成就。只有当基督统领一切,或者像《歌罗西书》所附加的内容,在那里他是第一个死里得生的,末世才会到来。《以弗所书》也视复活为一个弥赛亚式的见证,见证上帝的拯救力量、灵性智慧与启示,以及在我们内在生长的上帝的知识(《以弗所书》,1:17)。上帝的力量就是"在基督身上所运行的大能大力,使他从死里复活,叫他在天上坐在自己的右边"(《以弗所书》1:20),上帝也让"我们"跟他一起享有这一优先权:尽管"我们死在过犯中的时候,便叫我们与基督一同活过来(你们得救是本乎恩)。他又叫我们与基督耶稣一同复活,一同坐在天上"(《以弗所书》2:5-6)。

　　比《歌罗西书》更明晰,《以弗所书》强调复活以及信使保罗的权威,涉及使徒有关复活基督的异象体验,这一特征把《以弗所书》

---

① 这封信是否写给以弗所教会不很清楚,因为一些可信的手稿删去了"给以弗所教会";参 A. Lindemann,《保罗》,前揭,页211。

与《提摩太前书》以及更宽广的保罗传统联系起来。①《以弗所书》与《歌罗西书》在处理死者复活这一问题时都带着伦理化与灵性化的口吻:"因为一切能[47]显明的就是光。所以主说:'你这睡着的人当醒过来,从死里复活,基督就要光照你了。'"(《以弗所书》5:14)

《彼得前书》也坚持复活的救赎功效,这听起来很像保罗。事实上,第一封挂在彼得名下的书信是一位长者(5:1),他称自己为"彼得,耶稣基督的一个使徒"(1:1),看起来深受保罗思想影响——我们将会看到,它比《彼得后书》更接近保罗思想,尽管后者明显提及保罗。②

在一些早期基督教团体中,上述两封书信都没被接受,两者反映了一个与真正的保罗书信相距甚远的历史环境与神学氛围。③虽然如此,《彼得前书》跟保罗思想有更明显的相似之处。基督徒被教导要忍受恶劣环境中的压迫、责难以及压制,以被钉在十字架上的人为榜样,甚至接受法庭上的死刑。那些殉道士般的"照上帝旨意受苦的人要一心为善,将自己灵魂交与那信实的造化之主"(《彼得前书》4:19)。这里暗示了上帝作为造物主的观念,它表达一种期盼,期盼一种肉体死后的灵魂重塑(参《马加比二书》,前揭,7:23;14:46)。作者借用了犹太经典里与之相似的殉道士角色。④跟保罗一样,这封书信一开头就旗帜鲜明地指向复活教义:

---

① 《以弗所书》3:1-6;《哥林多前书》15:8;《加拉太书》2:2;《哥林多后书》12:1-4。也参《以弗所书》4:14 在《雅各书》与《犹大书》里可以找到同样的航海意象;A. E. Barnett,《保罗》,前揭,页 2-40 列举出《以弗所书》与其他保罗书信(包括《哥林多书》)的相似之处。

② 前关《彼得前书》与保罗书信的相似之处,参 A. E. Barnett,《保罗》,前揭,页 51-69。

③ 也没有列在《穆拉多利正典》(Canon Muratori)当中;俄利根最早知道《彼得二书》,对他来说这是个有争议的文本。

④ 参《所罗门智训》,前揭,3:1-6。U. Kellermann,《复活》,前揭,页 114-115。

> 他曾照自己的大怜悯,借耶稣基督从死里复活,重生了我们,叫我们有活泼的盼望,可以得着不能朽坏、不能玷污、不能衰残、为你们存留在天上的基业。你们这因信蒙上帝能力保守的人,必能得着所预备、到末世要显现的救恩。(《彼得前书》1:3-5)

如保罗那样,作者的兴趣不在复活的性质,而在其拯救功能。复活就发生在未来与我们相接的那个时刻。

不幸的是,《彼得前书》写于何时,我们没有明确的指向。最新的研究将这个文本的成书时间更新为公元 110 到 113 年之间。① 但也有别的说法暗示一个较晚的成书日期。《彼得前书》一章 10 至 12 节说"先知预言恩典会降临"到基督徒身上,以及"预先证明基督受苦难,后得荣耀",先知"仔细地寻查"他们所受的启示。在这已经审查过的[48]确认过的先知预言中,甚至"在世界创造之前"基督已经"被知,只不过为了人类他要在最后的时代才显现",这些预言听起来像是站在与二世纪中叶的马克安相反的立场;这点我们后面再作论述。不过,在这里它与一种对复活教义的极度强调结合在一起:"你们也因着他,信那叫他从死里复活、又给他荣耀的上帝,叫你们的信心和盼望都在于上帝。"(《彼得前书》1:20-21)这点与马克安很相似,的确,《彼得前书》假定那不朽的基业跟肉体无关,这跟保罗有很大的不同,《以赛亚书》四十章 6-8 节写道:"凡有血气的,尽都如草,他的美荣都像野地的花。草必枯干,花必凋残,因为耶和华的气吹在其上;百姓诚然是草。草必枯干,花必凋谢;惟有主的道是永存的。"(《彼得前书》1:24-25)这封信也表达了圣殿与社群之间的灵性上的等同,这点能让我们想到马克安。②

---

① 参 O. Zwierlein,《彼得》(*Petrus*, Berlin u. a., ²2010),页 315。
② 《彼得前书》2:7,以及与《路加福音》20:17 章节的相似之处。

这封书信反映出一个赞同/反对马克安的立场，通过基督"作为义人为不义的"受难这种方式得以表达，这里又一次暗示《以赛亚书》（五十三章 1-12 节），也是对这段经文的总结。基督为了他的子民承受肉体的死亡：

> 义的代替不义的，……按着灵性说，他复活了。他借这灵曾去传道给那些在监狱里的灵听，就是那从前在挪亚预备方舟、上帝容忍等待的时候，不信从的人。当时进入方舟，借水得救的不多，只有八个人。这水所表明的洗礼，现在借着耶稣基督复活也拯救你们。这洗礼本不在乎除掉肉体的污秽，只求在上帝面前有无亏的良心。耶稣已经进入天堂，在上帝的右边，众天使和有权柄的，并有能力的，都服从了他。（《彼得前书》3:18-20）

《彼得前书》与马克安的共通之处在于强调非物质方面，强调复活与拯救。最核心的拯救时刻不是十字架上的死亡；而是作为中介行动的复活，他们把重心放在强调灵性方面的复活。死亡是死"在肉体里"，活着是活在"灵里面"。复活是"进入天堂"，与"众天使和有权柄的，并有能力的"一起，坐"在上帝的右边"。这里说的"八个人"，有可能指八（Ogdoad）这个词的象征意义，就像我们在其他一些基督教导师的倾向于灵性的作品中看到的那样，经常会被不合时宜地贴上"诺斯底主义"的标签。① 如果这封书信的写作恰如学者所认为的那样，那么它就给我们提供了证据，证明有一个保罗式的环境，从中很容易产生出马克安的思想，我们后面会详细讨论马克安的这些思想。

[49]《彼得后书》在某些方面跟《彼得前书》很不相同，它很明显地把自己置于保罗追随者的境地，相较于《彼得前书》，它甚至看

---

① R. Staats,《八》("Ogdoas")，载于 *VigChr*, 26, 1972, 页 39。

起来较《对观福音》有所发展。①我们发现《彼得后书》中提及"保罗的全部书信",这是《新约》中除保罗作品之外(字面上与伊格那丢的一个相似之处)唯一一处提及"保罗全部书信":

> 并且要以我主长久忍耐为得救的因由,就如我们所亲爱的兄弟保罗,照着所赐给他的智慧写了信给你们。他一切的信上也都是讲论这事。信中有些难明白的,那无学问、不坚固的人强解,如强解别的经书一样,就自取沉沦。亲爱的弟兄啊,你们既然预先知道这事,就当防备,恐怕被恶人的错谬诱惑,就从自己坚固的地步上坠落。(《彼得后书》3:15-17)

一个新的威胁出现了:强解或扭曲经书。在一个犹太教的框架内,解释与批评都是传统的一部分。表达意见,同意或不同意原先已经给出的解释并不一定导致一个社群的分裂。不同的是"异端"问题,在那个历史阶段异端还保留其原本的希腊文含义,即学派—观点。值得注意的是,有明显参考一本作品集,不局限于保罗书信,这一点尤其是在犹太基督社群内特别显著。不管《彼得后书》的确切成书时期为何,这封信表现出对保罗书信与"其他经书"的关注,像马克安、波利卡普与伊格那丢那样。

《彼得后书》的作者承认在保罗书信中"有些难明的"地方。那些无学问的、不坚固的人"强解"保罗书信与其他经书,从而自取沉沦。这是个严峻的声明,因为正确解读经文对拯救的问题有影响。只可惜我们不知道作者说的"经书"具体所指——它是指保罗的其余书信吗?但这么说,想必作者还写了"其他书信"。他用了希腊文"τας λοιπας γραφάς",这个词更倾向于指向"其他作

---

① 参 G. H. Boobyer,《借鉴》("Indebtedness"),收于 Angus J. B. Higgins (ed.), *New Testament Essays*, 1958, 页 34-53; 对《犹大书》的借鉴已经被揭示, 参 A. Lindemann,《保罗》, 前揭, 页 91。

品",我们可以假设这些作品与"保罗的所有书信"保存或装订在一起。而且我们想知道在作者心目中哪些书信与作品构成了保罗遗产的整体。

这里暗示的又是何种曲解？作者之前已经把自己跟那些就"耶稣基督的大能和他降临的事""乖巧捏造虚言"的人区分开来。耶稣的地位受到质疑。作者指向一个场景，那就是我们所说的"耶稣变形"：①"他接受荣誉与荣耀，来自天父的大的荣耀","那个声音"(《新约》："来自云端")叫他："这是我的爱子，我所喜爱的。"这封信是在暗示《福音书》的叙述吗？

[50] 第二个与基督地位有关的描述是报道耶稣变形的这个人所具有的"可靠性"与"权威性"。《彼得后书》提及保罗的权威，他属于先知那一类；他的信息并非来自他"自己的想象"或者出于"人的冲动"，而是直接"来自上帝"，就像保罗已经在几个场合中指出的那样。《彼得后书》的敌对派很明显地否认保罗启示的正当性。这封信以彼得作为耶稣变形的目击者，其实是对保罗权威强有力的捍卫，当然，这里没有依赖保罗的复活体验，因为这个体验也要接受审察。

赋予生命

《丢格那妥书》(*Letter of Diognet*)的匿名作者被称为使徒们（复数）的弟子，所以说他不是保罗的弟子。不过作者好像也通过保罗的自我描述即"一位外邦人的导师"来暗示保罗，虽然保罗让自己远离"陌生的谈论与怪异的提问"(《丢格那妥书》[*Diogn.*],11:1)。

镶嵌于这个文本中的是一系列漂亮的对比，典型的亚洲修辞；在内容上更有出人意料之处。因为作者列举了基督教信仰与希腊—罗马宗教崇拜的不同，后者把拯救的希望寄托在无常的物体

---

① 参《马太福音》17:1-9；《马可福音》9:2-10 及《路加福音》9:28-36。

上,拜之为神(《丢格那妥书》,前揭,2:4-5)。在这一方面基督教信仰与希腊—罗马宗教大不相同;也不同于犹太传统(《丢格那妥书》,前揭,3-4),基督信仰也不是"从其余的人类而来,不论是就地域、语言还是风俗而言都是如此":

> 因为他们(基督徒)并不住在他们自己的城市里,他们既不使用不同的语言,也不过那种不平凡的生活。
> 他们也不占有任何由聪明或天才人物的学习而获得的发明创造,他们也不是灌输任何教条的人类导师,像某些人那样。
> 但是当他们住在希腊或野蛮人的城市,按命运对每个人的安排,他们在衣食及人生的其他方面遵循当地的习俗;但是他们组织的由自己公民组成的团体非常棒,坦白说已超出期许。
> 他们居住在自己国家,却只是过客;
> 他们在所有事务上承担自己作为公民的责任,而且
> 他们各自忍受作为陌生人的艰辛。每个异国他乡都是他们的祖国,而每个祖国都是异乡。
> 他们像所有其他人一样结婚并且
> 生儿育女;但他们不会把自己的婴儿丢弃;
> 他们一起进餐,但不包括他们的妻子;
> 他们有肉体,但他们不随肉体而活;
> 他们在地上,但他们的身份在天堂;
> 他们遵守既定的法律,但他们在自己的生活中超越法律;
> [51]他们爱所有人,但被所有人迫害;
> 他们被忽视,但他们也被谴责;
> 他们被处死,但他们被赋予生命;
> 他们在乞讨,但他们让很多人富有;
> ……
> 他们被污辱,但他们尊重别人;
> 他们做好事,却被当成作恶者遭受惩罚;

被处罚时他们满心欢喜,好像受到了生命的鼓舞。

犹太人发起战争把他们当外人攻击,希腊人对他们的迫害还在继续,

而那些憎恶他们的人却不能说出仇视他们的理由。①

这是何等的大张旗鼓!基督徒身份并非建立在地域、语言与习俗基础之上,而是基于对基督徒的误解与低估!其结果是"他们被处死,但他们被赋予生命"。这封信听起来像一篇逾越节布道书,从其结尾处可以看得出来:

> 拯救开始了,使徒们心领神会,主的逾越节在进行,会众们聚集在一起,一切都安排妥当,就像他对圣人们的教导,圣子被提升,通过他圣父被荣耀,所有荣耀归于主,直到永永远远。阿门!(《丢格那妥书》,前揭,12:9)

如果像学者们说的那样,《丢格那妥书》已经吸收了保罗的思想,理解了"他的救赎论",看起来"甚至比保罗还保罗",②而且"已经在保罗学派中接受教育"。③问题是,尽管这样的聚会跟逾越节有联系,但它为什么不指向保罗有关复活的教理?为什么我们应该视上帝"为护士、父亲、导师、顾问、医生、头脑、光、荣誉、荣耀、力量与生命",而不是"复活的那位"(《丢格那妥书》,前揭,9:6)?

---

① 《丢格那妥书》,前揭,5:1-17,J. B. Lightfoot 译(adapt. by Athena Data Products, 1990)。

② E. Molland,《地位》("Stellung"),载于 *ZNW*,33,1934,页 309-310。

③ C. Andresen,《丢格那妥书》("Diognetbriefes"),载于 *Religion in Geschichte und Gegenwar*³ 2, 1958,页 200;参 A. Lindemann,《保罗》,前揭,页 281。

基督,大祭司

《希伯来书》在我们看来几乎超越了《新约》之内的保罗传统。《希伯来书》是一篇耐人寻味的"早期基督教传道艺术的[52]精品",①它的作者被列为"《新约》三大神学家之一"。②

早期基督徒对这封信的文本可否被社群接受一直有争议,③它在很多方面与真正的保罗书信相抵触,以至于学者们得出结论,"我们不能假设《希伯来书》在保罗学派中占一席之地",④即使这个文本在罗马好像为人所知(参以下有关《克莱门一书》的注释)。"一般性的复活"概念在这个文本中可以找到,但基督的复活没有浮出水面。⑤虽然如此,这封包含了13个章节的"简短书信"的匿名作者,很明显地把自己放在保罗传统当中,他是"提摩太"的朋友与同时代人,传达"来自我们的意大利朋友"的问候(《希伯来书》13:22-24)。就算在开始的称呼里《希伯来书》的作者不模仿保罗的书信,也不称自己为保罗,⑥而是删去作者的名字,它依然不像保罗的书

---

① H. W. Attridge,《希伯来书》("Hebräerbrief"),载于 RGG^4, 3, 2000, 页 1494。

② 与保罗及《约翰福音》的作者一起,参 B. Lindars,《神学》(*Theology*, Cambridge, 1991)。

③ 在 Chester Beatty Papyrus P46 (大概从公元200年开始)《希伯来书》被置于《罗马书》与《哥林多前书》之间,被当作保罗的亲笔信,参 B. M. Metzger,《手稿》(*Manuscripts*, New York and Oxford, 1981),页64。

④ H. Conzelmann and A. Lindemann,《工作簿》(*Arbeitsbuch*, Tübingen,³ 1977),页301;有关《希伯来书》与保罗书信之间的相似之处,参考 A. E. Barnett,《保罗》,前揭,页69-88。

⑤ 参"主题索引"(index of subjects),见 B. Lindars,《神学》,前揭,页155。

⑥ 《以弗所书》1:1;《哥林多前书》1:1;《提摩太前书》1:1;《提摩太后书》1:1;《提多书》1:1。

信,因为保罗的惯例是首先介绍自己。①不过,它跟提摩太的接近程度表明它与保罗的思想渊源。

这封书信不像保罗的《罗马书》《哥林多书》《腓立比书》或《帖撒罗尼迦书》那样写给教会,②不像《加拉太书》那样给某个特别地区的信众,也不像《腓利门书》那样写给一个弟兄。③它是写给"希伯来人"的,④这个名称很难等同于某个具体团体。谁是这些"希伯来人"呢?这些收信人是否"由犹太教改信了基督教?""'希伯来人'这个用法……并不意味着这个问题已经解决。"⑤我们知道撒玛利亚人也频繁地称自己为希伯来人,为作为摩西传统后裔的希伯来人,以此把他们自己[53]与那些犹太人(Iudaioi)区分开;但我们也知道正统的犹太人自称希伯来人(参 M. D. Goulder,《基督教神话》,前揭,页67)。所以为了要识别这封信的写作对象,必须以这封信提供的信息为主要依据。《希伯来书》与《克莱门一书》(1Clement)存在相似之处,⑥后者是一封在罗马时写给哥林多教会的书信,我们后面会讨论。最近有学者发现《希伯来书》中有反伊

---

① 《罗马书》1:1;《哥林多前书》1:1;《哥林多后书》1:1;《加拉太书》1:1;《腓立比书》1:1;《帖撒罗尼迦前书》1:1;《帖撒罗尼迦后书》1:1;《腓利门书》1。同样,所有其他《新约》中的书信中有作者的名字,如《雅各书》1:1、《彼得前书》1:1、《彼得后书》1:1,但约翰的书信例外,其中《约翰一书》没有表明写信给谁,而《约翰二书》与《约翰三书》则注明为"长者"所写。

② 伪保罗书信也有类似的情况,即写给歌罗西与以弗所的书信。

③ 托保罗的名写给提摩太与提多的伪书信都是如此。

④ 尽管一些学者提出这个标题是后来附加上去的,参 H. Conzelmann and A. Lindemann,《工作簿》,前揭,页 301。

⑤ R. P. Gordon,《希伯来书》(*Hebrews*,Sheffield,2000),页 7。

⑥ 《希伯来书》1:3-7.13;《克莱门一书》,前揭,36:2-4。学者们通常认为《克莱门一书》借鉴了《希伯来书》,但这点还不能确定,因为借鉴的方向可以是相反的,或者说两者可以依赖同样的资料,口传的或书面文献。参 H. W. Attridge,《希伯来书》,前揭,页 1495;H. Conzelmann and A. Lindemann,《工作簿》,前揭,页 301。

便尼派的成分。①

《希伯来书》的内容让各个历史时代的读者大吃一惊。在第六章中作者在"展开"并详细阐释他理解得更成熟的信仰要旨之前,给我们提供了一个"基督教入门"简要。这些入门教义的基础是:

> 懊悔死行、信靠上帝。各样洗礼、按手之礼、死人复活。以及永远审判、各样教训。(《希伯来书》6:1-2)。

这一串话读起来像一个宣扬拉比犹太教的标题:伦理、信仰、持守净化律法、拉比的加冕礼、末世论。这个目录中没有哪项凸显基督教特色。②还有,这个开头让人想起其他非正典的早期基督教作品,这些作品清楚地摆出两条道路的教理:以前的是死亡、罪恶与黑暗之路;新的这条是生命、忏悔与光明之路。这个教义跟《昆兰古卷》里的一个文本有相似之处。③而其基础的或入门的元素看起来是在谈论拉比犹太人(至少"死者复活"的教义已经把撒玛利亚人与撒都该人排除在外),依据《希伯来书》,更高级的信仰元素是绝对排除加入基督教之后的第二次忏悔机会。

《希伯来书》所针对的不是那些只领会基督教基本元素的信众,而是对教理有成熟的理解,已经得着智慧开启、品尝到圣灵的果子,但仍然有可能沉沦的教徒。智慧开启是什么时候发生的?"这

---

① 特别是 M. D. Goulder,《希伯来书》("Hebrews"),载于 *NTS*,49,2003,页393-406。

② 参考诸如《使徒行传》20:21 的另外一种格式:"向神悔改,信靠我主耶稣基督",参 R. P. Gordon,《希伯来书》,前揭,页72。

③ 《十二使徒遗训:巴拿巴》,(*Didache, Barnabas*);《昆兰古卷》(1QS),3:13-4:26。有关这些及更多的相似点以及一个潜在的编撰发展史,参 J. S. Kloppenborg,《十二使徒遗训》("*Didache*"),收于 Andrew F. Gregory and Christopher M. Tuckett (eds),*Trajectories*,2005,页193-221。

里没有迹象表明这个阶段的'智慧开启'指的是受洗"(R. P. Gordon,《希伯来书》,前揭,页73),但《希伯来书》说"你们要追念往日,蒙了光照[54]以后所忍受大争战的各样苦难"(《希伯来书》10:32)。这封信给那些"沉沦者"下了一道严苛的判决书,不是因为他们屈从于外界压力,而是因为他们"践踏上帝的儿子,将那使他成圣之约的血当作平常,又亵慢施恩的圣灵"。许多学者已经把这一现象与有关撒玛利亚地区行邪术的西门(Simon Magus)的入教与沉沦的描述联系起来,①尽管《希伯来书》与《使徒行传》不同:《使徒行传》让西门忏悔,而《希伯来书》排除了任何忏悔。根据《使徒行传》,西门被当成"一位伟大的人物",撒玛利亚的"上帝的大能者"(《使徒行传》8:10)。尤斯丁(Justin)自己也是撒玛利亚人,他说"几乎所有的撒玛利亚人,甚至还有几个别国的人,崇拜他……为第一神"。②在爱任纽那里,这个故事发展成一个反异教的幻想,其中西门

> 他自己可能看起来像个奇妙的人物,他自己以极大的热情学习了全部的法术,他的力量困惑也压倒了很多人。他在恺撒(Claudius Caesar)在位时极为风光,因他的法力而为他造了像。③这个人被很多人当神崇拜;他说他自己作为圣子来到犹太人中间,作为圣父降到撒玛利亚地区,当他到别的国家时会以圣灵的形象出现。(爱任纽,《驳异端》,前揭,I 23)

---

① 《使徒行传》8:9-24。更多相关文献,参 J. Jervell,《使徒行传》(*Apostelgeschichte*, Göttingen, 1998),页 261。

② 尤斯丁,《第一护教辞》(1*Apol.*),26,3;《与特来弗对话录》,前揭,120,6;英译 ANFa。

③ 这并非"西门·马吉斯"(Simon Magus)而是罗马神祇"西门·桑库斯"(Semo Sancus)的塑像,对它的错误解读的来龙去脉,参 O. Zwierlein,《彼得》,前揭,页 132-133。

按照爱任纽的说法,西门把自己当成上帝的化身,在犹太传统、撒玛利亚与外邦人的传统之间架起桥梁,这让我们想起《使徒行传》里描写的希腊化了的基督徒(司提反,腓力)。我们通过爱任纽来解释这个事件,"大能者"作为"至上神灵的一个撒玛利亚化身"被人所知,"西门声称神灵已经借着他的身体来到地上,为了拯救人类"。① 据《使徒行传》,西门听到腓立比讲道后,就信了主,受洗后一直跟腓立比很亲近。《使徒行传》因为他想购买灵力继而鞭挞他,不过还是给他忏悔的机会,说西门请求彼得与约翰为他祷告。但他们是不是这么做了,我们不得而知(《使徒行传》8:25)。

《希伯来书》与《使徒行传》中好几个元素让人觉得《希伯来书》体现的是法利赛—基督徒致撒玛利亚人的书信。正如《约翰福音》里说的那样,[55]死者复活在基督信仰的主题中占重要地位,对复活的讨论像是在一个撒玛利亚信仰期盼的语境中展开。

《希伯来书》聚焦于撒玛利亚《圣经》的内容,即《摩西五经》。它反复使用《创世记》与《出埃及记》这两个撒玛利亚人的重要文本,以亚伯拉罕与摩西为他们的担保人与上帝的仆人,因为耶稣是上帝的儿子而让耶稣比摩西更伟大(《希伯来书》3:1-6)。与司提反在《使徒行传》中的布道如出一辙,这封信重点聚焦于流放的经历,四处流浪的上帝子民,新圣约的子民。② 耶稣的族谱上没有显示他跟大卫王的关系,而是一长串的名字连在一起,他们代表信仰的典范及上帝力量的见证者,所有这些人物全部来自撒玛利亚人接受的经书。③ 这个名单从创世到亚伯、以诺、挪亚、亚伯拉罕、"甚至撒拉"、以撒、约瑟、摩西、逾越节庆祝、耶利哥的城墙倒塌以及"妓女喇合的逃脱"。这封信继续以附录的形式写道:"我又何必再说呢?

---

① E. Haenchen,《使徒行传》(*Acts*, Oxford, 1971 = Göttingen, ¹⁴1965),页303。

② 参 A. Oepke,《上帝的选民》(*Gottesvolk*, 1950),页57-74。

③ 《希伯来书》11:1,参 M. D. Goulder,《基督教神话》,前揭,页67。

若要一一细说,基甸、巴拉、参孙、耶弗他、大卫、撒母耳,和众先知的事,时候就不够了"(《希伯来书》11:32),但作者又列举出先知们被许诺"但"他们"仍未得着的"恩典,"因为上帝给我们预备了更好的事,叫他们若不与我们同得,就不能成全(《希伯来书》11:40)。基督教殉道士被程式化为那些传达救赎的人,甚至把拯救带给过去的信仰的典范。

尽管这里明确地提及殉道士们会得"更美的复活"(参 U. Kellermann,《复活》,前揭,页 119-120),作者依然没有提及耶稣的复活,而是集中笔墨把他写成一位真正的麦基洗德传统的大祭司(《希伯来书》4:14-7:28)。这是一个"有关祭祀的争论……源于约柜,而不是圣殿"(M. D. Goulder,《基督教神话》,前揭,页 67)。依据《希伯来书》,什么提供救赎?答案是那个终极拯救祭物,基督为了全人类而受难,"因为受死的苦,就得了尊贵荣耀为冠冕",一位拯救的先驱"因受苦难得以完全"。①《希伯来书》里写着尽管基督"替我们求情"而死,但他一直活着,对复活则保持沉默(《希伯来书》7:25;2:11-17)。

基督的出现标志着不可改变的"末世……按着定命,人人都有一死,死后且有审判。像这样,基督既然一次被献,担当了多人的罪,将来要向那等候他的人第二次显现,并与罪无关,乃是为拯救他们"(《希伯来书》9:27-28)。这里又只字未提[56]基督的复活。而是讲基督永恒的祭司身份,没有起始也没有终点的生命,圣子、王、弥赛亚、上帝,他的"宝座是永永远远的",他是"已经升入高天尊荣"、"高过诸天的大祭司",没有谈论复活的基督(《希伯来书》6:20;7:3,24;7:3;1:8;4:14;7:26)。基督坐在至高的上帝的右手边,他"永不改变"、他的"年数没有穷尽"、"他是上帝荣耀所发的光辉,是上帝本体的真像"(《希伯来书》1:3;8:1;1:12-

---

① 《希伯来书》9:23-28;2:9f.,参 M. D. Goulder,《希伯来书》,前揭,页 399。

13),他提倡宽恕以及从罪中得洁净,于是有创世(《创世记》一章以下)与救赎(《出埃及记》34:5-7)以及两个主要的撒玛利亚参考文献的结合。

这里没有提及耶路撒冷的圣殿。相反,《希伯来书》在象征意义上解读一个灵性化了的礼拜:"安息日的安息为上帝的子民存留",祭司的职位与祭物对免除罪是必要的(《希伯来书》4:9)。这封信还通过概括的方式把礼拜概念的效用放大。新的圣约与律法胜过旧的(《希伯来书》7:12;8:1-10:18,特别是8:6, 28);新约是成就与实现以前只是以模糊的象征性符号表达的承诺,新约使得旧约过时——所以旧约消失(《希伯来书》8:5-6;8:13)。于是,蒙受光照、"真理的知识"与智慧出现,标志着基督教在第二个世纪有很强的哲学化倾向(《希伯来书》10:26)。

在《希伯来书》中,对基督教的不同解释之间的隔阂日益加剧,这点读者能够感受到。即使在一个像撒玛利亚那么小的宗教文化舞台上,试图发展真正的基督教的努力似乎已经引起内在的紧张、外在的迫害以及不同的应对方式。

> 你们不要被那诸般怪异的教训勾引了去。因为人心靠恩得坚固才是好的,并不是靠饮食;那在饮食上专心的,从来没有得着益处。我们有一祭坛,上面的祭物是那些在帐幕中供职的人不可同吃的。原来牲畜的血被大祭司带入圣所作赎罪祭,牲畜的身子被烧在营外。所以耶稣要用自己的血叫百姓成圣,也就在城门外受苦。这样,我们也当出到营外,就了他去,忍受他所受的凌辱。我们在这里本没有常存的城,乃是寻求那将来的城。(《希伯来书》13:9-14)

这个"到营外"折射出基督教的希伯来源头内部存在的分裂日益加剧。在这个意义上,马克安与希伯来及犹太传统的决裂只不过是把既存的希伯来内部,因而也是基督教内部的紧张推进一步而已,[57]我们后面会详细讨论。在《希伯来书》的最后一部分,作者再次概括了他的信息:"耶稣基督""昨日、今日、一直到永远,是一样的",正是因为耶稣的"永约之血",上帝"使群羊的大牧人我主耶稣从死里复活"。这个献祭式的预表论基于保罗对圣餐的解释以及他对逾越节的解读。①不过,对《希伯来书》而言,是血的祭物而不是复活成就了永恒生命,为了他,通过他,"荣耀归给他,直到永永远远"(《希伯来书》13:20-21)。

"那死了的"给予生命

《巴拿巴书》是另一个折射出多重视角的文献。很难确定其成书日期与地点。成书时间大概在公元70年到二世纪末,因为"我们对作者巴拿巴几乎一无所知"。②对《托拉》与先知所作的希腊—犹太教末世论的、伦理学的基督教解释与他们的非基督教的、礼仪化的、犹太解读之间的隔阂日益明显。这篇书信依然在保罗传统中(J. Carleton Paget,《保罗》,前揭,页376-377),它的作者使用匿名这件事比信中讨论的主题更能说明问题,《巴拿巴书》提倡对圣殿祭、阴历与安息日给出新的定义,这点从第一个对经典的引述中可以看出:

> 你们众多的祭物对我算什么呢,主说。我这里到处是全烧的祭物,羊羔的脂肪、山羊和公牛的血都不是我想要的……如

---

① 《哥林多前书》5:6-8;11:23-7。有关这个话题参逾越节那一章的论述。

② A. J. Bellinzoni,《概观》("Overview"),收于 Andrew F. Gregory and Christopher M. Tuckett (eds), *Trajectories*, 2005, 页 61; J. Carleton Paget,《保罗》,前揭,页 364 以及氏著,《巴拿巴书》(*Barnabas*, Tübingen, 1994), 页 6-30 ("90 年代中期"亚历山大); R. Hvalvik,《奋斗》(*Struggle*, Oslo, 1994), 页 19-20(136 年之后), P. Prigent 持同样的观点, 见氏著,《巴拿巴书》(*Barnabé*, Paris, 1971), 页 27。

果你们拿来细面,也是枉然;香是我憎恶的;你们的新月与安息日,我无法逃脱。(《巴拿巴书》,前揭,2:5)

在一定程度上跟《希伯来书》相似,但强调大卫—预表论(David-typology)。《巴拿巴书》用祭祀语言,把它从上帝转到主耶稣身上,书中偏爱基督这个称谓,从阴历的每周与每年的庆祝变成末世论守望,而对末世论守望的庆祝已经在这样的一个历史情境中拉开序幕:让你感觉这是一个敌对的、邪恶的、被"无法无天的""恶魔王子"统治的世界(《巴拿巴书》,前揭,15:5;14:13)。《巴拿巴书》并不把这样的转变称作对古律法的新诠释,而是对[58]"新律法"的弥赛亚式的理解。作者批评圣殿与肉体割礼,类似《使徒行传》七章里司提反的演讲,不过作者更为强调耶稣的角色,与在《马可福音》十二章35-37节相似。《巴拿巴书》中只有两处出现弥赛亚式的称谓"基督"与耶稣合一(《巴拿巴书》,前揭,2:6;12:8-11)。"上帝之子"是一位高于所有先知的先知,而不是"人子"。他终止以色列误入歧途,蒙摩西恩准写下新律法,同时把从前的事"一笔勾销",这样"从受困的轭中解脱出来的我主耶稣基督的新律法就可能拥有那并非人的双手所造出的祭物"(《巴拿巴书》,前揭,2:6)。

与"人的双手造出的祭物"相反,"我主耶稣基督的新律法"不是对立法者摩西,而是对那些通过摩西接受律法的人的公然批判,这些人包括法利赛人与拉比们,他们相信自己解释律法的权威:

> 它[律法]是我们的;他们在摩西刚领受律法的时候就永远失去了它……他们的誓约破裂成碎片,这样被[父]宠爱的耶稣的誓约也许会印在我们的心上,印在由对上帝的信仰中涌出的期盼中。①

---

① 《巴拿巴书》,前揭,4:8,英译 J. B. Lightfoot (adapt. by Athena Data Products, 1990)。

耶稣以弥赛亚的身份把摩西律法重新放"在我们的心上"。①不过这封书信远非反犹太教的；恰恰相反，它完全以拉比正典《塔那赫》为中心。②但《巴拿巴书》[的作者]认为自己生逢"最后的时日"，困在末世前的战斗中，对抗那些"在无法无天的年代"丢失了律法的人，在这样的抗争中，"上帝儿女们"的信仰就意味着对"黑暗者"的顽强"抵抗"(《巴拿巴书》，前揭,4:9)。

时过境迁，随着《罗马书》九到十一章开始出现的分道扬镳，以及《罗拿巴书》对遗失的律法之再发现这一事件不断深入的理解，此时的情况跟保罗书信时代已然不同。前面已经说过，我们没有确凿的证据厘定这封书信的写作时间。《巴拿巴书》十六章第三节谈到了耶路撒冷的犹太圣殿在公元 70 年毁于罗马人之手，也表达了重建圣殿的渴望，这与在巴尔科赫巴起义(Bar Kochba Revolt)(公元 132—135 年)叛乱当中犹太反叛者铸造的钱币上所表达的期望同出一辙。③

男众跟女众——这封书信明确称呼两种性别(《巴拿巴书》，前揭,1:1)——都应该设法寻求并且教导救赎的真理，即如何能把我们破碎的心灵交给上帝而获得拯救(《巴拿巴书》，前揭,2:10)。牺牲与完美的知识，而不是一座物质的建筑物，才能提供堪称[59]"上帝真正圣殿"的社会环境。④拯救作为灵性许诺而不是物质的馈赠，并非一次性地全部给予，而是一段通向生命的旅途，在生命的道路与死亡的道路两者之间作出恒久选择(《巴拿巴书》，前揭,4：

---

① 参 W. Kinzig,《女继承人》(*Erbin*, Heidelberg, 1992),页 80-83 以及,《新颖之处》(*Novitas*, Göttingen, 1994),页 125-126,页 171（更多参考文献）。

② 就这点而言，我必须更正自己的论述，参 M. Vinzent,《巴拿巴书》("Barnabas"),载于 *ZNW*,86,1995,页 76；相似的观点，参 R. Staats,《八》,前揭,页 42。

③ 参 M. H. Williams,《塑造》("Shaping"),收于 Jürgen Zangenberg and Michael Labahn (ed.), *Christian*, 2004,页 43。

④ R. A. Kraft,《巴拿巴书》(*Barnabas*, Toronto u. a., 1965),页 29。

13)。这是这封书信的一个中心论点。① 在通往生命的路上,只要我们坚守自己选择的方向,都会抵达既定的终点(《巴拿巴书》,前揭,2:10;3:6;4:1-2,6;5:4 等)。作为预先存在的、道成肉身的主只是在一个特别的时刻准备了生命的道路(《巴拿巴书》,前揭,16:9;5:6;6:7,9,14 等)。虽然上帝这位统治者已经透过他的先知让所有的一切得以知晓,但历史的进程依旧模棱两可。② 这与爱任纽在二世纪后期表达的历史观有很大差别。依照爱任纽的教导,历史是一个朝着最后的拯救逐渐发展的过程,而《巴拿巴书》所表述的历史则是一个向多种可能性敞开的过程,它既非纯粹的二元论,也不是马克安作品中表达的那种对立面之间的抗争。《圣经》的誓约书与其中给出的所有承诺都把过去、现在与未来结合在一起。它是一个先知化的承诺史而不是拯救史。③ 只有在最后的时刻我们才能再次回到我们最初的状态,《巴拿巴书》引用一句主的话,这句话在所有福音书里都找不到,"主说:记住我让最后的变成像最初的一样"(《巴拿巴书》,前揭,6:13)。

在终点与起点,未来与过去之间,上帝已献出他的爱,以色列不明白这点,其结果是上帝不得不受难而死。于是乎历史被清晰地编排为过去、现在与未来三个阶段。

在过去,上帝已经对他所爱的以色列讲道,但以色列被一个邪恶的天使欺骗,不理解摩西十诫的灵性意义,犯下了罪。罪与错甚

---

① 《巴拿巴书》,前揭,1:4; 4:10;10:11;16:7-10;18-20。有关《巴拿巴书》以及那"两条道路",参 L. W. Barnard,《研究》(*Studies*, Oxford, 1966);氏著,《犹太教》("Judaism"),载于 *CQR*,160,1959,页 320-334 = *id.*, *Studies*, 1966,页 41-55;氏著,《死海古卷》("Dead Sea Scrolls"),载于 *SJTh*,13,1960,页 45-59 = *id.*, *Studies*,1966,页 87-107;W. Rordorf,《一章》("Unchapitre"),载于 *Judéo-Christianisme:FS J. Daniélou* = *RSR*,60,1972,页 109-129。

② 《巴拿巴书》,前揭,1:7;2:4;1:7;5:3;17:2;15:5-8;16:4-5。

③ 参 P. Meinhold,《巴拿巴书》("Barnabasbrief"),载于 *ZKG*,59,1940,页 257;W. Kinzig,《新颖之处》,前揭,页 172。

至适用于使徒们,由此可见基督徒在多大程度上被视为以色列的一部分。上帝抛弃了以色列,是为了让罪人而不是义人归信(《巴拿巴书》,前揭,5:8-9;9:4;18:1;10:9,12;2:9)。

现在是一个没有确定性的虚无的时代。在这个时段,没有什么是纯粹的或完善的。这个世界由"邪恶的日子"组成,被"黑暗的那一位"统辖(《巴拿巴书》,前揭,4:9,13;2:10;21:3;15:5;18:1)。概括起来就是,在"最后的日子",①有一条通往潜在拯救的道路,同时还有一种可怕的向绝对黑暗挺进的倾向。②主来到这个险恶的世界"必须[60]忍受把他的肉体献给腐朽的苦难",以便"通过他洒下的宝血"洗净我们的罪。他的受难始于道成肉身,他的死也不过是其结果(《巴拿巴书》,前揭,5:1;7:2;14:4)。新的或第二次上帝创世通过独一无二的象征符号表达,那就是十字架。"耶稣的王国在十字架上",所有那些想要获得永生的人都必须"把希望放在他身上",也就是死在十字架上的这一位。只有这样"他们才得永生"(《巴拿巴书》,前揭,8:5)。主在这个世界的统治不是一个荣耀的旅程,而是在十字架的"羊毛与牛膝草"中彰显(《巴拿巴书》,前揭,8:6)。

我们活着只是趋向未来,向着最后的日子迈进,那时主会回来认领属于他的一切。奶和蜜的时代还没有来,我们只得着主的应许,我们必须把我们的信心与希望建立在这个应许之上(《巴拿巴书》,前揭,12:9;6:17)。这里很少有末世喜悦的迹象,让我们先品尝一下将来的甘甜。畏惧与焦虑"使得道德教化的任务比以往任何时候都更重要更急迫"(R. A. Kraft,《巴拿巴书》,前揭,页 27)。对正确道路的选择是末世大戏的一部分(《巴拿巴书》,前揭,1:7;21:

---

① K. Wengst (ed.),《十二使徒遗训》(*Didache*, Darmstadt, 1984),页 197;《巴拿巴书》,前揭,4:1-6,9-10。

② 参 J. Weiss,《巴拿巴书》(*Barnabasbrief*, Berlin, 1888),页 80;P. Prigent,《引论》("Introduction"),收于 *Barnabé*, Paris, 1971,页 35。

3)。《巴拿巴书》所传达的死者复活信息就镶嵌在这样一个戏剧化的世界观当中,在这里复活被理解为先知的应许。①

《巴拿巴书》中即使是谈论末世死者复活的地方,也没有指向基督复活,而是指耶稣受难,他的受难"会摧毁死亡,宣告死者复活",这是他为之"以肉身示现"的条件。《巴拿巴书》继而强调主的隐忍、受难与死亡是拯救性的事件,为将来及死者复活做准备。②这些都不是软弱的行动,而是强有力的表现,表明即将战胜黑暗。"复活"这个词(《巴拿巴书》,前揭,5:6-7;21:1)与"审判"和"奖赏"一起出现,这样的语境"表明它所指的是我们的复活而不是基督的复活"。③

现在我们把这个悖论放在一个问题中:上帝、救主怎能让他自己服从那些他想拯救的人?《巴拿巴书》回答:主像"一块坚硬的石头","注定要被压碎"(《巴拿巴书》,前揭,6:2)。如果这块被选的、首要的基石遭受死亡,那就会引发一个更难回答的问题:我们将在哪里安置我们的希望?作者好像在尽力避免为解决这个悖论而指向复活节这样的诱惑,他保持坚定不移的姿态,引用经文:

> [61]这是由于主已经把他的身体放在大能当中。因为他说:他让我如一块坚硬的岩石。先知又说:建筑者抛弃的这块石头,变成基石。他还说:这是主选定的伟大而神奇的时日。(《巴拿巴书》,前揭,6:4-5)

---

① 《巴拿巴书》,前揭,5:6-7;参 M. Vinzent,《巴拿巴书》,前揭。
② 参 E. Reuss,《历史》(*History*,1874),II 279.285;W. Haller,《教义》("Lehre"),载于 *ZThK*,2,1892,页 296;P. Meinhold,《巴拿巴书》,前揭,页 276。
③ J. Sprinzl,《神学》(*Theologie*,Wien,1880),页 156-157。

作者在谈论主的日子吗？星期天还是复活节？不，他指向耶稣被钉的十字架：

> 作恶的人聚在一起包围着我，他们像蜜蜂围着蜂窝那样包围着我；还有，他们扔了很多东西到我的衣服上。（《巴拿巴书》，前揭，6:6,19）

从物质的意义上来理解，对巴拿巴而言直到最后的时刻才会有庆典。对于作者来说，安息日、圣殿、割礼与食物都被取消。永恒的生命与受洗同十字架而不是基督的复活连在一起（《巴拿巴书》，前揭，9:3;10:9;11:10-12:1）。生命在死亡中以及由死而生这样的悖论通过摩西与蛇的例子体现出来。通过这样的比较，作者把主描写成救主，已经死去并且作为死者而存在的那一位：

> 圣灵对摩西的心灵说，他应该做十字架与要受难的主的模型。他说反对他们的战争会一直存在，除非他们把希望放在他身上……摩西做了一个耶稣与一条无耻的蛇的模型，设置得惹人注目，他通过宣传把人们召集来……当他这么说时，你们当中的一位会被咬，让他靠近放在树上的蛇，让他相信也希望蛇自己是死的，它能让人起死回生；这样他会被拯救。所以他们就这么做了。（《巴拿巴书》，前揭，12:2,5-7）

已死的耶稣能让人起死回生——这种极端矛盾的例子说明《巴拿巴书》在传达不寻常的救世神学。这里没有缓解或化解悖论的迹象，这里还保留着十字架的核心地位。在耶稣死后与他在荣耀中归来之前这段时间里，除了与主一起受难死亡之外，没有别的方法可以获得拯救（《巴拿巴书》，前揭，7:11;16:9）。

死亡与道成肉身的重要性与《提摩太前书》及《提摩太后书》相似，也与爱任纽的观点接近。不过爱任纽参考保罗的教理，把基督的复活放在他的神学思辨中,而在《巴拿巴书》中我们还没有涉及对这个问题的讨论。唯一一处明显提及基督复活的地方也只是一个与礼拜相关的影射,①也就是说如果基督复活不是[62]后来出现的注解或附加信息,而反映活生生的宗教实践的话,那么它一定指向一个相当晚近的教义,因为从神学意义上看,这封书信中没有留下基督复活的痕迹。

离开保罗进入保罗的世界,我们已经发现,基督复活对保罗及对他所理解的拯救在神学上的重要性之间存在很大的距离与差异。可以看到,别的话题已经超过保罗对基督复活的坚持,已经把这个启示、知识与拯救的源头,这个信心、权威与教会的基础,这个引发早期基督教传教活动的导火线推到一边,使之仅仅作为一个见证而存在。通常基督复活的话题被后圣殿时期犹太教争论的教义取代,这些教义包括圣殿、祭祀、割礼、律法、伦理、末世审判、权威与政治的地位。

在保罗的城市罗马与哥林多的基督教团体

在保罗生命中扮演中心角色的城市,如罗马与哥林多,基督徒都信仰什么?让我们先看罗马。

基督徒布道始于公元一世纪40年代的犹太会堂,②但很快基督教团体与其他犹太人一起③被罗马长官注意到,其中的"重要人物"于公元49年被罗马皇帝克劳狄一世(Claudius)驱逐出境。在50年代的后半段当保罗写信给他们的时候,基督徒好像"自己"

---

① 《巴拿巴书》,前揭,15:8:"因此,我们一直把第八天作为欢乐的一天,在这一天耶稣从死里复活,他显现之后升天。"有关这个文本的讨论,参考后面的注释。

② 参 P. Lampe,《早期基督徒》("Early Christians"),收于 Jürgen Zangenberg and Michael Labahn (eds), *Christians as a Religious Minority in a Multicultural City*, 2004, 页 22。

③ 参苏维托尼乌斯(Suet.),《克劳狄一世》(*Divus Claudius*), 25, 4; M. H. Williams,《塑造》,前揭,页 39。

又重新聚会。"在那个时候大多数的罗马基督徒都是外邦人,虽然这些外邦人当中有很多同情犹太教,受洗前与犹太会堂有松散的联系",但人们还是能够把这些基督徒区分开,比如公元64年的尼禄(Nero)。尽管有区别,但在"城市中基督徒与犹太人还保持社会联系,教宗卡利斯图斯一世(Callistus)在二世纪末仍给出这样的描述。也是在公元二世纪,有一群犹太基督徒仍然信守《托拉》,他们终止了与那些不遵守《托拉》的基督徒的交情,虽然这些人与非基督徒的犹太会堂还保持着联系"(P. Lampe,《早期基督徒》,前揭,页22)。

不过,与我们在保罗作品中读到的情况相比,这些基督徒的想法已经发生彻底转变。还有两个文本在罗马保存着:《黑马牧人书》(the Shepherd of Hermas)与《克莱门一书》(the First Letter of Clement)。我们也可以比较所谓的《克莱门二书》(the Second Letter of Clement)。基督复活没有出现在《黑马牧人书》与《克莱门二书》当中。而在写给哥林多教会的《克莱门一书》当中,保罗神学的发展得到证实:基督复活被边缘化,成为众多见证上帝拯救行动的教义当中的一个,与基督的献祭式之死紧密相关。基督复活的话题在保罗社群中完全缺失这种情况到底有多普遍,下面的这些基督教文本会揭晓答案。

[63]《黑马牧人书》的中心议题是:"我如何能得救?"主人公据说是一位虔诚的基督徒,他曾经是奴隶身份,后来赚了一大笔钱。他被卖给在罗马的一位不为人知的罗得(Rhode),他赎回自由,还购置了很大的房产,成为非常富有的人家,有他自己的奴隶。据记载,有一天他看见也认出了他以前的女主人,这位主妇曾把他抚养成人。那一瞬间,他"开始爱上她",不过"把她当作姐姐"(《黑马牧人书》(Herm.),vis. 1:1)。当然,这段无害的引语只是为了锐化乱伦般的进展。黑马牧人看见他心爱的人在台伯河(the Tiber)里洗澡,我们相信所发生的不只是一个窥淫癖者的行为。黑马牧人把手"伸给她","将她从河里拉上来",加了这么一句:"看一眼她的美貌

让我在心里想：'要是我能找到像她这么俊秀美好的女子为妻，那我会是个幸福的男人。'这是唯一闪过我脑海的念头，就这个念头，没有别的想法。"（《黑马牧人书》，前揭，vis. 1:1）谁会有什么别的想法呢？对他来说，一个基督徒，一位当了父亲的已婚男人，看一眼她的美貌以及想据为己有的想法都被当作大大的罪恶与不洁净。不过，他也因自己的财富、他的几个极端腐败的儿子还有他那多事的老婆被人指责（《黑马牧人书》，前揭，vis. 1:2）。

尽管有这些戏剧性的画面，黑马牧人还是得到第二次机会，他也成为那些诚心诚意忏悔的罪人的典范（《黑马牧人书》，前揭，sim. 8:28）。

《黑马牧人书》描述了教会，"使徒、主教、教师、执事"（《黑马牧人书》，前揭，vis. 3:5），让我们惊讶的是，这个文本只字未提"耶稣"或"基督"，也没有提"基督教"。"主"与"子"占中心地位，像伦理学那样：

> 在你的一生中不要作恶，要以洁净的心灵侍奉上帝；恪守他的诫命，奉行他的戒律，不让邪恶的欲望在你心里升起；相信上帝。如果你做这些事，还敬畏上帝，不做任何恶事，你将为上帝而活。（《黑马牧人书》，前揭，sim. 5:1，英译 ANFa）

没有一个犹太人、没有一个普通的希腊或罗马公民会反对这样的伦理学。它以遵守上帝的戒律为基础，重申一神论信仰。不过《黑马牧人书》也有新的内容，那就是一个包含了十二诫的清单，在文本的中间部分对此有冗长的解释，好像要取代摩西的十诫。戒律不再是摩西所给的承诺，而是作为上帝代言人的黑马牧人所传达的教会信息。《黑马牧人书》教导创世与末世，末世是创世的完成，执行者是依上帝旨意而存在的主的"神圣教会"，以遵守《黑马牧人书》中的诫命为前提，这些诫命包括防止恶念以及坚持拥有物质财富应承担的社会责任。

[64]拯救基于受洗,加入教会以及坚韧不拔地追求洁净的品行(《黑马牧人书》,前揭,vis. 3:3)。与保罗书信的传统一样,《黑马牧人书》提及上帝的力量。不过在这么长的文本当中没有一处涉及基督复活,甚至不谈论永恒生命或者我们在死里复活:

> 一个人在拥有上帝之子的名号之前,他是死的;但是当他领受封印,他就把死亡搁在一旁,获得了生命。这个圣印,就是水;他们浸在水里时是死的,站起来时就活了。(《黑马牧人书》,前揭,sim. 8:16)

施浸礼让人觉醒而生,但这里没有暗示圣子复活。受洗与伦理生活将会拯救"上帝的选民",让他们经由行动而继承永恒,这行动带着"力量,所谓的自我克制",是"信心……、单一、不狡猾、贞洁、聪明、爱的化身"(《黑马牧人书》,前揭,vis. 3:8)。谁这样生活,谁的名字就会"被写进生命之书"(《黑马牧人书》,前揭,sim. 2)。

在一个出名的段落中,《黑马牧人书》提出这样的问题,"为什么上帝的儿子化身为奴隶来到我们中间?"对这个问题的回答构成又一个信仰概要,它几乎是个信条,以上帝创世为起点,上帝献出他的儿子,这位儿子再任命他的天使,给人们指出生命的道路。这位儿子给"他们带来他从天父那里领受的律法"。他由预先存在的圣灵与承载圣灵的肉体组成,"虔诚而贞洁地行走在世间":

> 与此相应,经过卓越而纯粹的生活之后,因经艰苦劳作又与圣灵合作之后,在每样事物中跟着圣灵一起勇猛精进之后,他以身体为伴侣。这种做法蒙上帝喜爱,因为承载圣灵的肉体在尘世上没有被玷污。上帝因此视圣子与荣耀的天使为同盟,为的是这个臣服于身体而没被玷污的血肉之躯在圣幕中可享一席之地,这样的肉体〔会得到奖赏〕,因为它没有斑点或污

秽,圣灵居住其中。(《黑马牧人书》,前揭,sim. 5:5-6)

肉体不会迷失,因为其洁净的行为以及它与圣灵合作的旅程。然而这旅程会持续到教会最终建立起来为止。像《巴拿巴书》一样,此时此刻这个世界依然处于"冬天",即使是公义者"也不表现自己,因为他们[65]与罪人住在一起"(《黑马牧人书》,前揭,sim. 3)。《黑马牧人书》也没有暗示末世前的喜悦。"公义者与那些以纯净的心灵谨慎行事、遵守上帝诫命的人"可以被假想为存在,但他们不被单独挑选出来(《黑马牧人书》,前揭,sim. 8:3)。现在还不到时候。在另一个片断中《黑马牧人书》又回来解释圣子的本性:

> 上帝的儿子比上帝创造的万物都要古老,这样他在上帝的创造活动中跟上帝一起,是上帝的同盟:因为这个原因,他很古老……他在上帝豁免罪责的最后时日里显现:……那些将要被其拯救的人会进入天国……没有一个人能够通过别的方式进入天国,除非以蒙他宠爱的圣子的名……如果你有他的名却没有他的力量,那么拥有他的名也徒劳……于是,领受这些灵之后,他们变得强壮,与上帝的仆人在一起;他们拥有同一个灵,同一个身体,同一件衣服。因为他们是同一类,做着公义的事。(《黑马牧人书》,前揭,sim. 8:12-13)

圣子是圣父预先存在的同盟,这让人想到《创世记》二章4节起的叙述,在那里上帝以复数的形式说"让我们做……",这是《黑马牧人书》当中出现的其中一处参考正典的地方。这个文本也让我想起道成肉身,或者更准确地说,是上帝的拣选(oikonomia)、上帝的赦免"在最后的日子里"的显现。我们处在末世时期,尽管末世还没有结束。

《黑马牧人书》完全没有显示熟悉保罗的迹象(参 A. Lindemann,《保罗》,前揭,页 255-256),对于一个源于罗马的文本而言,这点很容易看出来;在这个文本当中出现的对圣子的不同称呼当中,没有"复活的那位",我们看到的是:信心、节制、力量、耐心、单一、天真、纯洁、快活、真理、理解、和谐、爱。"承当这些称号与上帝之子名义的人会进入天国。"(《黑马牧人书》,前揭,sim. 8:15)

在这点上,另一个文本与《黑马牧人书》相似,这是一篇布道书,按传统的说法就是《克莱门二书》。这又是一个成书时间与地点都无法确定的文本(公元 120—160?)(参 A. J. Bellinzoni,《概观》,前揭,页 63),尽管有人建议说这个文本是"写给那些改信基督教的人,无疑是在罗马,时间在第二个世纪的第二个四分之一时段"(E. Puech,《信仰》,前揭,页 295)。

基督被称为"活人与死人的审判官",他"以慈爱拯救我们,他已经看见了内在于我们的错误与毁灭,即使除了来自上帝的那点希望,我们没有任何希望获救,他依然拯救我们。当我们还不存在的时候,他呼唤我们,他愿意让我们由不存在进入存在"(《克莱门二书》,前揭,1)。他"按照每个人的行为给予相应的奖赏[66]"。就发生"在这个世界的肉体当中","肉体"所指的并不是与灵魂对立的身体,而是确定"人的永恒命运"将会在这个世界达成。这位布道者为了基督的末世莅临而劝告他的兄弟姐妹们:"为了要参与到灵性当中,请保存你的肉体。"在受洗时领受圣灵赐予肉体不朽的特性(《克莱门二书》,前揭,6:9;9:1-6;14:3-5),但不朽必须靠忏悔得以保持,这与《黑马牧人书》非常相似,《克莱门二书》也提到要通过"做他所说的事以及不违背他的诫命"以保持所得的不朽。这些话让我们想到犹太教的祈祷"听着,以色列",它作为耶稣提到的两诫当中的第一个,在《福音书》中被引用(《马可福音》12:29-30;《申命记》6:4-5)。永恒生命是赐给那些"按天父的意志做事,保持肉体洁净的人"的礼物(《克莱门二书》,前揭,8:4)。基督与教会同在是《克莱门二书》另一个与《黑马牧人书》的相似点。教会以基督的肉体表现自己,教会也是基督的身体,而基督仍然是教会的灵(《克莱门二书》,前揭,14:4)。甚至在最后的歌颂上帝的赞美词中,作者也把荣耀归于那位看不见的上帝、真理的父亲与"不朽的救主与王子","通过他真理与天堂的生命得以在我们身上显现"。这篇布道书的高潮是真理与天堂的永恒生命的显现,而不是基督复活。死者复活基于道成肉身,"拯救我们的主基督,是第一个灵,化成肉身,以此召唤我们"。①我们可以看到,《黑马牧人书》与《克莱门二书》所代表的信仰和保罗作品中表达的信仰相去甚远。也就是说《克莱门二书》与《黑马牧人书》共享与保罗的不相干性(参 A. Lindemann,《信仰》,前揭,页 255)以及基督复活观念的缺失。取而代之,当彼得为那些死了的人向耶稣询问有关畏惧与希望的问题,耶稣回答的出处我们不得而知,②他说:"基督的承诺伟大而神奇,安息在将要来临的天国以及持久的生命。"(《克莱门二书》,前揭,5:5)

　　《克莱门一书》是进一步发展了的文本,它像《黑马牧人书》一样,一定源于罗马,这从开头的称呼就可以看得出来。这封信是写给哥林多教会的:"旅居于罗马的上帝的教会致旅居于哥林多的上帝的教会。"③

　　[67]于是我们获得另外一个对罗马与哥林多教会的洞察——这两个教会都以其与保罗的关联而闻名。在这个文本中保留了多

---

① 《克莱门二书》,前揭,9:5。参 E. Puech,《信仰》,前揭,页 296。

② 出自这个不知名的福音书的文集,参考 D. Lührmann and E. Schlarb,《残篇》(*Fragmente*,2000),页 134-137(如果考虑到《克莱门二书》描述的内容,这个文集还可以得到进一步扩展)。

③ 《克莱门一书》,前揭,prol.。参 A. Lindemann,《影响》("Influence"),收于 Andrew F. Gregory and Christopher M. Tuckett (eds), *Trajectories*,2005,页9;早于公元100年的时间推断只是基于对教会秩序的分析,依据的事实是这封书信没有提到"任何迫害";第一个把这封书信的作者归诸"克莱门"的人是哥林多主教狄奥尼修斯(Bishop Dionysios of Corinth,约公元170—174年,他也撰文反驳马克安!),优西比乌(Euseb.)在其《教会历史》(*Hist. eccl.*),IV 23,11 当中,说这封书信是在星期天聚会时诵读的。O. Zwierlein, GFA 140-145 提议这个文本的编撰时间应该在公元 120—125 年间。

少保罗的影响？他的神学被发展了多少？① 学者们似乎同意这样的说法，即《克莱门一书》"没有使用付诸文字的福音书"（A. J. Bellinzoni,《概观》，前揭，页 54），但相信《克莱门一书》使用了保罗写给危难中的信众的书信，也就是《罗马书》与《哥林多前书》；或许也用了《希伯来书》。② 如果是这样的话，《克莱门一书》就是证据，证明作者手头没有保罗的书信集，只有关涉某些特定的基督教团体的单篇书信在流传。③

《克莱门一书》两次提到保罗的名字（《克莱门一书》，前揭，5：5-7；47：1）。第一次，保罗的权威虽然遭到讽刺，但他的地位仅次于彼得。④ 第二次引用跟第一次同等重要，因为《克莱门一书》提及"有福的使徒保罗的信"（《克莱门一书》，前揭，47：1）："在福音书的开头他第一次给你们写了什么呢？"有趣的是，《哥林多前书》被等同于使徒的"福音书"，这个词只提到一次，它好像不是对一个特别的文体类型的描述。从这里提到的"第一次"写的信，我们可以推断作者可能知道保罗给哥林多教会的两封信。⑤

《克莱门一书》在何种程度上与保罗的信息保持一致？彼得与保罗的结合已经表明我们面对的是一个发展了的观念，在这个观念当中保罗被包装起来，跟彼得放在一起，而且只是在彼得之后（A.

---

① 有关《克莱门一书》与保罗，参 A. E. Barnett,《保罗》，前揭，页 88-104。

② 参 A. Gregory,《克莱门一书》（"1*Clement*"），收于 A. F. Gregory and C. M. Tuckett（eds）, *Reception*, 2005, 页 129-157; K. Aland,《备注》，前揭，页 33-36。

③ 参 C. F. D. Moule,《出生》（*Birth*, London, 1966），页 260。

④ 《克莱门一书》，前揭，5：4，参 A. Lindemann,《克莱门书信》（*Clemensbriefe*, Tübingen, 1992），页 36-40，页 38；以及氏著，《影响》，前揭，页 10 指出"作者明显地运用'Achtergewicht'的修辞手法——最重要的人物不是彼得而是保罗"，反驳 K. Beyschlag,《克莱门》（*Clemens*, Tübingen, 1966），页 280 的观点。

⑤ 我的理解与此相反——A. Lindemann 把"首先"（first）解释为"最重要"（most important）——但这点已经通过"开头"（in the beginning）揭示出来，见氏著，《克莱门书信》，前揭，页 138。

Lindemann,《影响》,前揭,页13),这跟保罗的自我认识相反:保罗认为召唤自己当使徒的是"耶稣基督",而不是人类的传统或权威机构,因而他绝不会置于彼得之后。对保罗来说,他的福音的主要内容是:圣子"就肉体而言"是大卫王的后裔;更重要的是,圣子,依圣灵的说法:"以大能显明是上帝的儿子",是通过我主耶稣基督"死里复活"而发生(《罗马书》1:1-5)。《罗马书》中出现的耶稣基督、我主这些称谓指向从死里复活的圣子。保罗的"使徒"称号与以复活的耶稣为圣子这一观念密切相关。

[68]到现在为止,对于这些特征没有出现在《克莱门一书》,读者或许不会惊讶。而且,在这封信提到"使徒继承顺序"的地方,缺了保罗;而以复数形式出现的"使徒们"才是那些"从主那里"领受了福音书的人。①如果像一些学者假设的那样,保罗也包括在这些使徒当中(如果是这样,那为什么不见他的名字?),那么他已经成为别的团队当中的一个。②

在这封信的开头,作者就关注"我们的拯救",他认为基督的牺牲为我们带来拯救(《克莱门一书》,前揭,7:4)。在一段很长的贯穿摩西经典的圣经注释(类似于司提反在《使徒行传》中的演讲)的结尾,作者选出上帝拯救行动的辉煌以及行动者与先知的选择,对这封书信前二十章作了总结,坦白说"我们在他(上帝)的慈爱宽恕中寻求庇护"。③作者只是在稍后才不得不回应一下那些已经在等待主重返地球的信徒,这些人一直在等待,但最终失望地转身离去,说道:"这些事情我们确实在我们父辈的日子里听说过,我们现在已

---

① 《克莱门一书》,前揭,42:1-4。参 A. Lindemann,《影响》,前揭,页11;以及,《克莱门书信》,前揭,页125-126。
② 《克莱门一书》,前揭,42:1-2;后面会提供更多参考资料。
③ 同前,20:11-12;R. M. Hübner 很和善地让我明白《克莱门一书》中的仁慈的救主一直都是上帝,而不是基督。

经老了,而这些事情没有一件降临到我们身上。"①《克莱门一书》的作者用一个末世论的前景来反驳这种说法,他说"导师继续给我们看从今以后的复活"(《克莱门一书》,前揭,23:5;24:1),他还指向保罗在《哥林多前书》十五章 20 节给出的时限:②"主耶稣基督"在"上帝把他从死里复活的时候"已经成了"第一个果子"(《克莱门一书》,前揭,24:1),《克莱门一书》的作者"很郁闷地"(K. Aland,《备注》,前揭,页 30),"轻描淡写地提及基督的复活"(R. Staats,《复活 II/2》,前揭,页 517),而没有参考保罗在同一章即《哥林多前书》十五章开头的复活信息。

这里没有一个字来自福音书的复活叙述,完全没有提及这些,既没有引用,也没有提到哪怕是一个与此相关的词汇或故事,甚至连一个暗示也没有。(K. Aland,《备注》,前揭,页 30)

为了支持死者复活的真实性,作者展开了一个"对将来发生的复活的真实性的辩护",③他运用了一整套不同的例子与辩论:正在变化的季节、夜晚降临拂晓来到、播种果子、凤凰,接下来是三个来自犹太[69]经典的见证。④我们由此看到基督教文献中对死者肉体复活的最早见证(参 H. E. Lona,《复活》,前揭,页 23-24),但是它没有进一步提到基督肉体复活或出现以证实其肉体特征(《克莱门一书》,前揭,24:2-25:5)。

---

① 《克莱门一书》,前揭,23:3;参《克莱门二书》,前揭,11:2-4;《彼得后书》3:4 提出类似的问题:"主要降临的应许在哪里呢?因为列祖睡了以来,万物与起初创造的时候仍是一样。"

② "但基督已经从死里复活,成为睡了之人初熟的果子",也参《歌罗西书》1:18:"是从死里首先复生的。"

③ H. E. Lona,《复活》(*Auferstehung*, Berlin and New York, 1993),页 23。

④ 第一个是《诗篇》27:7b 与《诗篇》87:11 [LXX] 的组合,第一个是《诗篇》3:6 与《诗篇》22:4b 的组合;第三个是《约伯记》19:26。

尽管《克莱门一书》提及《哥林多前书》,但它的末世论间歇(eschatological interim)和保罗的不同。"即使上帝的这个神奇的礼物已经在这个时代真得变成现实"(《克莱门一书》,前揭,35:1),基督王国的出现也是将要到来的事件(《克莱门一书》,前揭,50:3;参42:3)。耶稣不再是一个不可或缺的拯救历史中的转折点。《旧约》的蓝本成为模型。上帝是天堂的主,世世代代的王(《克莱门一书》,前揭,61:2),被创造的整个世界,甚至包括政治制度也依赖于上帝。上帝在末世的统治依然被人期待(H. E. Lona,《复活》,前揭,页26)。基督复活已经被简化为支持死者复活的真实性,但保罗的已经实现的末世论,与不断延伸的还不是末世的当下之间的距离日渐加大,而这个当下以一个未兑现的末世作为它的未来。救赎成为一个礼拜仪式:"就连耶稣基督,掌管我们奉献品的大祭司,我们弱点的监护者与救助者",也在"赞美的牺牲"里显现(《克莱门一书》,前揭,35:4,12-36:1)。不过这个牺牲并非指圣餐礼,而是指作为"那些大师已经吩咐我们去执行的事情","在指定的时间"在耶路撒冷圣殿献上的"牺牲与侍奉"。①《克莱门一书》把保罗的福音书再仪式化,与"几十年后……伊格那丢、巴拿巴以及尤斯丁的思想"形成了对比,不只是"对犹太教机构持相反态度,而且也是第一次含蓄地提及复活,而复活是作为星期天崇拜的一个附加的或后续的原因出现"(《克莱门一书》,前揭,页80)。

在《克莱门一书》中,基督复活也为人所知,但它不再用来捍卫保罗的权威,说明他高于"其他使徒"或反对"其他使徒";它现在所要维护的是这些使徒的权威而非保罗的权威。他们是"在城市乡村到处"传道的人——这里没有针对犹太人与针对外邦人的传道这两者的区别:

---

① 《克莱门一书》,前揭,40:2-4。参 S. Bacchiocchi,《安息日》(*Sabbath*, Rome, 1977),页79。

> 使徒为了我们从主耶稣基督那里领受了福音；耶稣基督是上帝派来的。所以基督来自上帝，使徒来自基督。因此两者都是承上帝的旨意来到指定的地方。所以说他们接受了指令，通过[70]主耶稣基督的复活和圣灵的完全担保在主的道中得以巩固，他们带着天国要来的信息走出去，在城市乡村到处布道，当他们以圣灵印证他们为主教与执事时，他们指定了他们的果子，我们应该相信他们。(《克莱门一书》，前揭，42:1-3)

与保罗的信息相反，圣灵的神恩分配被一个委任的、分等级的制度取代了(上帝—基督—使徒—主教与执事)，一种带有体制化倾向的"使徒承继"模式，经由基督复活得以确认，保罗被架空了。《克莱门一书》"缺少真正的基督复活意识"，① 也没有"表现出强烈的、要明显引用保罗的兴趣，不管是他的书信还是他的神学"，这封书信也没有"表达出对'批判地讨论'保罗神学的兴趣"(A. Lindemann,《影响》，前揭，页24)。

保罗作品之外的基督献身与永恒生命

虽然和保罗的风格很不同，② 约翰的三封书信认可救赎与永生和主耶稣基督连在一起，但是，正如我们在之前谈到《约翰福音》时提到的那样，在这里扮演重要角色的不是基督复活，而是其他的神学元素：道成肉身、启示、爱的圣餐(参 J. Terence Forestell,《十字架》，前揭，页169)。耶稣基督作为 λόγος(逻各斯)的化身是"永恒

---

① H. Lietzmann,《历史》(*Geschichte*, Berlin, $^{4/5}$1975), I 207。
② 不过可以参考约翰书信与保罗书信的相似之处，详见 A. E. Barnett,《保罗》，前揭，页142-152。

的生命"(同前)。

《约翰书信》1-3 被置于一个后复活情境中,暗示着一个耶稣向门徒,特别是对多马显现自己的场景:"我论到从起初原有的生命之道",这里指向《约翰福音》(1:1)与《创世记》(1:1),"就是我们所听见、所看见、亲眼看过、亲手摸过的"。我们处在后复活阶段,以《约翰福音》为背景,"这生命已经显现出来,我们也看见过,现在又作见证,将原与父同在,且显现与我们那永远的生命传给你们"(《约翰一书》1:1-2)。这里集中讲述代表上帝的光与代表罪的黑暗,以及耶稣献身与他的宝血的净化功能:

> [71]没有爱心的,仍住在死中。凡恨他弟兄的,就是杀人的。你们晓得凡杀人的,没有永生存在他里面。主为我们舍命,我们从此就知道何为爱,我们也当为弟兄舍命。(《约翰一书》3:14-16)

这个以血献祭的残忍现实成了作者充满慰藉的爱的信息的开头,我们今天更多引用这个信息而不考虑它的先决条件:

> 没有爱心的,就不认识上帝,因为上帝就是爱。上帝差他独生子到世间来,使我们藉着他得生,上帝爱我们的心在此就显明了。不是我们爱上帝,乃是上帝爱我们,差他的儿子为我们的罪作了挽回祭,这就是爱了。(《约翰一书》4:8-10)

暂不称其为矛盾,这个对比由黑暗中闪耀的光和死的献身组成——这些话题让人想起《希伯来书》《雅各书》与《路加福音》:

> 上帝就是光,在他毫无黑暗。这是我们从主所听见,又报给你们的信息……我们若在光明中行,如同上帝在光明中,就彼此相交,他儿子耶稣的血也洗净我们一切的罪。(《约翰一书》1:5-7)

像在《犹大书》中,《约翰一书》的这个信息可以用"永生"来概括(《约翰一书》2:25)。当然,我们并未远离基督复活这个观念,但这个文本所讲的是承诺、希望、坚持,而不是超越死亡这一步(《约翰一书》3:2)。它看起来好像是个很微小的分歧,但就是这点造成两者的不同。它强调生命、在末世的这边背负着罪的生命,在末日预兆下的生命,这是个确定的未来,在这种情况下,基督徒意识到不仅基督、弥赛亚要来,而且"那敌基督的"以及"许许多多敌基督的"也要来(《约翰一书》2:18)。

> 在耶稣身上,启示、永生与信心的内在关联在书信体现的中比在福音书中要紧密得多……与在福音书中一样,在书信中永生是圣父、圣子与门徒在知与爱中的合一。通过把他的儿子耶稣基督献给我们,上帝已经把这样的生命给予我们了。①

[72]保罗之后,②《启示录》是我们知道的有关主日(the Lord's day)(《启示录》1:10)最古老的经典证据,主的日子是非常特别的一天,因为就是在这一天作者体验了他的启示,他被要求把他见到的异象写下来变成一本书(《启示录》1:10-20)。

与别的启示论文献相比,约翰的《启示录》以一个"在主日被圣灵感动"而体验到异象开始,这异象激动人心——对约翰说话的声音,这声音"好像是人子的",他穿着明亮的衣服,"长袍直垂到脚","胸间束着金带",他的头与发"皆白,如白羊毛,如雪";还有些恐怖的成分,如"他的声音巨大如吹号""他的眼目如同火焰""从他口中

---

① J. Terence Forestell,《十字架》,前揭,页171-172。
② 《哥林多前书》11:20;《腓立比书》1:6,10;《哥林多后书》1:14;《哥林多前书》16:2;参 R. Bauckham 谈到"《新约》中很少出现这个词('主的'或'主日')",见氏著,《主日》("Lord's day",1982),页222-223。

出来一把两刃的利剑"。没有其他任何一位《新约》作者给我们提供过如此详细的对耶稣基督末世启示的描述：基督"他驾云降临，众目要看见他，连刺他的人也要看见他，地上的万族都要因他哀哭"（《启示录》1：7）。这个神异的、发着光的、被钉在十字架上的基督形象让人想起《使徒行传》九章3-7节对保罗的启示异象的描述。①基督就是上帝赐给启示的那位，"叫他将必要快成的事指示他的众仆人"，"因为日期近了！"（《启示录》1：1.3）

这个末世人物的异象代表来自上帝的信息，而这里的末世人物看起来"像人子"，后来又被称为"神子"（《启示录》2：18）。上帝是主，是"那昔在、今在、以后永在的——全能者"，他说"我是阿拉法，我是俄梅戛"，这是有关耶稣基督的一个信息与见证。他是"那诚实作见证的，从死里首先复活，为世上君王元首的耶稣基督"（《启示录》1：4-6）。"第一个从死里得生的"观念镶嵌在一个末世论的语境中，同《歌罗西书》（1：18）一样，它让人想起再生、永生，而没有进一步发展成一个基督复活形象。相反，整个布局是献祭式的，"以他自己的血作代价"，他是"被杀之羔羊"，"生命册"归属于他（《启示录》13：8）。死亡带来生命，死是献祭的作为（也参考与《启示录》5：9-14的相似之处），我们没必要害怕这样的死："别怕！"因为他活着："不要惧怕！我是首先的，我是末后的，又是那存活的。我曾死过，现在又活了，直活到永永远远，并且拿着死亡和阴间的钥匙。"（《启示录》1：17-18）显现给作者约翰的便是基督，他用[73]他的死来拯救我们（《启示录》1：17-19）。他是活着的基督，"那圣洁，真实，拿着大卫的钥匙，开了就没有人能关，关了就没有人能开的"（《启示录》3：7）。这话听起来像《启示录》的一个典故，影射《约翰福音》里复活的基督与门徒相遇的场景，这些门徒把自己关起来，就

---

① 参 E. H. Pagels,《异象》("Visions")，收于 Barbara Aland (ed.), *Gnosis*, 1978, 页419; 有关保罗书信与《启示录》的关系, 参 A. E. Barnett,《保罗》，前揭, 页41-51。

在"那日（就是七日的第一日）晚上"(《约翰福音》20:19)，在这场相遇中，基督差遣门徒"赦免任何人的罪"(《约翰福音》20:23)。这个故事与《路加福音》二十四章36至43节相似，我们后面会具体讨论。然而，这里的核心话题不是基督复活而是基督之死，他的宝血使生命成为"永永远远"（参《启示录》11:15）。约翰描绘过这样一幅画面："有一个妇人身披日头，脚踏月亮，头戴十二星的冠冕。"(《启示录》12:1)"妇人生了一个男孩子，是将来要用铁杖辖管万国的。"她的孩子不是从坟墓里出来，而是"被提到上帝宝座那里去了"。①这与《希伯来书》相似，讲的是升天而不是复活。

在主日这一特别的日子里，约翰在帕特莫斯领受这个有关末世未来的个人启示，之后他被授予权柄，它与保罗从主赐予他的末日体验得来的权柄相当(《启示录》2:8)。作者从这场会晤立刻推导出一个批评，针对那些"自称为使徒却不是使徒的，看出他们是假的来"的人，他们被主"试验"(《启示录》2:2)。如果那些自称是"使徒"的人坚持下来，甚至可能为道殉身的话，他们为什么会被批评呢？约翰这么讲述：

> 然而，有一件事我要责备你，就是你把起初的爱心离弃了。所以应当回想你是从哪里坠落的，并要悔改，行起初所行的事。你若不悔改，我就临到你那里，把你的灯台从原处挪去。(《启示录》2:4-5)

约翰所指的不是神学上的错误，而是伦理上的不正当行为，比如吃祭过偶像的食物或崇拜圣殿，而末世的新耶路撒冷将不会有这样的建筑，"因主上帝——全能者和羔羊为城的殿"(《启示录》21:22，参2:20-21)。

---

① 《启示录》12:5。参G. Bertram,《升天》("Himmelfahrt")，收于 *FS Adolf Deißmann*, Tübingen, 1927, 页187-217。

[74]很可惜,与我们目前讨论过的其他文本一样,《雅各书》与《犹大书》这两封正典书信的成书日期与地点尚不清楚,虽然我们有理由相信这两封书信作于二世纪,因为它们都不熟悉正典福音书。这两封书信传达了拯救信息,但没有涉及基督复活。

第一个例子是被封为正典的《雅各书》。谁是雅各?作者并没有明确给出一个与历史上的雅各之间的联系,没有在耶稣的兄弟关系上大做文章,也没有利用他同耶路撒冷的犹太基督徒团体的关系,所有这些都让作者有意甚至无意地用假名,这使得强化这封书信的权威性或者打雅各这张王牌显得不太可能。相反,和他的信息一致,谦卑的人应该为自己的谦卑而自豪,"卑微的弟兄升高",雅各为自己是一个"基督的仆人"而赞美自己(《雅各书》1:9.1)。尽管他间接承认他是一位导师,但他告诫他的同伴要谨慎对待想成为的念头,因为你知道我们[师傅们]会接受更严格的审判。师傅,就像他所承认的,并没有更多智慧或知识,因为"我们在许多事上都有过失;若有人在话语上没有过失,他就是完全人,也能勒住自己的全身。我们若把嚼环放在马嘴里,叫它顺服,就能调动它的全身。看哪,船只虽然甚大,又被大风催逼,只用小小的舵,就随着掌舵的意思转动。这样,舌头在百体里是最小的,却能说大话"(《雅各书》3:1-5)。这样一种谦卑与自豪、贫穷与富有并存、既是师傅又是听众的矛盾统一,也同样适用于生与死。

> 太阳出来,热风刮起,草就枯干,花也凋谢,美容就消没了;那富足的人在他所行的事上也要这样衰残。忍受试探的人是有福的,因为他经过试验以后,必得生命的冠冕,这是主应许给那些爱他之人的。(《雅各书》1:11-12)

我们也许会问这位师傅,什么才是经忍受而得的生命的冠冕呢?这是在影射殉道神学吗?他指向来自"光之父"(《雅各书》1:17-18)的"真理信息"——"光之父"这个上帝的称号对我们今天的人来说有点怪,但犹太人听起来很顺耳,因为他们把上帝理解为通过用他闪耀的光来关怀我们的那位舍金纳(the Shehina)([译注]神圣存在)。创造与再造是同一个行动,因为上帝的计划不会改变就像他自己不受制于变化一样。从这个矛盾的计划中可以得出小人物很伟大,亚伯拉罕与妓女喇合在同一平台上接受审判(《雅各书》2:23-25)。

正典书信《犹大书》在很多方面与《雅各书》相似,也依赖于《雅各书》,而且这两者很可能是《彼得后书》的一个源头(参 G. H. Boobyer,《借鉴》,前揭,页 34)。作者[75]利用雅各的名字以及他与雅各的兄弟关系,以树立他自己的威望。使徒化的过程明显始于雅各书信的写作,它不仅解释了《犹大书》与《雅各书》在开篇处的相似之外,还说明为什么其他一些地方也提及《雅各书》。《犹大书》在告诫谨防敌人时引用了《雅各书》中航海与天气的比喻,从而强调他自己的书信位于同样一个使徒传统当中。《犹大书》与《雅各书》的背景通过作者与耶稣的家庭关系表达出来:

> 耶稣基督的仆人、雅各的弟兄犹大,写信给那被召、在父上帝里蒙爱、为耶稣基督保守的人。(《犹大书》1:1-2)

《犹大书》的第一个话题就是"同得救恩",他不得不为此争辩,以反对那些不为人知的"不虔诚的,将我们上帝的恩变作放纵情欲的机会,并且不认独一的主宰——我们主耶稣基督"(《犹大书》1:3-4)。从相当短的《犹大书》中我们难以获得一个对这些人足够清晰的描述。他们一定是受洗的基督徒,因为他们已经领受了"上帝的恩典",不过他们一定犯了严重的罪才在《雅各书》里被称作"不虔诚的",他用耶稣吹走不信的埃及人为例子吓唬他们。这里给出几个特征:"这些做梦的人也像他们污秽身体,轻慢主治的,毁谤在尊位的。"我们不知道这些人在夜里得了何种异象,在性方面犯了什么罪,他们不接受谁的权威,虽然他们好像并非不成功的教师,因为他们"口中说夸大的话,为得便宜谄媚"(《犹大书》1:5,8,16)。对我们来说更重要的是,当指向圣灵时《犹大书》提供的反驳信息:

> 亲爱的弟兄啊,你们却要在至圣的真道上造就自己,在圣灵里祷告,保守自己常在上帝的爱中,仰望我们主耶稣基督的怜悯,直到永生。(《犹大书》1:20-21)

祷告、爱以及仰望主的怜悯带来永生。与《雅各书》一样,这里没有提及基督复活。①

《十二使徒遗训》(the Didache)是现存的最古老的教义问答,不过我们不知道它是为哪个团体而作,也不知道它写于何时。"今天很少有人会把这个文本的成书时间定在公元二世纪中叶之后。"② 它无疑是"最[76]能说明早期基督教的文本之一"(C. M. Tuckett,《十二使徒遗训》,前揭,页 11),它提供了一个很好的路径,引导我们进入这样一个问题,即在早期基督教团体中保罗福音书有哪些教义被保留下来。《十二使徒遗训》向读者介绍信仰与传统仪式(净化、洗礼、禁食、主祷文、圣餐、主日、末日审判),成长中的教会职位与人物(教师、使徒、先知、客人、旅行者、主教、执事)。许多学者以为这个文本并非来自罗马,而是叙利亚。《巴拿巴书》以关于两条道路的教义作结语,而《十二使徒遗训》以此为开头,有些部分与《巴拿巴书》在字面上也有相似之处。《十二使徒遗训》的作者好像

---

① 也参《托名克莱门相认录》(Pseudo-Clementine Recognitions, I 27-71,在这里雅各取代了保罗,参 F. Stanley Jones,《来源》(Source, Atlanta, 1995),页 166-167。
② C. M. Tuckett,《十二使徒遗训》("Didache"),收于 A. F. Gregory and C. M. Tuckett (eds), Reception, 2005,页 83-127;有关《十二使徒遗训》(文本、研究及文献),参《十二门徒的学说(十二使徒遗训)》(La Doctrine des DouzeApôtres [Didachè]),ed. Rordorf/Tuilier, 1978。

还不知道任何正典文本的存在。①

　　这个文本讲到了死者的复活,但"与保罗相反,作者并没有与"基督的复活"建立任何联系"。②更令人吃惊的是《十二使徒遗训》写到有关主日的内容时引用圣餐礼中的感恩祷文。③ 对着"所擘的饼"领受感恩,"为了生命的智慧之故,它是你借着你仆人耶稣向我们表明了的"。知识是生命之钥,镶嵌在教会中,就像所擘的饼"曾散满在山冈,而后团合成一个",同样,"荣耀权柄靠着耶稣基督归于你,直到永远"(《十二使徒遗训》,前揭,9)。这里也提及住在心里、提供知识、信心与不朽的耶稣与他的圣名(《十二使徒遗训》,前揭,10)。所擘的与分发出去的饼在团体的庆祝中依教规又重新聚合,但没有任何迹象暗示基督的复活。

---

　　① C. M. Tuckett,《十二使徒遗训》,前揭,页84(更多参考文献)。

　　② E. Puech,《信仰》,前揭,页 294;S. Bacchiocchi,《安息日》,前揭,页 78-79。

　　③ 参 C. Claussen,《圣餐》("Eucharist"),收于 Andrew F. Gregory and Christopher. M. Tuckett(eds),*Trajectories*,2005,页 135-163;有关《十二使徒遗训》及主日,后面会有更多参考文献。

第二章　保罗与再次被发现的基督复活

[77]保罗思想中对基督复活的信仰这一遗产随着时间的推移而褪色。①

公元一、二世纪的教父们"一直不情愿"讲复活节故事,事实上他们当中的许多人"对此保持沉默";但很长一段时间后,我们发现公元二世纪末期的基督教作家,又把基督复活当作他们思想的中心(R. Staats,《复活 II/2》,前揭,页 522-523)。同样,直到二世纪中叶,星期天与复活节庆祝并没有聚焦于耶稣复活,这点我们在下一章里会谈到,它们实则聚焦于他的救赎献身之死,而在二世纪的后半期,在两种形式的敬拜中出现了对基督复活的第一次含蓄的表达,以及随后更加全心全意的对基督复活教理的引入,对此有据可查(有关星期天与复活节的论述,见下文)。二世纪中叶发生的什么事情可能解释复活信仰与仪式的这样一种发展呢?

马克安(参 S. Moll,《大异端》,前揭),这位"保罗思想的复兴者或复活的保罗"(*Paulus redivivus*),无疑是二世纪最伟大的基督教思想家,他在保罗思想的重新发现中起了关键作用,保罗的再发现促成了基督复活信仰的产生。"马克安之后,教会立刻拥抱保罗传统,而此时对保罗传统的接受已有理论根基。"(A. Lindemann,《保罗》,前揭,页 378)

教会的当即反应也不是无中生有。至此,我们已经描绘了一幅保罗传统的断裂图,人们要么完全忽略他,要么不同程度地忠诚于

---

① W. Schneemelche,《保罗》("Paulus"),载于 *ZKG*,75,1964,页 3-4,页 13-20。

他。有些人关注并讨论他遗留下来的作品,他们传承、复制并解释保罗书信,而另外一些人否认个别书信的真实性,或者以保罗的名义炮制一些看起来比保罗还保罗的伪书信。直到马克安的出现,我们才找到一位真正的保罗信徒,他试图把他整个的基督信仰同使徒保罗联系起来。

马克安出生在本都省(Pontus),今天的土耳其北部,大概在西哪坡(Sinope)市,① 东部主要港口是罗马船队的总部,也是"著名的犬儒学派哲学家第欧根尼(Diogenes)的故乡",② 马克安是位很富有[78]的船长,一位有影响的船主及跨国商人。③ 他在一个注重学养的犹太教区长大,犹太社区在这里已经有相当长的历史。保罗的同工亚居拉(Aquila)就来自这个地区(《使徒行传》18:2),"像他后来的同名者那样,亚居拉皈依基督教,成为希伯来圣经的翻译者(他事实上也和马克安是同时代人)"(H. Räisänen,《马克安》,前揭,页102)。

公元140年之后,马克安搬到罗马加入当地的基督教团体,成为那里的一名教师,④ 他捐给教会20万塞斯特帖姆([译注]古罗马货币单位),⑤ 大概相当于在西哪坡的罗马舰队首领的年薪。⑥ 罗马

---

① 参 S. Moll,《三》("Three"),载于 *JTS NS*,59,2008,页177。

② H. Räisänen,《马克安》("Marcion"),收于 Antti Marjanen and Petri Luomanen (eds), *Companion*,2005,页102。

③ 参 Rhodon,见优西比乌,《教会历史》,前揭,V 13,3;有关这个主题的论述,参 G. May,《船主》("Schiffsreeder",1989);他的生意说明他十分适合待在西哪坡这个有重要港口的城市。

④ 马克安的书信(德尔图良,《驳马克安》,前揭,I 1,6,IV 4,3;以及《论基督的肉体》[*De carne*],II 4)可能与他来到罗马有关。于是,德尔图良的全部论辩更站得住脚,包括(1)马克安的学生不知道这封信;(2)这封信对德尔图良来说是个证据,证明马克安曾经属于罗马教会。与我的理解相反的观点,参 S. Moll,《大异端》,前揭,页115-118。

⑤ 德尔图良,《论异端的法令》(*De praesc.*),30。

⑥ 参 B. Aland,《马克安》("Marcion/Marcioniten"),载于 *TRE*,22,1992,页90。

是一个有希腊人、罗马人、犹太教徒与基督徒的多元化城市。团体之间相互独立,在私人家庭中聚会,在这些充斥着"不同观点"的"小圈子里"里(H. Räisänen,《马克安》,前揭,页102),马克安建立起他自己的课堂,①并与其他教师进行讨论,这是典型的大胆的思想家的做法。在罗马这个都市里,商人、士兵、行政人员、游客、教师、学生、迁出与外来移民的流入与输出都十分普遍。②比如说,已经在最重要的学院里接受了哲学训练的殉教者尤斯丁(最初来自撒玛利亚),③大概与马克安同一时间来到这里,他建立了一所基督教哲学讲堂。基督徒华伦提努(Valentinus)稍早于马克安来到这里,做了同样的事情。④教师们热衷于吸引学生:马克安赢得了阿佩莱斯(Apelles)、波提图斯(Potitus)、巴西利斯库斯(Basiliskus)与西尼罗斯(Syneros),只说出我们现在还知道的这几个名字就足以说明问题;⑤华伦提努吸引了像托勒密(Ptolemy)与赫拉克利昂(Heracleon)这样的学生;塔提安(Tatian)师从尤斯丁,并把他的老师称为"最让人钦佩的人",⑥同时也[79]有了他自己的学生罗东(Rhodon)

---

① G. Kretschmar,《逾越节》("Passa",1972),页314 指出在公元二世纪时"学校"(school)与"团体"(community)之间的区分是很模糊的。

② 参 M. Vinzent,《罗马》("Rome"),收于 Margaret M. Mitchell and Frances M. Young (eds), *Christianity*, The Cambridge History of Christianity I, Cambridge,2006,页397-412;P. Lampe,《早期基督徒》,前揭。

③ 有关他以及其他教师在罗马与马克安竞争的情况,参后面的论述。

④ 参爱任纽,《驳异端》,前揭,III 4,3;爱任纽并不知道他的埃及背景,在四世纪的文献中才有相关报道,详见伊皮法纽(Epiph.),《敌异端》(*Pan.*),XXXI 7-12,参 I. Dunderberg,《教师》("Teachers"),收于 Jürgen Zangenberg and Michael Labahn (eds), *Christians as a Religious Minority in a Multicultural City*, 2004,页157-174;C. Markschies,《华伦提努》(*Valentinus*,1992)。

⑤ 有关罗东的文献,参优西比乌,《教会历史》,前揭,V 13,4。

⑥ 塔提安,《致希腊人祷文》(*Or.*),18;爱任纽,《驳异端》,前揭,I 28,1;有关塔提安,参 W. L. Petersen,《塔提安》("Tatian"),收于 Antti Marjanen and Petri Luomanen (eds), *Companion*,2005,页125-158。

（参优西比乌,《教会历史》,前揭,V 13,1）。其他作为学术中心的城市也发展出类似的哲学学派（参爱任纽,《驳异端》,前揭,I 24,1）;我们只需要提到亚历山大就够了,这里有著名的巴西利得（Basilides）和他的学生伊西多尔（Isidorus）。①不过马克安被称为"他的年轻的同时代人当中的长者"（克莱门,《杂篇》[Strom.],VII 16,107,1）。

这样的教师阵营易于产生不和,但只强调智力角逐而没有认识到日常生活中富于启发性的学术交流,这样的一种描述确实有时代误植的嫌疑。最近几年来,学者们已经开始更多地关注不同学术团体之间的知识交流。②和今天的学术界呈现的风景一样,那些最有创意的学者不仅是引起最多争议的,而且也是最令人兴奋的、引领时代潮流的人物,尽管有这么多论战,或者说就是在论战当中他们成为被人谈论最多、学习最多的对象。"竞争对手往往相互影响,这种相互渗透远远高于他们自己"——以及学者们——"所意识到的程度"（G. N. Stanton,《耶稣》,前揭,页 54）。此外,"激烈的争吵也在那些本来可能成为同盟的学者之间如火如荼地进行"（M. Edwards,《天主教》,前揭,页 43）。甚至远在高卢的爱任纽也与他的罗马对手交锋,并且阅读他们的著作。③

---

① 参尤斯丁,《与特来弗对话录》,前揭,35,6;W. Löhr,《巴西利得》（*Basilides*,Tübingen,1996）。

② 参 H. Langerbeck,《争议》("Auseinandersetzung",1956 = 1967);M. Edwards,《天主教》（*Catholicity*,2009）。根据 J. Lieu,《基督》("Christ"),载于 *Early Christianity*,1,2010,页 41-59,德尔图良与马克安在"风格""伦理"（同前,页 46）以及"解经方法"方面都有"很多共通之处","以保罗解保罗"并且"从保罗书信中抽取作为造物主的上帝的工作"（同前,页 57）,有关哲学课室（包括基督徒）的更多相关文献,参 C. Markschies,《导师》("Lehrer"),收于 Ulrike Egelhaaf-Gaiser and Alfred Schäfer（eds）,*Religiöse Vereine in der römischen Antike*,Tübingen,2002,页 97-120。

③ 参爱任纽,《驳异端》,前揭,I praef.;参 I. Dunderberg,《教师》,前揭,页 157;希坡律陀（Hippol.）,《反驳所有异端》（Ref.）,VI 42,1;N. Förster,《马库斯·马格斯》（*Marcus Magus*,Tübingen,1999）,页 28-29。

另一位引发争议也受益于他的竞争对手的大师,就是我们在前面提到的尤斯丁。他首先与马克安闹翻,①他的学生塔提安把这场辩论进行下去,一直延续到下一代。他们两人都深受他们所攻击的对象的影响。尤斯丁采纳了马克安有关基督教书面经典的概念,而摆脱对口述传统的依赖(H. Koester,《福音书》,前揭,页 37)。塔提安像马克安一样"会脱离律法,因为律法来自另一个上帝",②但吸收了"某些像华伦提努所说的对看不见的远古时代的想象"(爱任纽,《驳异端》,前揭,I 28)。难怪他被称为华伦提努学派的一名弟子(克莱门,《杂篇》,前揭,III 13,92,1),他也被指责[80]共享马克安的苦修主义与克己主义(爱任纽,《驳异端》,前揭,I 28)。不过,塔提安自己的学生罗东则成为马克安的反对者(参优西比乌,《教会历史》,前揭,V 13,1)。学派之间的共享与发展是古代哲学教育的特征,基督徒便是其中一个有机组成部分(参 C. Markschies,《导师》,前揭,页 116-117)。

公元 144 年是早期基督教发展的一个至关重要的里程碑。马克安在罗马教了几年书之后离开了他所在的教会,拿回了他的捐款,建立了自己的团体。这个背离虽然很重要,但还远远不足以构成一个引人注目的事件。在一个各种机构才刚刚冒出来的时代,移动课室或者建立自己的学派并不显得那么出类拔萃,与几十年之后的情况不同,那时候已经建立起一个有层级结构及单一主教的教会。很明显,马克安的教学取得了极大的成功,一直持续到罗马主教阿尼赛(Anicet)(公元 154—165)的年代。

理解马克安会受到一些阻碍,理解其他一些基督教作家亦然,因为他们的作品只被保留在残缺的片断里,通过他们的反对者传承下来。如果我们毫无批判地应和反对者的议题,我们会看到马克安只不过是一个匪徒般的大异教徒,他相信两个上帝,蔑视犹太教,拒

---

① P. Lampe,《保罗》(*Paul*,Minneapolis,2003),页 387-391。

② 克莱门,《杂篇》,前揭,III 82,1-3;有关塔提安有接受华伦提努教义倾向的讨论,参 W. L. Petersen,《塔提安》,前揭,页 148-149。

斥其经典,败坏《新约》,不相信耶稣的出生;①我们被告知他教导"尊崇另一个比造物主还要伟大的上帝",②而且他的弟子们也"否认创造这个宇宙的上帝"(尤斯丁,《第一护教辞》,前揭,26)。他"以无耻的亵渎之言发展他的教理,亵渎先知们所讲的上帝以及律法的上帝,称这一上帝是邪恶事物的制造者"。③他假设了不只是两个,而是"三个基本原理,善、公义以及物质"(希坡律陀,《反驳所有异端》,前揭,X19)。所有这些信息都被古典时代后期的学者熟知。二世纪转向三世纪时第一位最重要的基督教拉丁语作家德尔图良写了大量著作反对马克安,其中的一些作品被保留下来。德尔图良可能在罗马直接地接触到马克安的著作。

不管我们对现有信息的可靠程度如何界定,我们都必须从马克安的反对者的意见开始。马克安是一位非常激进的一神论者,一位有经典[81]倾向的基督徒。④在他之前已经有越来越多的非犹太基督徒不再承认犹太经典的权威性,但没有一个基督徒用基督教的著作取代犹太经典,以这些著作为"唯一可信的、规范的基督教文献,并且以这些文献为基督教教义与传道的基础";马克安迈出了这大

---

① 参尤斯丁的《护教辞》、爱任纽的《驳异端》以及希坡律陀的《反驳所有异端》;同样,德尔图良的主要著作《驳马克安》,亚当曼蒂(Adamantius)的对话录《论正统信仰》(On Right Faith in God)以及伊皮法纽的名著《敌异端》。参 C. Markschies,《诺斯底主义》("Gnosis"),收于 Marcion und seine kirchengeschichtliche Wirkung, Berlin and New York, 2002,页 159-175。对后续事件的最初观察已经发表,参我的论文《基督的复活》("Christ's Resurrection"),载于 StP, 31, 1997,页 225-233。

② J. Lieu,《基督》,前揭,页 54 认为马克安造了"造物主"(Creator)这个词。

③ 爱任纽,《驳异端》,前揭,I 25, 1;参希坡律陀,《反驳所有异端》,前揭,VII 29-31。

④ A. Gregory,《接受》,前揭,页 210;也参 C. Markschies,《诺斯底主义》,前揭,页 172-173,他的研究表明马克安甚至可能影响了与马克安观点接近、主张神格唯一论的华伦提努派(这一派被视为不值一提的二元论者或相信多重原理的人)对基本教义的讨论。

胆的一步。他把自己全部的思想都集中在文献上,而不是口述传统、道听途说、礼拜仪式或问答教理。他并不排斥《旧约》,但把它理解为对一个灾难世界及其邪恶造世主的记录,这个上帝以每一种可能的方式与保罗福音书里的上帝对抗,保罗的上帝通过对基督的口头与书面叙述来表达。①

犹太教团体中有类似的发展,在犹太教中拉比们开始辑录名言与叙事,这点从新发现的昆兰(Qumran)(公元前 2 世纪—前 68/73)② 附近的 900 多卷经书(《死海古卷》或《昆兰古卷》[The Dead Sea Scrolls])可以看出。我们也可以比较在所谓的《塔那赫》文献中把重点放在口述传统的书面化上,比如《父辈伦理》(Pirkei Avot)。

随着《圣经》的逐步完善,文字化过程在犹太教中经历了很长一段时间,一直持续到早期基督教时代。正如在过去几个世纪那样,与鲜活的声音和口述传统齐头并进的,是不断涌现的以智慧文学、诗歌及历史叙述来保存这些口传信息的努力,为了把知识传给下一代,人们在蒲草纸、羊皮纸、木头、石头或其他材质上编辑这些文字。这些文献当中的一部分最终与附加的内容合并,逐渐整合成用希伯来文写的《塔那赫》。《路加福音》中以马忤斯(Emmaus)的故事便好像是在影射这本结集,故事中复活的耶稣对他的门徒解释了受难的弥赛亚的命运:"于是从摩西和众先知起,凡经上所指着自己的话,都给他们讲解明白了。"③

对犹太教与非犹太教早期文献的集结与讨论,还伴随着对单个

---

① 参爱任纽,《驳异端》,前揭,III 11,7 注释;D. L. Balas,《作用》("Use"),载于 The Second Century,9,1992,页 38;B. Aland,《马克安》("Marcion"),载于 ZThK,70,1973,页 429-433。

② 就像我们从对 C14 进行碳分析所知道的那样。有关昆兰发现的文献中对复活的讨论,参 E. Puech,《信仰》,前揭。

③ 《路加福音》24:27。A. Lindemann,《书信》("Brief"),收于 Friedrich Wilhelm Graf and Klaus Wiegandt (eds),Die Anfänge des Christentums,2009,页 265。

文本的权威性与措辞得当与否的讨论。由此看来基督徒勘正权威文献、保证其传承与理解的正当性也并非惊人之举。这些原典要被基督教中的个人与团体诵读,然后与其他人进行交换或被他们阅读。《帖撒罗尼迦前书》据说是保罗所保存的第一封书信,在这封书信当中,保罗写道应该把这封信念给所有弟兄(姊妹们)听(《帖撒罗尼迦前书》5:27)。《哥林多后书》可以看作[82]保罗书信的集结。《歌罗西书》中有些段落明显涉及念书信给不同的听众以及基督教团体之间交换书信的活动:

> 请问老底嘉的弟兄和宁法,并她家里的教会安。你们念了这书信,便交给老底嘉的教会,叫他们也念;你们也要念从老底嘉来的书信。(《歌罗西书》4:15-16)

可能基于一个已经存在的反犹太教的保罗书信集,马克安出版了他集结的十封保罗书信(《加拉太书》、《哥林多前书》与《哥林多后书》、《罗马书》、《帖撒罗尼迦前书》与《帖撒罗尼迦后书》、《老底嘉书》、《以弗所书》、《歌罗西书》、《腓立比书》、《腓利门书》),①并且加上一个单独的《福音书》,这个文本几乎没有包含《路加福音》之外的任何其他解读方式,尽管它比今天的正典《路加福音》少了

---

① 留意在德尔图良那里这些书信被评述的次序,它代表着马克安的结集;有关这个次序(以及在伊皮法纽那里的微小改动),参 W. Schmithals,《保罗》(*Paul*, Nashville and New York, 1972),页 267-270。相似的次序也出现在叙利亚文的《叙利亚正典抄本》(the Syrian *Canon Sinaiticu*)(这个文本后经《希伯来书》补充,依据的文献包括《罗马书》、《提摩太后书》,也经《提多书》补充,依据的文献是《帖撒罗尼迦书》)。参 G. Quispel,《马克安》(*Marcion*),载于 *VigChr*, 52, 1998,页 354;也参 U. Schmid,《马克安》(*Marcion*, Berlin u. a., 1995),页 311;E. M. Becker,《马克安》("Marcion"),收于 *Marcion und seine kirchengeschichtliche Wirkung*, 2002,页 95,不过这里的论述使得一个相关的假设呼之欲出,即假设马克安之前存在着一系列对保罗思想的"猜想"。

一些字句。马克安视他的这本福音书为真正的解读保罗思想的工具,①他不是以主的名义而是以保罗的名义称呼这本书,把"福音书"与"使徒的"(*The Apostle's*)这两者结合起来。②福音书支持保罗传统,而保罗自己也提供了"我的福音书"与"我们的福音书"这样的字句。③"没有证据显示马克安之前有谁"把一个文本称为"福音书","所有研究马克安的资料都表明"他是第一个这么做的(H. Koester,《宣道—福音》,前揭,页376)。

马克安在他这本福音书里又增加了他的《对比论》(*Antitheses*),他之前已经写好了这本书,或者说这本书可以作为福音书的导论,④马克安的"新约"[83]与犹太教的"旧约"之间的对比由此锐化。⑤在这个意义上,《旧约》提供了一个否定的基础,马克安在此基础之上完成了他自己的结集。⑥

可惜我们不知道马克安从哪里得到的保罗书信结集与福音书

---

① 参 A. Gregory,《接受》,前揭,页 196-206;M. Klinghardt,《律法》("Gesetz"),载于 *Das Gesetz im frühen Judentum und im Neuen Testament*,2006,页 99;J. Knox,《马克安》(*Marcion*,Chicago,1942),页 76-157。

② 德尔图良,《驳马克安》,前揭,II 5,IV 3。由此产生了之后麦格提乌斯(Megethius)在亚当曼蒂(Adam.),《对话录》(*Dial.*),I 8 中提出的观点,即福音书是由基督与保罗"合著"。这个说法可能在马克安的教义中有一定的历史依据,我不同意 S. Moll,《在异端》,前揭,页 90 的观点。

③ "我的福音书"(My Gospel)出现在《罗马书》2:16 当中(也见《罗马书》16:25);"我们的福音书"(our Gospel)出现在《哥林多后书》4:3;《帖撒罗尼迦后书》1:8 与 2:14;也见《加拉太书》1:11;H. Koester,《宣道—福音》("Kerygma-Gospel"),*NTS*,35,1986? 1989,页 376。

④ H. Koester,《宣道—福音》,前揭,参页 114 以及就如何翻译"准备"(praestruendo)引出的问题。

⑤ 德尔图良,《驳马克安》,前揭,IV 3;更准确地说是《福音书》与《旧约》之间,因为德尔图良没有提到与马克安对保罗的解释相关的《对比论》。参 J. Lieu,《基督》,前揭,页 47。

⑥ 参 S. Moll,《大异端》,前揭,当中的一个核心论点。不过我不能同意他的说法,即认为《旧约》把保罗与《福音书》在马克安作品中的分量降到最低。

（参 U. Schmid,《马克安》,前揭,页 284-305）,也不知道在那个时候保罗以及其他基督教作者的作品流传有多广。马克安是"新传统"与以色列的"旧传统"对立观念的第一位见证者,很有可能也是引发这一对立的导火线。我们从德尔图良处获得了大量信息,《反马克安》(IV 6，1)写道:①

> 他所有的著作,包括《对比论》之前的作品[在此之前写好的及发表的],无疑都导向同一个目标,就是在《旧约》与《新约》之间设置对立,由此使他的基督与造物主分离,属于另一个上帝,与律法及先知脱离关系。

马克安好像已经为他的结集杜撰了"新约"这样一个标题,他至少是编撰者与出版者,甚至不止如此,我们在后面会看到:

> 鉴于马克安的基督教定义的……重要性,在《对比论》中他把基督教定义为一种"新"宗教,看起来在这本书中……德尔图良提到的"《旧约》与《新约》之间的对立"很可能不只是其中的一项内容,而且是一个术语。因此马克安本人可能公然谈论"新约"与"旧约"的对立。马克安解经的一个主要特点就是注重本义或字面含义。由于……[圣约书]指的是一个书面的文献,这就有一个很强的理由说明马克安……在关注……这样的一个文书。(W. Kinzig,《新约》,前揭,页 538)

事实上,德尔图良

> 只有在意识到《新约》与《旧约》这两个文本的存在时,他

---

① 参 W. Kinzig,《新约》("Καινὴ διαθήκη"),载于 *JTS N. S.*,45,1994,页 519-544。

所说的对立才有意义。这样的命名也让他感觉不爽，因为这好像意味着存在不同的作者（马克安事实上也这么说）。不过，在这儿他不能（像在其他涉及《圣经》的地方那样）回避这个问题，因为马克安本人把他的正典视为一本"新约"，以强调作为[84]造物主的上帝与基督的上帝两者之间的鸿沟……德尔图良在写反对马克安的著作之前从来没有在这个意义上使用过圣约书。这恰恰是因为他[从马克安那里]接受了这样一种查阅经典的方式。（W. Kinzig,《新约》，前揭，页539-540）

在提到一本"新约"或"福音书"时（《加拉太书》1:6），马克安只是进一步发展了保罗的术语："直到今日诵读旧约的时候，这帕子还没有揭去，这帕子在基督里已经废去了。"（《哥林多后书》3:12-16）正是由于马克安对"福音书""新约"与"旧约"这些术语的提倡，它们才被其他教师不情愿地接受下来。①我们还能找到更多的有关这个"新约"的第一位见证者、编撰者与出版者的信息吗？②

《新约》的形成

让我们从一个奇怪的事实开始：我们知道，保罗大概在一世纪中叶写了那些书信，他以实名出现在早期基督教文献中，在现存的马克安之前的文献中他也被引用，有时还被批评。尽管他的神学还

---

① 尤斯丁、墨利脱、俄利根等。有关这"一"本以该撒利亚人的"福音书"为背景的基督教福音书之重要性，参 G. N. Stanton,《耶稣》，前揭，页 11，页 35-46。

② H. Lietzmann,《字体 II》(*Schriften* II, Berlin, 1958),页 17,称《新约》的形成这个问题是"教会史上最复杂的部分"，后续工作只能是对需要补充的细节及进一步研究所作的简短的描述。

没有被充分理解,但他本人与他写的著作仍然被铭记,甚至被直接引用,不过在那个时代他绝对不是一位主导基督教文献的作者。

相形之下,最近的学术研究中,有关到爱任纽为止的(大约公元177/180年)后期正典福音书与《使徒行传》的接受与理解的研究表明,在马克安之前,这些文本以及相关的叙事(如神迹)与作者从来没有被引用、认可或提及过;就算在马克安之后,比如尤斯丁,也只引用主的话,而不引用福音书的叙事,尽管他明显知道所谓的福音书。①当尤斯丁解释耶稣的受难时,他把耶稣的话语和引用《旧约》的语句混合在一起,形成他自己的叙述插语。爱任纽与罗马有关系,也知道尤斯丁,他也只是在"给马克安的学术性的回复"中开始引用四本福音书、《使徒行传》与保罗书信。②爱任纽之后尤斯丁的学生塔提安在罗马与马克安学派及华伦提努学派有联系,他把"在那个年代[85]在罗马被人所知的四福音书"放在一起,整合成一本互不抵触的福音书,也就是他的《四福音合参本》(*Diatessaron*)。③

在二、三世纪之交,那位写了所谓的《不为人知的福音书》(*Unknown Gospel*)(*PEgerton* 2)的作家,他的兴趣是"把耶稣描写成一位虔诚的犹太人",但同时,他也对"更高的基督论"持开放的态度。④不过,这位作家对《路加福音》与《约翰福音》的传统或文本的使用仍然"很随意,并未视之为圣典"或"不可触及的神圣书卷"。⑤《俄西林古蒲草纸抄本集》(*P. Oxy.* 840)福音书,在一个现存的公元

---

① 参 W. Schneemelcher,《保罗》("Paulus"),载于 *ZKG*,75,1964,页 3-4。
② C. Mount,《基督教》(*Christianity*,Leiden u. a.,2002),页 15;B. Aland,《接受》,前揭。
③ T. Baarda,《福音书》("Gospels"),1989,页 332。
④ T. Nicklas, M. J. Kruger and T. J. Kraus,《残篇》(*Fragments*,Oxford,2009),页 112。
⑤ 同上,页 100;作者把这篇福音书追溯到"二世纪的最初几十年"(页 113),这是基于之前一个对《约翰福音》成书日期的厘定,但这一日期的厘定很成问题。

300—350年的残篇里,它描写了"耶稣如何用《利未记》的洁净礼给自己定位",①也知道我们的四本福音书,但并不拘泥于此。②爱任纽和三世纪早期的俄利根也知道内容丰富的福音书制作(参爱任纽《驳异端》,前揭,III 11,9),以及教会的严格筛选。俄利根在他那篇有关《路加福音》前言的布道书中,首先引用了马克安对犹太先知的批评,但接着声称"其他那些人是真正的先知",以此来平衡马克安的批判观点。从有关《新约》与《旧约》的区别中,他得出这样的结论:

> 很多人已经试着写《福音书》了,但并非所有的福音书都被接受。你应该知道已写出的《福音书》不只是四本,而是很多很多本。我们的《福音书》是从这些《福音书》里面所选择出来并且传给教会的。③

爱任纽对基督教福音书与保罗的依赖,表明他准备更多地使用马克安的观点与用语,比如相比之下,尤斯丁与马克安是同时代人,但他对福音书叙述与保罗都保持沉默。④

我们怎么能解释对保罗的接受与对福音书的接受这两者之间的偏差?福音书叙述不被接受仅仅是由于福音书与书信的文体格式不同吗?后者寄给收信人也从收信人那里得到回馈,而且有副本在流传;而福音书一直被严格地控制在一个特定的团体之内。但问

---

① A. v. Harnack,《福音书残篇》("Evangelienbruchstück"),载于 *Aus Wissenschaft und Leben* II, Gieβen,1911,页244,英译 T. Nicklas, M. J. Kruger and T. J. Kraus,《残篇》,前揭,页164。

② 在处理符类福音书材料时的随意性在其他的福音书里也随处可见;参后面的论述。

③ 俄利根,《布道书》(*Hom.*),1 *in Lc.*,英译 J. T. Lienhard,《俄利根》(*Origen*), Washington DC,1996,页5-6。

④ "在尤斯丁的著作中没有一处引用保罗作品,也从未提及福音书",见 H. Koester,《宣道—福音》,前揭,页380。

题是保罗的书信也与团体相关。

随着十九世纪中叶发生的浪漫主义转向,学术界慢慢地把马克安假设为一个证人,视他为那本较早存在的福音书《路加福音》的目击者;以此取代了[86]另外一种观点——他依赖于一个(前)《路加福音》文本。尽管前一种解答现在占主导地位,但最近出现了一轮围绕第二个观点展开的激烈争论,所问的问题是马克安是否使用、删减了一个业已存在的《路加福音》文本? 或者说他是否接触到一本匿名的福音书,所以《路加福音》是一个反马克安的改编本与(前)《路加福音》的扩写本?①如果我们知道《路加福音》已经先于马克安存在,那么这个问题会很容易解决。但是马克安是(前)《路加福音》的第一位见证者。②

在这种情况下,不管是(前)《路加福音》还是《路加福音》先于马克安存在,我们必须问这样一个问题:为什么马克安使用了这个文本而没有用其他任何一部福音书? 是不是像之前所说的那样,他权衡了后来的四本正典福音书,出于理论上的原因而选择了《路加福音》? 还是说他使用了他所知道的福音书,而这本福音书在他自小长大的社区本都省流行?③保罗与《使徒行传》之间是否存在一种关联,这种关联可以从《使徒行传》对保罗的重视中演绎出来? 可

---

① 参 M. Klinghardt,《律法》,前揭,以及《马克安》("Markion"),载于 NTS,52,2006,页 484-513,特别是页 487;氏著,《福音书》("Gospel"),载于 NovT,50,2008,页 1-27;J. B. Tyson,《马克安》,前揭;J. Knox,《马克安》,前揭(附有更早的文献);相关批评见 D. T. Roth,《福音书》("Gospel",载于 JBL,127,2008,页 513-527);氏著,《文本》("Texts"),载于 JTS NS,59,2008,页 580-597。

② 虽然学者们对《马太福音》在所谓的使徒教父们著作当中被使用的情况意见不一,但他们都同意在公元 150 年以前《路加福音》没有被使用过:参 A. J. Bellinzoni,《概观》,前揭,页 65-66;H. Koester,《宣道-福音》,前揭。

③ J. B. Tyson 就提出这样的看点,参氏著,《马克安》,前揭,页 40,当然在这点上他追随了 A. Harnack;相关研究,参 A. Gregory,《接受》,前揭,页 201。

《使徒行传》并没有为马克安所接受,我们甚至还不确定他是否知道有《使徒行传》这回事。是不是因为保罗在《路加福音》传统中扮演重要角色,反之亦然,所以马克安在保罗书信上附加了(前)《路加福音》?保罗与《路加福音》的关系可以从《歌罗西书》看出来,《歌罗西书》提到作为保罗随从的医生路加(《歌罗西书》4:14)。

如果马克安知道路加是这本福音书的作者,他为什么不说出作者的名字?他把作者的名字从文本中删除了吗?

马克安同意保罗的观点,认为福音书的源头不是某一个人,除了保罗教导的福音书外不该有别的福音书。①《路加福音》如此强调律法的重要性,单这一点就足以构成马克安的巨大障碍。德尔图良对此做出这样的指责:"让律法与福音书分离是马克安的主要工作。"②看起来他的指责没错。

带着这些问题,以及那个未被人注意到的接受保罗而不接受福音书叙述这两者之间的矛盾,我们建议把讨论向前推进一步而提出这样的问题——真实的情况会不会是这样的:马克安既没有找到也没有使用或编辑这本福音书,而是在他的罗马课室里制造了它。这样的假设得到正反两方面的证据支持。

先说正面的证据。一位叙利亚的匿名福音书注释者知道由马克安写的一本原型福音书,甚至给出这样的开场白:"哦,这无比[87]美妙的神奇、快乐、力量与惊异,我们无法言说它[信仰]、无法思考它[信仰]或拿它[信仰]与任何东西比较。"③

德尔图良在他反对马克安的书中,一次又一次地提到作为福音

---

① 《加拉太书》1:11。参德尔图良,《驳马克安》,前揭,IV 2,3。
② 参德尔图良,《驳马克安》,前揭,I 19,4;参 M. Klinghardt,《律法》(Gesetz,Tübingen,1988);以及氏著《律法》,前揭,2006,页 99。
③ J. Schäfers,《声明》(Erklärung,Münster,1917),页 4-5(自译);S. Moll,《大异端》,前揭,页 119-120 已经给出很好的解释,即这个注疏指涉马克安的福音书。

书文本作者的马克安,不是犹太人而是本都省人,他把保罗书信用文字记录下来(参德尔图良,《驳马克安》,前揭,IV 2)。他甚至给马克安取了一个名字"福音书作者",或者像伊万斯(E. Evans)那样把福音派"传教者"(evangelizator)翻译为"福音书制作者"(gospel-maker),这与叙利亚注释者一致(德尔图良,《驳马克安》,前揭,IV 5,4)。德尔图良还说:

> 如果我们把归之于路加的这本《福音书》跟马克安在《对比论》中反驳的那本福音书看作同一本,那么很明显他只能反驳那些他发现早已在那儿存在的东西。在《对比论》中马克安指责那本福音书被犹太教的倡导者篡改了,这些人把律法与先知合为一体,这样他们有可能也假设基督来自同一个源头。没有人能够对后来的事物横加指责,因为他不知道这些事物后来会存在。矫正不会先于谬误。(他的论辩,参德尔图良,《驳马克安》,前揭,IV 5)

德尔图良承认马克安指责"犹太教的倡导者"篡改了他的福音书,使之能够与马克安所理解的《旧约》、律法及先知结合。马克安既没有"发现"也没有删减它。不过,德尔图良插入马克安对篡改的指责,修辞式地反诘说他对"事物横加指责"。德尔图良总结道,矫正意味着它在针对之前的事物而言,而不是"之后"的事物。(马克安的观点!)他得出这样的结论:他的对手应该同意(他不同意!)《路加福音》先于马克安的福音书。当然,与此相反的结论才是德尔图良论辩的基础。马克安的观点与之形成对比,他认为保罗提供了一本真正的福音书,没有别的名字附着其上,犹太化了的基督徒为这本福音书起了一个名字《路加福音》,而且"把它的标题也篡改了",为了让它"属于使徒"(这点有很清晰的表述,参德尔图良,《驳马克安》,前揭,IV 4-5)。德尔图良没错,他称马克安为把福音书集结在一起的那一位,而这福音书是"他自

己的一样新东西":

> 所以,通过作这些修正,他使我们确信两件事——我们的福音书在先,因为他在修正他发现已经存在的东西;另外一个在后,他对我们的福音书作的修正,由此把这些集结在一起,做成一样他自己的新的东西(德尔图良,《驳马克安》,前揭,IV 5,4)。

[88]德尔图良的论述把这点说得很明白,在回应马克安的福音书的过程中,其他人炮制了一个犹太化的版本。不过,德尔图良效法爱任纽,把马克安的论辩颠倒过来,声称不是马克安的对手们"犹太化了"经典,而是马克安"阉割了"经典(德尔图良,《驳马克安》,前揭,III 11,7)。出现在这场文字仗当中的术语显示出原本的历史次序,从这场文字仗当中我们可以得出结论,有必要承认以下的事件曾经发生过:

1. 马克安写了一本包括警句与叙事的福音书(没有耶稣出生故事及基督受难描写),该福音书的写作大概基于在罗马能找到的文献与口传资料,这些资料与保罗传统吻合也支持保罗书信。马克安的福音书使用或制造了"许多书面材料",一位同时代的罗马教师华伦提努也提及这些材料,他说一些公共流通的书籍通过某些渠道,成为"教会的文献"(克莱门,《杂篇》,前揭,VI 6,52,3-4)。

2. 马克安的"使徒的"《新约》作为一个不含《旧约》内容的单行本在其学生当中流传。

3. 可以想到,在一个城市里相互竞争的课室之间,马克安的大胆作为很快就会被其他教师模仿,这些人按照他们各自的需要与兴趣,增加、改变、拓宽或润色了书信与福音书,由此引发一场有关基督教文献到底具有何种性质的讨论。其他人在回应马克安时也依赖于马克安以及彼此的文本与知识,在此基础上修订了马克安的文本,于是产生《马可福音》(像马克安的福音书那样,没有耶稣出生故事与基督受难描写)、《马太福音》(含出生故事)、《路加福音》(与马克安的文本接近,但被重新编排过,包含一个不同的出生故事、受难叙述还有《使徒行传》),所有这些都提到附加的《旧约》文本。

4. 马克安说他的福音书被"犹太化了的基督徒"篡改,使之与律法及先知"合为一体",马克安的指责表明那些回应他的同行们已经在同一时间发表了他们自己的福音书,一个把律法、先知与福音书整合在一起的版本。

让我们给我们的假设添加一些支持(部分否定)的证据:

1. 马克安福音书中出现的那些叙述字句,也就是对耶稣从青少年时期到死的生平事迹的叙述,恰是被其他的福音书采纳的地方,在这些地方,这几部福音书表现的差异最小,而那些马克安没有提供资料源的部分,这几部福音书差异相当大(比如说,耶稣出生与基督受难),基督复活景象(参 J. Hartenstein,《叙事》,前揭)也反映了这种情况,复活对马克安至关重要,但它是一个很有争议的话题。

2. 反对马克安的早期作家从未指责他使用甚至篡改一本早已存在的福音书。波利卡普知道[89]一位教师,可能是马克安,这位教师不正当地解释主的话语,但波利卡普没有指责他切割文本。①尤斯丁与罗东也都没有提到这个问题。第一位作出如此声明的是爱任纽,大约在马克安之后 30 到 40 年间。不过,他把保罗与路加连在一起,他对保罗的观点主要依据《使徒行传》,②他声称《使徒行

---

① 参《波利卡普致腓立比人书》(*PolPhil.*),7:1;参后面的论述。
② 也有例外,在这些地方我们看到爱任纽跟随保罗自己的观点,有关《加拉太书》2:1-10 的情况也是如此,只是这些解释转向对马克安的反驳(根据爱任纽《驳马克安》III 13,3 的说法,保罗接受十二门徒);有关这个以及其他案例,参 R. Noormann,《爱任纽》,前揭,页 42-47,页 51 注 70。在这里 Noormann 把《使徒行传》当作爱任纽思想的"来源"。

传》是路加所写,并且用他的标准来检测马克安的文本,这套标准是一个包含《路加福音》《马可福音》《马太福音》与《约翰福音》的四福音书系列,以及对犹太经典与文献的认可,这些文献被罗马的基督教团体保留下来。① 爱任纽甚至发明了一个连续的罗马基督教团体的主教名单,从教宗理诺(Linus)一直到教宗义禄(Euleutheros),表明这个团体有很明显的保罗倾向,因为团体中最早的主教都是"保罗"文献中提到的那些名字:理诺(《提摩太后书》4∶21 节)、阿拿克莱托(Anacletus/Anencletus)(好像是一个基于《提多书》一章 17 节的故事);克莱门(《腓立比书》4∶3)。② 爱任纽说马克安本人"很骄傲他在《福音书》中扮演了角色",③但指责他"是唯一一位胆敢公开切割"福音书与保罗书信,并且把律法与先知删除的人。④ 如果马克安是唯一一位"公开"这么做的人,那么情况就是,要么爱任纽估计其他人还没有发表他们自己的福音书,要么他的谴责反映了马克安成为第一位公开发表《新约》的作家这种情况。

3. 马克安之前的作者没有提到任何"作为事件的一种顺序或一则'故事'的福音书。没有地方出现固定的信条式的被称为'福音书'的表达方式"。⑤ 著名的《新约》学者阿兰德(Kurt Aland)称之为"噩梦般的"现象。⑥

---

① 对于爱任纽而言,依据他在《驳异端》,前揭,I 1,23-4 里的描述,《路加福音》成为保罗宣道的福音书,保罗死后由他的同伴路加写下来。

② 参 O. Zwierlein,《彼得》,前揭,页 157-158。这么看来,制造了彼得/保罗神话的爱任纽这么做是要容纳马克安才,而且要为他取得抗衡。

③ 爱任纽,《驳异端》,前揭,III 11,9: *partem gloriatur se habere Evangelii* (吹嘘他有福音);这是一个争议很大的声明以至于好几位编撰者(最早可追溯到伊拉斯谟[Erasmus])修改了爱任纽的文本。

④ 参爱任纽,《驳异端》,前揭,I 27,4,I 27,2,III 11-12。

⑤ H. Koester,《宣道—福音》,前揭,页 366,特别是对那些处于第二位的保罗书信与《使徒行传》而言,对伊格那丢也是如此——这是我们可以拓展的话题,如前所述。

⑥ K. Aland,《备注》,前揭,页 29。

4. 在马克安之后头几十年当中,讨论福音书的作者大多对他做出直接回应。他们不大乐意使用[90]这些文本的叙述①以及"福音书"这个词,②对此持怀疑态度。马克安对经典所持的原则最终在一个平衡与修正保罗神学与(前)《路加福音》的基础上被接受下来。这种平衡与修正基于一个更广阔的经典文本世界:《使徒行传》与其他一些新增加的文本被囊括其中,一个拓展了的与《旧约》结合在一起的福音书系列业已出版。如果后来的正典福音书已经先于马克安在基督教团体中存在,那么这些不情愿的、不热情的早期回应,特别是对"福音书"的回应,就很难解释。

马克安思想的新颖性,他的使徒的福音书,引发了狂热的回响。他的有关权威基督教文献集结的新原则在犹豫不决中被接受下来,虽然在原则上还是肯定的。③马克安的新—旧约对立观点使得一些教师对犹太经典持怀疑态度,而另外一些人则强调这些经典也是基督教的上帝所给予的启示。不过很多人放弃对口述传统的依赖,而在同一时间基督教先知主义也发展壮大。也许由于马克安本人不像撒都该人那样把启示完全归于《托拉》,而是接受了他那个时代的拉比传统而把注意力集中在当代的书面资料上,马克安在稳固地树立他的想法时没有遭遇丝毫困难,这个想法就是他要建立一个书

---

① 这位长者,亦即追随那些撰写《合成论》("syntheses")来反驳马克安《对比论》(Antitheses)的使徒们(注意是复数!)的一个信徒,只使用保罗的书信与主的话语(参《马太福音》7:1-2,10:24,18:8-9,20:16,22:14,25:41;《路加福音》18:7-8)。参爱任纽,《驳异端》,前揭,IV 27,4-32,1;A. v. Harnack,《长老-牧师》("Presbyter-Prediger",1907)。

② 即使路加没有在他的文本中使用"福音书"(Gospel)这个词,而且在《使徒行传》(15:7;20:24)当中这个词并没有被"清楚地界定",参 H. Koester,《宣道-福音》,前揭,页367。马太与马可与此不同,但仍然"没有迹象表明"《新约》福音书的作者们认为"福音"(εὐαγγέλιον)是个恰当的标题,可以用在他们生产的这些作品上(同前,页370)。

③ "尤斯丁采纳了马克安的书面福音书这一概念,并且让自己与口述传统拉开了距离。"——同前,页370。

写的基督教全集的理念。当然,与那些在他之前的思想家相比,马克安已经迈出了至关重要的一步——他把《旧约》认定为一个印证造物主与这个世界的文本,而不是印证智慧与真理的文本;他视所有非保罗文献为犹太人或犹太化的弟兄们的作品。①

早在马克安发表他的保罗著作之前,基督教文献的书写便与保罗作品中的复活叙述一起成为引发争议的一个话题。在放弃[91]反保罗的犹太—基督教的过程中,②"马克安,而且只有马克安一蹴而就","基督教文献"在整个团体中崭露头角,在此之前这个团体中"还绝对没有'新约'存在,这本'新约'可能作为一本有同等约束力的文献集与'旧约'放在一起。古代的犹太圣经最初是教会唯一的经典标准,现在依然如此"。③虽然保罗已经倡导"基督是律法的终结",但是在马克安之前,无论是保罗还是任何别的作者都没有意识到对经典有"任何需求",以此跟犹太教圣经抗衡。为什么?基督徒认为"他们自己通过在古代经典中引入律法与福音书的区别——事实上是对立……他们已经拥有了一个有关新的拯救信息的书面证明"(A. v. Harnack,《起源》,前揭,页 14)。

针对马克安的反对意见有很多种,最初互不协调,对马克安的这些回应很可能是由同一时期在罗马的同行们发起的。只有到爱任纽

---

① 参 H. v. Campenhausen,《旧约》("Das Alte Testament"),收于氏著,*Aus der Frühzeit des Christentums*, Tübingen,1963,页 170;马克安用《旧约》来反驳那些想从《旧约》中找到基督来临的基督徒对经文的寓意解读与运用,就像我们在德尔图良的《驳马克安》(III 12,1)中看到对《以赛亚》7:14 与 8:4 的讨论一样。我不会从由此认为马克安"很明显地相信希伯来经典的权威并且把以赛亚以及别的先知作为可信的对未来的预测者接受下来"。参 J. B. Tyson,《马克安》,前揭,页 33;S. Moll,《大异端》,前揭。

② 从文字与考古证据中很容易发现它的存在,参 F. Stanley Jones,《伪克莱门著作》("*Pseudo-Clementines*"),收于 Antti Marjanen and Petri Luomanen (eds),*Companion*,2005,页 315-334(文献)。

③ H. v. Campenhausen,《形成》(*Formation*, London, 1972),页 148,页 163(英译有小改动)。

与德尔图良这里,学者们才开始有一个更系统的反马克安方案。

要理解这些混杂的、通常含糊不清的对马克安观点的驳斥,我们必须对照当时的背景来解读这些文本,要考虑到当时在罗马存在的各学派之间的关系。大约在二世纪中叶,这里呈现一个学派间相互竞争与合作的场景,其源流依然很难澄清,因为一些大师后来被打上"异端"的烙印,被放在不同的异端谱系与范畴当中。仔细检查这些辩论会发现一个有趣的、几乎是考古学意义上的重建,对一个已经丢失的、通常很精微的、建构性的拼图的重组,而这是由不同教师之间的辩论而形成的拼图,①其中包含了他们之间细微的分歧、相互影响与彼此改进。这是一个持续不断的口头与书面交流互动,从中涌现出在学派内及学派间创造的知识、文献与传统。其中的合作与竞争如何进行,我们在后面讨论帕皮亚(Papias)时会涉及。尽管帕皮亚倾向于更古老的犹太教与基督教的鲜活的声音,而不是相信书写的文字,但他依然屈尊加入写作的行列,希望成功,而且也写出了他自己的主谕文结集。虽然帕皮亚并不看重已经写出的文本的性质与权威,他自己也写叙述性的文字。这些话语并非直接来自主(马克安谈到保罗启示时已经做出此类声明),而是由长老们传承下来。难怪帕皮亚说马可只不过是彼得的一名翻译,他误解了神谕的次序,这要等到马太来校正。

其他人采取了与此稍微不同的立场,尤斯丁是其中的一位。他同样接受基督徒依赖于书面文献这个原则。但是当马克安强调他的《新约》时,尤斯丁只讲所谓的"福音书",用使徒及其传记的[92]复数取代了单数,再把这些文献与犹太经典结合起来。

如果说后来产生的正典福音书(以及一些补充保罗文本的书信,使之进入后来的正典)彼此十分接近,那是很自然的。这些福音

---

① 比方说,参 B. Pouderon,《反思》("Réflexions"),收于 B. Pouderon and Joseph Doré, *Les Apologistes chrétiens et la culture grecque*, Paris, 1998, 页 237-269 中细致入微的描述。

书的产生时间、地点都很接近,最有可能是在罗马,始于二世纪40年代(参 J. Knox,《马克安》,前揭,页152)。被写下来的《路加福音》与《使徒行传》《马太福音》《马可福音》及《约翰福音》,这些文本非常相似,虽然有些不同,但彼此之间有内在的关联,它们并非在相隔很远的地域自然地生成,如罗马与耶路撒冷、亚历山大与伯罗奔尼撒(Peloponnese)、贝鲁特(Berytus)与安提阿,①这些世界级的经典文献也不是刚好演变成如此相似的格式。特罗毕施(David Trobisch)的研究已经表明我们所说的《新约》文本的写作顺序是基于一个更早的、谨慎出版了的"正典版本"。②

这些正典福音书(且不说其他很不相同的、不包括在扩充了的"新约"范围之内的文本)之间错综复杂的相互关系,已经让学者们纠结了几个世纪,猜测《对观福音》与四福音书问题。

马克安之后,经历了一个短暂而紧锣密鼓的制作过程,《旧约》与《新约》在罗马出现,重接基督教与犹太传统,删去马克安的基督幻影说,树起一个更人性化的、肉身的耶稣。这样的结合强调耶稣基督与《旧约》的上帝之间存在一种上帝一体论意义上的等同,最低限度地保留了保罗的一些激进的想法。《使徒行传》降低保罗的身价,在某种程度上削弱了他,让他依附于其他使徒的权威,同时也用他们来补充保罗思想,对他的书信的解读也通过这种方式得以成型。福音书被请出保罗的地盘,《使徒行传》与《路加福音》的序言合在一起,被安置在路加名下。接下来《路加福音》被《马可福音》与《马太福音》补充。华伦提努与他的学生托勒密以及其他志趣相

---

① 参格列高利(Gregory of Nazianzus),《颂歌教义》(*Carmina dogmatica*),I 12,6-9 当中的论述:"马太为希伯来人写下基督的神迹,马可为意大利人,路加为亚该亚人写,但约翰这位伟大的先驱与天堂流浪者为所有人而写"。

② D. Trobisch,《最后编撰》(*Die Endredaktion*,1996),页 40-41;M. Klinghardt,《马克安》,前揭,页 500;我们现在还不清楚最早的四福音书手稿有多古老,对这个问题的最新讨论,参 P. M. Head,《手稿》("Manuscript"),载于 NTS,51,2005,页 450-457。

投的人好像参与了这场写作与传述运动,这就可以解释为什么托勒密评注了《约翰福音》的序言。这本福音书的其余部分可能当时还不存在,稍晚一点才产生,华伦提努的另一个学生赫拉克利昂在《约翰福音》一书完成发表之际,就有能力承担起首次为整本《约翰福音》作注释的使命。

不过,福音书与《使徒行传》的产生地点并不局限于罗马,也不是只有那几本《对观福音》《使徒行传》与《约翰福音》。我们知道一个数目不断增长的早期基督教福音书与《使徒行传》。这些文本当中的一些仍然好像紧跟马克安的规划,但在[93]涉及当时作为"新约"而存在的正典福音书与《使徒行传》时都表现了极大的随意性。此外,我们还需再去做一项单独的研究,以展示一些文本在何种程度上对马克安的神学采取部分支持、部分反对的立场,或者干脆忽略马克安,给出他们自己对耶稣话语、生平及死后的描述,就像诸多《使徒行传》对保罗与其他使徒所作的处理。

如果要找一个戏剧化的例子,我们可以举出《使徒行传》中对保罗的刻画:保罗是主角,但我们可以看出一种奇特的马克安主义与反马克安主义的结合。《行传》中的使徒是一位苦行派的宣道者,他所要求的严格程度一点不亚于马克安;不过他的神学信息则被总结为反马克安的对肉体复活的信仰——尽管没有保罗所指的基督复活①——以及对作为造物主的、"活生生的"上帝的信仰,他是一个"复仇的、嫉妒的上帝",正是基于这样的上帝观念,马克安把《新约》的爱的上帝与《旧约》的上帝区分开来。

---

① 至少对保存下来的残篇而言是这样的。只有在《哥林多三书》(3*Cor.*)这部分才能找到一处影射基督复活的地方,参后面的讨论;(没有基督复活教义的)禁戒派保罗主义(encratite Paulinism)形成一种趋势,它所结出果子可以通过阅读《从〈伪保罗作品〉到〈提多书〉》(*Ps.-Paulus to Titus*)得知,此文载于 W. Schneemelcher and R. McL. Wilson (eds),《次经》(*Apocrypha* II, 2003),页55-74。

《希伯来福音》是另一个例子，这个文本只有几个引用的片断存留下来。很容易看出这是对马克安的福音书所作的一种回应。支持与反对马克安的要素显得含糊不清，这种特色依然渗透到这个文本当中：这里提到玛利亚怀孕，马克安早已拒绝这类说法，他把玛利亚等同于上帝的化身、天使的力量米迦勒（Michael）（马克安教导一种天使的显现）。① 而"在《马可福音》中，雅各以一道重要的光显现，因为他被列在耶稣亲属的名单当中（《马可福音》6:3），他们跟着耶稣，因为他们认为耶稣神志恍惚"，② 在这篇《希伯来福音》里，复活的基督向他的兄弟雅各显现，雅各被称为"公义者"，这个场景唯一的一次出现即在保罗的主要复活文本《哥林多前书》十五章7节之中，我们所知道的复活的基督对雅各的显现（载于杰罗姆，《圣人传》，前揭，inl. 2）。这本福音书强调其犹太因缘：一个犹太牧师的仆人出现在墓穴边，主把自己的亚麻布给了他。福音书中用很真实的口气写道，他的兄弟把擘开的饼交给雅各。然后，复活的基督把自己等同于末日的"已经从死里复活的人子"。

另一个"引人入胜的"③ 例子是《腓力福音》。耶稣的称号（圣父、圣子、圣灵、生命、光、复活、教会及其他）都属于这个无常的世界，而耶稣独有的名字，他的圣父之名依然是未知的、未被说出的，除了在少数几个门徒当中，他们不会公开这个名号。④ 像马克安一样，[94]作者称使徒们为"希伯来人"，省去玛利亚怀孕的叙述（《腓力福音》，前揭，17ba），也否认传统的复活信息："那些说上帝先死

---

① 载于 E. A. W. Budge,《次经》(Apocrypha, London, 1913)，页 60，页 637。

② P. Luomanen,《基督受难》("Passion")，收于 Tobias Nicklas, Andreas Merkt and Joseph Verheyden (eds), Gelitten, 2010, 页 204；参《马可福音》3:20-21, 31。

③ 参 Hans-Martin Schenke 在 NTA po6 149 给出导论性的注释。

④ 《腓力福音》(GP), 12a。参 K. Koschorke,《名称》("Namen")，载于 ZNW, 64, 1973, 页 307-322。

[然后]复活的人错了,因为他先复活[然后]再死。如果一个人没有先获得复活,他就不死。"①这个插入的复活与死亡意味着什么?②一个人只有先活过了,才能死。真正的生命,活生生的存在,只能"在真理"中找到,一个经由浸礼被带到这个世界的复活还只是一个脆弱的状态(《腓力福音》,前揭,4,76)。圣父、圣子与圣灵的名并非简单地在浸礼中被给予,而是通过十字架的圣油礼获得(《腓力福音》,前揭,67):"如果一个人不在活着的时候先领受复活,那么他在死的时候什么也得不到。③浸礼是件大事,因为如果人们受洗,就会有生命。"(《腓力福音》,前揭,90b)还有:"主说:'没生出来之前就存在的人有福了。因为他现在、已在、将在。'"(《腓力福音》,前揭,57)在一个很精彩的对天堂故事的应用中,作者让腓力陈述:

> "木匠约瑟因为需要木材来交换种了一园子树。是他用他种的树做了个十字架。他自己的后代被挂在他种的树上。他的后代是耶稣,种的树是十字架。"但生命之树在园子的中央,事实上我们是从橄榄树上得到圣油,从圣油礼而得复活。(《腓力福音》,前揭,91-92)

根据这本福音书,膏礼或圣油礼优于浸礼:

---

① 《腓力福音》,前揭,21;参页90,英译 Wesley W. Isenberg,载于 J. M. Robinson (ed.),《文库》(*Library*, rev. edn 1990)(译文有改动)。

② 参 A. H. C. van Eijk,《福音书》("Gospel"),载于 *VigChr*, 25, 1971, 页 94-120。

③ 爱任纽也知道其他认浸礼为复活的基督徒,根据这种教义,一个人受洗后不会再变老也不会死去——爱任纽,《驳异端》,前揭,I 23, 5;也参 Menander 的观点,根据尤斯丁,《第一护教辞》,前揭,26, 4;或禁戒派的观点,参克莱门,《杂篇》,前揭,III 48, 1;就这点而言,华伦提努的立场并不清晰,他对其听众说"你们是不朽的";参克莱门,《杂篇》,前揭,IV 89, 1-3,相关讨论参 Markschies,《华伦提努》,前揭,页 118-152。

因为"圣油礼"(Chrism)这个词我们才会称为"基督徒"(Christians),而不是由于"浸礼"这个词,这点毫无疑问。因为圣油礼"基督"有了他的名号。因为圣父膏圣子,圣子膏使徒,使徒膏我们。被膏的人拥有一切。他拥有复活、光、十字架与圣灵。圣父[95]在内室里把这个给了他;他仅领受[这份礼物]。父在子中,子在父中。这就是天国。(《腓力福音》,前揭,95)

复活既是主的复活,也是人的复活;这是一种复原,历经了在世间的异化过程之后的复原,因为创世是失败之举或一场意外事故(《腓力福音》,前揭,67c,99)。

因为造物主想创造一个不灭的、永恒的世界。他没有达到他所期望的目标。因为这个世界从来都不是亘古不灭的,就这一点而论,他也不是创造世界的那位造物主。因为事物并非不可毁灭的,但上帝的儿子们是不朽的。没有一样事物能够接受不朽,如果它不先成为子的话。(《腓力福音》,前揭,99)

经由造物主与子之间的区分,这本福音书展示了马克安的另外一个话题,由来自生命之树的圣油礼这一教理,我们可以找到它与所谓的俄斐特派或蛇派(Ophites)[①]字面上的相似之处,他从马克安那里借来对从《路加福音》二十四章36节开始的几节经文所作的基督复活解释。[②]

[①] 参俄利根,《驳克尔苏斯》(*C. Cels.*),IV 27,按这里的叙述,刚入教的信徒必须说"我被来自生命之树的白色圣油所膏";也见《伪克莱门著作》,前揭,*Rec.* I 45。

[②] 比较《彼得的教导》(*Teaching of Peter*)、以基督教作为一个"第三国度"的观念与《腓力福音》,前揭,102。

这本福音书再次提及那些马克安为强调非肉体的基督复活而引用的保罗作品,①通过把保罗与《约翰福音》相结合的方式继续做出一些普遍的假设,即人的复活不会在肉体中进行,而赤裸亦即非赤裸,反之亦然:

> 须有些人怕,唯恐他们复活时赤身裸体。由于这个,他们期望在肉体中复活,他们不知道正是那些穿着肉体的人才是赤裸的。那些[……]脱下自己的人,他们才不赤裸。"血肉之体不能承受上帝的国。"(《哥林多前书》15:50)这个不继承天国的是谁呢?是我们。那么这个继承天国的又是什么?是耶稣和他的宝血。因为这个,他说:"你们若不吃人子的肉,不喝人子的血,就没有生命在你们里面。"(《约翰福音》6:53)什么意思?他的肉是道,他的血是圣灵。谁领受了这些谁就有吃的,有喝的,有衣服穿。(《腓力福音》,前揭,23)

[96]这里又与马克安的说法相似,这本福音书区分了复活的基督所没有的物质意义上的肉体与完美的、真正的肉体,基督的肉体。正是在这个完美的肉体中,人在基督里复活。②

其他的福音书,有时是反马克安的,有时表现出相似的自由姿态而没有提及他,③或保持更接近于《对观福音》或《约翰福音》的立

---

① 《哥林多前书》15:50;参 R. Noormann,《爱任纽》,前揭,页 501-508, Noormann 在这里忽略了马克安。

② 同前,72。我认为 A. H. C. van Eijk,《福音书》,前揭,页 98 的论点错误,作者想把"正统"神学家(比如说爱任纽)的一种个人主义的解读与《腓力福音》区别开来,好像随着尘世肉体的消亡,这个个体也会消亡。

③ 参《埃及人福音》(*Gospel of the Egyptians*)、《伊便尼福音》(*Gospel of the Ebionites*)、《彼得福音》(*Gospel of Peter*)《克莱门二书》中那本不为人知的福音书;参 D. Lührmann and E. Schlarb,《残篇》,前揭(同前。更多残篇保留在我们所不知道的资料当中,有可能是福音书),也见保存在如下残篇中的福音

场。比如说,《拿撒勒福音》(Gospel of the Nazoreans)①看起来是《马可福音》的修订版,与《路加福音》是马克安福音书的修订版的情况相似。

福音书写作与出版的敌对竞争持续了一段时间,几十年之后在爱任纽与德尔图良那里仍然反映出这种情况,福音书的次序依然存有争议,或者说,即便这本书已经以手抄本发行了,它依然没有被完全认可或接受。②

希拉波利斯城的帕皮亚

《新约》的成书过程以及相应的在教师、学校与主教之间进行的知识传授在希拉波利斯城的一位主教帕皮亚(公元 140 左右)那里反映出来。③他是第一位公然参与《马可福音》与《马太福音》作者身份辩论的作家,而且也知道《约翰一书》与《彼得前书》,④大

书:《维也纳蒲草纸断片 2325》(PVindobG 2325)、《柏林蒲草纸断片 11710》(PBerol 11710)、《开罗蒲草纸断片 10735》(PCairG 10735)、《默顿蒲草纸断片 51》(PMert 51)、《俄西林古蒲草纸断片 1224》(POxy1224),参 T. Nicklas, M. J. Kruger and T. J. Kraus,《残篇》,前揭,页 217-280;《多马福音》(the Gospel of Thomas)(参下文);出自杜拉欧罗普斯(Dura Europos)的残篇(被当成出自塔提安的《四福音合参本》(Diatessaron),不过,它也很可能是一篇不知名的福音书),载于 D. Lührmann and E. Schlarb,《残篇》,前揭,页 104-105;《柏林蒲草纸断片 16388》(PBerol 16388),载于 O. Stegmüller,《残篇》("Bruchstück"),载于 ZNW,37,1938,页 223-229。

① 参 R. Cameron,《福音书》(Gospels,Philadelphia,PA,1982),页 99-102。
② 稍早于公元 150 年赞同一个四福音书抄本的论辩,参 G. N. Stanton,《耶稣》,前揭,页 81-86,但现在有对这个立场的批评,参 J. J. Armstrong,《争议》("Controversy"),载于 StP,45,2010,页 115-123,Armstrong 认为在爱任纽之前作为正典的四福音书还没有出现。
③ T. Rasimus,《导论》("Introduction"),见氏著,《遗产》(Legacy,Leiden,2009—2010),页 5。
④ 《约翰福音》也有可能;参 C. E. Hill,《文集》(Corpus,Oxford,2004),页 383-396。

概也知道约翰文献《约翰福音》与《启示录》。①他也很积极地参与耶稣言语的文学化过程。令人遗憾的是他的五本《主的圣谕解释》(*Explanations of Dominical Oracles*)只留下几个残篇。他有几个特征与围绕马克安的历史场景契合:帕皮亚不谈复数的"福音书",也不谈"新约"或"旧约";或许与此同等重要的是他"忽略保罗"[97],他的有关保罗的言论无一保存下来。②与此相反,他明确地指出马可与马太是他所注释的文本的作者。马可被介绍为"彼得的翻译",但帕皮亚嘲笑他"既没有耳闻主的教诲,也没有侍奉过主",而只侍奉过"后期的彼得"。马可还因他"准确但无序地写下所有他记住的东西"而被指责,只有"马太对圣谕作了有序的整理"。帕皮亚没有支持马可与马太,他对这两位福音书作者都持批评态度,把他们看作是通往彼得的中介(参 W. Löhr,《巴西利得》,前揭,页 22-23),这个观点后来被亚历山大的克莱门(Clement of Alexandria)重提。③ 这个居间的信息与帕皮亚对传统与权威的看法吻合,他主要依赖于"长老们"与彼得,而不是保罗:

---

① 参 F. Siegert,《帕皮亚引文》("Papiaszitate"),载于 *NTS*,27,1980/81,页 605-614。

② W. R. Schoedel,《导论》("Introduction"),见氏著,《使徒教父 V》(*The Apostolic Fathers* V,London and Toronto,1967),页 90。

③ 参优西比乌,《教会历史》,前揭,VI 14, 5-7 当中对克莱门的著作《纲领》(*Hypotyposeis*)的记载。按照这里的说法,带有谱系的福音书先被写出来或者先出版,但《马可福音》是作为彼得在罗马的宣教的笔记写成的。克莱门也加上一个批评性的注释:"当彼得听到这个(福音书的写作与出版),他既没用自己的说服力阻挠这件事,也没有推波助澜。"因此他既没有授权也没有推荐这个文本。M. M. Mitchell,《反面证据》("Counter-Evidence"),载于 *NTS*,51,2005,页 50 正确地做出如下评论:"彼得以显得颇为奇怪的方式对待马可应罗马听众请求而写的福音书 …… 这个文本不能用以佐证来证明一种来自作者或赞助人的热情洋溢传播福音的情况。"

第二章　保罗与再次被发现的基督复活

　　我考查了长老们有关安得烈或彼得、腓力、多马或雅各、约翰或马太,或任何其他主的门徒们说的话,以及阿里斯提昂(Aristion)与长老约翰、主的门徒们说的话。①

　　当帕皮亚显示他自己与主的历史距离时,他认为马可与马太的情况也是如此。所有的作家都依赖于长老们与主的门徒的权威,这些人当中彼得首屈一指。很能说明问题的是,帕皮亚没有把保罗列入这些权威当中。他说这十二位"不得不弥补叛徒犹大的空缺",我们从《使徒行传》得知这则故事,它间接地把保罗排除在使徒行列之外。②

　　帕皮亚没有提及马克安的权威,他坚持主与任何书面文献作者的距离,他避免使用马克安新创造的流行字眼,所有这些都对促成一个反马克安的叙述有所助益。③这个叙述很明显地契合这样的事实:根据现存的材料,帕皮亚[98]对《路加福音》保持沉默,这本福音书恰恰是在马克安的"新约"之上建立的第二个特别的版本。

　　抹杀马克安的权威与强化马克安拒斥的参考文献(《旧约》、主的门徒而非保罗、《马太福音》《马可福音》)很难说是一个偶合。帕皮亚进一步展示了反马克安特征。爱任纽称帕皮亚提及主参考《创世记》四十九章 12 节来解释《创世记》二十七章 28 节起的一个说法(参爱任纽,《驳异端》,前揭,V 33,3-4),由此在犹太教《托拉》的基础上解释《主的神谕》(Dominical Oracles)。

---

　　①　依据优西比乌,《教会历史》,前揭,III 39(自译)。
　　②　依据优西比乌,《教会历史》,前揭,III 39,10;参《使徒行传》1:17-25。
　　③　参帕皮亚(Papias Hier.),《断片 4.7》(Frg. 4.7)(他还不能提前肯认或追随不同的意见,但使徒有这个权力)(*cum se in praefatione adserat non varias opiniones sequi, sed apostolos habere auctores*)(100,12;106 Hübner/Kürzinger/Siegert)。他的《断片 21,23》(fragments 21, 23)(124, 128 Hübner/Kürzinger/Siegert)可能反映了一种的反马克安的立场。

还有进一步的证据证实帕皮亚作品中的反马克安要素。优西比乌知道帕皮亚"使用了来自约翰第一封书信以及彼得书信的一些主的见证"(参优西比乌,《教会历史》,前揭,III 39,17)。这两封书信同《马可福音》与《马太福音》相似,不但不被马克安认可,而且与马克安的立场相抵触,马克安强调保罗还有一本类似于《路加福音》的福音书。《约翰一书》没有提及基督复活这个重要的保罗著作的核心话题,《彼得前书》明明白白地提及先知们预告了有关耶稣的未来事件——这一主题被马克安反驳,后来又在尤斯丁那本反对马克安的《第一护教辞》中出现,成为其中的一个中心论辩。而且《彼得前书》称基督为"义者","为了不义者"而受难的义者,影射《以赛亚书》(53:1-12)也是对这段经文的概括,也表达了一个明确的反对马克安的立场,马克安把"义者"等同于犹太人的上帝,以此把他与真正的爱的上帝区分开。

早期的一些学术观点视帕皮亚为犹太—基督徒甚至是伊便尼派(the Ebionites)的一个成员,[1]就算这些观点已经被人批评,[2]帕皮亚与犹太传统接近的非保罗倾向依然很明显。另一方面,不能说他反对像华伦提努这一类的二世纪中叶的导师,因为华伦提努已经接受了《马太福音》。与马克安不同,华伦提努并不提倡帕皮亚在解读《创世记》二十七章提到许诺的福祉时

---

[1] 优西比乌,《教会历史》,前揭,III 27,3 已经报道了有关伊便尼派的情况,说他们按经典原意谨守犹太律法,只使用《希伯来福音》(Gospel of the Hebrews),在《教会历史》,前揭,III 27,4-5,也说他们不但庆祝安息日,而且庆祝星期天,他们所行的仪式跟优西比乌所在教会的仪式相似,"纪念救世主的复活"。伊便尼派在二世纪的情境通常会被提起:M. D. Goulder,《希伯来书》,前揭;A. Gregory,《之前》("Prior"),载于 NTS,51,2005,页 344-360;A. v. Aarde,《倾向》,前揭;P. Luomanen,《基督受难》,前揭,页 192-196。

[2] U. H. J. Körtner,《帕皮亚》(Papias),Göttingen,1983,页 167;批评 F. C. Baur,《保罗》(Paulus,Stuttgart,²1866),页 252 的论点。

所批评的那种苦修主义。基于同样的理由,帕皮亚不可能以巴西利得为攻击目标,按照亚历山大的克莱门的说法,巴西利得与帕皮亚一样,都以彼得传统作依托,把格劳克阿斯(Glaukias)当成彼得的一个"译者"(参克莱门,《杂篇》,前揭,VII 17,106)。完全相同的译者头衔以及与彼得的关联甚至可能预示着帕皮亚与巴西利得之间的某种关系。与帕皮亚密切相关,巴西利得[99]谈到"公义",把"公义"当作上帝八个主要原理之一,也没有用贬损的话语教导创世论(参克莱门,《杂篇》,前揭,IV 25,162,1)。

赫格西普斯

再进一步观察与马克安的论战如何展开时,我们遇到赫格西普斯(Hegesippus)。像尤斯丁一样,赫氏从东部地区迁移到罗马(约公元160—177年间)。在他的五本《备忘录》(*Memoranda*)[1](约公元180—190年间)[2]中,赫氏描述在每一位"继承者"(diadoche)、在每一座城市,他找到所有依据"律法、先知与主的布道"[3]所传的教理。有趣的是,赫氏证实了马克安已经批评过的教理,即把福音书与律法跟先知书糅合在一起。而且这里的福音书以"主"(*The Lord*)命名——大概是对马克安的"使徒保罗福音书"的一个反标题(a counter-title)。赫氏没有赋予这个无名称的"律法、先知与主"的实体一个总标题,也不称之为"旧约与新约"、"福音书"或"经"。我们只知道他自己的五本《备忘录》。像尤斯丁给所谓的福音书起的标题那样,《言行录》(*Memorabilia*)与《备忘录》是晚古时期演讲的

---

[1] 有关他的《笔记》(*Hypomnemata*),参 W. Telfer,《赫格西普斯》("Hegesippus"),载于 *HThR*,53,1960,页 143-153。

[2] 参 O. Zwierlein,《彼得》,前揭,页 166-169。

[3] 有关赫格西普斯,见优西比乌,《教会历史》,前揭,IV 22,2-3; C. K. Barrett,《争议》,前揭,页 236;O. Zwierlein,《彼得》,前揭,页 167。

摘录与笔记,构成出版一部作品所要经历的第一阶段。①《言行录》与《备忘录》的成书过程都包括一个最后的编审阶段,两者都是作者或教师为满足自己的教学需要或为本学派内部传播方便而使用的笔记。②

赫格西普斯在他的作品中明显地反对马克安,马克安甚至可以把赫氏当作是那些"捍卫犹太教信仰"并且"把福音书与律法、先知书合为一体"的作家当中的一个(参德尔图良,《驳马克安》,前揭,IV 4,4)。赫氏的引用"没有为保罗的权威留有余地"。③

优西比乌的《教会历史》(History of the Church)从四世纪开始写起,他提供了几个有关赫格西普斯的细节:他于二世纪七十或八十年代写作,从希伯来传统转信基督教,可能有撒玛利亚背景。赫氏的确展示了相当程度的撒玛利亚知识,但糅合了对教会,特别是来自耶路撒冷教会的对犹太源头的尊崇。不过他在批评犹太法利赛派与撒都该派时表现出同样的大胆无畏,对撒玛利亚基督教也一样。而且他认为撒玛利亚[100]基督教为马克安的教理以及犹太教与基督教的分裂铺平了道路。对赫氏而言,犹太教与基督教的分道扬镳是犹太传统内部法利赛基督教与法利赛—撒玛利亚基督教之间的分歧。赫氏明确地持反马克安的立场,他把马克安的信息理解为一种撒玛利亚人对犹太人以及犹太圣殿的拒斥。赫氏把教会的兴起与耶路撒冷及圣殿再次牢固地连接起来,使这个年轻的教团深

---

① 参 W. Bousset,《学制》(Schulbetrieb, Göttingen, 1915),页 274-275。

② 参 R. Cribiore,《写作》(Writing, Atlanta, 1996),页 53-55;A. Wucherpfennig,《赫拉克利昂》(Heracleon, Tübingen, 2002),页 34;H. Y. Gamble,《书籍》(Books, New Haven and London, 1995)。

③ W. Bauer,《正统》(Rechtgläubigkeit, Tübingen, 1934),页 215-230;C. K. Barrett,《争议》,前揭,页 236-237(Barrett 并没有从中看出一个反马克安的人物)。

深地扎根于那个耶稣与他的兄弟雅各所属的大家庭。①赫氏反对马克安但也部分地认可马克安,他把雅各描绘成被先知们预言过的"义者",承载着马克安的所有苦修理念(不饮酒、素食、不理发、不抹香水、不洗澡),让人们相信复活与最后审判。他被塑造成保罗传统中的马克安在犹太—基督传统中的一个替代品:耶稣在世间的家庭不利于宣扬保罗所预见的复活基督的权威。

华伦提努、托勒密、赫拉克利昂与狄奥多土

马克安与他同时代的罗马教师华伦提努代表教师之间跨学派关系的一个早期阶段,尽管我们对华伦提努的了解还少于赫格西普斯。②从我们所知道的材料来看,他的学派——像马克安早年在罗马那样——看起来是在基督教教义的大杂烩中运转;除了一些观点与马克安有别外,他也与马克安共享一些思想观念。华伦提努相信那些他认为被教会认可的作品。虽然人们认为他的学生写了一本"真理福音",但他自己好像没有写过福音书。③华伦提努在一篇布道书的某个片断中区分了"公众可及的书籍"与"教会内部作品",建议后者包含"发自内心的表达",被"亲爱的人们""写在心里的律法",因此并非来自犹太经典。此外,他还说"许多写在"书里的"事情"无疑在大市场也可以找到,也可以从家里借来,或在教室里唾手

---

① 参 H. v. Campenhausen,《传承》("Nachfolge"),1950/51 = Tübingen,1963,页 145-146,Campenhausen 的研究表明一幅描述雅各所属的流行神格唯一论区域的图景不可能基于赫格西普斯,赫氏给我们提供了这样的雅各形象,雅各既在十二使徒当中,又是耶路撒冷的第一位主教,后者应该是赫氏的一个年代错置的解释。

② 参 C. Markschies,《华伦提努》,前揭,页 293-336。

③ 参爱任纽,《驳异端》,前揭,III 11,9;伪德尔图良(Ps. -Tert.),《驳所有异端》(Adv. omnes haer.),IV 6; 参 C. Markschies,《华伦提努》,前揭,页 339-356,他也指出这本出自《拿戈·玛第文库》(Nag Hammadi [NHC I 3; XII 2])的"真理福音"(Gospel of Truth)(如果这是书名的话)并非华伦提努所著。

可得，它们经由各自的渠道进入"教会内部作品"的行列（克莱门，《杂篇》，前揭，VI 6，52，3-4）。可惜我们没有更多这方面的信息。他没有像后来的亚历山大的克莱门那样区分"异教徒的"、"犹太的"与"教会的"文献。

公众书籍与教会认可的书籍之间的区分暗含着马克安试图引用的观念，即以一个合格的非犹太文本作为[101]权威文献。对于前马克安基督徒而言，只有犹太经典是"在教会内"无争议的文献。到华伦提努这里，情况已经有所改变。几十年来有关马克安新观点的激烈论辩摆在面前，但华伦提努的布道书只代表一种声音，它明显地站在马克安一边，宣扬他的观点。①

我们知道，其他作品更进一步揭示了这一时期的文字创作情景。比如说《雅各密传》(Apocryphon of James [NHC I 2])写道主受难之后，"十二门徒在同一时间坐在一起，回忆救主对每个人说过的话，不管是私下还是公开说的，他们把这些写在书里"，恰恰在那一刻，正当雅各在他的书里写下主的话语时，"当我们凝望他时他离开了我们，在这之后，就在他从死里复活的550天之后，救主又示现了"。②在《雅各密传》（与《约翰启示录》相似）当中，写作变成一种神启的体验：主作为文献变成显见的。

所以说基督教书籍不只是为了满足课堂上的教学需要而制作，他们引入一个拯救的教义。这不是说他们不通过那个时代书籍制作流程。笔记被编辑整理，以手稿（有时甚至以笔记的形式）出版并且成为可接触到的资料，学者们重拾口传的与（更多地）书面信息，把它变成文字作品，为了在不同的学派与社区当中获得被认可

---

① 参 C. Markschies，《华伦提努》，前揭，页 194-200。
② 英译 R. Cameron，《福音书》，前揭，页 57（译文有微小改动）；这里的 550 天与华伦提努及俄斐特派的文献中所讲的 18 个月大同小异，参爱任纽，《驳异端》，前揭，I 3，2；I 30，14，与《以赛亚升天记》(the Ascension of Isaiah)，IX 16 讲的 545 天也很接近。

的地位而展开竞争。

从留下来的残篇我们可以了解到,与马克安不同,甚至很有可能与马克安相反,华伦提努引用了《马太福音》(19:17),而不是马克安的"使徒的"《福音书》。他把《马太福音》当作一本公众书籍还是一本被认可的经典我们不得而知——稍晚一点的尤斯丁仍然把耶稣的话语当作"笔记"——但他以这些说法为参考,支持《创世记》中对上帝创世故事的解读,他也提到在他们团体的周日聚会中诵读这些文本。①

与马克安相反,华伦提努并没有蔑视这个被创造的世界。②他承认宇宙并非一件完美的作品,不过,"在制造过程中形成的缺陷"还可以通过上帝在人当中的名得到补救(克莱门,《杂篇》,前揭,III 59.3)。永恒生命即是在我们当中、经由我们而"死"的"死亡"(克莱门,《杂篇》,前揭,VI 52.3-4)。另一方面,华伦提努又站在马克安这边,设法把他对基督肉身的观点置于两个极端之间:一边是纯粹的基督幻影说,依据这个说法耶稣在他的神性中既不能吃也不能喝;另一边是纯粹的神创论,依据这个观点耶稣只不过是一个有血有肉的人。其结果是,华伦提努推测耶稣[102]"有节制",他忍受"所有事物"。他以神圣的方式吃喝"而不用排便",因为他的身体不会腐朽。营养被吸收,但被保存在体内,与我们的内在死亡并行。③

---

① 参克莱门,《杂篇》,前揭,IV 89.6-90.1 以及尤斯丁,《第一护教辞》,前揭,67(相关论述见下文)。

② 参 I. Dunderberg,《教师》,前揭,页 160-162。

③ 参克莱门,《杂篇》,前揭,IV 89.1-3;但也要参克莱门,《杂篇》,前揭,VI 71.2,他发展了一套更玄的基督幻影说,比华伦提努的不需要食物滋养的基督身体说有过之而无不及;参 I. Dunderberg,《华伦提努》("Valentinus"),收于 Antti Marjanen and Petri Luomanen(eds),*Companion*,2005,页 74-75。

有关华伦提努的学生托勒密的信息,我们知道得更多一些,①他是一位教师,可能也是殉道士(参 I. Dunderberg,《教师》,前揭,页 163)。托勒密对马克安的态度比华伦提努更加激昂。与他的导师一样,托勒密把基督教教义同经典联系起来,包括基督教与犹太教的经典,并仔细考量它们的关系所具有的微妙特性。同马克安一样,他批评犹太经典,但容许有区别地接受这些经典。②在一封写给他的一位高贵的女性弟子的书信《致弗洛拉》(Letter to Flora)中,托勒密阐述了两套在他看来有瑕疵的——解释,说明"律法"是如何"经由摩西而被给予的"。第一个观点认为律法是"上帝天父给予"的;与此对立的观点被"顽固的人们"发展起来,托勒密对此有更严酷的批评。这种观点认为律法"是敌对的、有害的魔鬼建立起来的"。这些人甚至把"世界的产生"归于魔鬼,"说他是宇宙之父,是宇宙的制造者"。③对托勒密而言,"我们不能把律法归咎于不义者","因为上帝与不义是对立的"。这个被攻击的观点让我们想起马克安的学生阿佩莱斯。然而托勒密站在马克安一边,他同意"律法不是完美的上帝天父给予的,因为它必须与给予者有同样的特征;但律法并不完美,它需要被他者完善,它包含与这样一位上帝的性质与意愿不相容的诫命"。请注意不完美者的完善与华伦提努的相似!它在托勒密的思想中是另外的律法,基督教救主的诫命。托勒密把完美的、神佑的上帝等同于公义的、"憎恨邪恶"的上帝。

托勒密用一个三分法分析犹太教的经典《托拉》,他接纳公义,有一些诫命来自完美且公义的上帝,其他的诫命有些是摩西制订的,反映了摩西"自己的想点",还有一些是"长老们"制订的。犹太

---

① 对这个师生关系的轻度质疑,参 C. Markschies,《华伦提努》,前揭,页 392-394;参氏著,《研究》("Research"),载于 ZAC,4,2000,页 225-254。

② 参 T. Rasimus,《托勒密》("Ptolemaeus",2010)。

③ 伊皮法纽,《敌异端》,前揭,XXXIII 3,2(自译,参照 B. Layton,《诺斯底派经典》[The Gnostic Scriptures],页 308-315)。

律法总有瑕疵;没有一道律法纯然地属于完美的上帝。更糟的是,第二、三类纯粹来自先知与人。"长老们"很明显地让我们想到帕皮亚,尽管托勒密持相反的观点。对帕皮亚来说长老们是主的圣谕的来源;对托勒密而言长老们则代表没有任何权威的犹太人。托勒密有可能参考了帕皮亚的观点,他基本上用准确但有倾向性的经文支持自己的论证,①参考《马太福音》(12:25)又用《约翰福音》的[103]序(1:3)作证,同时对这段经文作了注释。在那个时代,至少在华伦提努与托勒密之间的时代中,《约翰福音》的文本开始在罗马出现(爱任纽,《驳异端》,前揭,I 8,5)。托勒密把马克安对犹太经典的彻底对立的拒斥限制在第三类当中,②用《马太福音》与《约翰福音》来平衡(前)《路加福音》。尽管如此,基于《以弗所书》二章15节"记在律法上的规条被废除了",他还是接受马克安最根本的怀疑立场。他接受"使徒保罗"的权威,但让他的位置次于"救主的门徒",他已经知道《罗马书》(如果他没有炮制它)的一个非马克安版本。③

依据爱任纽与俄利根的说法,赫拉克利昂是华伦提努的一个学生,④亚历山大的克莱门视他为华伦提努学派最出名的代表。⑤希坡

---

① 有关托勒密著作中引用文献的准确性,参 B. Aland,《接受》,前揭,页 7-14。

② 阿佩莱斯与伊格那丢进一步拓展了马克安的观点,在他们眼里《旧约》中除了令人难以置信的故事与神话外,什么也没有;参 H. v. Campenhausen,《旧约》,前揭,页 173-174。

③ 《罗马书》7:12:"这样看来,律法是圣洁的,诫命也是圣洁、公义、良善的",马克安的文本没有"圣洁"、"公义"这样的字眼,而是变相地写成"不可接受的"而不是"良善的"。参 U. Schmid,《马克安》,前揭,页 351,尽管有人可能会认为这个文本包含"公义",但"良善的"一词遗失了,或者像 在 Ms. 1908 中那样写成 θαυμαστη(感叹号)。

④ 爱任纽,《驳异端》,前揭,II 4,1;俄利根(Orig.),《〈约翰福音〉注疏》(Comm. in Ioh.),II 14,100。

⑤ 克莱门,《杂篇》,前揭,IV 71,1;爱任纽,《驳异端》,前揭,II 4,1 提到他,也同时提到托勒密。

律陀从他身上看到一位意大利的华伦提努(希坡律陀,《反驳所有异端》,前揭,Ⅵ 35,6)。俄利根自己的资助者安波罗修(Ambrosius)请求他写一本《〈约翰福音〉注疏》并监督俄利根的进展,安波罗修从自己以前所属的华伦提努学派中获得这个想法。安波罗修拥有以笔记形式保存的("言行录"这个标题也被尤斯丁用来描述所谓的福音书)赫拉克利昂的《〈约翰福音〉注疏》,俄利根用这个文本来写他自己的《〈约翰福音〉注疏》。俄利根提到注释基督教作品、出版多卷本的书籍是华伦提努派的发明,他想以此来匹敌安波罗修的早期随从所制造的作品(参俄利根,《〈约翰福音〉注疏》,前揭,Ⅴ 8)。又有证据表明,在马克安生活的那个时代,写作与出版福音书文献,以及很快出现的对这些文本的注释都是一个新的潮流。俄利根没有反对这些类制作,他只是想依据"旧约"提供一个可靠的版本而已,①"旧约"是他借用马克安对犹太经典的称呼。赫拉克利昂不仅注释了《约翰福音》,而且可能还作了一个副本[104]。②对赫拉克利昂来说,"第三天"并非指向基督的复活,而是暗示"灵修日",即教会的复活。③

狄奥多土(Theodot)(生于160年左右)与亚历山大的克莱门属同一时代,克莱门在他的《狄奥多土著作辑录》(*Excerpta ex Theodoto*)中保留了一些残篇(M. Edwards,《天主教》,前揭,页59)。狄奥多土注释保罗书信(可能也给《希伯来书》作过注),④被视为华伦提努派的一员,但他是不是华伦提努的学生就不太清楚了(参克莱门,《狄奥多土著作辑录》,前揭,标题)。他教导的核心内容不是复活,而是虚己的道成肉身以及十字架事件,在这个事件当中救主领受他

---

① 也参在所谓的《教牧书信》(*Pastoral Letters*)(《提摩太前书》1:10,6:3;《提摩太后书》1:13,4:3;《提多书》1:9,2:1,2:8)中与此相应的经文。
② 参 A. Wucherpfennig,《赫拉克利昂》,前揭,页31。
③ 《约翰福音》2:19-21。参俄利根,《〈约翰福音〉注疏》,前揭,Ⅹ 37,248-50。
④ 参克莱门(Clem. Alex.),《狄奥多土著作辑录》(*Exc. ex Thdt.*),38,2。

的肉身,又把肉身还给天父,这个肉身包含作为一体的全部上帝选民:

> 这一刻我们回到基督的话语"我将我的灵交在你手里",只是被告知让自己屈服于天父的是那个劳作的灵魂,而困在骨架里的灵并没有被释放,而是为别人带来解脱……基督就是第四本福音书的序言中提到的道与生命(《选段6》)。依据《选段35》,耶稣是光,通过放弃全部的神圣权力(pleroma)清空自己。在施浸礼中他会散开,目的是让分散的选民重聚(《选段36》)。在上面他是天国的教会(《选段7》);在下面他认为教会承载着基督(《选段8》)。基督是教会之首,是耶稣通过背十字架使"种子"持续(《选段42》)。是宇宙中更好的力量,那"公义的"力量,预见了他的到来(《选段43》),所有以色列人都会被拯救的预言象征性地指向属灵的以色列(《选段56》)。有信仰没有知识的灵魂在居中的天堂里成为造物主的陪伴者,但是在更高的第八层天(the Ogdoad)那里……其他属灵性教会的灵魂会作为一个主的家(kuriake)享受福祉,不只是安息日或每周的第八日(octave),而是在永恒的主日里(《选段64》)。(M. Edwards,《天主教》,前揭,页59-61)

就像爱德华兹(Mark Edwards)在简要概括狄奥多土的教理之后所作的评论那样,亚历山大的克莱门"并不耻于向他的前辈学习"(M. Edwards,《天主教》,前揭,页64)。

伊格那丢与波利卡普

保罗是伊格那丢与波利卡普的中心人物。①就算波利卡普《致

---

① 我们在后面还会进一步讨论他,因为复活在伊格那丢的思想中是个核心话题,而我们在这里集中处理的问题是《新约》的形成。

腓立比人书》(Letters to the Philippians)第 13 章是插补文字,伊格那丢与保罗非常明显的密切关系在伊格那丢与波利卡普那里都可以看到。①[105]在"波利卡普与跟他一起的长老们"写的《致腓立比人书》中,长老们被赋予重要地位。在伊格那丢的作品中,长老们的地位降低,但依然很重要,他与全部的教阶人员写信给腓立比人。②

伊格那丢的《书信》的成书日期还有争议(公元 110 年左右,还是最近学术研究显示的 150—180 年)。③ 伊格那丢怎么看待保罗书信与其他基督教文献以及犹太经典?④很明显,他参考了保罗作品,尽管他把保罗排在彼得之后,⑤像《克莱门一书》那样,而且把权威归于主的门徒(复数)。⑥伊格那丢知道保罗书信有个结集,⑦他视自己与收信人为保罗的"追随者",保罗是"基督的"追随者(《哥林多前书》11:1)。他特别参考了《哥林多前书》,这样一来我们就可以找到"不少于 46 处"对这封书信的影射;他事实上能把这封书信与其他保罗书信"背下来"(R. M. Grant,《新约》,前揭,页 39)。伊格那丢提到福音书传统时,总是与《马太福音》和《约翰福音》相关,从没提到《路加福音》,也没有一处影射《使徒

---

① 《波利卡普致腓立比人书》,前揭,13;英译 Kirsopp Lake,《使徒教父》(The Apostolic Fathers,London,1912);R. Joly,《卷宗》(Le dossier,1979)。

② 《伊格那丢致非拉铁非书》(IgnPhilad.),inscr.;英译 ANFa。

③ 参最新著作:O. Zwierlein,《彼得》,前揭,页 183-237(lit.),尽管这里的日期考证对我们的整个论点没有影响。

④ 虽然过去的一些研究已经在讨论这个问题,但至今还没有定论:参 P. Foster,《书信》("Epistles",118/2006);D. Hoffman,《权威》("Authority"),载于 JETS,28,1985,页 71-79;R. M. Grant,《新约》(Testament,1967)。

⑤ 《伊格那丢致罗马书》,前揭,4;《伊格那丢致以弗所书》,前揭,3。

⑥ 参《伊格那丢致非拉铁非书》,前揭,9;《伊格那丢致士每拿书》(IgnSm.),8。

⑦ 《伊格那丢致以弗所书》,前揭,12:2"他所有的书信";伊格那丢著作的英译 J. H. Srawley,《书信》(Epistles,London,1900)(有改动)。

只有两次引用"以一个导论性的句式作开头"（这里写道），①而且引入《箴言》(Proverbs)。其中一篇《箴言》三章 34 节"主讥诮那好讥诮的人"(The Lord opposes the proud)，但是伊格那丢不是从犹太教七十士译本中，而是从基督教的经典中找到这句，可能出自《彼得前书》五章 5 节，或出自《雅各书》四章 6 节，这里伊格那丢读作"上帝讥诮那好讥诮的人"，而不是像七十士译本中那样"主讥诮那好讥诮的人"（《伊格那丢致以弗所书》，前揭，5:3）。第二个相似点的来源还不清楚，但伊格那丢可能在另外一个已经失传的基督教文献中找到这句话（参《伊格那丢致马内夏书》，前揭，12）。他也可能从犹太经典里借来，因为他会像马克安一样对这样的引用毫无异议，马克安在他的福音书里也接受了导论的句式。对马克安而言犹太经典显示了福音书的对立面，而伊格那丢则欣赏那些称颂福音书的先知书。只有福音书才"是完美的"，但先知书与福音书"放在一起挺好，如果你相信爱的话"。②[106]不过伊格那丢极少引用或影射犹太经典（与他引用或影射基督教经典的次数相比较而言），大多数出现的引用来自伊格那丢参考的基督教文献（参《波利卡普致腓立比人书》，前揭，1），如《伊格那丢致他拉勒书》八章 2 节便引用了《以赛亚书》五十二章 5 节。

在《致非拉铁非书》(Letter to the Philadelphians)中，伊格那丢提到一些人的异议，他们说：

> 如果我在旧约中找不到福音书的话，我不会相信它；针对

---

① P. Foster,《书信》，前揭，页 8 只考虑到一个文本，《伊格那丢致以弗所书》，前揭，5:3，而忽略了《伊格那丢致马内夏书》(IgnMagn.)，12。而且他误以为引文来自《旧约》。

② 《伊格那丢致非拉铁非书》，前揭，5；9。A. Harnack,《马克安》，前揭，页 114-116。

我同他们说的话：福音书就写在那儿,他们回答我:这还有待证明。但对我而言耶稣基督取代了古代的一切:他的十字架、死亡与复活,以及对他的信心,所有这些都是对古代的洁净无瑕的纪念;我渴望借着它经由你的祷告而被确立。(《伊格那丢致非拉铁非书》[IgnPhil.],8:2)

伊格那丢的ευαγγέλιον(福音书)被质问。①马克安自己部分的立场来自两个对话者。受马克安影响而又批评马克安的人承认基督教基于书面文献。但他们又说如果不能在那些他们(与马克安一起)所说的旧经典里找到基督教宣称的教义,他们将不会相信福音书。②这并不一定代表着他们对那些旧经典的欣赏,但是他们期望基督教有一个传统的基础,这样一来福音书就不只是新事物的见证,而是植根于犹太历史。基督教福音书的新颖性使得伊格那丢的对话伙伴怀疑它的权威性。伊格那丢的答案既有启发性同时也出乎意料。他没有把福音书跟犹太经典连在一起,而是接受了马克安的观点。他的回答听起来像居于保罗传统中的马克安学者的言论,指向一位基督,他用他的十字架、死亡与复活取代了"古代的一切",这些都是"对古代的洁净无瑕的纪念"——在基督之外无法找到。伊格那丢的基督中心论把亚伯拉罕、以扫、雅各、先知、使徒与教会组合在一起。跟马克安不同,伊格那丢认为先知们预示了基督的到来,但他把先知传统作为先于上帝恩典的施恩,从而与我主耶稣基督的出现、受难与复活区分开来。因为受人爱戴的先知们已经

---

① C. E. Hill,《伊格那丢》("Ignatius"),收于 Andrew F. Gregory and Christopher M. Tuckett (eds), *Trajectories*, 2005,页273。
② 虽然 T. Zahn 在之前已经相信伊格那丢在暗示《新约》的原始手迹,参 D. Hoffman,《权威》,前揭,页75,但 Hoffman 能列出一大堆反对 Zahn 的学者,他们认为伊格那丢所想的是犹太经典(Schoedel, Corwin, Grant, Lawson)。

宣告了基督的到来,但福音书是不朽的完成(《伊格那丢致非拉铁非书》,前揭,9)。这个文本反映出马克安的对立思想。伊格那丢甚至更直言不讳,批评"依照犹太律法"而过的生活,[107]"承认我们还没有领受恩典",而先知们是"神圣的",只因为他们"仿照基督耶稣而活"(《波利卡普致腓立比人书》,前揭,1)。所以说,伊格那丢很明显地拒斥犹太律法:

> 如果有人对你宣扬犹太律法,不要听他的。因为听一位已经受了割礼的人讲基督的教理比从一个没有受割礼的人那儿听犹太教义更好。但如果两者都不讲耶稣基督,以我的判断,他们是死者的纪念物与墓穴,上面只写着那些人的名字。(《伊格那丢致非拉铁非书》,前揭,6)

我们可以假设那位"已经受了割礼的人"指保罗——但没受割礼的那位又是谁呢?伊格那丢重拾马克安对基督徒的批评,他指责基督徒(甚至包括非犹太基督徒)把基督教文献犹太化,这点在伊格那丢看来无异于"写着那些人名字的""死者的纪念物与墓穴",所以既非使徒也非灵性权威,与基督复活的见证人保罗形成鲜明对比!伊格那丢以他对犹太化基督徒的严酷批评来彰显马克安的立场。尽管他不支持马克安有关先知的对立思想,但他把马克安的标题"新人"用在耶稣基督身上,相信"他的信与他的爱,他的受难与他的复活"(《伊格那丢致以弗所书》,前揭,20)。奇怪的是,伊格那丢这位未来的殉道者,还在去罗马的途中,他听起来却像一位多产的作家,坐在他安稳的书桌前,讲述"第二本小书"的写作计划,他"要写作……[为了]使神赐恩典的[本质]……更加显豁",这篇短文意在阐明基督的新颖性。先知们预言的事已经实现:耶稣基督"依肉体而言是大卫的子嗣,既是人子也是神子"。伊格那丢首先分析了反对者的口号及所讨论的话题,然后给出他自己的解读,这很难说是偶然事件,更不会是未来的马克安教理的先声。①

波利卡普展示了与伊格那丢的相似与不同之处。与伊格那丢一样(以及后来的尤斯丁与爱任纽),波利卡普作品中的反对者仍然用"基督徒"这个简单的名字,但他们不能被等同于基督徒。②对于出名的反对者我们必须审慎,尤其是当资料"可以用来反对不同的敌对思想时"。③而马克安[108]作为波利卡普的反对者已经被反复提及,④波利卡普自己也显示了好几个马克安特征。

公义在波利卡普那里是个核心主题,这似乎是一个与历史背景连在一起的话题:波利卡普要我们"为国王及迫害者"祷告,这两个词都使用了复数(《波利卡普致腓立比人书》,前揭,12)。早在1853年就有人提出这一定是指公元161年维鲁(Lucius Verus)与奥勒留(Marc Aurel)的双重统治,而在1874年又有人提出这是指从公元139年开始的奥勒留与庇护的统治。⑤后面这个日期得到了尤斯丁与墨利脱(Melito of Sardis)的支持。尤斯丁提到复数的"国王们",指庇护与奥勒留;墨利脱"表明在奥勒留的时代,基督徒对父子(养子)的双重统治还有鲜活的记忆"。⑥正如波利卡普所示,一场迫害

---

① 参 M. Edwards,《天主教》,前揭,他的理解是马克安及华伦提努这些教师发展了伊格那丢播下的种子,而不是伊格那丢的思想反映了这些先贤的教导。

② 参《波利卡普致腓立比人书》,前揭,6;《伊格那丢致以弗所书》,前揭,7。

③ P. A. Hartog,《对手》("Opponents"),收于 Andrew F. Gregory and Christopher M. Tuckett (eds),*Trajectories*,2005,页391。

④ 有关马克安,A. Lindemann 存疑较多,参氏著,《保罗》,前揭,页87-88。

⑤ A. Hilgenfeld,《教父》(*Väter*, Halle, 1853);氏著,《伊格那丢书信》("Ignatiusbriefe"),载于 *ZWTh*,3,1874,页96-121,页305-345;也见 T. Lechne,《伊格那丢》(*Ignatius*, Leiden u. a. ,1999),页23。

⑥ 参尤斯丁,《第一护教辞》,前揭,14:5, 17:3;墨利脱的《护教辞》(*A-pology*)在优西比乌,《教会历史》,前揭,IV 26,10;T. Lechner,《伊格那丢》,前揭,页23注56。

引发了如何理解神圣公义这个问题(《波利卡普致腓立比人书》,前揭,7-9),他的反对者(们)已经发展出一套对"公义"的解释,这种解释的出发点是伊格那丢与其他人在腓利比的殉道死亡体验。①"那些教团成员曾写信给波利卡普,向他寻求一个答案。如果说只有一位上帝,他的公义的性质是什么?为什么会有这些迫害与殉道?波利卡普以基督中心论的方式答复:相信十字架、基督复活与最后审判的人,承认基督在肉体里受难的重要性,这样的人不会把他自己殉道时所受的苦难看作不义……基督受难已经为公义提供了一种必要的全新的解读。"(T. Lechner,《伊格那丢》,前揭,页 36[自译])

波利卡普与帕皮亚不同,他更像马克安。他模仿保罗的语言;引用保罗,在三个地方明确提到保罗,他对使徒的了解,比《克莱门一书》或伊格那丢还要多。②波利卡普在列出三位殉道者的名字(伊格那丢在其中)之后,指名道姓引入保罗的思想,不是彼得、司提反或以往任何一位别的殉道士的思想。③不过,波利卡普没有表现出像马克安那样专一的保罗主义。

和马克安相似,波利卡普只把注意力集中在基督教文献上;他的文本几乎就是一张文献引用的拼图。但马克安的使徒的[话语]已经被以复数出现的使徒们的文献所取代。而且波利卡普使用的材料并[109]不完全来自《路加福音》《马可福音》与《马太福音》。他也引用保罗(《哥林多后书》4:14 及《罗马书》8:11)。但他还加上了一条马克安的福音书里没有出现的、来自《路加福音》(1:18)的引述,详尽地说明了对保罗书信断然而巧妙的批评。他很聪明地

---

① 对其历史情境的重构,参 T. Lechner,《伊格那丢》,前揭,页 35-36;也参 N. Brox,《公义》("Gerechtigkeit"),载于 *Kairos*,24,1982,页 1-16。

② 《波利卡普致腓立比人书》,前揭,3;9;11。A. Lindemann,《保罗》,前揭,1979,页 87。

③ 《波利卡普致腓立比人书》,前揭,9;"其他使徒"只在一个摘要中提到。

把保罗思想中的保罗在场与缺席两者之间的差异作了概念化的处理,保罗与信众面对面在一起时所宣讲的准确而权威的教理,与保罗"不在场时"写的那些书信中所显示的距离这两者之间的差异被概念化(《波利卡普致腓立比人书》,前揭,3)。当然,波利卡普认为这些书信也能坚固读者的信心,不过需要"学习"而已。由马克安提供的保罗信息被波利卡普修改:在《加拉太书》二章 2 节(也见《腓立比书》2:16)使徒谈到他自己的权威("我没有空跑,也没有徒劳"[I had not run in vain]),波利卡普把这个说法拓展成复数,"所有这些[使徒们]没有空跑,也没有徒劳"(all these [Apostles] did not run in vain)(《波利卡普致腓立比人书》,前揭,9)。波利卡普把先知的权威也加诸使徒(《波利卡普致腓立比人书》,前揭,6,9)。

尽管波利卡普修正了马克安的一些论点,同伊格那丢一样,他同时也接受了马克安的立场。他不参考犹太经典,除非这些经典镶嵌在基督教文献中。在提到"神圣作品"与"经典"时,他事实上只引用了《以弗所书》与《克莱门一书》。①他接受镶嵌其中的犹太经典引语,但与之保持距离:"它们不是留给我的。"相反,和马克安一样,"现在"基督教有关"信心与真理"的启示,即上帝"毫无愤怒"地建造,与"那些经典"形成对比,在那些经典中我们读到我们应"愤怒"而不该"犯下罪过"。②

波利卡普也接受保罗、马克安对基督复活的强调,但批评"空洞、无用的讨论与大众的错误"。复活"从最早的时代"起已经"被预告了"(《波利卡普致腓立比人书》,前揭,1)。波利卡普引用帕皮

---

① 《波利卡普致腓立比人书》,前揭,12;《以弗所书》4:26,在这里当然引用了《诗篇》4:5。当他加上"不可含怒到日落"这句时,他仍在引用《以弗所书》4:26,但没有"错误地"认为这句经文"出自《旧约》"。参 W. R. Schoedel,《装置》("Apparatus"),见《使徒教父 V》,前揭,页 35。

② 《波利卡普致腓立比人书》,前揭,12;这个关联在划分章节的过程中遗失了,第 12 章的开头被纳入"XI. Sobriety 'in this thing'"。

亚也知道的书信《彼得前书》一章21节,①以支持这样的观点,即上帝、天父养育了我们的主,②而马克安则讲基督养育了他自己。③他[110]从与马克安相反的立场介绍使徒与先知,由此波利卡普两次引用另一封帕皮亚知道的书信《约翰一书》,给出一个略作删减与修订的版本(以斜体排列):"任何一个不承认耶稣基督以肉体来临的人都是……反基督的,任何一个不承认十字架见证的人都是属魔的。"④他把对主祷文的引用 ⑤ 与另外一个只能在帕皮亚的权威文献《马可福音》(14:38)与《马太福音》(26:41)找到的引文糅合在一起,这在马克安的所有文本里都找不到。

波利卡普严厉批评"任何一个随意对待主的话语以迎合自己喜好的人,说什么既没有复活也没有审判——人是撒旦的头生子!"⑥以此影射马克安。爱任纽认出这个对"撒旦的头生子"的批评是针对马克安而发。⑦像帕皮亚(与尤斯丁)一样,波利卡普在他的批评

---

① 不是出自这个文本的全部引语,这个文本以《彼得前书》1:13作为第二章的开头!

② 参《波利卡普致腓立比人书》,前揭,1,2,9,12。

③ 《波利卡普致腓立比人书》,前揭,2,这个信条甚至被《伊格那丢致士每拿书》,前揭,1-2接受;有关马克安,参德尔图良(Tert.),《驳马克安》(*Adv. Marc.*),V 1,3;与马克安一起的其他人也传授自我复活的教义:参挪威都(Noët of Smyrna),见希坡律陀,《驳所有异端》,前揭,IX 10,12;也参伪希坡律陀,《驳挪威都》(*C. Noët.*),3,2;也参《彼得殉道记》(*Mart. Petri*),2;比较尤斯丁著作中有关基督复活的论述,参尤斯丁,《与特来弗对话录》,前揭,85,1;墨利脱,《论逾越节》(*On Pascha*),8;爱任纽,《驳异端》,前揭,III 4,2;*id.*, *Dem.* 38;德尔图良(Tert.),《对异端的训令》(*De praescr.*),XIII 4;氏著,《论基督的肉体》,前揭,V 4。

④ 《波利卡普致腓立比人书》,前揭,7;《约翰一书》4:2-3,3:8。

⑤ 与《马太福音》6:13 及《路加福音》11:4 一致。

⑥ 《波利卡普致腓立比人书》,前揭,7;在同一章里对公义的讨论使学者们想到一种反对马克安的回应,参 T. Lechner,《伊格那丢》,前揭,页36。

⑦ 爱任纽,《驳异端》,前揭,III 3.4;优西比乌,《教会历史》,前揭,IV 14.7.

中所强调的是,他并不关注福音书叙事,只有主的话语才是他所关注的。马克安已经否认了基督的肉身,他同样也拒绝接受死者肉体复活的观念,以及末日审判与肉体的未来。尽管波利卡普因马克安不正当的解释及神学上的缺陷而对他提出严厉批评,但他并没有再进一步说马克安毁坏或删减了一部福音书。相反,波利卡普相信被批评者可以通过忏悔来纠正他的神学立场,因此呼唤他回到那"最初传给我们的道"(《波利卡普致腓立比人书》,前揭,7),他不是指向一个文本,而是对肉体基督的信仰,即相信基督在他自己的"身体里承受我们的罪,他没有在那棵树上犯罪,在他嘴里也没有发现谎言"。①

这几乎是发生在波利卡普与马克安之间的一个自相矛盾的亲近与疏远,在伊格那丢那里更是如此:波利卡普(和马克安一道)拒斥犹太经典本身,但视基督的肉身为核心的传统观念。基督复活具有拯救意味,波利卡普不提倡纯粹的马克安式的解读:"让他从死里复活的那位也会让我们复活,如果我们照着他的意愿做,行走在他的诫命中,爱他所爱的。"(《波利卡普致腓立比人书》,前揭,2)波利卡普以批判的眼光看马克安的财产,②他以这种方式讨论"所有困难的开端"即"对金钱的热爱"这个问题(《波利卡普致腓立比人书》,前揭,4)。还有一点,尽管他支持马克安对纯洁、自律,甚至"完全的贞操"的论述,他还是缓和了马克安的苦修论调,增加了应该教导婚姻与养育儿女之类的教理(《波利卡普致腓立比人书》,前揭,4-5)。

复活"狂热"

[111]基督的复活是马克安再次发现保罗,并且在他的"新约"

---

① 《波利卡普致腓立比人书》,前揭,8;参《彼得前书》2:24,22;《以赛亚书》53:9。

② 不只是关系到老华伦斯(Valens),只有第 11 章里才讨论他。

范围内提倡"福音书"的结果,只有这样,①复活才得以在基督教的记忆中重新获得一席之地。尽管在拓宽的《新约》中还有如此之多的非复活书信,但包含复活节叙述的四福音书一旦生成,基督复活信息的地位就开始上升。不过,我们依然可以假设由于复活观念在基督教意识中的再现相对晚一些,也因为它被马克安提倡这个事实,几十年来,基督复活不能取得与上帝的显现(theophany)、道成肉身与十字架上的死这些旧的信条同等的重要性。只有在那些深受马克安影响的圈子里才会发展出一种复活"狂热"。

马克安对保罗的关注,表明他最感兴趣的不是一个有关上帝的哲学概念,虽然他在修辞、文学与哲学方面都受过很好的训练。②依照德尔图良的说法,马克安首先关注的是"人自身的拯救"。"因为相信肉体复活比相信唯一的上帝难度还大。"③马克安把肉体当成物质,当成造物主的一件作品,造物主从那未被创造的预先存在的物质中创造了一个世界,在这里苦难与死亡从一开始就占了主导地位。④出于对肉体在怀孕期受胎、成长以及从子

---

① 参 H. v. Campenhausen,《形成》,前揭,页 147-163;H. Koester,《福音书》,前揭,页 35-43。

② 参 J. G. Gager,《马克安》("Marcion",1972)讨论他对伊壁鸠鲁的认识;B. Aland,《马克安》,前揭,页 93;氏著,《罪》("Sünde"),收于 Marcion und seine kirchengeschichtliche Wirkung,2002,页 147-157;W. Löhr,《马克安》("Marcion"),收于 Marcion und seine kirchengeschichtliche Wirkung,2002,页 131-146。

③ 德尔图良,《论肉体的复活》,前揭,2;英译 P. Holmes,《德尔图良著作 II》(The Writings of Qu. S. F. Tertullianus II,The Ante-Nicene Christian Library 25,Edinburgh,1870),页 217-218。

④ 参德尔图良,《驳马克安》,前揭,I 15,黑摩其尼提起这个话题,参德尔图良,《驳黑摩其尼》(Adv. Hermog.),23-24。值得注意的是这样一种拒斥造物主上帝的反宇宙主义教义也出现在犹太传统当中,参 B. A. Pearson,《问题》("Problem"),收于 Charles W. Hedrick and Robert Hodgson, Jr. (eds),Nag Hammadi,1986,页 15-35。

宫的"污水"里出生的恐惧,他拒绝"那个产生人这一高贵的动物的工作室",人是"子宫里的丑陋生殖要素、湿气与血的肮脏的凝结"的结果,"也是要生成的肉体在这一泥潭里被滋养九个月的结果"。他还说:

> 画一张子宫图,日益难管理的子宫,沉重、自私自利,就连在睡眠中也不安生,在厌恶与欲望的念想中摇摆不定。其次,这完全违背分娩中的妇女的节操,这份节操因其危险性至少应当受到尊重,因为它的本性是神圣的。孩子与胎盘胎膜一起出来时,你当然会战栗,也肯定会被弄脏。你认为这是件可耻的事,他被[112]绑带拉直,他被抹着油塑造成形,他被人娇惯被人哄。①

与"怀孩子时的那种不净而可耻的痛苦"一样,孩子出生后,也要通过"肮脏、麻烦、荒谬的新生儿管理"才长大(德尔图良,《驳马克安》,前揭,III 11)。

人的肉体凡胎是不配穿在基督身上的,也不配从死里复活。(前)《路加福音》八章 9-21 节的选段可作依据,证明基督抵制与世俗的母亲或姐妹建立关系这种诱惑(德尔图良,《论基督的肉体》,前揭,7)。尘世的无常的肉体与天堂的主之间的鸿沟是不可跨越的。②

保罗的慈爱的上帝怎么能够创造出一个有着黑暗、出生、痛苦

---

① 德尔图良,《论基督的肉体》,前揭,4,英译 Ernest Evans,《德尔图良论道成肉身》(*Tertullian's Treatise on the Incarnation*,London,1956)。

② 《哥林多前书》15:47:"头一个人是出于地,乃属土;第二个人是出于天";《哥林多前书》15:50:"血肉之体不能承受神的国,必朽坏的不能承受不朽坏的。"参德尔图良,《驳马克安》,前揭,V 10;德尔图良,《论基督的肉体》,前揭,8;爱任纽,《驳异端》,前揭,V 9,1;尤斯丁,《论复活》(*De res.*),见《麦托丢》(*Methodius*)(370,10-11 Bonwetsch)。

与死亡的宇宙？为什么给人以永恒生命的主可以惩罚并且允许谋杀？对一个爱的上帝的信仰让马克安看到福音书与犹太经典中所描述的造物主与一位律法和公义的邪恶之神之间的对立。这个世界本身没有价值。"只有灵魂"才能够得救，物质与肉体都不能。当救主在世时，他是以天使的本性施救的，与人们所见到的复活后的基督同一本性。拯救人意味着把这个高贵的动物带回到那唯一的爱的上帝面前。上帝的全部意愿就是把人从邪恶的上帝那里解救出来——尽管有神性介入的律法。①

　　学界越来越多地注意到马克安的基督复活思想。②其重要性可以从马克安的反对者对德尔图良那里看到。从他早期的失传的一个小册子《论唯一的上帝与基督——反马克安》(On the one God and Christ, against Marcion)来看(在德尔图良,《论肉体的复活》,前揭,II 11 提到),他好像在攻击马克安以基督为中心的一神论中的前后矛盾。③在这之后,德尔图良开始在《论(复活的)基督肉身》(On the Flesh of [the Risen])中反驳马克安有关基督复活的教理。他坚持认为基督不是一个天使般的幻象,而是在真实的血肉之躯中复活,因为他实实在在地以人的肉体出生、受难且在十字架上死去(参德尔图良,《论基督的肉体》,前揭,V 2-4)。加上[113]《论死者复活》(On the Resurrection of the Dead)一篇,德尔图良展示了基督肉体复

---

① 《罗马书》5:20。参德尔图良,《驳马克安》,前揭,V 13,10;B. Aland,《罪》,前揭,页 148、页 152-153。

② 参 K. Greschat,《阿佩莱斯》(Apelles, Leiden u. a., 1999);参 T. Baarda,《马克安》(Marcion),载于 VigChr 42, 1988,页 236-256; A. Harnack,《马克安》,前揭; E. C. Blackman,《马克安》(Marcion, London, 1948); A. Orbe,《入门》(Introduccion, Rome, 1987), II 852-853;氏著,《教义》("Doctrina"),载于 Gregorianum, 74, 1993,页 64;氏著,《圣爱任纽的神学》(Teologia de San Ireneo, Madrid, 1985),页 122,页 135。

③ 感谢 Alaistar Stewart-Sykes 对这个术语的关注(这个词已经出现在 Stuart Hall 编的墨利脱的著作《论逾越节》[On Pascha], 1979, xliii)。

活对人类的复活的影响。在五本《反马克安》里面,德尔图良回到他自己的有神学倾向的思考,以一个很长的论证驳斥马克安的二元论。① 但就算在这些书里仍然贯穿着马克安对(前)《路加福音》与保罗的解读,德尔图良频繁地讨论基督的显现与复活,他以蔑视马克安对福音书中的复活叙述所作的解释收尾。同样,那些采纳或反驳马克安思想的古代作家通常批评他的复活教理。②

为什么基督复活对马克安如此重要?复活作为拯救的基础,无疑是保罗的核心观念,但随着时间的推移,复活已经被笼罩到其他神学教义的阴影之下。如果说复活还被一些作者保留的话,那么即使在保罗传统之内,它最多也只是作为一种隐喻的说法,或只是作为在末日到来时一般性的死者复活的一个证明。

马克安这位保罗哲学的狂热支持者一定看到,他自己对使徒著作的解读与其他同时代人对他的偶像的主要思想的理解不同,两者之间存在裂缝。对于他来说忽略复活看起来像一种犹太化的离经叛道,一种重写,或者说偏离了保罗的福音书,保罗对他的信众曾作出此类警告。保罗被贬低、忽略或拒斥。③《使徒行传》的开场白就是十一个门徒的名单,④他们要选一个人替代犹大。彼得规定真正

---

① 德尔图良,《驳马克安》,前揭,I 2,2;已经被法语《论肉体的复活》的编者与译者注意到,J. -P. Mahé,《肉体》(*Chair*,1975),页 30-31。

② 比如说,参爱任纽,《驳异端》,前揭,I 27,2-3 及 V 1,1-14,5;参 A. Orbe,《圣爱任纽的神学》,前揭,页 319-321,页 324-328,以及氏著,《对手》("Adversarios"),载于 *Gregorianum*,60,1979,页 9-53;参伪德尔图良(Ps. -Tert.),《驳一切异端》(*Adv. omnes haer.*),6;有关阿佩莱斯及他的复活神学,参希坡律陀,《驳所有异端》,前揭,VII 38,4;菲拉斯特(Philastr.),《多种异端著述》(*Diversarum hereseon liber*),47;伊皮法纽,《敌异端》,前揭,XLIV 3;奥古斯丁(Aug.),《论异端》(*De haer.*),23 。

③ M. Klinghardt,《律法》,前揭,页 126 谈到把保罗思想的"棱角打磨光滑"或使之"淡化"(Weichzeichnung)。

④ 《使徒行传》1:13:彼得、约翰、雅各、安得烈、腓力、多马、巴多罗买、马太、亚勒腓的儿子雅各、奋锐党的西门,和雅各的儿子(或作:兄弟)犹大。

的候选人应该是一位基督复活的目击者,"主耶稣在我们中间始终出入的时候,就是从约翰施洗起,直到主离开我们被接上升的日子为止,必须从那常与我们做伴的人中立一位与我们同作耶稣复活的见证"(《使徒行传》1:21-22)。保罗没有满足彼得的条件。他从未见过拿撒勒的耶稣,他受洗或受难时也不在旁边,也不跟彼得"在一起",《使徒行传》好像在宣布保罗从来都不是基督复活的见证人。是的,保罗对空空的墓穴保持沉默,也没有声明他曾经造访耶路撒冷的受难场所,但他作了大胆的声明,说他是一位门徒,也是复活的见证者(《哥林多前书》15),这点被马克安支持。

[114]在《使徒行传》中保罗没有权威,但他依赖耶路撒冷教会的使徒,作为安提阿社区的使节被派遣,这些当然是保罗明确否认的事情(《加拉太书》2:2)。像很多别的作品一样,《使徒行传》强调由"十二位门徒"组成的这个封闭的团队,而保罗描述了他造访彼得,与他共处两周,他没有见过别的门徒,"除了主的兄弟雅各"(《加拉太书》1:19)。十四年后,保罗再去了一趟耶路撒冷,因他"是私下对那些有名望的人说的",他只提到三个人的名字:雅各、彼得(再次提到这两位)与约翰,从对观福音书可知这三位是早期教会的核心人物。① 保罗认为自己在上帝面前并不亚于他们三位。使徒身份是上帝所赐,基于"第一,见过复活的基督;第二,受神召唤传基督的福音"。②

对保罗而言,使徒身份与传道的对象有关。对彼得来说是受了割礼的,对保罗来说是那些外邦人:

> 至于那些有名望的,不论他是何等人,都与我无干,上帝不以外貌取人。那些有名望的,并没有增加我什么,反倒看见了主托我传福音给未受割礼的人,正如托彼得传福音给那受割礼

---

① 《马可福音》3:16-19;《马太福音》10:2-16;《路加福音》6:14-16;《使徒行传》1:13。

② 参《哥林多前书》9:1;A. G. Brock,《抹大拉的马利亚》,前揭,页6。

的人。([因为]那感动彼得叫他为受割礼之人作使徒的,也感动我,叫我为外邦人作使徒。)(《加拉太书》2:6-8)

保罗没有采纳一个耶路撒冷模式的使徒身份。① 在《哥林多前书》15 章 1-11 节,保罗道出他的复活权威名单,从彼得(矶法)开始,接下来是十二门徒,然后是五百多人,再下来是雅各,以及众使徒。② 他还说:"最后也显给我看;我如同未到产期而生的人一般。"听起来好像他为自己争取权威的语气缓和了一些,好像他很希望更早出生(保罗看起来是比耶稣与其他使徒更年轻的一代)。不过,他绝非谦逊。保罗用赢得好感(captatiobenevolentiae)这种修辞技巧大胆地陈述他自己的使徒身份,强调成为"使徒"的必要条件就是见过复活的基督,不管这是在何时何地发生。主的最后一次显现与第一次显现一样有效,一个人的见证与一群人的见证一样有权威性,彼得、雅各或十二门徒的见证与那五百人的见证没有什么不同。有人也许会称他为"最微不足道的[115]使徒",但他坚持认为他有与所有其他使徒一样的体验。③

保罗知道早期信众当中那些对自己的使徒身份很骄傲的人(参《哥林多后书》11:5,13;12:11),他们挑战他的权威,不仅是因为他自己过去的经历,而且还由于他所声称的"启示"与复活的基督对其他人显现之间的时间间隔。保罗已经提到耶稣死亡与复活之间很准确的时间段即三天(《哥林多前书》15:4 提到犹太经典),对复活的基督向其他人显现的时间顺序,保罗说得比较含糊("然后

---

① 我反对的论点:J. Roloff,《使徒》("Apostel"),载于 TRE,3,1978,页 436。

② 是否因为这些短语的平行结构所以彼得成为十二门徒之一,而雅各被视为其他使徒当中的一位,这个问题已经被人提起,现在还在争论。参 J. Dupont,《使徒》("Apôtres"),载于 OrSyr,1,1956,页 273-281。

③ 参 A. G. Brock,《抹大拉的马利亚》,前揭,页 9-15,讨论"复活见证的叙事所扮演的"重要"角色"。

……然后")。这位修辞高手通过指责对手来为自己翻案,把他自己在别人眼里的弱点变成神圣的优点,不只是把它扭曲成一个灵性上很有力量的观点,而且还把它变成一个有实际影响的立场,这就把保罗与他的传道事业置于所有其他使徒之上:

> 然而我今日成了何等人,是蒙神的恩才成的;并且他所赐我的恩不是徒然的。我比众使徒格外劳苦,这原不是我乃是神的恩与我同在。(《哥林多前书》15:10)

马克安喜欢保罗在反对他的犹太化了的对手时所表现的强硬姿态。在《罗马书》六章1-11节,保罗谈论基督徒通过受洗而得到"新生命",与基督一起"被埋葬"但又像"基督从死里复活"那样,在"与他的复活相似性"中活着。保罗列出了新与旧的对立:"我们的旧我被钉死",我们活"在基督里",①"在基督里"意味着我们"是新造的人,旧事已过,都变成新的了[看,新的已经来了!]"(《哥林多后书》5:17)。我们从犹太律法中解脱,"我们既然在捆我们的律法上死了,现今就脱离了律法,叫我们服侍主,要按着心灵的新样('心灵'或作'圣灵'),不按着仪文的旧样"(《罗马书》7:6)。那些不受律法摆布的人成为"这新约的执事。不是凭着字句,乃是凭着圣灵。因为那字句是叫人死,圣灵是叫人活"(《哥林多后书》3:6)。"新约"也是圣餐礼的关键(《哥林多前书》11:25;《路加福音》22:20),与"旧约"对立(《哥林多后书》3:14),这与[116]先前如何读经典形成鲜明的对比:"当他们[犹太人]听到旧约时","但他们的心几时归向主,帕子就几时除去了"。②

马克安没有否认基督教与以色列及犹太教的关联,但他指出两

---

① 参 W. Kinzig,《新颖之处》,前揭,页 105-106。
② 德尔图良,《驳马克安》,前揭,V 11(给这本福音书优先地位,对此德尔图良基本赞同);《哥林多后书》3:14-16;参《希伯来书》8:13。

者之间很严格的对立。①基督教第一次作为一个单独的宗教身份被概念化,它不再是犹太教之内的一个品牌,而是作为一种新的宗教被认可。我们还无法十分清楚地判断有关上帝、基督与复活的不同论调是这一新的身份认同的基础还是结果,但保罗的立场十分关键。在现代学术对马克安的研究已经持续了100多年的今天,伟大的德国教父学学者哈那克(Adolf Harnack)的观点在这个领域依然支配着相关的学术讨论,他认为就《对比论》而言,马克安主要还是一位圣经学者。②

尽管在马克安理解的犹太经典中的神性公义与他在保罗那里发现的一位慈爱的天父截然对立,马克安的信仰还是基督中心论与一神论。③固守一个慈爱的上帝即相信迄今未知的、完全超越的上帝第一次被主、被他自己爱的化身显现出来。很明显,马克安受同时代的哲学思潮影响,就像保罗或亚历山大的斐洛在一百年前被他们同时代的思想家影响一样,但从那时开始,哲学已经从一个斯多葛主义对宇宙的正面赏识转向对这个世界的一种怀疑论的审视。马克安也受保罗传统的影响。作为后者的一部分,马克安继承了保罗在道德上的严苛姿态,把它进一步发展成一种直言不讳的伦理极端主义以及对这个世界的否定。

在这个意义上,马克安与保罗传统中的其他思想家以及斯多葛学派与中-柏拉图主义的教师们共享一些理念,同时他也与他们保持着距离。至少从斐洛以来,形形色色的思想家已经接受了这样一个观念,即第一原理不断增长的超越性。它可能处于一个创造性的

---

① 参 W. Kinzig,《新颖之处》,前揭,页 126-128。
② 参 A. Harnack,《马克安》,前揭,页 93。不过根据这个解经学原则,他很少坚持阅读马克安:参拙著《结论》("Schlu？"),收于 *Marcion und seine kirchengeschichtliche Wirkung*,2002,页 80,以及现在的研究成果 S. Moll,《大异端》,前揭。
③ 参 A. Harnack,《马克安》,前揭,页 123,他把马克安看成一位"形态神格唯一论"神学家,也参 W. Löhr,《马克安》,前揭。

十字路口，犹太教一神论、柏拉图主义、亚里士多德主义与斯多葛主义在斐洛的思想中交汇，柏拉图对上帝与造物主的区分启发了对不同层级的原理的思考。造物主本身必须与这个世界保持距离，因为被造物无法承受造物主，就像地上的我们无法承受纯粹的、作为能量源的太阳一样。①这个世界也必须以这种方式被守护，[以免被造物主的力量摧毁]。因此，斐洛只把创造理念的世界，创造一个合乎理性的宇宙的理念，这样的工作归于这个上帝，这个合乎理性的世界就是他在《创世记》（一章）里读到的上帝创世的第一天所发生的情形。[117]接下来是物质与地的创造，特别是悬于善恶之间的人类的创造，斐洛把这归于上帝的辅助力量（宇宙之母）而不是"宇宙之父"，像在《创世记》里以复数表示出来的那样（让我们造……），通过上帝使用地上的泥土与他的生命之气。②

如果我们比较马克安与跟他一起工作的教师，他的激进的保罗主义就会突显出来。对于马克安而言，只有保罗才真正理解耶稣的信息以及基督教的隐秘教义，这秘密源于保罗所得的启示。③只有

---

① 参斐洛(Philo),《上帝是不变的》(*Quod deus*),77,79;《论特殊律法》(*De spec. leg.*),I 60。F.-N. Klein,《光术语》(*Lichtterminologie*,Leiden,1962),页23-24,页77-78。

② 参斐洛,《论醉》(*De ebrietate*),30,184;参 A. N. M. Rich,《观念》("Ideas",1954);A. Hockel,《基督》(*Christus*,1965),页41;D. T. Runia,《斐洛》("Philo"),收于氏编,*Exegesis and Philosophy*,Aldershot,1990,页8-9。

③ 参爱任纽,《驳异端》,前揭,III 13,1:保罗独自知道真相,由神秘启示而显现(*Solus Paulus ueritatem cognouit, cui per reuelationem manifestatum est mysterium*);相反的观点参《伪克莱门著作》,前揭,Hom. XVII 18-19:"这一次我明白了启示是灵知这个道理,它不是通过指示获得,也没有幻影与梦境……我们怎么相信你的话,当你告诉我们他对你显现?"("From this time I learned that revelation is knowledge gained without instruction, andwithout apparition and dreams …… And how are we to believe your word, when you tell us that he appeared to you?");《彼得启示录》(ApcPt),75;与之相对照的相反观点,参《保罗启示录》(ApcPl.)。

保罗才真正被赋予"使徒"这个头衔。所有其他的所谓的使徒都没有领会爱的信息,没有从犹太教里走出来,他们会极度弱化耶稣启示的新义。

还有一点,只有保罗见到过真正的基督,不是那个世俗的、作为造物主的世界的一部分也无法施救的人。相反,救主早就以复活基督的、天使般的肉体出现在世上。他已经把保罗提升到第三个天堂,在那里保罗——只有保罗——被赐予神圣信息,这是"隐秘的言语,是人不可说的"(《哥林多后书》12:4)。看起来马克安不是唯一一个从这个复活场景入手来理解保罗的思想家。一个时代之后,狄奥多土称保罗为"保惠师一类的人",他"成为复活的使徒",他"在主受难之后也被送去传道"(克莱门,《狄奥多土著作辑录》,前揭,23,2)。就连四世纪的伊皮法纽(Epiphanius)也知道所谓的该隐派(Cainites),他保存着《保罗升天》(Ascent of Paul)这本书,其中暗藏保罗在《哥林多后书》里提到的"隐秘的言语"(参伊皮法纽,《敌异端》,前揭,XXXVIII 2,5)。

基督以天使的身体显现与马克安的福音书一致,这本福音书并不像今天的《路加福音》那样以耶稣在犹太国王希律(Herod)统治时期出生的故事开始,①而是以"圣子骤然显现"为开头,在异教徒皇帝在位的时代,"在恺撒·提庇留(Caesar Tiberius)在位的第十五个年头,他作为人们意想不到的基督突然被差来"。②对马克安来说,异教徒的罗马帝国,而非犹太行省(Judaea),才是舞台;但基督的故乡在天上。

[118]马克安福音书的开头紧接着一个故事,在这个故事中耶

---

① 《路加福音》1:5。可能这是其中一个原因,说明为什么希坡律陀,《反驳所有异端》,前揭,VII 20.1 想到马克安与《马可福音》两者的关联,因为这本福音书缺少耶稣出生的故事。

② 参《路加福音》3:1a;德尔图良,《驳马克安》,前揭,III 2,2-3,I 19,2;A. Harnack,《马克安》,前揭,页185;M. Klinghardt,《律法》,前揭,页105。

稣"下到迦百农,就是加利利的一座城,在安息日教训众人。他们很希奇他的教训,因为他的话里有权柄"(《路加福音》4:31-37)。这个选段以一个很大的意见分歧作结:

> 会堂里的人听见这话,都怒气满胸,就起来撵他出城。他们的城造在山上。他们带他到山崖,要把他推下去。他却从他们中间直行,过去了。(《路加福音》4:28-30)

这个开头与福音书结尾处的基督复活显现吻合(《路加福音》24:36-43,41-2,47,49;参下文)。

保罗书信中三次提到复活的基督对他显现。① 保罗的异象与启示给他权威,这权威既不依赖于犹太传统也不依赖于伪使徒传统。他的使徒身份直接来自复活的基督,来自不可知的上帝。②

(前)《路加福音》中的复活故事支持马克安对保罗的解读,因为这些故事表明门徒们面对复活的基督视力丧失。主与两个使徒一起走向以马忤斯,"只是他们的眼睛迷糊了,不认识他",耶稣试图解释之前已经发生的事情,耶稣总结道:"无知的人哪……你们的心信得太迟钝了。"(《路加福音》24:16,25)

> 保罗的反应是多么不同!尘世的人们围着耶稣,就连他最亲近的门徒也没有认出天使般的显现。马克安确信所谓的使徒们扮演着一个悲哀的角色(参《路加福音》6:13ff.)。"即便是在他活着的时候,耶稣也没有使他们相信他是一位陌生的上

---

① 《加拉太书》2:2;《哥林多前书》15:8;《哥林多后书》12:1-4。这点可以从爱任纽的反应中看出,参爱任纽,《驳异端》,前揭,III 1-3;遗憾的是我们不知道马克安是否使用以及在何种程度上使用《哥林多前书》15:5-9。

② 参德尔图良,《驳马克安》,前揭,I 14, 29, V 12;A. Harnack,《马克安》,前揭,页101-102。

帝的儿子……当耶稣感叹'不信的一代'时说的就是他们。"①最后,门徒们对这位已经布道、受难且复活的基督还有疑虑。与"犹太化了的基督徒"②一样,他们宣扬伪使徒的道,并且把类似律法的要素与纯粹的、以爱为基础的福音书糅合在一起。③ 耶稣一定[119]对选了彼得这么一位"律法之人"、④犹大以及其他门徒深感失望。⑤

复活的基督对门徒的显现是福音书故事的高潮,上帝奉献出他的爱而人类没有做出回应。基督受难的场景在马克安的福音书中缺失,有关这一场景的描述读起来像一个修订本。基督受难的地点坐落于贝瑟尼附近,地形上接近耶路撒冷(《路加福音》24:50),这与《使徒行传》相关联。根据《使徒行传》,基督受难发生在"橄榄山上"(《使徒行传》1:12)。相反,马克安完全依赖于保罗的说法,基督"复活了","在上帝的右边",那些人"与基督一同复活,就当求在上面的事,那里有基督"(《罗马书》8:34;《以弗所书》1:20;《歌罗西书》3:1)。保罗没有提到受难。马克安是这么来理解不要考虑世俗地点,而要关注一种隐秘生活的告诫:

> 你们要思念上面的事,不要思念地上的事。因为你们已经死了,你们的生命与基督一同藏在上帝里面。(《歌罗西书》3:2-3)

《路加福音》与《使徒行传》跟马克安对保罗的纯粹灵性解读相抵触。但当受难像复活一样,在直接反对马克安的著作中被特别强

---

① A. Harnack,《马克安》,前揭,页37-38,德尔图良,《驳马克安》,前揭,IV 13。
② 德尔图良,《驳马克安》,前揭,V 3。
③ 爱任纽,《驳异端》,前揭,III 12,12;德尔图良,《驳马克安》,前揭,IV 11。
④ 德尔图良,《驳马克安》,前揭,IV 11。
⑤ 参 A. Harnack,《马克安》,前揭,页38。

调时,马克安之前的其他基督教作者也没有展示任何有关基督受难的知识(《十二使徒遗训》《黑马牧人书》,就连马克安同时代的人也同意他的怀疑主义[波利卡普、伊格那丢])。①

《路加福音》二十四章在马克安版本的福音书中出现复活的基督在耶路撒冷对他的门徒显现的情节:②

> 正说这话的时候,耶稣亲自站在他们当中,说:"愿你们平安!"他们却惊慌害怕,以为所看见的是魂。耶稣说:"你们为什么愁烦?为什么心里起疑念呢?你们看我的手、我的脚,就知道实在是我了。摸我看看,魂无骨无肉,你们看,我是有的。"说了这话,就把手和脚给他们看。他们正喜得不敢信,并且希奇,耶稣就说:"你们这里有什么吃的没有?"他们便给他一片烧鱼,他接过来,[120]在他们面前吃了。耶稣又对他们说:"……并且人要奉他的名传悔改、赦罪的道,③从耶路撒冷起直传到万邦。"(24:36-44,47)

与马克安形成鲜明对照,《路加福音》这个版本提供了基督履行犹太经典的例证,耶路撒冷作为基督教传道的开始、对肉体的重视(肉体、手与脚,触摸与看见),以及从物质的角度理解基督在"第三日"复活显现。

在第二世纪的其他基督教文献中寻找讨论复活的基督显现的段落可能会导致两个结果。

第一个就是对所谓的俄斐特派教理的驳斥与描述。④根据爱任

---

① 德尔图良,《使徒书信》(*EpAp*),51,或者在非保罗作品中像《彼得启示录》17 以及《信仰智慧书》(*Pistis Sophia*),2-3。
② 这个段落最详细的解读,参 M. Klinghardt,《律法》,前揭,页114-119。
③ 感谢 M. Klinghardt,《律法》,前揭,页115 注67,我必须更正我之前观点,认为"为了赦免罪而忏悔"还没有出现在马克安的作品当中,而依照德尔图良,《驳马克安》,前揭,IV 43,9,马克安明显读过《路加福音》24:49 的第一部分。
④ 参 J. N. Gruber,《俄斐特派》(*Ophiten*,Würzburg,1864),页123-131。

纽的说法,俄斐特派区分基督与耶稣。耶稣死后,基督还没有忘记耶稣,从上面给他灌输力量,让他在身体里复活。不过,这个身体不是一个物质的(cosmic)身体,而是一个精神的(psychic)、灵性的(pneumatic)身体,因为在耶稣死前,他身体里的物质要素已经留在这个世界。①这个说法使得俄斐特派与华伦提努派很相似,后者在物质的、精神的与灵性的三者之间作了区分。

第二,复活基督显现故事作为一个主要段落又出现在对马克安教理的描述与排斥当中。②德尔图良写道:

> 在这儿,马克安,我相信他是有意的,已经避免删掉他的福音书里反对他的一些观点,希望鉴于这些他本可以删掉但没有删掉的片断,人们会以为不是马克安本人删掉了那些段落,或者说他出于好意才删。然而他只是留下那些他要通过他的怪异解释去推翻的段落,这种方式不亚于删除。于是他就让[主的话语]——灵没有骨头,就像你看见我有——以这种方式说出来,是为了影射圣灵,"就像你看见我有",意思是说,没有骨头,就算作为灵也没有。(德尔图良,《驳马克安》,前揭,IV 43,6-7)

马克安对这个故事的解读真是一个"怪异解释"吗?与我们在《路加福音》里看到的情形不同,马克安没有把第37节的"幻象"与第39节的"灵"等同起来,相反,他[121]对二者做出区分。因为门

---

① 参爱任纽,《驳异端》,前揭,I 30, 13;也参 P. F. M. Fontaine,《光》(*Light*, Amsterdam, 1993),页 147;A. Hönig,《俄斐特派》(*Ophiten*, 1889);B. Witte,《俄斐特图》(*Ophitendiagramm*, 1993),149-163。

② 是否与俄斐特派相关、对抗或无关,还无定论。参《使徒书信》11 (22) 有关《路加福音》24:37, 39 的论述;*Or. Syb.* 8;爱任纽,《驳异端》,前揭,V 2, 1;伊皮法纽,《敌异端》,前揭,XLII 3-5, 11 (school. 78);伪尤斯丁(Ps.-Just.),《论复活》(*De res.*), 9;亚当曼蒂,《对话录》,前揭,V。

徒们怀疑,他们错误地把复活的基督当成一个幻象,而不是当成一个无骨的灵。他们惊讶、惶恐。尽管主向他们确认("是我!"),也在他们面前吃东西,门徒们"还是无法相信"。

对于马克安来说,这些段落证明门徒是伪使徒。他们遇见复活的基督,却不理解他。主向他们解释说他不仅仅是一个幻象或幽灵,而是一个无骨的圣灵,一个可以与他们一起吃喝的圣灵,这让我们想起圣餐礼,这时门徒们疑惑了。因为犹太伪使徒还无法胜任他们的传道使命,是保罗把基督的信息散布到外邦人的国度。

与《路加福音》版本所表现的极端"实在论"相反,马克安强调复活基督的灵性面向,但没有否认基督的躯体体格。相反,他提倡一个特殊身体的概念,它不只是复活的基督的身体,而且也是曾经出现在地上的主的身体。正如哈纳克的评述:

> 就像拜访亚伯拉罕的天使不是幽灵,而是真正的有身体的、能吃能喝的人一样,基督也是如此,他不是一个幻象,而是以人身显现的上帝,他让自己感觉像一个人,让自己行动,让自己受难。(A. Harnack,《马克安》,前揭,页125)

马克安只是否弃了基督身上任何受造物的、肉体的质料,因为在他看来无常的、短暂的物质只不过是那位软弱、残酷、怒气冲天、心胸狭窄的造物主的作品。

在解释基督下降到地狱时,马克安与有"实在论"倾向的德尔图良的差异就更加明显。① 这个旅程侧重于"作为造物主的上帝的不可靠性,他没能在他的门徒心里产生信任",这种不可信即使"按古代的哲学标准"也不具备"作神的资格"。②

---

① 我不想涉入太深,因为"下降"本身是个很大的题目,而且已经有涉及早期基教的详细讨论。
② W. Löhr,《马克安》,前揭,页145;参爱任纽,《驳异端》,前揭,I 27。

在马克安学生的眼里,德尔图良与那些修改福音书炮制了《路加福音》的门徒一样,持同样粗糙的物质化理解。德尔图良的发问表明他对这个原理的误解,他问道:如果耶稣的手和脚都没有骨头,那他为什么还主动给门徒看他的手和脚?如果他不再像以前那样在这个身体里面的话,他为什么还要强调那是他自己?还有,为什么马克安会由于他相信基督的门徒看到一个幻象而批评这些人?

这三个论辩的所有假设都被马克安否弃,他说:

1. 出现在地上的这位没有世俗的肉身,手与脚必须从灵性的角度去理解。

2. [122]复活的基督与十字架的上基督以及曾经活在世上的基督是同一个;他从来都不是一个血肉之躯,一直都是有着天使身体的灵性救赎者。

3. 基督因他的门徒不信主、不相信也没有发现圣灵的真理而批评他们。

以德尔图良与其他反马克安的作者为背景,马克安版本的(前)《路加福音》的中心显而易见。这里断言基督的圣灵-天使体格是信众的灵魂的体格,而受造物的物质质料也解体了。在回应马克安与他的弟子阿佩莱斯时,德尔图良认为把救主的身体与天使的身体作比较这点不能令人信服,因为天使从来不死,所以基督怎么可以是一位天使而不是至高的上帝的儿子呢(参德尔图良,《论灵魂》[De an.],6]?

马克安不承认未来的审判,因为他认为作为法官的上帝是爱的上帝的反面,但他并不否认死者复活,他只否认肉体复活,因为他"许诺只有灵魂才能得救"(参德尔图良,《驳马克安》,前揭,V 10)。对于有斯多葛主义倾向的德尔图良来说,身体与肉体跟灵魂一样都是实体,马克安也只谈论"实体"。就出发点以及德尔图良的假设而言,如果他在(斯多葛)唯物主义的意义上弃绝了任何一种形式的实体的复活,无论是身体的还是肉体的实体,那么他不会理解马克安如何能够持有一个复活的身体概念。从这个角度来说,这个分歧与其说是对身体复活的拒绝与接受,不如说是马克安这位中柏拉图主义者与德尔图良这位斯多葛主义者之间的根本的误解。

马克安的弟子阿佩莱斯与中柏拉图哲学之间有明显的相似性,有些也适用于马克安(参 K. Greschat,《阿佩莱斯》,前揭,页 103-107)。

当保罗升到第三天堂与天上的基督见面时,他在那里见到的是第一次下降到第三天堂然后一路下到地上的基督。在与马克安讨论时,德尔图良指出了保罗的复活"实例":"麦子的颗粒"、"种子"与"身体","人的肉体"、"天上与地上的"身体,"太阳的光辉,月亮的光是另外一种,其他星辰的光又是另外一种"(德尔图良,《驳马克安》,前揭,V 9)。德尔图良推断,马克安好像已经在某种程度上对下降做出了详细解释,阿佩莱斯充分地证明了他的老师的教理,这些教理涉及被造肉体的贫穷以及造物主上帝的劣质作品。马克安似乎已经提议主的身体不仅有天使般的而且有太阳一般光辉灿烂的、灵魂的与星体的性质。阿佩莱斯附加一条,在基督下降过程中天使的质料会逐渐增加,而在上升的过程中又会逐渐脱落。德尔图良认为:

> [123]那些阿佩莱斯们特别拈出隐藏在肉体的耻辱背后这个论点,声称身体是为了引诱灵魂而造的,由那位火爆的邪恶王子所造,因此不值得披在基督身上,他一定从星际中获得一个实体。(德尔图良,《论基督的肉体》,前揭,8)

阿佩莱斯在谈论灵魂的实体,而不是身体这样一个偶然的附加物,它不值得被当成任何实质性的东西。世界本身只不过是一个罪恶的"错误",这个"世界"无非是"罪的场所"(德尔图良,《论基督的肉体》,前揭,8)。

如果物质对基督的灵性身体来说是纯粹偶然性的东西,那么阿佩莱斯已经很小心地发展了马克安的概念而没有否定他的老师的基本教义。他们两人都相信基督的天使—灵性本质。当希坡律陀(也被伊皮法纽与菲拉斯特重复)写道在最后的降落中基督接受了宇宙的四要素——冷、热、湿、干——以构成他的身体时,他显然了解马克安的追随者比他们的老师走得更远,马克安看不到这两者——至高的爱的上帝创造的超越的灵性宇宙与造物主创造的这个毫无价值的世界——之间有任何关联。①对马克安来说,基督不会甚至也不能把空洞的物质加诸他的灵性身体。

马克安与阿佩莱斯以及中柏拉图主义思想背景匹配,在这里无身体的、预先存在的灵魂被视为从神性国度经由天堂境界朝着地球降落,灵魂给它自己穿上一层灵性身体,这身体也就是它的载体,以此适应经过次一级世界时不断恶化的环境。②尽管是非地球的星际物质,由不同的世界提供,但它由一个纯粹的身体包裹,所以它才能够与更沉重的身体接触,中柏拉图主义思想家们把灵性的身体理解为受造的也是无常的存在。天使有一个身体,不是生出来的也不是化身,而是一个能让他们与人打交道、能吃能喝、能够感受痛苦、会死亡而后又在上升途中归还给相应的世界,最后回到他们的源头。根据波菲利(Porphyry)所接受的《迦勒底神谕》(*Chaldaean Oracles*),灵性的身体包裹着灵魂以减轻它进入世俗身体时的痛苦。在回归途中,包裹着灵魂的天界与各个世界的要素会解体,脱离灵魂,回到它们原先所属的地方。③ [124]在一个二世纪末的罗马画家与

---

① 参希坡律陀,《反驳所有异端》,前揭,VII 38,3-5;伊皮法纽,《敌异端》,前揭,XLIV 2,2-3;菲拉斯特(Filastr.),《多种异端著述》(*De div. her. lib.*),47,5。

② 参塞尔苏斯,见俄利根,《驳克尔苏斯》,前揭,VI 21;有关埃拉托斯特尼(Eratosthenes)与托勒密,见《斯多伯著作 I》(Stob. I),378,6ff.(Wachsmuth版本);阿提库斯(Atticus),《残篇》(*Frg.*),15,3。

③ 参《迦勒底神谕》(*Chaldaean Oracles*),61e;普罗提诺(Plotin.),《九章集》(*Enn.*),IV 3;波菲利(Porph.)根据普罗克洛斯(Procl.),《评述蒂迈欧篇》(*In Tim.*),III,参 K. Greschat,《阿佩莱斯》,前揭,页 105-106,我看不到马克安与阿佩莱斯(按德尔图良的描述)之间在原则上的分歧,即便说阿佩莱斯做好了接受他的老师所拒斥的"肉体"(flesh)这个词的准备;他对"肉体"的解释也与他的老师对"身体"(body)的理解等同。

哲学家黑摩其尼(Hermogenes)那里，我们见到基督下降与上升发展的另一个阶段。同观察马克安与阿佩莱斯一样，我们首先通过德尔图良的眼睛观看黑摩其尼；①所以黑摩其尼一定在他们之后不久教导学生。从德尔图良以及其他几位思想家的作品中得知，黑摩其尼甚至依赖于马克安与阿佩莱斯，②而他也发展了他们的理论，对他们的教义有实质性的推进，他部分反对、部分偏离了他们，③特别是他对犹太经典的肯定。他从马克安那里接受了一种倾向于经典的思想，犹太教的过去不再是自明的。黑摩其尼所作的回应读起来就像一个马克安、阿佩莱斯、犹太教与基督教经典、中柏拉图主义的混合体。不同于马克安与阿佩莱斯，他参考犹太经典来描绘他的神学，比方说，他对基督上升的解释就使用了《诗篇》十九章 5 节开始的经文：

  上帝在其中为太阳安设帐幕，太阳如同新郎步出洞房，又如勇士欢然奔路。

对黑摩其尼而言，"上帝一直是主，是造物主"（见希坡律陀，《反驳所有异端》，前揭，viii 10）。如果希坡律陀的记录是正确的，那么黑摩其尼在谈论"福音书的声音"，这里是通过复数的福音书表达的一个单一的声音（希坡律陀，《反驳所有异端》，前揭，viii 10）。在黑摩其尼那里，保罗不是作为一个权威的源头被提到；相反，与他的复活观点的表述一致，基督只对"门徒"显现。不过，基

---

  ① 德尔图良，《驳黑摩其尼》(*Adv. Herm.*)，尽管这位拉丁大师明显地依赖于之前安提阿主教提阿非罗(Bishop Theophilus of Antioch)对黑摩其尼的驳斥（二世纪末）。

  ② Adolf Harnack 认为他们所教的几乎是同样的基督论：《阿佩莱斯》(*Apellis*,1874)，页 88。

  ③ 参菲拉斯特，《多种异端著述》，前揭，lv 3；有关黑摩其尼，参 K. Greschat,《阿佩莱斯》，前揭，页 4、页 135-286。

督显现的样子与马克安所提出的甚至更多地与阿佩莱斯所提出的观点相似。基督"受难后,在身体里复活,对他的门徒显现,当他上去到天堂时,他把他的身体留在太阳里,但他自己继续到天父那里"(希坡律陀,《反驳所有异端》,前揭,viii 10)。

当我们考查头两个世纪包括占星术、神秘教派、政治与魔术在内的犹太与异教背景时,我们发现很少有人尝试把太阳与基督联系起来。①只有在马克安之后基督教才开始发展一种太阳—基督论,参考《诗篇》十九章 5 节开始的经文。②尤斯丁在他的《与特来弗对话录》(*Dialogue with Tryphon*)中也引用这句经文来说明上帝不会收回他的荣耀,而是[125]已经把它给予那个对外邦人来说是"光"的人(尤斯丁,《与特来弗对话录》,前揭,67)。在讲了主的荣耀、他的下降与上升之后,尤斯丁解释了主"在太阳里的住所"。他自然熟悉马克安的思想。他已经著书反驳马克安与阿佩莱斯,他们在同一个时代,在同一个城市教学。尤斯丁自己采纳了他的对手的太阳—基督论。于是黑摩其尼明确认为,基督升到太阳,留下他的身体,继续以无身体的方式行进到天父那里,这一说法确实没有把马克安的观点延伸太多。他只需要在他的中柏拉图主义原理之上建立自己的理论。

马克安之后保罗的基督复活信仰

献身与颂扬

《提摩太前书》是所谓的三篇"教牧书信"当中的第一篇。他们

---

① 参 M. Wallraff,《基督》(*Christus*, Münster, 2001),页 41。
② 参 K. Greschat,《阿佩莱斯》,前揭,页 264-266,讨论早期教会对《诗篇》19(18 LXX)的解释史。

可能从一开始就打算编撰一本书信集,①保罗在这个书信集中是"最卓越"的使徒(C. K. Barrett,《争议》,前揭,页240)。《使徒行传》"避开保罗传道事业中有争议的成分","教牧书信把他描绘成一个卷入持续而激烈的争论当中的人物"(C. K. Barrett,《争议》,前揭,页240)。这些书信由保罗的一位匿名追随者写成,但署上他老师的大名。保罗"被写成殉道者。他的死当然不能写进那些声称出自他的手笔的文献当中,不过《提摩太后书》四章让保罗最大限度地接近死亡:他什么都没留下,只有主给他的那顶公义的王冠还在那儿"(C. K. Barrett,《争议》,前揭,页241)。

《提摩太前书》开篇(1:1)就声明保罗的权威,这与《加拉太书》的开头相似。为什么用提摩太的名字? 在《使徒行传》中,提摩太被描写成一位犹太母亲与希腊父亲生的儿子,出于对犹太人的尊重,保罗受了割礼(《使徒行传》16:1-3)。与《加拉太书》一章1节不同,《加拉太书》中保罗作为一位使徒的权威既不是基于"任何人的权威",也不是基于"人的行为",而是基于"耶稣基督以及让他从死里复活的上帝天父",基督复活没有出现在《提摩太前书》中。现在保罗福音书的目的是"好嘱咐那几个人不可传异教,也不可听从荒渺无凭的话语和无穷的家谱"(《提摩太前书》1:3-4)。甚至在重述改变保罗生命的那个启示时也没有提到保罗遇见了复活的基督(《提摩太前书》1:13-14)。[126]这封书信反倒介绍恩典,赞美基督来到世上,唯一的上帝慈悲地赐予世人永恒的生命(《提摩太前书》1:15,17):

> 这[祷告]是好的,在上帝我们的救主面前可蒙悦纳。他

---

① 参 M. Wolter,《使徒书信》(*Die Pastoralbriefe*, Göttingen,1988); A. Lindemann,《书信》,前揭,页 271; H. v. Campenhausen,《波利卡普》("Polykarp"),载于 *Phil.-hist. Kl.*, Heidelberg,1951,页 5-51 = *id.*, *Frühzeit*, 1963,页 197-252, hiernach zitiert。

愿意万人得救,明白真道……(《提摩太前书》2:3-4)。

上帝,耶稣基督是唯一的中保,他自己也是人,通过他的献身——影射他的十字架之死——为全人类赢得了自由。或者说得简单点:这唯一的牺牲自己的上帝—人就是"我们的宗教的秘密","无可置疑的大"秘密:

> 上帝在肉身显现
> 被圣灵称义,①
> 被天使看见,
> 被传于外邦,
> 被世人信服,
> 被接在荣耀里。(《提摩太前书》3:16)

这封书信的作者听起来好像想避免谈论复活的话题。这几句经文反倒以基督的名"被传于外邦,被世人信服,被接在荣耀里"作结语,"接"这个词指上升。②

讨论保罗的权威而不提及他与复活基督的会晤,这一点指向一个很特殊的历史背景。③《提摩太前书》反对马克安把犹太律法当成"公义的"而不是"好的",它陈述相反的观点:"律法原是好的。"(《提摩太前书》1:8)还有更多反马克安的要素。④在《提摩太前书》

---

① 也参《所罗门颂歌》(*Odes of Salomo*),31,5:"他的脸庞充满公义/因圣父赐他恩泽如许"同前,17,2, 25,12, 29,5;M. Dibelius and H. Conzelmann,《书信》(*Epistles*, Philadelphia, 1977),页 62-63,认为这部分以及接下来的经文都在描述基督升天,支持的证据《以赛亚升天记》(*AscIs*),11,23。

② 《马可福音》16:19,《路加福音》9:51 与《使徒行传》1:2,11。

③ 有关他的生平传记资料(附文献),参 S. Moll,《三》,前揭。

④ M. Rist,《反驳》("Refutations"),载于 *JR*,22,1942,页 50-55;H. v. Campenhausen,《波利卡普》,前揭,页 205;Rist 重申了这一点,参 M. Rist,《伪

的结尾,马克安被直接反驳:

> [127]提摩太啊,你要保守所托付你的,躲避世俗的虚谈和那敌真道、似是而非的学问[《对比论》]。已经有人自称有这学问就偏离了真道。愿恩惠常与你们同在!(《提摩太前书》6:20-21)

《对比论》就是马克安导论性的著作的标题,这个引语"直接指向"他,称他为"教会在整个古典时代的最危险的敌人"。②对"一场叫作'灵知'即 Gnosis 的运动史的开端"而言,《提摩太前书》的措辞"敌真道的'学问'"甚至有可能是这场运动的"自然的起点"。③

顺着引用的名字,作者"明说"不同形式的苦行,这再一次让我们想起马克安:"他们禁止嫁娶,又禁戒食物。"这封书信反倒建议:"只是要弃绝那世俗的言语,和老妇荒渺的话,在敬虔上操练自己。"(《提摩太前书》4:1-3,7)最后的指示批评一个富人,马克安的另一个特征:

> 若有人传异教,……他是自高自大,一无所知,专好问难,争辩言词……他们以为虔敬为得利的门路。然而虔敬加上知足的心便是大利了。……贪财是万恶之根,有人贪恋钱财,就被引诱离了真道,用许多愁苦把自己刺透了。(《提摩太前书》6:3-10)

典》("Pseudepigraphy",Leiden u. a.,1972),页76-77。

② H. v. Campenhausen,《波利卡普》,前揭,页 206;M. Rist,《反驳》,前揭,页 61-62。

③ C. Markschies,《灵知》(Gnosis,London and New York,2003),页67。

接下来是一段以明明白白的反二元论的观点来表达对"我主耶稣基督"的坦白(《提摩太前书》6:13-15)。耶稣在彼拉多面前承认他的人性"看哪！这个人！"(Ecce homo)，坦白他是基督、唯一至上的君王与主，意味着没有另外一位更高的、不朽的、居于不可企及的光之中的上帝。尽管十分接近保罗的教义，这封书信坚持说"没有人曾经看见过或能看见"主，甚至以此来反驳保罗的复活描述。结果，这个文本绕开任何有关复活的讨论，大概是要规避马克安为保罗被赐予特别的上帝启示所作的辩护。不过这个话题在《提多书》中被讨论过。

《提摩太后书》表达了一个相似的提示，提醒信众"不可为言语争辩"(《提摩太后书》2:14)，这里对敌对者的描述不像在前一封书信中那么犀利。作者在《提摩太后书》一章9-12节给出了第一份福音书概要。基督赐予我们恩典始于"时间之前"(与在马克安那里不同，始于[128]基督显现)，虽然作者赞同马克安的观点，认为死亡权限的破除与永恒的到来是"通过福音书"领悟的，而且只有现在"经由我们的救主的出现才成为可见的"。在这里作者提醒我们保罗的福音书也提及复活，不过，他强调的不是复活，而是耶稣，他"有大卫的血统"：

> 我们若与基督同死，也必与他同活；
> 我们若能忍耐，也必和他一同作王；
> 我们若不认他，他也必不认我们；
> 我们纵然失信，他仍是可信的，因为他不能背乎自己。
> (《提摩太后书》2:11-13)

忍耐与[信心]坚定是殉道叙述的要素。① 使徒已经再次从危

---

① J. Jeremias,《书信》(Briefe, Göttingen, 1975); U. Kellermann,《复活》，前揭，页127-130。

险中得救，认为下次他将会面对死亡。他渴望得救"进他的天国"（《提摩太后书》4:18），他想被带入"当下的荣耀，天上的圣王耶稣的荣耀当中，殉道将会打开那扇通往天堂的门"（J. Jeremias，《书信》，前揭，页 66）。复活不是向世俗生活复归，而指向殉道者与圣王基督的合一（参 U. Kellermann，《复活》，前揭，页 141-142）。

至于第三篇所谓的"教牧书信"，我们在《提多书》中发现的信息与《提摩太前书》非常接近：上帝的恩典，盼望上帝的荣耀显现，还有耶稣"为我们舍了自己，为了要赎我们脱离一切罪恶，又洁净我们，作他自己的子民，热心为善。这些事你要讲明"（《提多书》2:11-15）。救赎通过耶稣的献身、他的死而来，不是经由他的复活。与基督一起死的那位将会与他一起生（《提多书》3:4-7；也参《提摩太后书》2:11）。救赎通过施浸礼中的重生与圣灵的再生力量达成。

保罗、使徒与复活

《使徒书信》(The Epistle of the Apostles [Epistula Apostolorum])①最初用希腊文写成，它被保存在四世纪末或五世纪初的一个不完整的科普特（Coptic）版本中，还有一个十八世纪的埃塞俄比亚语完整版本。它读起来像《使徒行传》开头部分的另外一种表达。《使徒书信》没有一个长达四十天的[129]基督复活后（post-Resurrection）的显现期（《使徒行传》1:3），其虚构框架是基督复活这一天的时间。十一个使徒遇见复活的基督，这是"现存的文献中

---

① 参 L. Guerrier (ed.),《遗训》(Testament, Paris, 1913); C. Schmidt,《讨论》(Gespräche, 1919); H. Duensing (ed.),《书信》(Epistula, Berlin, 1925); M. Hornschuh,《研究》(Studien, Berlin, 1965); J. Hartenstein,《叙事》，前揭，页 129-131; M. Vinzent,《给予》("Give")，载于 StP, 50, 2010, 页 105-129。

最大的集体显现"。①

这个标题"使徒书信"[使徒为复数]本身表明它倡导一个明确的反马克安概念:多位使徒写的一封书信,与一位使徒写的多封书信(epistula apostolorum versus epistulae apostoli)正好相反。②这个对立姿态在一个讨论保罗的段落中明显反映出来。与《使徒行传》的情形一样,我们有理由认为《使徒书信》受了马克安的影响,但同时又与他拉开距离。③这十一位使徒④(不是保罗)从他们与复活基督的直接相遇中得到启示。

从这篇书信的开头可以看出马克安对《使徒书信》的影响有多深,《使徒书信》一开始就在一句话里三次重申基督的启示已经在一本书里了:

> 耶稣基督启示给门徒的这本书:耶稣基督如何给使徒的同伴[教团]、耶稣基督的门徒启示这本书呢?甚至给全人类的一本书。⑤

自马克安之后,不只是主的话语与神谕,主的复活后叙述辑录

---

① J. Alsup,《故事》(Stories,1975),页128;也参 C. Schmidt,《讨论》,前揭,页 202-203。另外另外一个虽然很残缺不全的与复活的基督之间的对话可以在一本所谓的《斯特拉斯堡蒲草纸断片》(Strassburg Papyrus)中找到,参 Alsup,同前,页 132。

② 这里要特别感谢 Samuel Sanders,我和他一起发现了这个反马克安的论辩。

③ 参 C. Schmidt,《讨论》,前揭,页 190;M. Rist,《反驳》,前揭,页 45-46。

④ 有关"十一位使徒",参 M. Hornschuh,《研究》,前揭,页 81-83 这一章。

⑤ 《使徒书信》1,英译 Montague Rhode James,见《次经新约》(The Apocryphal New Testament,Oxford,1924),页 485-503。有关类似的神启书信,参伊皮法纽对华伦提努的论述,见伊皮法纽《敌异端》,前揭,XXXI 5.6;《多马行传》(ActThom),108:40-41;《真理福音》(EvVer),19:34-35。

成文献,成了一本很容易找到的出版了的书籍。

《使徒书信》既非"反文体"(anti-genre),也非"对它的基督教诺斯底对手们钟爱的天启文学形式的拙劣模仿",也不是"尝试引进某些人的文学,这些人把耶稣描写成一位启示者,揭示神秘书籍里记载的有关其他世界的知识"(R. Cameron,《福音书》,前揭,"导论"),而是隶属于与马克安学派的早期辩论的框架中,《书信》展现了那种潜移默化,它影响也引发了回应。《使徒书信》匿名写成,反对"假使徒""西门与克林萨斯(Cerinthus)"(《使徒书信》,前揭,1)。《使徒行传》中西门代表撒玛利亚类型的基督教,克林萨斯被视为使徒约翰在小亚细亚的对手。① 西门尤其[130]如此,他很快被当成异端之首,"各种异端的源头都可以追溯到他那儿",② 他最能代表的异端就是马克安。由于作者(们)想要保留这个虚构的使徒作者身份,《使徒书信》不得不提到使徒时代人们所知道的"异端",而不是那些在二世纪这个《书信》成书年代的那些人,尽管爱任纽把克林萨斯描写成教化的素材,这种做法让我们想起马克安。③ 克林萨斯是"一位在埃及智慧中受过教育的人",而且他

> 教导说这个世界不是最初的上帝创造,而是由一种特定的、世界与他远远分离的力量形成,世界与宇宙之上的本源还有一段距离,也不知道高于一切的上帝。他把耶稣写成不是童贞女所生,而是约瑟与玛利亚的儿子,依照一般的人类生产过程,尽管如此,他比其他人更公正、更审慎、更有智慧。还有,他

---

① 《使徒行传》8:9ff.。参 C. Schmidt,《讨论》,前揭,页195。
② 爱任纽,《驳异端》,前揭,I 23;参 O. Zwierlein,《彼得》,前揭,页57-58(lit.)。
③ 有关克林萨斯的论述,参"附录",见 C. Schmidt,《讨论》,前揭,页403-452。

受洗后,基督以鸽子的形式从最高的统治者降临到他身上,①他接着颂扬人们不知道的父,施展神迹。但最后基督离开了耶稣,接下来耶稣受难又复活,而基督依然无痛感,只要他是灵性的存在。②

从爱任纽的描述中,我们可能看到克林萨斯与马克安之间直接的相似及差异。他们两者在一个非造物主的上帝与造物主之间做出区分,造物主与超越的、"宇宙之上的"本源"远远分离"。另一方面,对克林萨斯来说,耶稣是个肉身的实体,通过人类的生殖经由约瑟与玛利亚被生出来,而马克安明确否认耶稣基督有人类出生这一面。

另外一个重要的与马克安的不同之处,来自克林萨斯对十字架与复活的理解。对克林萨斯而言,基督不能受难;只有耶稣的身体钉在十字架上,死了又复活,而基督作为一个灵性存在并不受影响,他"依然无痛感"。对于马克安而言,耶稣基督是以神性的方式经历过生、十字架之死与复活所有这些拯救阶段的灵性实体。最高的上帝在他身上把人类从造物主那里解救出来;通过把基督交给死亡,他[131]付清了违背律法所要付出的代价,那是他

---

① 有关降落的鸽子,参克莱门,《狄奥多土著作辑录》,前揭,16;有关巴西利得派,参克莱门,《杂篇》,前揭,II 38。

② 爱任纽,《驳异端》,前揭,I 26;有关相互冲突的信息,见伊皮法纽,《敌异端》,前揭,XXVIII 6,1,依照这个文本,克林萨斯相信:"基督受难被钉在十字架上,不过还没有复活,但是当死而复生的现象普遍化时,他会复活。"可能把克林萨斯派与保罗在哥林多的反对者等同起来(《哥林多前书》15:29):参M. Myllykoski,《克林萨斯》("Cerinthus"),收于 Antti Marjanen and Petri Luomanen (eds), *Companion*, 2005, 页 213-246。), 页 219。Myllykoski 也写道(页 224),由于证据太少(在伊格那丢、帕皮亚、赫格西普斯、尤斯丁著作中都没有提及克林萨斯!),"所有企图揭示历史上真实的克林萨斯的努力"都只能是些"假设"。

们永远无法偿还的(M. Myllykoski,《克林萨斯》,前揭,页439)。依马克安的说法,"超越的上帝的基督被造物主的力量钉上了十字架"(德尔图良,《驳马克安》,前揭,III 24)。上帝的自我弃绝(kenosis)绝对是以前没有的新鲜事(参 B. Aland,《马克安》,前揭,页439)。

我们注意到《使徒书信》从头到尾都有反马克安与马克安的立场,而不是一个反克林萨斯的立场,例如《书信》聚焦于"基督显现人性的一面,而且……门徒占据着舞台的中央"(J. Alsup,《故事》,前揭,页128)。门徒不再怀疑,而"被写成因为信而探索、追问、寻求,信仰与理解的统一,这样教会未来的生命与传道就会稳固而明白"。①

《书信》是《加拉太书》书中保罗声明权威的一个反映:

> 这本书写出来,这样你们可能会不退缩也不受搅扰,不会离开你已经听到的福音书所传的道。

它反对离开保罗的福音书。这封书信开头的问候语特别提到"上帝,父,世界的主"(《使徒书信》,前揭,1),与马克安作品中对上帝与世界的主之间的区分相抵触。这个反对立场又被书信的第一个论点强化,把基督耶稣当作上帝之子,而上帝被明确地描述成天地的创造者。

> [基督]被上帝、整个世界的主、世界的制作者与创造者差遣,他被所有的名字命名,高于所有力量,主中之主,王中之王,统治者中的统治者,天上的那一位,坐在天父宝座的右边,高于智天使与炽天使。(《使徒书信》,前揭,3)

---

① J. Alsup,《故事》,前揭,页129;Alsup 也指向《马可福音》16:14-18 的《费瑞语录》(Freer Logion),它减少了门徒的怀疑也给了他们一个回应。

这里没有提到克林萨斯在耶稣与基督之间所作的区分。《使徒书信》再次确认圣子在创世工作中扮演的角色,参考摩西第一卷书,提及父老与先知。《使徒书信》的信息是

> [上帝]用他的道造了诸天,形成了地及地上的一切……白天与黑夜,太阳与月亮,他造了天上的星辰:分开光亮与黑暗……父老与先知宣称它,使徒们传他的道,门徒们触摸他(《路加福音》24)。我们[132]相信上帝、主、上帝的儿子,相信他是成了肉身的道:他从圣洁的童贞女玛利亚得了身体,因圣灵受孕,而不是因肉体的意愿(欲望)受孕。但出于上帝的意志,他在伯利恒被人用襁褓包裹住(《路加福音》2:7),被显明,长大,到成熟的年龄,这时我们也注意到它。(《使徒书信》,前揭,3)

除了道与上帝创世之间的联系,通过父老与先知的预言,《使徒书信》参考《路加福音》的开头和结尾。马克安也正是用了(前)《路加福音》二十四章里,复活的基督与使徒们相遇的故事来淡化被误称的使徒,并且强调在提庇留统治时期的那位在复活之后使自己可见,且以同样的肉体向人显现的基督的天使特征。在此基础上,他否认来自玛利亚的肉体的出生,也嘲笑那个出生故事(包裹婴儿、他的青年时代及成长),他明显地知道这些故事是对他的福音书的一种歪曲。《使徒书信》提及出生故事、包裹婴儿与耶稣的成长,这点与马克安而不是与克林萨斯背道而驰(M. Klinghardt,《马克安》,前揭,页498-501)。《使徒书信》参考保罗的福音书,同时批评马克安的解读,因此它与马克安很接近,也象征着对将要成为正典的《路加福音》版本的第一次辩护。

对《使徒书信》来说,十一位使徒是它的"作者",在东、西、南、北各地的基督徒团体是它的收信人。使徒从他们与复活的基督的相遇中获得各自的启示:

我们确实有依据才写,因为我们已经在他从死里复活之后,见到他、听他[讲话],也触摸了他:他如何对我们启示那些宏大、神奇而又真实的事。(《使徒书信》,前揭,2)

早在《使徒书信》第二章,马克安的主要复活段落,(前)《路加福音》二十四章 36-43 节(触摸主)就被使用,目的是强调作者的信仰。《使徒书信》接下来对复活这个话题作了拓展,给出一个详细的有关三个妇人去耶稣坟墓的故事。处理了马克安最主要的路加段落后,《使徒书信》的叙述不再承接《路加福音》或任何一本我们知道的福音书,但与这四个后来被奉为正典的福音书文本——《马太福音》《马可福音》《路加福音》与《约翰福音》——都有相似之处,也有与《彼得福音》相呼应的地方。以往的学术研究假设《使徒书信》依赖正典福音书,尽管最近的研究对它们的权威性有更多质疑(参 M. Hornschuh,《研究》,前揭,页 9)。《书信》以松散的方式提及这些福音书或这些文本强调的传统,从这点来看它的作者可能已经知道这些文本,就像他好像已经知道《使徒行传》《雅各书》,或许还知道一些保罗的书信一样,但他处理这些文本时带着极大的随意性,以他自己的权威和复活基督的启示作为向导:

[133]三位妇人去了,玛利亚、马大的亲戚和抹大拉的马利亚[《埃塞俄比亚译本》](《马可福音》16:1;《路加福音》24:1),拿了香料去膏耶稣的身体,为将要发生的事哀恸哭泣(《马可福音》16:10)。当他们走近坟墓,往坟墓里看时①不见主耶稣的身体(《路加福音》24:3)。[《埃本》他们发现石头已经从坟墓滚开了(《路加福音》24:2;《马可福音》16:4),入口也打开了。]正当她们哀恸哭泣时,主向她们显现,问她们:你在哭谁呢?别再哭了(《约翰福音》20:14-15;《马可福音》16:6)!我

---

① 《约翰福音》20:11;《彼得福音》(*EvPetr.*),55。

就是你们要找的那位(参《约翰福音》20:15)。让你们当中的一个人去告诉你们的弟兄,说(《马太福音》28:7):快来看哪!主已从死里复活(《马太福音》28:10;《约翰福音》20:17)。马大[马利来,《埃本》]来告诉我们。我们对她说:妇人,我们跟你有什么关系呢?他死了也被埋葬了,他还有可能活着吗?我们不信她(《马可福音》16:11-12;《路加福音》24:11-41)说的那些救主从死里复活的话。于是她转向主对他说:他们没有一个相信我,相信你还活着。他说:让你们当中的另外一个再去跟他们说。马利亚[撒拉,《埃本》]再来告诉我们,我们也不相信她;她回去也把这事告诉了主。(《使徒书信》9-10)

这个叙述把使徒们的怀疑主义合理化,它提到这些女见证者的不可靠性,由此构成对马克安的一种反驳,那些所谓的使徒在马克安笔下显得一文不值。《使徒书信》继续写道:

于是主对马利亚和她的妹妹说:让我们过去他们那边。他来了(《约翰福音》20:19,26;《马可福音》16:14)发现我们在里面,就叫我们出来:但我们以为那是个幽灵,不相信它就是主。他就跟我们说:过来,别怕!我是你们的老师,因为就是你彼得在鸡叫前三次不认的主(《马太福音》26:34,69ff. par.),现在你要再一次不认我吗?我们走近他,心里怀疑是不是他(《马太福音》28:17)。他就跟我们说:你们为什么还怀疑、还不信呢(《路加福音》24:38;《约翰福音》20:27;《马可福音》16:14)?我就是对你们谈论我的肉体、死亡与复活的那位。而且你可以知道我就是,彼得,把你的[133]手指放进我手上的钉子印里,多马,你也把你的手放进我侧面的矛刺过的伤口上(参《约翰福音》20:20,27);但是安得烈,你看看我的脚,检查一下它们是不是在地上留下印迹;因为先知的书里写着:"一个魔鬼的幽灵不会在地上留下脚印。"①我们触摸他,②这样我们可以知道真相,知道他是不是在肉体中复活;我们匍匐在地上[拜他]忏悔我们的罪过,忏悔我们之前不信他。我们的主与救主对我们说:起来,我将向你启示那高于天堂,也是天堂的事,以及你在天国歇息的位置(参《克莱门二书》,前揭,5:5,6:7)。因为我的父已经给我权柄[差我,《埃本》]带你还有那些相信我的人上到这儿。③

这个段落证明作者编排一个故事梗概的卓越才能,以此回应马克安对复活的基督显现的相反解释。④拓宽这个叙述的特别用意是要驳斥使徒们不信复活的基督这个观点。有趣的是,《使徒书信》承认使徒们很难相信基督复活,他们的确怀疑也不相信那些妇人带来的信息,强调主尽一切可能让他们相信,特别叫了彼得与多马的名字,而且还用主的教诲把安得烈的名字也加在这里,这个教诲没有写在正典福音书里,但在那个时代一定为人所知:"一个魔鬼的幽灵不会在地上留下脚印。"《使徒书信》攻击的目标恰恰是马克安的核心字眼"幽灵",这个词来自(前)《路加福音》。《使徒书信》里的反马克安解读,也说明了作为十一位使徒之首的彼得为何第一个被提到,尽管他在《路加福音》二十四章 38 至 42 节并不扮演什么角色。基督徒是基于他以及十一位门徒的权威才相信,因为主以尽可

---

① 福音书以外的耶稣言语(Agraphon),也见克默底安(Commodian),《卡门护教论》(*Carmen apologeticum*), V 564, ed. B. Dombart, CSEL, 15, 1887, 页 152:"影子不会留下印迹";也参《约翰行传》,前揭,93。

② 《路加福音》24:39;《约翰一书》1:1;《伊格那丢致士每拿书》,前揭,3:2。

③ 《约翰福音》12:32;《使徒书信》,前揭,10-12。

④ 一个有关基督多重表现形式的更广泛的故事,把马克安对复活基督的身体天使的解读与《约翰行传》88-93 中的一种物质化的理解糅合在一起,这里也提到"地上的脚印"(93)。

能多的物质化的方式准允他、多马与安得烈触摸他的钉痕、将手放进矛刺过的伤口、寻找主在地上留下的脚印。

《路加福音》二十四章从马克安有关复活基督的灵性身体的见证转出，把它变成对肉体复活显现的一个文本证明，在这里主表达了对使徒的信任，不需要一个针对保罗的隐秘启示或神秘信息。基督本人推翻了使徒面对人的见证很自然的怀疑，让他们能够相信这本福音书。

这封《书信》的核心部分包含一个谈论主的道成肉身以及死亡的段落。根据这封《书信》，主成为天使加百利，[135] 是一切的一切，"把信息带给玛利亚"。这里再进一步提到《路加福音》里的基督出生故事（《路加福音》1:26-27），而这个引用没有出现在马克安的福音书里，它构成了另外一个马克安与反马克安的组合。《使徒书信》采纳了马克安的天使学基督论，尽管它明确反对马克安对耶稣出生以及道成肉身的肉体性质的弃绝（参 H. E. Lona，《复活》，前揭，页81）：

> 在那天当我化身天使加百利时，我对玛利亚显现也跟她说话。她的心接纳我，她也相信，我化成自己进入她的身体。我成为肉体，因为在与玛利亚有关的我以天使形象显现这件事上，只有我是我自己的牧师。因为我必须这么做。之后我返回到父当中。（《使徒书信》，前揭，14）

这段话听起来好像一个打磨光滑的马克安版本，在这里《路加福音》对耶稣出生的描述被整合到马克安的天使学框架中。与马克安作品中的耶稣自我复活相似，在《使徒书信》中他是他在玛利亚身体里的自我创造者。

与马克安相反，基督复活并不重要，重要的是主"返回"到父，直到基督再来的时候：

"像升起的太阳",他的"光亮是太阳的七倍!云的翅膀在光芒中载着我,十字架的符号将会从我眼前消失,我会来到地上审判活着的和死去的"。(《使徒书信》,前揭,16)

一幅更多实在论色彩的叙述图景可以在二世纪的《彼得福音》里找到,它保存在几个纸莎草纸的古典文献里,在早期基督教中有充分的印证。①大约在公元200年,安提阿的色拉皮昂(Serapion of Antioch)主教在访问叙利亚的罗索斯(Rhossos)时被赠予这本福音书,在那儿他第一次阅读时认为它没有什么问题。只是当他读了第二遍时才产生怀疑,他在其中发现了一些基督幻影说的成分(优西比乌,《教会历史》,前揭,VI 12,3-6):

35. 现在,主日来临的这个夜晚,士兵们在站岗,两两值班,天上有大的声音,36. 他们看见天堂开了两个人带着强光从那儿下来,靠近坟墓。37. 墓穴口放的那块石头开始自己滚动,往边上移动,墓穴打开,两个年轻人都走了进去。

[136]38. 当那些士兵看到这一幕时,他们叫醒百夫长与长老们,因为他们也在那里执勤。39. 正当他们讲述他们所见的事时,他们看到三个人从坟墓里出来,两个扶着另外一个人,一个十字架跟着他们。40. 这两个人的头顶到天上,但被领的那个人的头比天还高。41. 他们听到一个声音从天上喊出来:"你对那些沉睡的人布道了吗?"42. 从十字架听到一声回答:"是的。"

---

① 《俄西林古蒲草纸残篇4009》,前揭;《开罗蒲草纸残篇10759》,前揭;《俄西林古蒲草纸残篇2949》,前揭;Ostrakon(J. van Haelst,《犹太教与基督教蒲草纸文献目录》[*Catalogue des papyrus littéraires juif et chrétiens*], Paris,1976,页738,no. 741);《残篇》(*Fragment*),M18(Turfan);参 M. Vinzent,《历史》,前揭。

43. 于是这些人自己决定把这事报告给本丢。44. 他们还在考虑时看见天再一次开了,一个人从天上下来进入坟墓。45. 当百夫长的随从看到这个时,他们连夜赶回到本丢那里,离开他们守的墓,把他们所见到的报告给本丢,非常不安地说:"他真是上帝的[那个]儿子。"46. 本丢回答说:"我没有沾上帝儿子的血;是你们要他死。"47. 接着他们都来见他,请求他,很急切地叫他命令百夫长还有那些士兵,叫他们不要把他们所见到的告诉任何人。48. "因为这样对我们更好,"他们说,"让我们在上帝面前犯最大的罪也比落在犹太人手里被他们用石头砸死好。"

49. 本丢于是命令百夫长与从士兵守口如瓶。50. 主日拂晓时分抹大拉的马利亚,主的一位女弟子——害怕犹太人,因这些人怒火中烧——还没有在主的坟墓做女人按风俗习惯应该为她们死了的爱人所做的事。51. 她带着她的[女性]朋友来到他所在的墓地。52. 她们害怕犹太人会看见她们,就说:"既然我们不能在他被钉的那天痛哭流涕,那就让我们在他的墓地里这么做吧。

53. 但是谁会帮我们把那块横在墓穴口的石头移开,好让我们进去坐在他身旁做该做的事呢?"——54. 因为石头很大——"我们害怕任何人看见我们。如果我们不能这么做的话那就让我们至少把我们带来的东西放在墓穴口作为对他的纪念,让人们哭泣哀悼直到我们回家。"

55. 但她们一来就发现坟墓开着。她们走近些,弯下腰,看到一个年轻男子坐在墓中央,很英俊的样子,身着亮丽的长袍。他跟她们说:56. "你们为什么来这儿?你们在找谁呢?不是那钉在十字架上的那个人吧?他复活走了。但如果你们不信,下来到这边看看他躺的地方,他不在这儿了。因为他复活,去到他那个他被差来的地方。"57. 妇人们惊慌失措地跑了。

58. 现在是无酵节的最后一天,许多人离开又回到他们的家,因为斋日就要结束。59. 但是我们,主的十二个门徒,哭泣哀悼,每个人都为所发生的事难过,回到各自家中。60. 但是我,西

门彼得,以及我的兄弟安得烈拿了[137]我们的网去到海边。在那里跟我们在一起的还有利未,亚勒腓的儿子,主……①

保罗已经把第一位见证人的角色给了彼得(《哥林多前书》15:5),但在这里复活的信息赐予抹大拉的马利亚和她的朋友们,而彼得被委派了一个报道者的角色。②尽管提到了十二门徒,他们被刻画成悲伤流泪的模样。彼得,他的兄弟安得烈,还有利未,都回去做他们原来的工作,《马利亚福音》(Gospel of Mary)同样提到这几个门徒的名字(参下文)。很遗憾,因为这个文本残缺不全,我们不知道是不是后面还会接着一个复活显现。显而易见,它反对犹太教,作者没有参考犹太经典这一事实又强化了这个文本鲜明的反犹太特征。这本福音书与《对观福音》里修正过的部分之间的相似性说明作者可能已经知道了对观福音书的最后格式。

我们可以再加两个有相似的实在论、先知论与末世天使场景杂糅的文本,一个是出现在二世纪的《以赛亚升天记》(Ascension of Isaiah)中,一个是在《波比恩斯手抄本》(Codex Bobiensis[k])《路加福音》十六章3节的一个拓宽的版本。从后者开始:

但突然在这一天的三点黑暗笼罩整个地球的上空,天使从天上下来,他们在活着的耶稣的光芒中站起,同时跟着他一起上升;立刻有了光。接着妇人们去了墓地。③

在《以赛亚升天记》III 13b-18 中,我们读到以下的场景:

---

① 英译见 J. K. Elliott (ed.),《新约》(Testament, Oxford, 1993),页 156-158。

② 所以我并不认为这本福音书要表达一种明显的亲彼得主义的立场而牺牲抹大拉的马利亚,我所反对的观点见 A. G. Brock,《抹大拉的马利亚》,前揭,页 68-69。

③ 参 B. M. Metzger,《新约》(Testament, Oxford, 1977),页 315-316。

13.……透过他[以赛亚]显明我们所爱的主从第七天堂来到世上，

他的转化，他的下降，他必须采用的形式，借着这个形式他被转化成人，

他将要遭受的迫害

还有以色列的儿女们必须加诸他的痛苦，

十二使徒的教义

他必须被邪恶的人钉在十字架上

他会被埋进坟墓，

14. 跟他在一起的十二个门徒会冒犯他；

守墓者的把守

[138]15. 当在天堂的教会的天使下来……他会在最后的日子召唤他；

16. 还有……圣灵的天使

天使长米迦勒，会在第三日打开他的墓，

17. 那受人爱戴的，坐在他们的肩头，他会出现把他的门徒差遣到各地，

18. 他们会教导万邦及每一种语言，被爱戴的主复活，那些信他的十字架的人会得救，

他升到第七天堂，那是他原本所住的地方。①

这三段描写有一些共同的叙述主旨。它们都是想象的，用末世符号来阐明主题，"给人留下一个可见的从坟墓里复活的印象"，很

---

① 英译来自 M. A. Knibb，《以赛亚殉难与升天记》(*Martyrdom and Ascension of Isaiah*)的埃塞俄比亚版本，见 J. H. Charlesworth，《伪经》(*Pseudepigrapha*, 1985)，II 160（对照希腊文版本的修订本）；有关这个文本，参 M. Vinzent，《给予》，前揭。

详细地告诉我们基督如何复活。① 三者都包含与天使相关的马克安思想成分,比如光的比喻、天使以及复活的基督的荣耀与光亮,但也明明白白地显示出对实在论的强调,非常重视复活的真实性。复活既不是一个神秘的、隐藏在时间之外的事件,也不是一种只能传给成熟的内部成员的内在体验,而是一个可知的事件。目击者、妇女、犹太人以及异教徒士兵都扮演了各自的角色。它与一些后来的文本形成对比,在这些文本中天使的不同位阶标示出灵性世界与物质世界的分隔,而在这里天使们带着基督跟它们一起上上下下。没有一个耶稣的追随者看见他真实的复活情况。而不同于《使徒书信》所记录的士兵们向本丢汇报他们亲眼所见的事,只有妇人(《使徒书信》)、十二使徒(《使徒行传》)或者十一位(《使徒书信》)向万邦宣告主的复活——不过,他们所传的信息的内容并非复活本身,而是对十字架的信,所以在这些叙述中十字架占据中心地位。十字架在复活之先或之后,强调死了的与复活的基督的同一性,把耶稣—历史与基督的统治联系起来,这个要素在马克安作品中已经出现。这些文本巧妙运用对立词汇:天与地、生与死、光明与黑暗、十字架与拯救。尽管它们表现出反马克安的特征,二世纪末的一些神学家与主教,比如说安提阿的色拉皮恩,批评《彼得福音》,只因为它"虚假的附加内容",而不是因为缩短或修改之前的权威性的福音书,这个批评与马克安对"犹太化者"的反驳相似。

十字架的中心地位也在《使徒书信》中体现出来,在这里逾越节的庆典被称作"对主死亡的纪念",② 而光的比喻[139]把保罗与约翰神学以及《路加福音》结尾的受难段落中的最后诫命联结起来:③

---

① D. W. Palmer,《起源》("Origin"),载于 JTS NS, 27,1976,页 115。
② 《使徒书信》,前揭,15。有关这一段的讨论参 H. Duensing,对 C. Schmidt 著作的修订(1922),页 248-252;C. C. Richardson,《谜》,前揭,页 76。遗憾的是他的有关逾越节及《使徒书信》的说法大多都是猜想,无法证明。
③ 埃塞俄比亚版本增加了一个有关基督复活(《使徒书信》18)的公式:

> 我整个地在父里面,父也在我里面,②因为在形式、权柄、完整性、光、分量与声音方面的相似。我是道,我成为他所是的一个事物。我是思想,在相似中得以实现;我在第八天也就是主日成为它。但你要在拯救之后才能看到所要实现的[计划]得以圆满完成,拯救因我而来,你会见到我,我如何上去到我在天堂的父亲那里(参《马太福音》7:21及其他)。但注意,现在,我给你一个新的诫命:彼此相爱③也彼此服从,这样和平会在你们中间永驻。爱你的敌人,己所不欲,勿施于人。(《使徒书信》,前揭,18)

升天之后末世论的神性统一是"圆满完成所要实现的[计划]",主在末世论的第八天即主日已经达成,④这也是主因末世对信众的承诺(《使徒书信》,前揭,19-24)。教会必须活在这个捉摸不定的世界,拥抱爱彼此与爱敌人的"新诫命",直到主归来。

在对这段话寓意的又一次解释中,《书信》提出了它的肉体复活宣言,作为主复活的结果,它与马克安所说的天使身体概念截然相反。《使徒书信》以预言在主里面应验来反驳:

"这意味着,他被钉上十字架、死了又复活之后,当这工作在肉体里完成时,他被钉在十字架上,升天在末日时应验,然后他如此说,等等";《使徒书信》10.19出现与此相似的埃塞俄比亚澄清。英译者 Montague Rhode James 于 1924 年对埃塞俄比亚本附加的内容写下他的意见:"这是在译者不理解或有疑惑的地方插入新的内容",参 M. R. James,《次经新约》,前揭。事实上,只有在科普特版本中——尽管不容易解释——这个文本可以合逻辑地展开而没有解释"这意味着……",这个埃塞俄比亚版本的公式明显地抄书匠在页边写下的笔记,为了是更清楚地解释原文当中的难点,在科普特文本中保留下来。

② 参《约翰福音》10:38,14:10,11-20,17:21-23;《约翰行传》,前揭,100。

③ 参《马太福音》5:44;《路加福音》6:27;《多比传》4:16;《使徒行传》15:20,29 cod. D;《十二使徒遗训》,前揭,1:2;《使徒宪章》(Const. Apost.),VII:1。

④ 有关主日的更多详细论述,见"庆祝生与死"这一章。

[140]看,我已穿上你们的肉体,在这肉体中我出生也被钉在十字架上,然后又通过我在天上的父而复活,这样先知大卫的预言会应验(《路加福音》24:44-45),这些预言涉及跟我以及我的死亡与复活相关的那个声明。

基督的复活是大卫预言的一部分,就像主由道成肉身而显示的天命要素一样:

我是那未生而又已生的人类,我没有肉体而又承受肉体(参《伊格那丢致以弗所书》,前揭,7:2)[像你们这些在肉体里出生的人一样长大,《埃本》]:我就是为了这个目的而来,这样[科本有空白;埃本继续]你们会在肉体中复活(参《克莱门二书》9:5)。

……于是我们对他说:你让我们期盼且[把这事]告诉我们,这真是太好了。他回答说:你们相信我告诉你们的每件事都会发生吗?我们回答说:是的,主。他对我们说:我实实在在跟你们说,我已经得了我父的所有权柄(参《马太福音》28:18),我会回来,让那些住在黑暗里的进入光明,①让那些在朽坏里的进入不朽,让那些在死亡里的进入生命,我会给桎梏中的人松绑。因为对人不可能的,在天父那里是可能的(参《马太福音》19:26 par.)。我是绝望者的希望,无救者的帮手,穷人的财富,病人的健康,死者的复活。②

当他这么讲时,我们对他说:主啊,肉体将会跟灵魂与圣灵一起被审判(参《帖撒罗尼迦前书》5:23),一部分会在天堂休息,另一部分会被永久地惩罚却还活着,这是真的吗(参《克莱门二书》9:1)?他对我们说:你们要盘问怀疑多久呢?……他回答

---

① 参《彼得后书》2:9;《所罗门颂歌》21:3,42:16。
② 参《特格拉行传》(Acts of Thecla),37;《马可礼仪》(Liturgy of Mark)。

说:我实实在在跟你们说,肉体跟它里面的灵魂以及圣灵一起复活这事会发生。(《使徒书信》,前揭,19-24)

《使徒书信》是最早的作品,在这本书里肉体复活连同人性的状况得到了清晰的论述(参 H. E. Lona,《复活》,前揭,页79)。开头的问题冲着马克安而发:复活的死者的身体具有天使的还是肉体的性质?《使徒书信》把它关于拯救与末世的思想建立在[141]马克安的基础之上,①但它得出一个相反的结论:复活的死者的性质基于基督复活的性质,也就是说它是肉体,应验了"先知大卫的预言",被《诗篇》三章证明,它反对马克安的天使身体论调(《马可福音》12:25)。

稍后《书信》阐述了一个思辨原理,这个原理一而再再而三地出现于教父作品当中:

> 死了的会再复活,丢失的会被寻回,虚弱的会康复,在这些被如是创造的事物当中我的父亲的荣耀会显明。他已经对我这么做了,我也会对所有信我的人这么做。(《使徒书信》,前揭,25)

肉体复活为末日审判做好准备,这样每个人都会依照他们的行为被审判(《使徒书信》,前揭,26-29)。

尽管《使徒书信》以复活的基督对门徒开示而且向他们启示了他的信息,但这封书信对那些想要看见主的人持怀疑态度,它引用主所说的有福者:

---

① M. Hornschuh,《研究》,前揭,页54-55,也表明《使徒书信》与巴西利得的思想有一系列相似之处,他在一个专章(同前, 67-80)里追溯了《使徒书信》中的犹太教影响。

> 没看见却信的人有福了,因为他们将被称为天国的儿女,他们将是完美中最完美的,我将在我父的国度赐予他们生命。①

从以下这个有关保罗的章节来看,这是对一位门徒的批评,他自称见到复活的基督并从这次相遇获取他的使徒身份。

但《使徒书信》依然赞美保罗,在这点上它站在马克安一边,同时又与两者保持距离:保罗的书信没被引用(除了要反对他的时候),他的思想也没有透射出来;②相反,保罗很明显地服从于那十一位使徒的教义、指示及祝福! 它跟马克安唱反调,保罗的犹太教特征、他受割礼都被强调。而《使徒书信》已经指出那十一位的信心,保罗听到"他那来自天上的声音,惧怕又颤抖,同时[变]瞎"(M. Rist,《反驳》,前揭,页 46)。他是"后来者中的后来者",他只是[142]通过认可"父老"亦即"先知们"谈论的也是主与在主身上应验了先知们的预言,才变成一位外邦人的布道者。那十一位是保罗的"向导":他们指导他也让他想起经典里"有关主的教义"。在很清晰的层级秩序中,只有"在那之后他才成为外邦人的拯救"。保罗权力的下降比在《使徒行传》中更进一步,可能是在反驳马克安对保罗的"夸大的陈述"。③

跟《使徒书信》与《使徒行传》的思路相似,《耶稣基督智慧书》(*Wisdom of Jesus Christ*[SJC])——所谓的《拿戈·玛第文库》(Nag

---

① 参《约翰福音》20:29;《马太福音》13:38,5:48,26:29。
② M. Hornschuh,《研究》,前揭,页 84。让人惊讶的是 Hornschuh 没有想到马克安(而不是巴西利得:参同前,页 86)才是《使徒书信》要攻击的对象。就算对巴西利得而言保罗也是那位使徒,但他没有像马克安那样与保罗的犹太思想抗争,这点路加在《使徒行传》中已经挑明——这正是《使徒书信》在这里所反驳的。
③ 《使徒书信》,前揭,31。参 B. Aland,《马克安》,前揭,页 436、页 446。

Hammadi Library)①中的一篇短文——通过提升十二使徒与七弟子来贬低保罗的地位。

我们又被放进同样的叙述时间框架——复活之后与受难之前,但叙述地点移到加利利"一座叫'预言与喜悦'的山上"。②作者本身就是一位目击者。③

只有五位门徒的名字被提到:腓力、多马、马利亚、马太还有巴多罗买(Bartholomew)。在《马可福音》《马太福音》与《路加福音》中的正典目录中,男徒弟只作为第二拨再现,而第一拨——彼得、安得烈、雅各与约翰——在《耶稣基督智慧书》中缺失。④ 多马和马太也出现在其他的文本中,比如说《竞争者多马》(*Thomas the Contender*)(NHC II 7)与《救赎者对话》(*Dialogue of the Redeemer*)(NHC III 5)这两本相关的书。⑤ 马太又在《多马福音》(*Gospel of Thomas* [*EvThom.*] logion 13)中出现,还与腓力及巴多罗买一起出现于《信仰智慧书》(*Pistis Sophia*)与《论约伊》(1 *Jeu.*)两本书

---

① 《拿戈·玛第文库》,前揭,III,4,亦知出自《柏林抄本断片 8502》(*Codex Berolinensis* 8502)(p. 77, l. 8 - p. 127, l. 12)。

② 英译 D. M. Parrott,见《拿戈·玛第文库》,前揭,III,3-4 and V,1, NHS XXVII (Leiden,1991)(译文有改动);《耶稣基督智慧书》(*SJC*)作为一个复活的基督显现的故事,参 J. Hartenstein,《叙事》,前揭,页 125-129。

③ 参 D. M. Parrott,《信徒》("Disciples"),收于 Charles W. Hedrick and Jr. Robert Hodgson (eds), *Nag Hammadi, Gnosticism, and Early Christianity*, 1986,页 194。

④ 已被关注,见同前,页 198;接下来的论述,参同前,页 200-203;留意 Parrott 对 A. Marjanen,《女人》(*Woman*, 1995),页 55-59 过度系统化与历史化做法的重要批评。此外,依照《伊便尼福音》的叙述,就在《对观福音》列出的四位首要门徒之后,你会发现几乎相反的情境,在《耶稣基督智慧书》中出现的几位门徒当中,只有马太的名字作为最后提名的门徒出现在这里;参 D. Lührmann and E. Schlarb,《残篇》,前揭,页 36。

⑤ 后者也提到十二门徒,但只有马太、犹大或多马与马利亚的名字被叫出。

中。①在《马利亚福音》与《信仰智慧书》里可以找到很明显的暗示，说明为什么有些名字被删掉而另外一些被保留。②彼得与安得烈[143]在第一组对观福音书里被提到，但他们受到了大量谴责，而马利亚是启示的主要载体而且得到利未的支持，利未在《马可福音》与《路加福音》中不是使徒而是一个税吏，在《马太福音》中改名为马太。与《马利亚福音》相似的是《信仰智慧书》，其中马利亚"主导着对话，而所有的男徒弟均处于次要的地位"，彼得抱怨她（"我的主啊，让这些妇女停止提问好让我们也发问"）。《对观福音》名单里的前四个门徒的名字都被提到，三个来自接下来的那个四人组，但马利亚在所有人当中是领头的（D. M. Parrott，《信徒》，前揭，页204）。马利亚的同等重要性在《信仰智慧书》一至三中再现，在这里彼得受制于马利亚也被她批评。记录启示内容的任务没有交给《对观福音》名单里前四个门徒当中的任何一位，而是给了第二个四人组中的三位。

《耶稣基督智慧书》中缺席的门徒实际上是那些在《对观福音》

---

① 《信仰智慧书》与这两本《论约伊》提到复活的基督，"但没有这样的显现形式"，参 J. Alsup，《故事》，前揭，页136。

② 根据《信仰智慧书》，"基督复活之后，救主需要十二年才能把信徒完全地引入他们所要了解的神秘当中。最后的日子，即升天之日，准确地定在阴历多比月（一月）的第十五日。它可能是典外文献中这类特别启示—升天场景的最好例子。这里的风景表达了某种情愫，似乎是与《马太福音》28：16-20 相似的各种主题的糅合，等等。地点（橄榄山）的选择，女人在整个画面中的位置，时间的扩张与叙事主题的中心地位都被把握住。…… 有意思的是，所问的四十六个问题当中有三十九个由抹大的马利亚提出来的。这些要素在《阿斯克抄本》(*Codex Askewianus*) 的第二个文本有改动：时间变成基督复活的那天（第三天）以及参与聚会的人成为'他的信徒'。物理背景的设置也很多变。从'海水'到'沿着中间道路空中的一个地方'到'加利利山'到'阿门提'（Amente [？]）。…… 再加上依咒语次序出现的神秘字符公式……使得这里的场景显得极为怪异，即使按诺斯底的标准来看也是如此"。参 J. Alsup，《故事》，前揭，页135-136。

传统中和在《使徒行传》以及保罗作品中最重要的人物。让他们领受主的启示答案,在某种意义上,等于把他们(连同马利亚)从马克安的假使徒裁决中解救出来,而《耶稣基督智慧书》默许了对这些使徒的非难,即便算不上已经扯在一起,这些使徒也开始"跟那种对后复活时代的犹太化解释相关"(D. M. Parrott,《信徒》,前揭,页201)。

《耶稣基督智慧书》的语言比《使徒书信》的语言更隐秘。①它对救主的世俗显现(他之前的形象)与基督的复活显现作了区分,前者是"无形的灵",而后者是"光的大天使",但整个布局以及复活基督的天使显现与马克安相似。《耶稣基督智慧书》也知道世俗的肉体与完美的肉体之间的不同,正是这一点使得马克安不把基督理解为一个纯粹的幽灵。

我们知道,《耶稣基督智慧书》② 是对一个重要的哲学文本的基督化改写,蒙福的尤格诺斯托(Eugnostos the Blessed)在同样的《拿戈·玛第文库》中保留了两本。③而在更早的文本中是尤格诺斯托在赐教,在《耶稣基督智慧书》中,[144]复活的主用尤格诺斯托的教理对他的门徒与妇人们布道:

> 所有生在地上、从世界的根基处而来的人至今都是尘土,他们已开始问询那位是其所是的上帝,但还没有找到他。④

---

① 他们"对深藏在宇宙与大计划、神圣天意权柄与权威背后的实相深感困惑,对救世主在神性计划的秘密中对他们所做的一切都疑惑不解"。
② 《巴多罗买福音》BG 8502;《拿戈·玛第文库》,前揭,III,4;《俄西林古蒲草纸断片 1081》,前揭,英译来自英文版《拿戈·玛第文库》。
③ 《拿戈·玛第文库》,前揭,III 3;V 1,英译来自英文版《拿戈·玛第文库》。
④ 尤格诺斯托,《拿戈·玛第文库》,前揭,V 1,3-4;参《耶稣基督智慧书》92,《拿戈·玛第文库》,前揭,III 4。

这个哲学文本坚守论辩而且相信对真理的理性洞见,《耶稣基督智慧书》插入了作为启示中介的复活的基督,而启示成为一份给被拣选者准备的礼物,这点在其道德信息中锐化。①《耶稣基督智慧书》在全能者(the Almighty)(《耶稣基督智慧书》,前揭,107,119)与亚尔达鲍斯(Yaldabaoth)(《耶稣基督智慧书》,前揭,119)那里看到"一个低等'傲慢的'造物主",而尤格诺斯托"并不像(至少在一定程度上)《耶稣基督智慧书》那样反抗犹太教的上帝"。②尤格诺斯托承认世界不是上帝自己创造的,而只是被一个受造的造物主所造,但《耶稣基督智慧书》则激进地把这个世界视为一个映现上帝与世界之间的神性等级与距离的场所。因此索菲亚堕落的神话在《耶稣基督智慧书》中很突出而在尤格诺斯托那里几乎缺失。马克安与《耶稣基督智慧书》共享几个要素,但坚持《耶稣基督智慧书》对十二使徒权威(加上那七位)的认可,这就使得它不同于保罗的学生,也发展出知识的一种基督教形态,在二世纪末到三世纪初被贴上诺斯底主义的标签。

与基督复活后显现相关的权威的重要性从一个我们之前提到的文本《马利亚福音》③(二世纪)中可以看得更加清楚。它被保存在一个更长的科普特文本以及两个较短的希腊文的蒲草纸抄本残篇里;因此这本福音书,也是现存的唯一一本女性作者的福音书,一定被人喜爱,也在早期的蒲草纸抄本中得到比《马可福音》更多的验证,尽管任何一本我们所知道的基督教文献资料中都没有提到它。④这

---

① 比如说,在尤格诺斯托那里的"空虚的生活"在《耶稣基督智慧书》变成"污秽的生活"。

② J. L. Sumney,《尤格诺斯托》("Eugnostos"),载于 *NT*,31,1989,页175-176。

③ 文本及英译来自 C. Tuckett,《福音书》(*Gospel*,Oxford,2007)。

④ 《柏林蒲草纸断片8502》,前揭;《俄西林古蒲草纸断片3525》,前揭;《莱兰兹蒲草纸断片463》(*PRyl* 463);只有一处可能提及,即伊皮法纽,《敌异端》,前揭,XXVI 8,1-3;虽然这个片断也在所谓的"马利亚的伟大问题之前谈到'其他使徒'",他们也只是'不那么重要'的被编造的人物",要么是这里描写

本福音书不仅对彼得与其他使徒持批评态度——"十二"这个词没有出现,而且对保罗也是如此,保罗在这里没有被提到。这本福音书中存在着一个不得不抗拒[145]男性主导权的女性(抹大拉的?)马利亚,②以一种反保罗、反性别的方式声称对主的话语的知识。例如,唯一用来表达神性的词是"善"(the Good)。③还有,她在另一个罪人利未那里找到支持,从《路加福音》五章 27-32 节与《马可福音》二章 13-17 节可知利未曾经是个税吏,在这些福音书里也没有被列入十二使徒名单。④福音书验证"一个发生在内部的争论,对限制与边界达成共识……事实上,争论的存在本身说明相互竞争的团队彼此之间还在对话。严格的边界线显然还没有划定,任何'我们对他们'的思维模式似乎还处于一个相当初级的发展阶段"(C. Tuckett,《福音书》,前揭,页 203)。因此我们对早期基督教多条发展线索之间的相互关系有了另外一个印证。

的内容指另外一个文本,要么是伊皮法纽对《福音书》本身的了解不像我们知道得这么清楚;对这个文本的最新的编校(及翻译)是 C. Tuckett,《福音书》,同前,页 86-115;有关之前的版本,参同前,页 4 。

② S. J. Shoemaker,《重新思考》("Rethinking",载于 JECS, 9, 2001, 页 555-595)能够证明的确有谈论复活的基督对耶稣母亲显现的文本(《信仰智慧书》,特别是在利亚传统中耶稣首先向他的母亲显现,就像以法莲那样,他依照这个思路来解读塔提安的《四福音合参本》),但是在《马利亚福音》中与利未的关系使得她更像是抹大拉的马利亚,尽管这两个玛利亚也有归并成一个人物的可能。更详细论述及文献,参 C. Tuckett,《福音书》,前揭,页 14-18;特别要参考 E. A. De Boer,《福音书》(Gospel, London and New York, 2004)以及 A. Marjanen,《女人》,前揭。

③ 参 K. L. King,《导论》,见《拿戈·玛第经典》(The Nag Hammadi Scriptures, New York, 2007),页 739。

④ 不像《马太福音》(9:9)相应的故事里作为收税员出现而且也清楚地以"收税员马太"(《马太福音》9:9)的形象列入十二门徒名单(!),这个说法最合乎情理,如果《马太福音》的作者知道利未在《马可福音》与《路加福音》没有被列入十二门徒名单,《约翰福音》没有提到利未。

同《使徒书信》与《耶稣基督智慧书》一样,这个文本处于复活之后与升天之前的场景中。这个片段从主的一场重要的布道开始,他与复活前的基督没有两样,但被称作"蒙福的",一位殉道士(《马利亚福音》,前揭,8:12,9:11)。他对末日做出解释而且回答了一个重要的问题:"接下来物质会不会被毁灭?"(《马利亚福音》,前揭,7)在他的回答中,他没有提到死者复活(或者他自己的复活),而提到自然界通过物质解体复归其本根。物质不是神性的一种反力量;罪并非扎根自然,而只有一个反自然的源头。病与死都从性爱的激情中来,从物质而来,物质是占据整个身体的一种搅扰。重要的不是基督的复活,而是"善来到你们当中,到所有[事物]当中,为了要让它复归其根"(《马利亚福音》,前揭,7)。

主告诫他的门徒:①

> [146]小心不要让任何人把你引入歧途……不要在我给你们的规矩之外再立任何规矩,不要像立法者那样给出一条法律,以免被它限制。说完这些,他就走了。(《马利亚福音》,前揭,8-9)

主要求他的门徒守他的诫命,而不是立法者的诫。虽然听起来像马克安,但在《马利亚福音》中不是保罗而是马利亚② 在主离开后讲了她的启示异象。马利亚自己宣称"对你隐匿的,我会对你表明",因为"主啊,我今天在一个异象中见到了你"(《马利亚福音》,前揭,10)。她被描绘成一个与保罗半平行、"在耶稣与马利亚之间树立起来"的角色(C. Tuckett,《福音书》,前揭,页149),对门徒讲

---

① 参保罗《加拉太书》1:6-9 的相似之处;K. L. King,《福音书》,前揭,页119-127。

② "比方说,与《多马福音》形成鲜明对比",见《多马福音》,前揭,Logion 114,参 J. Alsup,《故事》,前揭,页138-139。

话也鼓励他们。至少从一开始,她被彼得接受,彼得想知道"你记得、你知道而我们既不知道也没听到的救主的言语"。马克安所宣称的来自保罗的神圣启示知识,在《马利亚福音》中来自马利亚。[①]她不只是被置于其他使徒之上,而且还取代了在这里没有被提及的保罗。

《马利亚福音》揭示了一些隐秘的信息。一场很特别的争执在马利亚、安得烈与彼得之间发生,按照《路加福音》与《马太福音》中的使徒名单,安得烈与彼得这两兄弟是十二使徒中的主干,[②]根据《约翰福音》一章35-42节,他俩是约翰的徒弟,安得烈把他的兄弟彼得带到耶稣那里:[③]

> [彼得反对马利亚]:[救主]从没有跟一个妇人说话而不让我们知道、也不公开,他有这样做吗?我们要转而都听她的吗?主更喜欢她而不喜欢我们吗?(《马利亚福音》,前揭,17)

是不是马利亚比耶稣的男性弟子更加重要?男人们要听从一位妇人吗?这些十九、二十世纪的人听起来都觉唐突的话语对古代晚期的听众一定不会只是场小小的社会革命。

马利亚流着泪答复,用一个反问来为自己的立场辩护:

---

① 除了《耶稣基督智慧书》,还有更多早期基督教文献可参考,在这些文本当中,马利亚被刻画成"耶稣与其弟子对话当中的一位对谈者",参 K. L. King,《福音书》,前揭,页 143;例如《多马福音》,前揭,logion 21,《腓力福音》,前揭,59:6-11;63:33-64:9。《雅各启示录一书》(First Apocalypse of James)以及《救主对话录》(DSav),139:11-142:13。

② 《路加福音》6:13-16;《马太福音》10:1-4;在《马可福音》3:16-19 与《使徒行传》1:13 中不同。

③ 有关早期基督教当中的安得烈与彼得,参 K. L. King,《福音书》,前揭,页 137-141。

[147]"[彼得]你认为我在心里想出来这些,或者说我在救主的事上撒谎吗?"利未支持她,好像她真的需要男性的支持似的,利未批评彼得:"彼得,你一向脾气暴躁。现在我看到你像对待敌人一样反驳这位妇人。不过,如果救主让她值得的话,那么你来反驳她,你[以为]你是谁呢?可以肯定,救主很了解她。这就是为什么他爱她比爱我们多。还是让我们自惭形秽,表现出完美的样子,为了我们自己求得他,就像他要求我们的那样,让我们宣扬福音,不立任何其他的主没有说过的规矩或条例。"他们开始出去宣教传道。

就这样,《马利亚福音》以简述一个反彼得、反保罗的信息收尾。①

《彼得前书》与《彼得后书》这两个把他们自己放在保罗传统中的文本中遇到的问题,在这里又一次出现:《彼得训言》(*Teaching of Peter*)(*Kerygma Petrou*)是否也属于保罗传统。我们从《路加福音》二十四章 37 至 39 看到对这段话的新解,《彼得训言》事实上跟《使徒书信》中反马克安的立场十分接近。这是一个难度很大的文本,现存的残篇很少,它们从不同的文献、以不同的标题流传下来:《彼得教义》(*Doctrina Petri*)、《彼得训言》与《彼得遗训》(*Didascalia Pe*-

---

① 《马利亚福音》,前揭,18-19。相反的观点可以在一个约五世纪的叙利亚文本《珍宝洞》(*Cave of the Treasures*)中找到,这个文本追述了《圣经》,从创世记一直讲到五旬节。彼得(跟约翰一起)是基督复活的主要见证人。彼得给看守酒喝,让他们睡着,然后把弥赛亚的身体搬出来而没有破坏坟墓的封条,不让犹太人声张身体被盗。复活的基督先向彼得显现;彼得负责照顾男女老幼;使徒被封为牧师;彼得给马利亚施洗:参 A. Su-Min Ri,《珍宝洞》(*La Caverne des Trésors*, CSCO. S 207, Turnhout, 1987); J. -P. Mahé,《珍宝洞》(*La Caverne des Trésors*, CSCO. I 24, Turnhout, 1992); A. S. -M. Ri,《〈珍宝洞〉注评:对文本及其来源的历史之研究》(*Commentaire de la Caverne des Trésors: Étude sur l'histoire du texte et de ses sources*, CSCO. Sub 103, Turnhout, 2000)。

trou）。①

与《使徒书信》以及其他文本相似，《彼得训言》被安置在一个复活后的场景中，就在主拣选十二门徒（参《路加福音》6：13；《约翰福音》6：70）把他们变成使徒之际，主"已经断定他们是忠诚的，就差他们到世上传福音（参《马太福音》10：5-6），好让他们承认只有一个[148]上帝，讲清楚信基督将会发生什么，好让那些听到相信的人得救"。②

十二使徒的拣选（没有把叛徒犹大排除在外）是基于他们被主断定为忠诚的，相反，马克安用同样的复活情境阐明他们的不信。《路加福音》在相应的段落理清耶稣的"叫他的门徒"，"他也称他们使徒"，把这放在耶稣的在世生活中（《路加福音》6：12-16）。

拯救信息是一个很简单的一神论声明：只有"一位上帝"。不难找到更多能把《彼得训言》与马克安区分开的要素：对"唯一的上帝"的信仰，与区分未知的上帝跟犹太律法的上帝相左；其中隐含排除保罗的信息，因为十二使徒的传道使命并不完全指向犹太人，而是整个世界。"从这个角度来看，没有保罗的位置。就算没有他，外邦人也会被拯救、会皈依上帝。"③

---

① W. Schneemelcher（ed. ; trans. R. McL. Wilson），《次经 I》（Apocrypha I, 2002），页 249-285；也参 E. von Dobschütz，《宣道》（Kerygma, 1893）；M. G. Mara，《宣道》（"Kerygma", 1967）；A. Hilgenfeld，《宣道》（"Kerygma", 1893）；氏著，《遗训 IV》（Testamentum IV, 1866）；M. Elze，《考察》（Untersuchungen, 1963）；W. Rordorf，《基督》（"Christus", 1979 = 1993）；E. Norelli，《情境》（"Situation"，载于 Apocrypha, 2, 1991，页 31-83）；M. Cambe，《说教》（"Prédication"，载于 Apocrypha, 4, 1993，页 177-195）；W. Kinzig，《新颖之处》，前揭。参我的论文《灵》（"Geistwesen"），收于 Reinhard M. Hübner and Markus Vinzent, Monarchianismus, 1999，页 241-286（接下来的论述基于这个文本）。

② 参《罗马书》10：14-15；《彼得训言》（KerPetr.），frg. 3b；克莱门，《杂篇》，前揭，VI 6, 48（这里及后面的英译，见 Philip Schaff, ANF II）。

③ J. Wagenmann,《身份》（Stellung, Gießen, 1926），页 96。

这个总结表明其反保罗、反马克安的倾向。一神论信仰不只是一个反对外邦人多神论的标签，它似乎更清楚地反对一种所谓的善恶二元论。与《彼得训言》十分相似，伊格那丢写道：

> 神圣的先知依照耶稣基督生活。也因为这个他们被迫害，他们受基督恩典的启示，知道到末日之时那些不顺从的会被完全说服、会相信"唯一的上帝"，上帝通过耶稣基督他的儿子让自己显明，耶稣基督是他永恒的道，这道并非从沉默中开启出来，①在所有事物中基督都是差他来的那位所喜爱的。（《伊格那丢致马内夏书》，前揭，8:2）

关于上帝、造物主与末世论的终结这些话题，《彼得训言》重申同样的对一神论信息的坚持。这个有始有终的上帝等同于那个"无形的"、马克安所说的最高的上帝：

> 于是[我们]知道只有一位上帝，所有事物的开端由他所造，末日的权柄也在他手中；他无形无相，[但又能]看见所有的一切，他无法被包含，[却又]包含一切的一切，他不需要什么，[但]所有事物都需要他、通过他而存在，他不可思议、永不止息，也不是被造物，他[149]以全能的道创造了一切（参《希伯来书》1:3），依据诺斯底经典，这道即是圣子。②

可惜我们不知道《彼得训言》所指的是哪本"诺斯底经典"。无

---

① 留意这里对文本的修订"eternal …… not"（"永恒 …… 不"），参照最好的手稿 G、拉丁文版本 L 以及基督一性论的提摩太乌斯·亚流若斯（Timotheus Aelurus）；参 T. Lechner,《伊格那丢》，前揭，xxiii（以及更早的接受这种解读的学者）。

② 《彼得训言》，frg. 2a；克莱门,《杂篇》，前揭，VI 5, 39。

形的上帝是那个用他的道创造一切的上帝,通过称他为独一的上帝、"律法与道"的主,强化了这个道不属于另一位上帝这一点,但这个组合恰恰是马克安所否认的,他同时也反对福音书与犹太律法的结合。①

与此相反,作者接受了马克安对犹太教的批评,以及他视基督教为一种"新圣约"、一条"新道路"的观点,不过与马克安相反,他以犹太经典、先知作为这个新圣约的基础。他把旧的犹太教的信仰方式与希腊的信仰并列,建立了第三种崇拜模式,"新的灵性之路",这是在基督教历史中的首次表达。②

> 希腊人中的佼佼者跟我们崇拜同一个上帝,但他们没有通过圣子带来的完美知识了解这点……从没有像犹太人那样崇拜;因为他们,认为他们只知道上帝,不知道圣子,他们以崇拜天使与天使长,月份与月亮的方式崇拜上帝……维系[旧传统,但]以一种新的方式,通过基督崇拜上帝。因为我们在经典里找到,像主说的:注意,我与你立一条新的誓约,不同于我与你的父辈在何烈山立的约。③ 他与我们立了新的誓约;因为属于希腊人与犹太人的是旧[传统]。但我们这些以新的方式、以第三种方式崇拜他的人是基督徒。因为很明白,因为我认为,他表明希腊人也以外邦人的方式知道那个唯一的上帝,犹太人以犹太教的方式,我们以新的灵性的方式。④

---

① 《彼得训言》,frg. 1b ,2a;克莱门,《杂篇》,前揭,II 15, 68,VI 5, 39。

② 参 W. Kinzig,《新颖之处》,前揭,页 145-147;不久,亚里斯底德(Aristides)在《辩护书》中以及《巴拿巴书》称基督徒为一个"新种族"(参同前,页 147-152 讨论亚里斯底德,页 171-172 讨论《巴拿巴》),与《丢格那妥书》1:1 相似(同前,页 157-158);有关德尔图良对这个词的批评,(同前,页 158-161)。

③ 《希伯来书》8:8-10;《耶利米书》31:31-32。

④ 《彼得训言》,前揭,frg. 2d;克莱门,《杂篇》,前揭,VI 5, 41.

如果一个人以前没有读过其他的残篇，他会误以为他在阅读马克安的一个文本。马克安第一个提出"基督教为新的信仰"这一观念并把它极端化："在《对比论》中没有一个标语像'新'出现得这么频繁。"①不过马克安与[150]《彼得训言》还有很多重要的区别。马克安同保罗一样视犹太经典为"旧约"，②而彼得只是部分同意这个观点。原则上，他支持"新约"这个说法，尤其因为它可追溯到马克安之前，但他并不把它当作旧约的对立面。相反，我们面对的是一个早期有关"新"与"旧"观念的反马克安转向，这里所说的"旧"也包括希腊人，"新约"成为一个证据，证明"新"是"旧"的兑现。③

作者很明白地提到《希伯来书》《约翰福音》与《马太福音》，④或者说至少提到融入这些文本的传统，严格强调了上帝的唯一性以及头生子的唯一性，这个说法出现在《马太福音》二十三章8至10节中："不要称呼地上的人为师。"这位"地上的老师"就是把旧约与新约分开的马克安，他没能从主那里获得权力，至少不像彼得与保罗所宣称的那样，而从他自己对保罗福音书的解读中获得权力。而《彼得训言》谈论"福音书"[复数]且通过一个拯救的历史来维系它们的统一：

> 我们打开我们拥有的先知书（参《彼得前书》1：10-12），他们提到耶稣基督，部分用寓言，部分用谜语，部分明确地用很多字句来表达，[从中可以]找到他的到来、死亡与十字架，

---

① W. Kinzig,《新颖之处》，前揭，页126；A. Harnack,《马克安》，前揭，页87。

② 《哥林多后书》3：12-16；德尔图良，《驳马克安》，前揭，IV 6,1。

③ 参《希伯来书》8：8-10（= Jer. 31：31-2）。与此稍有不同的论辩，见德尔图良，《驳马克安》，前揭，V 11,4。

④ 参克莱门给出的解释，见克莱门,《杂篇》，前揭，VI 7（遗憾的是这个文本很少跟《教义》[Teaching]残篇放在一起考量）。

还有别的犹太人施加给他的痛苦,他的复活与在耶路撒冷建立之前升天。因为经里写着:"基督受苦难,后来得荣耀。"(《彼得前书》1:11)认得这些,我们因经典里写的有关他的事就信了主。①

对马克安而言,先知提到造物主的弥赛亚,不是救主基督。②救主以"一种新的传道形式"表达了自己,这种新的方式与旧约不一致,两者截然不同。③基督已经用寓言布道也回答了问题。他的行为记录在"新的文档"中(德尔图良,《驳马克安》,前揭,IV 18,2),不在犹太先知或经典里(参 W. Kinzig,《新颖之处》,前揭,页 128),比方说,[151]在拿因的那个寡妇的儿子(参《路加福音》7:11-17)或免去安息日的戒律这些故事(参《路加福音》6:1-5)。

如果我们把《彼得训言》理解为部分地反对马克安的作品,这些现存残篇里的论证就变得更加清晰。比方说,在之前的段落中,《彼得训言》中的"彼得"简单地插入保罗的弟子马克安的主要论点:基督所行的事、发生在他身上以及随他发生的事,已经在先知的书里提到,用寓言以及谜一样费解的方式道明,有些还很详细。同《巴拿巴书》一样,"彼得"找到所有与基督相关的事,"还有"他"在耶路撒冷建立之前"复活,他最后以一条训言作结,这句话影射我们从另一个彼得文献《彼得前书》所知道的传统。"彼得"反对把犹太律法与基督的新信息分离的做法,他自己称基督为主,称上帝为"法与道"。与马克安把犹太律法从基督教的福音书中割除相反,"彼得"谈论先知的"财产",谈论这一个关联,它是上帝、主、基督,也谈

---

① 《彼得训言》,前揭,frg. 4a;克莱门,《杂篇》,前揭,VI 15,128。
② 参德尔图良,《驳马克安》,前揭,I 8,1, 9,1, V 16,3。
③ 德尔图良,《驳马克安》,前揭,IV 11,12:*nova forma sermonis*(一种新的表述方式)。

到他已经在他的一本经典里建立了一切。①

对我们的研究目的最重要的段落来自一段由俄利根传下来的引文。俄利根是克莱门在亚历山大的教理学派的继承者。俄利根在给他的系统著作《论基要教理》作的序言中写道：

> ἀσώματον 亦即非物质的（incorporeal），这个词不只是出现在许多其他文本中，而且出现在我们自己的经典中。它被讨论但不为人所知。如果有人对我们从这个名叫"彼得训言"的短文里引用它，在这里救主好像对他的门徒说："我不是一个非物质的魔鬼"，我必须回答，首先，这篇文字不包括在教会的经典中；因为我们可以证明它不是彼得或任何一个受上帝的圣灵启示的人写的。但即使接受这个观点，ἀσώματον 在这里的含义跟希腊人与外邦人作者想要表达的意思不同，有别于哲学家对非物质性的讨论〔对这个词的使用〕。因为在这个短文当中，他使用非物质的魔鬼这个短语来说明魔鬼身体的形构或轮廓，无论它是什么，都不像十字架与我们的可见的身体；但是必须这么来理解，与这篇文章作者的意图一致，基督有这样一个跟魔鬼不一样的身体，魔鬼的身体自然很精致、很稀薄，好像空无一物（由于这个原因它被很多人当成或称作非物质的），但基督有一个实实在在的、摸得着的身体。现在，依照人类习俗，每个不具有那种性质的事物都被头脑简单或愚昧的人称为非物质的；好像有人要说我们呼吸的空气是非物质的，因为它不是一个具有这种性质的身体，即能被握紧被抓住，或能够抵抗压力这些特征。②

---

① 参《彼得训言》，前揭，frg. 4b；克莱门，《杂篇》，前揭，VI 15,128。
② 俄利根，《论基要教理》（*De princ.*），I pref. 8。

[152]俄利根在他的著作的开头就声明他反对马克安,①宣称"公义与良善的上帝"是同一个、旧约与新约的上帝。俄利根一定在《彼得训言》中看到了一个支持他的立场的文献依据。而马克安早已拒绝旧约的公义的上帝的拯救,②《彼得训言》认为正是独一无二的上帝创造、安排了所有的一切,他同时照顾旧约与新约的人。

俄利根反对马克安对基督的理解,他认为耶稣基督是造物主所生,在被造物中尽职,脱去自己的荣耀,他是上帝的化身。为反驳马克安,俄利根引用马克安,强调说:

> 耶稣基督真得出生,实实在在受难(natus et passus est in ueritate),他不是像一个鬼魂那样承受人类共同的死亡,而是确实死了;事实上,他真从死里复活,他确实在复活之后跟他的门徒交谈,然后被带上[天堂](俄利根,《论基要教理》,前揭,I pref. 4)。

俄利根在思考、拒绝马克安的复活观念之后,还补充说明,基督复活给使徒们以权威,而这些都是受圣灵启示,"不是说一个圣灵驻在享受旧的恩典的人当中,另外一个圣灵启示基督降临时代的人们"(俄利根,《论基要教理》,前揭,I pref. 4)。

俄利根把《彼得训言》与马克安的观点联系起来,他回到马克

---

① 参 J. Rius-Camps,《俄利根》("Orígenes"),载于 *Origeniana* I, Bari, 1975,页297-312。甚至后来在 II 9,5-8 中,俄利根还补充说明他是在驳斥"马克安、华伦提努与巴西利得学派",他显然把三者的教义叠加在一块儿(类似观点,见氏著,《〈马太福音〉注疏》[*ComMt*] XII 12;《〈马太福音〉残篇》[*FrgMt*] 166;《〈耶利米书〉布道篇》[*HomJr*] 10, 17),在这些文献中,马克安的名字仍然是最先提到的;参 A. le Boulluec,《地位》("Place"),载于 *Origeniana* I, Bari, 1975,页48,页55。

② 参 C. Schmidt,《讨论》书末附录,前揭,页479-483。

安的那个已经被《彼得训言》驳斥过的复活观念。"彼得"已经讨论过复活基督的身体特质,他反对马克安的观点,后者可准确描述为否认其粗糙、可见及可感知的特征而主张一个由非实体的物质构成的魂灵的身体。《彼得训言》借用一句非正典的主的教诲来反驳,"我不是一个非物质的鬼魂",意思是说复活的基督"有一个实实在在的、可感知的身体"。

俄利根不喜欢"非物质"这个词,因为它既不在基督徒中普遍使用,也不是按希腊人与外邦作者对这个词的理解被接受。尽管俄利根有疑虑,不过他没有因为《彼得训言》的反马克安特征而把它撇在一边。这个文本支持俄利根对《路加福音》二十四章 37 至 39 节的解读。

《彼得训言》不是最初三个世纪里唯一一个引用非正典的主的教诲"我不是一个非物质的鬼魂"的文本。俄利根似乎只引用了这句话的后半部分,略去了第一部分。伊格那丢[153]则保留了一个更完整一点的文本:"拿着,摸一下我,就知道我不是一个非物质的鬼魂。"

> 你被牢靠地种植在爱、在基督的宝血中,因触摸了我们的主,你完全相信他的肉体真正承袭了大卫的种姓,依照上帝的意志与权柄,他是上帝的儿子(参《罗马书》1:3-4),确实是童贞女所生,由约翰为他施洗,①所有公义将会由他达成(参《马太福音》3:15),他确实以血肉之躯在本丢·彼拉多与分封王希律手下②为了我们被钉上十字架(他的果子就是我们,甚至他

---

① 也参《伊格那丢致以弗所书》,前揭,16ff.,有关这个以反华伦提努思想为主体的文本,现在已有翔实而令人信服的评注,参 T. Lechner,《伊格那丢》,前揭,页 121-305;有关早期基督教中耶稣受洗的论述,参 D. A. Bertrand,《受洗》(*Baptême*,1973),页 26-32。

② 参《路加福音》23:7-12;《使徒行传》4:27。

最蒙福的受难);他会通过他的复活为他的圣人与信众举起一面时代的旗帜,不管是在犹太人还是在外邦人中间,在主的教会里大家成为一体。①

因所有这些他为了我们而承受的苦难[好让我们得救]。他真正地受难,他也真正复活。不像一些不信的人所说的那样,说他在影像里受难——他们才真是影像②……因为我知道也相信就连他复活以后也是在肉体里。他对他们说"拿着,摸一下我,就知道我不是一个非物质的鬼魂。"他们直接摸了他也信了,与他的血肉合为一体。由此他们也鄙视死亡,他们发现基督升到死亡之上。更有甚者,他在复活之后与他们一起吃喝,③就像活在肉体当中,尽管灵性上与他的父亲相连。(《伊格那丢致士每拿书》,前揭,1-3)

伊格那丢一开始便参考保罗传统的核心文献(《加拉太书》《罗马书》),有可能希望把他自己的书信——或者说书信的解释系列——放在保罗书信的结集中。在所有伊格那丢写给基督教团体的书信中,复活占据重要地位(虽然强调的重点不同),它也"受论战的制约"。④就像在《致士每拿人书》(Letter to the Smyrneans)中那样,在《致马内夏人书》(Letter to the Magnesians)中论战的语境很明显:

不要掉进虚假教义的圈套里……关于发生在本丢·彼拉多政府时代的出生、受难与复活的事情,[154]确实、无疑由耶稣基督达成的,他是我们的希望,但愿你们当中没有一个人会

---

① 参《以弗所书》2:16,3:6,1:23;《歌罗西书》1:18。
② 参《伊格那丢致他拉勒书》(IgnTrall.),9:10。
③ 参《路加福音》24:30,35,42;《约翰福音》21:13。
④ 参 A. Hamman,《复活》,前揭,页294。

背离他。(《伊格那丢致马内夏书》,前揭,11)

把它与《致特拉勒人书》(Letter to the Church at Tralles)中非常相似的文本作比较,伊格那丢在这里再次提醒基督徒提防错误的教义,坚持耶稣基督确实是大卫的后裔,是玛利亚所生,被钉上十字架、死了又复活(《伊格那丢致特拉勒书》,前揭,9)。

就像上面所引用的来自《致士每拿人书》的选段那样,在他写给马内夏与特拉勒两个教会的信中,伊格那丢强调出生、受难与复活这三个素材的真实性,通过提到本丢·彼拉多来保障其可靠性。在第一次引用《致士每拿人书》的选段中,可以发现被他称之为"有分歧的说法"或"虚假教义的圈套"的更准确的描述,伊格那丢在这里写道:"一些不信的人说受难的是基督的幻影。"这些书信是真实的还是从埃留提利乌斯(Eleutherius)时代起虚构的作品,伊格那丢与绝大多数别的思想家(帕皮亚、波利卡普)一样,并不道出对手的名字,而是把他们糅合在一起(比如说,马克安与华伦提努)。

如果伊格那丢与俄利根一样引用同样一本《彼得训言》,这些书信几乎不可能在二世纪中叶之前写成。①这个时间安排可以解释伊格那丢的反马克安的立场,以及他对复活问题的关注。正如我们在《使徒书信》中看到的那样,那些反对马克安的人自然要在马克安所在的地盘上展开论战,也自然会采纳他们对手的一些解释方法。复活就像保罗的作品与福音书(复数)一样,成为一个重要的

---

① 这个建议最近被 Hübner 的研究证明,参 R. M. Hübner,《神格》(Monarchianismus, 1999),页 162-177(公元 175 年左右)(也得到 Timothy Barnes 的响应,年代有些变动[140 AD]);被 Timothy Barnes 证实,被 Paul Foster 很谨慎地建议,但之后强有力地被 Walter Schmithals 支持,他对这个问题做了充分地考察,参 T. D. Barnes,《日期》("Date"),收于 The Expository Times, 120, 2008,页 119-130;P. Foster,《书信》("Epistles"),载于 ET, 117, 2006,页 487-495;W. Schmithals,《伊格那丢》("Ignatius"),载于 ZAC, 13, 2009,页 181-203,再被 Zwierlein 证实,参 O. Zwierlein,《彼得》,前揭。

话题。在批评马克安的过程中,他的反对者不得不应对他的复活观念,发展出他们自己的一套历史的、物质化的或现实性的解释,或者与之相反,一个更加灵性化的版本。无论提出什么样的观点,几乎所有反对马克安的作者都把他们的论断与一个更新了的、部分反马克安的解读或对保罗的拒斥连在一起:他们要么参考《路加福音》,要么用其他文献来补充它,通过这样的途径来平衡这本福音书。

对伊格那丢(如同马克安)而言,教会完全是通过耶稣基督"才建立与上帝的和谐关系,在我们主的受难中享受无休止的喜乐,经由他的复活慈爱满溢"(《伊格那丢致腓立比人书》,前揭,tit)。伊格那丢没有在任何一封书信里援引犹太经典以证明耶稣基督出生、受难与复活的实在性。尽管如此他还是以决绝的"注重实在的"立场把自己与马克安区分开来,强调[155]救主的肉体要素,指责他的对手偏离这样的实在性。① 他没有借犹太经典来强化他的偏向实在的观点,转而指向耶稣基督的血与肉,这一说法得到了救主本人的支持,主的教诲我们在前面谈论《彼得训言》时已经提到了。伊格那丢所理解的是一种绝对的同一性,一个甚至比俄利根还要强的一神论的同一性,他反对任何基督幻影说意义上的分裂。② 耶稣基督是"上帝"、主,是"有血有肉"的。比灵性的方面更重要的是可感知的方面。主就肉体而言确实是大卫家族的,《路加福音》的族谱里讲得很清楚,但马克安的福音书里没有这个谱系记录(《路加福音》3:23-31)。伊格那丢用保罗思想与《路加福音》的文献反驳马克安,但他的反驳又基于对手所依据的经典。他的鲜明的实在论倾向依

---

① 《伊格那丢致士每拿书》,前揭,7:1,12:2;《伊格那丢致他拉勒书》,前揭,tit。

② 参 R. M. Hübner,《一位上帝耶稣基督》("$E\tilde{\iota}\varsigma\ \vartheta\varepsilon\grave{o}\varsigma\ \text{'}I\eta\sigma o\tilde{\upsilon}\varsigma\ X\rho\iota\sigma\tau\acute{o}\varsigma$"),载于 MThZ, 47, 1996,页 325-344,现在有了更详细的 1999 版本;氏著,《伊格那丢》("Ignatianen"),收于 Reinhard M. Hübner and Markus Vinzent, Monarchianismus, 1999,页 131-206。

托于对本丢·彼拉多的引用;而复活是"时代"的见证,①他同意马克安的复活观念,声称基督"确实自己复活"(《伊格那丢致士每拿书》,前揭,1-2)。

同许多别的思想家一样,伊格那丢代表了对马克安的一种复杂的态度。②复活基督的显现让使徒们信了[主]。而与复活的基督一起吃喝则让他们不仅认出了"活在肉体"中的主,而且知道他就是圣餐中在"灵性上与父合一的"主。

在德尔图良的《论基督的肉身》(De carne Christi 5:2-4)中可以找到相似的用以反对马克安的一个身体实有论的陈述:

> 上帝被钉上十字架。马克安,你也这么干吧——或者毋宁说,你这么选择。[在两者之间]哪个更低于上帝的尊严、更耻辱呢?是出生还是死去,是拖着个身体还是背着个十字架,是受割礼还是被钉死,是被人喂早餐还是被埋葬,是被放在马槽里还是丢在墓穴中?

德尔图良把马克安拒斥的那些信条与他宣扬的作了比较。为什么马克安否认基督的出生与成长,却保留十字架与他的死?

> 还是说你不从你的经书里撕掉基督受难这一页的理由是他作为一个幻影或幽灵没有痛苦的知觉?我已经提出这样的建议,他同样可以承受由一个幻想的基督诞生与童年带来的无关紧要的嘲弄。但是现在需要你——真理的谋杀者——来回答:难道上帝不是真的被钉上十字架吗?难道他真的没有被钉、真的没死?难道他不是真从死里复活?我们当然知道他确

---

① 有关本丢·彼拉多的论述,参 A. Hamman,《复活》,前揭,页 305-309。
② 参 E. F. v. d. Goltz,《伊格那丢》(Ignatius, Leipzig, 1894),页 154,他留意到伊格那丢的反马克安特征。

实死了。难道[156]保罗决意在我们中间不懂别的,只知道耶稣基督钉上十字架,这是在说谎吗(参《哥林多前书》1:23,2:2)? 难道保罗写基督被埋葬是在说谎吗? 他坚持基督又从死里复活这也是在说谎吗?① 如果是这样的话,谎言就是我们的信仰,我们在基督身上期盼的一切都是虚幻……

德尔图良在驳斥马克安的辩论中假设马克安否认基督受难,马克安当然没有。德尔图良加入了他的一个最矛盾的陈述:

> 如果我不为我的主感到耻辱,我就得救了。谁为我而感到耻辱,他说,我就为他感到耻辱。② 上帝的儿子被钉上十字架:我没觉得可耻,因为这是可耻的。上帝的儿子死了:这完全可信,因为它荒诞。他被埋葬,又复活:这也确定无疑,因为它不可能。

这明显地对应俄利根《论基要教理》(*On Principles*)的反马克安序言:

> 耶稣基督确实出生确实受难,他不是作为一个魂灵承受人类的死,而是真正死了;他确实从死里复活,复活之后他真跟门徒谈话,然后被带上天堂。

《哥林多三书》(3 *Cor*)是"最精致的伪经"(M. Rist,《反驳》,前揭,页47),"一个所谓的保罗与"前两封书信所说的"哥林多教会之间的通信"。③由于它的标题,特别是它"在东方一些地区"被视为"正典",这个文本被诸如一些亚美尼亚教会等纳入新约,被当作保

---

① 《罗马书》6:4;《哥林多前书》15:4;也参《歌罗西书》2:12。
② 《马太福音》10:33;《马可福音》8:38;《路加福音》9:26。
③ V. Hovhanessian,《哥林多三书》(*Corinthians*, New York u. a., 2000), pref., 1。

罗传统的一部分。①

今天《哥林多三书》被嵌入我们前面提到的《使徒行传》,但我们从手稿提供的证据知道这个文本已经单独流传过。《哥林多三书》的作者把这封书信子虚乌有地安置在保罗的权威之下,但有意思的是对他的主人公采取一个相似的批评与自我批判的立场,像《使徒行传》与《使徒书信》那样。

早在司提反与其他来自哥林多地区的"长老"的首次演说中,哥林多书信就把保罗的权威与"别的使徒"的权威结合起来。有学者已经注意到"作者不会是保罗的追随者"(A. Lindemann,《保罗》,前揭,页68)。保罗反倒被描写成一位宣扬苦修主义与死者复活的布道者,他[157]不得不采取这样的立场以反对多位哥林多信众问他的几个有争议的声明(指西门与革流巴②):"我们从来没有从你或者别的使徒那里听说过这样的事。不管你跟其他使徒教导什么,我们都会相信。"③

这些奇怪的事是什么呢?这封书信的开头列出一个包含六个话题的清单:

  1."他们说,我们一定不要使用先知[的教导]"
  2."上帝不是全能的"
  3."没有肉体的复活"
  4."人不是上帝造的"
  5."主没有以肉体来到世上,也不是玛利亚所生"

---

① V. Hovhanessian,《哥林多三书》,页10;O. Zwierlein,《书信》("Briefwechsel"),载于 ZPE,175,2010,页73-97 表明《哥林多三书》是《使徒行传》的一个有机组成部分。

② 同样的异端出现在《使徒遗训》(Didascalia apostolorum),VI 10,在这里他们代表马克安的教理,参 M. Rist,《反驳》,前揭,页44。

③ 英译 V. Hovhanessian,《哥林多三书》,前揭,页76-79。

6."世界不是上帝的,而是天使的"

行文至此,对手的轮廓就很容易辨认出来了。尽管以法莲(Ephrem)这位四世纪的叙利亚神学家在他对《哥林多三书》的评注中把反对者等同于巴代萨尼派(Bardaisanians)(叙利亚的一个基督教团体),因为依照巴代萨尼的教理,"身体是邪恶、易朽坏的",而且"没有一点复活的希望","然而,我们在阅读这些异教研究者有关巴代萨尼的讨论时没有一处排斥旧约的先知"(V. Hovhanessian,《哥林多三书》,前揭,页127)。所以说,"毫无疑问","马克安的信仰以及他的追随者最接近《哥林多三书》讨伐的假教理"。①

在他对哥林多信众的答复中(只涉及上述1至5),保罗把对手叫作主的话语的"伪造者"——对马克安的指责,从在爱任纽之前的马克安的反对者那里得知的一种指责。但《哥林多三书》中的保罗并不坚持说他从复活的基督那里领受了福音书,只是"从一开始"他"记下"他"从'一直跟耶稣基督在一起'的使徒那里得到的[福音]"(《使徒行传》1:21),它很明显地接受了《使徒行传》的策略,让马克安屈从于《路加福音》的权威,保罗受制于其他使徒(参V. Hovhanessian,《哥林多三书》,前揭,页101)。大家必须遵法的条规"经由蒙福的先知与神圣的福音书而被领受"。

指责[马克安]伪造主的圣言以及让保罗服从其他使徒是在《哥林多三书》转向问题清单前最先讨论的两个话题,从第五个问题开始,提供的答案是"我们的主耶稣基督是玛利亚所生,是大卫的种姓,因圣灵进入母体而受孕,被天上的父差来"。在两个附加的反马克安论述之后,这个答案是对[158]马克安的一个主要观点的反对,即耶稣基督不是大卫的种姓,也不是玛利亚所生(V. Hovhanessian,《哥林多三书》,前揭,页107)。尽管我们知道二世纪的其他教师也否认耶稣的肉体出生,这里的描述最符合马克安的信条。他相

---

① V. Hovhanessian,《哥林多三书》,前揭,页128;M. Rist,《反驳》,前揭。

信被膏的耶稣,也就是基督,属于最高的爱的上帝,但使用"基督"这个犹太人熟悉的称号,要"努力达成犹太人的信心"(德尔图良,《驳马克安》,前揭,III 15),这是一种辛苦徒劳——因为其结果是犹太人依旧难以相信,他们仍然在盼望他们自己的弥赛亚,而拒绝耶稣(德尔图良,《驳马克安》,前揭,III 16.20)。《哥林多三书》让人想起德尔图良,后者写道:"你要知道基督被看作经由肉体的延续[从]大卫而来,因他有童贞女玛利亚的血统。"(德尔图良,《驳马克安》,前揭 III 20;参 V 8)

《哥林多三书》在很大程度上依托于道成肉身,上帝化成肉身击败"那位邪恶的[造世者]",它几乎没有提到基督复活,这点表明《哥林多三书》离真正的保罗有多远。① 就算是提到基督复活,我们看到的是一个很早用约拿的故事来解释这一事件的案例,它只是用来说明复活的基督的肉体性质——跟约拿一样,"连一根头发一根眼睫毛也没伤到"。基督自己复活 ② 是人从死里肉体复活的一个明证,"由他的父新造的人"(第 3-4 个论题),由"所有人的上帝、全能的主、天地的缔造者"(第 2 个论题),那位"先把先知差遣到犹太人当中"的上帝(第 1 个论题)。

在前面的部分我们看过那些对马克安的回应,对他的观点的反驳或者通过弱化保罗权威的独一性来表达不同的立场,通常强调对复活显现做出一种不完全是灵性的,而且也是肉体的历史化了的解释,把复活的基督与十二门徒甚至其他使徒联系起来。接下来的证人会更极端,他不承认保罗有任何权威,以此拒斥任何一种人类传统或使徒机构,他反倒聚焦于作为纯粹知识的救赎。

---

① 同样,V. Hovhanessian,《哥林多三书》,前揭,页 105-106:"作者写《哥林多三书》的主要意图是为肉体复活的教义辩护。他提到耶稣的出生与复活,只用人们熟悉的基督教义来论证他的死者复活观念。"

② 也见《使徒书信》,前揭;参《克莱门一书》,前揭。

把所有的使徒放在一块儿嘲弄

《犹大福音》(Gospel of Judas)①可能是最激进的反对任何使徒权威的见证,这个证据直到 2007 年才浮出水面,这一次的发现并非[159]直接来自埃及的沙漠地带,而是"通过重新整编一个蒲草纸的残篇"得到这个文本。②

就像在马克安(与亚皮拉斯)那里一样,根据这本福音书,它"似乎一而再再而三地……重复路加(只有在个别情境中与马可福音相似)"以及《使徒行传》,③耶稣没有出生,而是"显现"。④耶稣"在他(所说的)受难[或者:庆祝逾越节]八天前"传达了他的信息,"三天前(结束)"(《犹大福音》,前揭,33,1-14),而灵性的耶稣在他穿戴的这个无常的肉体被出卖之前已经离开这个世界。"通过发生在复活节之前的耶稣与门徒的对话,他能够消失又重新出现在他的门徒当中,像正典的耶稣在复活后显现一样,不需

---

① 尽管我们可能指向另外一个极端的例子——《雅各密传》(Apocryphon of James[NHC I 2]),在这里耶稣不只是对雅各与彼得训话,而且把所有其他人都包括在内(这里的措辞甚至暗示保罗):"见过人子的人有祸了!没有见过他、没有跟在他身边、没有跟他说过话、没有当面聆听过他教导的人有福了!生命是你们的!所以你要知道:当你生病时他医治了你,为的是让你能统治。病了休息的人有祸了,因为他们会再生病!还没生病、病前已经知道休息的人有福了!天国是你们的!因此我要对你们说,充实自己,不要让空虚有机可乘,因为将要莅临的那一位会耻笑你。"英译见 R. Cameron,《福音书》,前揭,页 57-58。

② 参 M. Meyer,《犹大》("Judas"),收于 Madeleine Scopello (ed.), *The Gospel of Judas in Context*, 2008,页 41(同前,361-374 extensive lit.);J. P. Mahé,《场景》("Scène"),收于 Madeleine Scopello (ed.), *The Gospel of Judas in Context*, 2008,页 27。

③ J. M. Robinson,《来源》("Sources"),收于 Madeleine Scopello (ed.), *The Gospel of Judas*, 2008,页 60。

④ 《犹大福音》(*Gospel of Judas*),33,6(英译 G. Schenke-Robinson,《福音书》["*Gospel*",载于 *ZAC*, 13, 2009,页 98-107])。

要任何人把他从这个无常的肉体中解放出来。"①还有,他过着双重的生活:他知道自己是地上的门徒的老师,而他又属于那个超越的世界,"另一个伟大而神圣的创造"产生的世界(《犹大福音》,前揭,36,16-17)。每一次他来尘世时他要一步一步穿越那些高于、低于天堂的境界(参 J. -P. Mahé,《场景》,前揭,页 28)。

我们在犹大的福音书里找到的这个耶稣不是希伯来经典里的上帝的儿子,而是最高的上帝的儿子——在柏拉图主义的意义上。他几乎反对每一件门徒珍重的事情,比如说反对圣餐礼跟正统的施浸礼,以及每一种形式的献祭,因为献祭只对低等级的神有益,而不是耶稣的天父,他不需要任何祭品。一个需要耶稣为之而死的拯救计划这种概念对[这种思想]是完全陌生的。[所以]犹大不可能在这个事件中以这样或那样的方式扮演什么角色……

施救的是灵智(Gnosis):知道你从哪里来,你怎么会在这儿,什么能够把你带回到你真正的源头不用受末世的[160]灾难冲击——这就是诺斯底派的耶稣下来要启示的信息……。这个文本充满最初的听众很容易理解但我们会轻易错过的反讽、双关语、影射、引喻及暗语……

星宿代表命运,王国代表统治者的邪恶王国,十二门徒代表正统教会的领袖人物,他们传达的信息会误导人。耶稣嘲笑他们,笑他们欠缺理解。对于他们来说,福音书提供很少希望,因为好像没有一个人能够逃脱这个世界的钳制。星宿掌握着每个人的命运,但他们自己失误,所以耶稣也嘲笑他们。就像这本福音书的引言似乎要传达的那样,耶稣会对整个宇宙做出灾难性的末世论裁决,整个宇宙会在最后的消

---

① G. Schenke-Robinson,《福音书》,前揭,页 101;更多文献,参 S. Petersen,《为什么》("Warum"),载于 *ZAC*,13,2009,页 108-126。

解中被毁灭。（G. Schenke-Robinson,《福音书》,前揭,页100）

犹大自己成了这个戏剧性未来图景的主要典范:"他讲述了一个异象之后请求耶稣带他进入那个很明显就是耶稣在天堂的居所,犹大在他的异象中看到了这个地方","耶稣坦率地告诉他,犹大的星宿误导他"(参《犹大福音》,前揭,45,13-14),让他相信他会到达最高境界。在耶稣笑犹大并且称他为第十三个魔鬼之后(《犹大福音》,前揭,44,20-21),"反讽再次发挥作用,为又一场文字游戏而设的舞台布置停当,这一次引入'第十三'这个词……作为第十三个魔鬼他会被卡在第十三个伊涌或永世(aeon)"(《犹大福音》,前揭,46,19-47,1),就像他的星象一样(《犹大福音》,前揭,55,10-11)。不论犹大多么努力,他永远不会进入最高境界,而是终于掌管永世、天使与星座这些世界,拥有控制较低等的世界的权力,(G. Schenke-Robinson,《福音书》,前揭,页103)。但《犹大福音》不只是贬斥犹大,作者也嘲笑跟他一起的那十二位门徒,他们:

> 看见一座大房子有个祭坛,十二个祭司把祭品放在祭坛上,一群认可祭祀的大众在一旁观看。但是参与祭典的人遭受了各种指责——邪恶、无法无天、以耶稣的名字受洗的基督徒干的罪恶勾当。在解释门徒的异象时(参《犹大福音》,前揭,39,5-42),耶稣严厉地告诉他们,他们就是要被指责的人;他们自己就是那十二位把他们的追随者引入歧途的祭司,他们无意间把信众像羊儿一样献给一位他们根本不知道是无能的神。他们的乐意殉道以及所有看起来是从类似的罪恶清单里拿来的行径是完全错误的。(G. Schenke-Robinson,《福音书》,前揭,页103)

[161]尽管对最后启示的精确解读还存在争议,但有足够理由

把它理解为耶稣受难的场景,他"自由地上升到他的神圣境界,随意再现于整个文本当中"(G. Schenke-Robinson,《福音书》,前揭,页104)。"那些站在地面的人听到来自云端的声音。"(《犹大福音》,前揭,57,23-26)

《犹大福音》显然对救赎与人类的拯救没有兴趣,因为每个天生无常的生命都受制于错误的星宿,所以注定万劫不复……使徒与他们的信众属于在劫难逃的一代;人类灵性只是暂时借给他们(《犹大福音》,前揭,53,19-22)。他们的无明以及通过误导的实践方式施加给信众的灾难性的影响在这个文本中被无情地披露。(G. Schenke-Robinson,《福音书》,前揭,页106-107)

我就是一切

我们知道《多马福音》已经有几个世纪了,希坡律陀、俄利根、优西比乌、杰罗姆、安波罗修以及比德(Beda)都提到过它;但是它的完整文本几十年前才被发现。[1]以前就知道但从未连接起来的三个希腊文《多马福音》残篇[2]取自三个不同的原始资料,而不是一个抄本或蒲草纸卷宗,[3]这一点证明这本福音书在埃及被频繁使用。它被保存在《拿戈·玛第文库》,总体来说整个文本保存完好,它很容易跟我们已经知道的几个残篇吻合。[4]

---

[1] 更多文献,参 A. D. DeConick,《复原》(*Recovering*, London, 2005)。
[2] 《俄西林古蒲草纸残篇 654》的情况是这样的:其中包含多马的名字,有人认为与多马相关,只是排除了它为《多马福音》残篇这种可能。
[3] 参 J. A. Fitzmyer,《原因》("*Logoi*"),载于 *TS*, 20, 1995,页 505-506。
[4] 在希腊文与科普特文残篇中很少有内容上的差异,但很清楚的是在希腊文版本中任何修订或对缺失部分的补充都必须参照科普特版本。例如,在希腊文版本中被编撰者 J. A. Fitzmyer 补充的第五条训诫必须被更正,我们在后面会讨论这个问题。

希坡律陀在他的《哲学篇》(*Philosophoumena*)里写道:

> 挪阿新派(Naassene)说幸福天性"就是要在一个人内心深处寻找的天国"(参《路加福音》17:21)。有关这个[天性]他们逐字地引自《多马福音》,如下所示:"寻求我的人会在七岁的孩童那里找到我;真的,藏在那儿,人在[162]第十四个永世显现自己。"不过,这不是基督而是希坡克拉底(Hippocrates)的话,他说:"一个七岁的孩子就是半个父亲。"(希坡律陀,《反驳所有异端》,前揭,V 2)

希坡律陀所说的好像是希坡克拉底失传的著作《论数字七》,这个文本今天失传了,但在古代广为人知,也被安波罗修等人引用过。① 如果这个声称来自《多马福音》的教诲以希坡克拉底有关数字七的教理为基础,那么它便接受了"经过七个阶段到老年的"人生过程规划。基督从第二个阶段起进入人,起初是隐匿的,只在第三个阶段人性趋于成人时才显现。②

"福音书"这个字眼让我们想起可以使用这个标题各种不同的文本,包括耶稣叙述结集,③ 以及像《多马福音》这类的教诲的结集,

---

① 安波罗修(Ambr.),《书信与行传》(*Ep.*),50;参 O. Temkin,《希坡克拉底》(*Hippocrates*, Baltimore, Maryland, 1991),页 131。

② 虽然保存在科普特版本的《多马福音》没有希坡律陀引用的这句话,但它仍有可能属于这个文本。例如,第四条与第七条混在一起,尽管两者的内容不相关,"老人不会犹豫不决来问七天大的孩子生命在哪里,他会活着",现在保存下来的希腊文残篇显示这个科普特版本并没有把所有的内容都保留下来。看起来好像有几个差异不大的福音书版本在使用。参 J. A. Fitzmyer,《原因》,前揭,页 510。

③ 也参另一个早期基督教文本,也保留了多马的名字,但明显地跟我们的《多马福音》无关。有关 H.-M. Schenke 以及"柏林工作团"(Berliner Arbeitskreis)的贡献,以及更早的编撰者 Johannes Leipoldt,参 J. Schröter,《研究》("Forschung"),载于 ZAC, 13, 2009,页 38-54。

它几乎没有叙述框架,很像 Q 底本。①作为对观福音书《马太福音》与《路加福音》的资料源,它是一本被新约学者认可而又颇多争议的语录集。

《多马福音》包含 114 个耶稣的教诲,

> 绝大部分仅仅以"耶稣说"的格式开头……这些话语有些像座右铭或格言,有些像寓言,但有些是弟子提出的问题并由此形成的对话。它们被排列在一起而没有任何明显的逻辑秩序;而且时不时会有标语联结……标语可以作为两则教诲放在一起的理由。这个教诲结集实际上是人为编排的一个《耶稣格言集》(*dicta Iesu*),以同类的格式打造,很可能取自不同的文献。(J. A. Fitzmyer,《原因》,前揭,页 508)

学者们仍然在争论《多马福音》的成书日期、年代以及很多教诲的真实性,但他们同意尽管按主题把不同的教诲分组,绝大部分还是要单独处理。虽然每一则教诲有其独特性,但很明显整个集结有一个特别的神学架构,透过它来表达"这些是[163]活着的耶稣说过的隐秘的话语。多马把它写下来"。②最近的研究把开头两则教诲当作一个狂喜的复活节体验的表达,包含有关基督教复活节的最古老的信息,③谈到门徒们遇见复活的基督如何震惊:④

---

① [译注]新约圣经对观福音成书过程的理论。Q 是德文 *Quelle*(来源)的缩略语,按照《对观福音》的文学来源分析之假设,Q 底本是指《马太福音》和《路加福音》所共有,而为《马可福音》所无的经文之来源。

② 《多马福音》,前揭,序言。也见《多马行传》(*ActThom.*),39:"基督的孪生兄弟,至高无上者的使徒也是基督隐秘之道的神秘合作者,他领受了秘密教导……"参 J. A. Fitzmyer,《原因》,前揭,页 513-514。

③ 《路加福音》24:37-8;《约翰福音》20:22;《使徒行传》9:21,26。

④ 参 P. Pokorny,《末世论》("Eschatologie"),载于 *ZAC*,13,2009,页 50-51。

> "谁找到这些话语的含义谁就不会尝到死的滋味。"耶稣说,"寻找的人不应该停止寻找直到找着为止。当他找到后,他会惶恐不安。当他不安时,他会惊奇。他会是统治一切的王。"(《多马福音》,前揭,1-2)

《多马福音》没有引入多马的权威;他只是一个写下基督教诲的人。第十二则教诲反倒以公义者雅各为"将要统治的"那一位,"为了他的缘故天地形成"。

叙述在一个与《使徒福音》极相似的框架内展开,基督在这里对他的十一位门徒开示,《多马福音》没有提到别的使徒,也没有提及复活,尽管它讨论了死者的命运并拓宽了我们从《马可福音》四章 22 节知道的这一传统:

> 慢慢地你会明白你面前的是什么,对你隐秘的将会变得明朗。因为没有一样隐秘的东西不会显明,没有一样被埋葬的东西[不会复活]:①
>
> 他的门徒对他说:"什么时候死者的[……]会发生呢?什么时候新世界会来到?"他对他们说:"你们正在等待的[早已]到来,但你们不认得它。"(《多马福音》,前揭,51)

因为在一个当下的末世论话语体系中,死了的已经在活着了(参 P. Pokorny,《末世论》,前揭,页 48),这个"活着的耶稣"不被称为复活的基督,原因是死亡首先不会影响耶稣,也不会影响"一个找

---

① 《多马福音》5。后一部分("没有一个被埋葬的"[不能复活])在希腊文蒲草本中算是合理的重构,就像 Fitzmyer 在他的研究中所揭示的那样,参 J. A. Fitzmyer,《原因》,前揭,页 526,因为它"已经被 1953 年在贝尼撒的一个村庄发现并被买下来的裹尸布上的题词证实。根据古文字学被定为公元五或六世纪的文物,上面写着":"耶稣说:没有一个被埋葬的不能复活。"

到这些话语含义的人",他们都"不会尝到死的滋味"。①《多马福音》谈到听众对知晓末日、死亡以及人类必须等待的事物有着持久的兴趣。[164]然而这些问题的答案把他们的期待倒置过来——门徒们不应该询问末日,而应追问生命的源头,耶稣自己作为生命的开始。他们应该想要待在他所在的地方,并且"寻找活着的那一位"(《多马福音》,前揭,59,111):

> 站在起点的人有福了。他将知道终点,他不会尝到死的滋味。(《多马福音》,前揭,18;参《约翰福音》8:52)

知识,特别是自我—知识,是通往天国的钥匙:

> 当你终于了解自己时,你会被知,你会意识到你是活着的父亲的儿女。但如果你不了解自己,那你就在贫穷中,你就是贫穷。(《多马福音》,前揭,3)

"活着的"基督这个标题不应该"被当作基督复活前或复活后的存在"。②这些教诲超越时间:它们属于被知者,他知道也把他的隐秘知识传给那些想要了解的人。

耶稣说:"天堂会出现在你面前,还有大地。谁从活着的那位那里得着生命,谁就不会看见死亡。"耶稣不是说"谁找到他自己,这个世界就配不上他"吗(《多马福音》,前揭,111)?耶稣说:"这个天堂会消失,在它之上的[天堂]也会消失。死者并不活着,活着的也不会死。当你在光中时,你会做什么? 在你是一的那一天,你也成为二。但当你成为二时,你会做什么?"(《多马福音》,前揭,11)耶

---

① 《多马福音》,前揭,1,19,85,111;参墨利脱,如上。
② J. A. Fitzmyer,《原因》,前揭,页515;科普特文"活着"(*etonh*)这个词"很少指'当他活着时'……在科普特或希腊文版本中没有什么证实"这些说法被等同于前复活或后复活,"相反,好几个说法影射复活之前",其他的指复活之后。

稣说:"我是万有之上的光。我就是万有。万有从我而来。万有向我而来。""劈开一块木头——我在那儿。举起一块石头,你会在那儿找到我。"(《多马福音》,前揭,77)耶稣说:"当你还活着时寻找活着的那一位,这样你将不会死[并且]想要见他。你将不能够看见[他]。"(《多马福音》,前揭,59)耶稣还说:"挣扎的人有福了。他已经找到生命。"(《多马福音》,前揭,58)

雅各——不是保罗

[165]我们不知道任何一本雅各的福音书,但有几个其他体裁的文本署着雅各的名,①比如说《雅各密传》(Apocryphon of James [NHC I 2]),在这里,活着的主在他被钉上十字架后写了"一本秘籍"给雅各与彼得。这个文本很明确地把十二使徒中的大多数排除在外,文本提到了七个女弟子,其中只有四个看起来被拣选:撒罗米(Salome)、玛利安(Mariam)、马大(Martha)与阿尔西诺(Arsinoe)。除了雅各与彼得外,其他人都没加入妇女的行列与主对话。主写信给这两位,因为他无法"拒绝"或"直接"跟他们讲十字架、死亡以及门徒们将如何得救,这里没有提到复活。

与此很不相同,《雅各启示一》(First Apocalypse of James)②被安置在复活前与复活后的背景当中进行。③耶稣在死之前宣布了他的再现,他叫雅各放下他的肉体与名分成为是其所是的那一位。事实上,在"完成了要完成的事"之后,④雅各在悲痛中等了"好几天","在那座叫'高格兰'(Gaugelan)的山上行走,那些听从他的徒弟

---

① 例如《雅各原福音》(Proto-Gospel of James),"有关圣母玛利亚美德以及耶稣诞生顺序的一个梦幻般的描述":参 J. Alsup,《故事》,前揭,页 134。
② 《拿戈·玛第文库》,前揭,V 3;CT 2。
③ 参 J. Brankaer and H.-G. Bethge (eds),《塔卡斯抄本》(Codex Tchacos,Berlin and New York,2007),页 84。
④ 英译 W. R. Schoedel,见 J. M. Robinson (ed.),《文库》,前揭。

们也跟他在一起,因为他们也很难过,他是他们的慰藉者"。于是,

> 大众散了,雅各还在祷告,他一贯如此,主对他显现。他停止祷告,拥抱主。他吻主,说:"拉比,我找到你了! 我已经听人说了你受的苦难。我很难过,你知道我的感情。想到这些,我希望不会见到这些人。他们必定要为他们对你做的事受审判。因为他们做的这些与正当的事背道而驰。"

耶稣让雅各平静下来,他给"这些人"即犹太人开脱罪责,说他根本没受苦,"这些人没有伤到他"。而且,按耶稣的说法,雅各的头衔"公义者"表明雅各本人与"这些人"一样为毁灭性的力量服务。但是他仍然给他得救的希望,因为他能够说"我是个儿子,我从父亲那里来",或者更准确地说,"我从先于存在的父亲那里来,我是在先于存在的一当中的儿子"。① 他将会逃脱统治者的权杖,因为他愿意去"到那个地方",那个他所从来的地方。

[166] 这个文本知道"公义者"雅各与犹太人亲近,但它好像把雅各与彼得描写成启示权威,这当然是一个自相矛盾的启示,因为受难的那一位没有受苦。重点放在道成肉身上;复活显现只是一笔带过。②

《雅各启示二书》(Second Apocalypse of James [NHC V 4])在《拿戈·玛第文库》中接着《雅各启示一书》,看起来与前一个文本没有关联,有相似的观念包括提到雅各的头衔"公义者"。不过第二篇启示录的信息更复杂,强化了自相矛盾的特性。造物主不能见到圣父,这是第一个与马克安相似的论点。圣父是生命与光,"有慈

---

① 在爱任纽对马克安派临终"拯救"仪式的描述中可以找到与这个文本在字面上相对应的段落。参爱任纽,《驳异端》,前揭,I 21,5。

② 在 CT 版本中比在《拿戈·玛第文库》(NHC V 3)版本中更突出。

悲心",但他的遗产"不是无限的",这又是一个从马克安那里借来的观点。同样,儿子是"被爱的""公义的""父亲的儿子",他自己没有权力去说、去命令、去显示。耶稣不会审判(与马克安更进一层的相似),甚至可以被称为"慈父",而不是"公义者"。这个文本以一个非凡的感恩与对"上帝与父亲"的祷告结尾,为已经得救以及将来脱离死亡而感恩,不过没有指向复活:

> 我的上帝,我的父亲,
> 你救我脱离这死了的希望,
> 你让我透过他所意愿的一个秘密活着,
> 不要让这个世界的这些日子为了我加长……
> 把我从邪恶的死亡里救出来吧!
> 带我在活着的时候走出坟墓,因为你的恩典——
> 爱——在我心里活着为了要达成完满的事业!
> 把我从罪恶的肉体里救出来吧!
> 因为我以我全部的力量相信你,
> 因你是生命中的生命!
> ……
> 因为我活在你里面,你的恩典也在我心里。
> 我放下了所有的人,除了你,我已经忏悔。
> 让我免受邪恶的折磨!……①

光之十字架

按照教宗利奥一世(Leo the Great)的说法,《约翰行传》(*Acts of John* [*AJ*])包含"一个多重乖僻的温床",依据公元787年的尼西亚

---

① 英译 C. W. Hedrick,见 Robinson (ed.),《文库》,前揭。

大会,此类文本"应该付之一炬"。①与很多别的次经一样,它们在很多方面是神秘的[167]。我们既不知道这些作品起源的情境,也不知道何时、何地写就。②

《行传》把约翰描写成"基督启示的可感知的实在性的担保人",③而同时他们证明他的多形论(polymorphism)、变形论(metamorphosis)与非物质显现。④"约翰的福音宣讲"中非物质化的那一部分"遭诽谤最多"(《约翰行传》[AJ],87-105),这里谈论基督的死亡与复活,但这一部分在大多数《约翰行传》版本中缺失,只有通过被收入一本1319年的圣徒传集结才保存下来:⑤

> 有时当我想抓住他时,我碰到一个物质的、坚实的身体,其他时候当我感受到他时,他的身体是非物质的,好像它根本不存在……通常情况下,当我跟他走在一起时,我想看看他的脚尖是否出现在地上;因为他的样子看起来就好像把他自己从地面提了起来:我从没有见到它[脚]。(《约翰行传》,前揭,93)

在一篇很长的对耶稣在十字架上命运所作的最原初的描述

---

① 参 Leo Magn,《致阿斯托拉的突利比乌斯》(*Letter to Turribius of Astorga*)写于447年7月21日,第15章(PL 54, 688A);Conc. Nic. II,《行动》(*actio* V),Mansi XIII, col. 176A。

② E. Junod and J.-D. Kaestli,《特征》("Traits"),载于 *RevThPh*, 26, 1976,页125。

③ K. Schäferdiek,《导论》("Introduction"),见 W. Schneemelcher and R. McL. Wilson (eds),《次经 II》(*Apocrypha* II,1992),页152。

④ 参 D. R. Cartlidge,《变形》("Transfigurations"),载于 *Semeia*,38,1986,页53-66。

⑤ 参 K. Schäferdiek,《导论》("Introduction"),见 W. Schneemelcher and R. McL. Wilson (eds),《次经 II》,前揭,页157。

中,复活只作为基督的一个头衔存在,复活节叙事被光之十字架的象征性所取代。这个文本以最矛盾的方式把对立的双方糅合在一起:

> 你听说我受难了,但我没有受难;我没有受苦,可我确实受苦了;我被刺穿,但我没有被刺;我被绞死,但我没受绞刑;血从我身上流出来,但没有流血:一句话,他们说的有关我的一切,我没有忍受,但他们没有说的那些事我倒忍受了。(《约翰行传》,前揭,101)

不过,这种充满悖论的语言没有被用来描述复活。这里刻画的反倒是主在被捕前跟门徒在一起,和他们围成一圈,唱圣歌、跳舞、讲解指出象征性的十字架:

> 他给我看一个成形的光之十字架,一大群人围绕着这个并非单一造型的十字架;在它[十字架]中央呈现同样的结构。我看见主在十字架上方,没有形象[168]而只有一种声音:但不是我们所知道的声音,而是那种甜美、柔和、真正来自上帝的[声音],他对我说:"约翰,必须得有个人从我这里听到这些事情,因为我需要一个准备好倾听的人。光之十字架有时为了你的缘故也被我称为逻各斯,有时叫心灵,有时叫基督,有时叫一道门,有时叫一条道路,有时叫饼,有时叫种子,有时叫复活,有时叫圣子,有时叫圣父,有时叫圣灵,有时叫生命,有时叫真理,有时叫信仰,有时叫恩典;所以为了人的缘故[它被冠以各种名称]。但它真正是什么,正如在它自身所理解的以及对你所讲的那样,[可以这么说],它是所有事物的定界,是对源于流变的牢靠固定的东西的强有力的提升,也是智慧的和谐……于是这个十字架,这个通过逻各斯使所有事物稳定、分开变动的与低级的、然后把它本身[?]

倾注到第一事物当中的十字架,不是你们从这里走下去就会看到的那个木头十字架;我也不是钉在十字架上的那个[人],你们现在看不见[我]只听到[我的]声音。我被理解为我所不是的,我也不是很多人理解的那个我;但他们将要说的有关我的那些话是对我的中伤,也不配[用来谈论]我。从此以后停放我身体的地方不要[被]看到或谈论,对于我,这个[地方]的主,更要如此,既不要被看到也不要[被谈论]。"(《约翰行传》,前揭,101,98-99)

早在俄利根那里已经试图把这个耻辱的标记变成一个标示名望的符号。①《约翰行传》借用柏拉图的理念,在耻辱的木头十字架与那个胜利的宇宙的符号之间做出区分。②这个光之十字架享有各种头衔,特别是在《约翰福音》里我们可以知道(逻各斯、门、道路、饼、复活),但它也叫"基督""圣子"甚至"圣父"。这个十字架(与圣子、圣父一起)仍然在主之下,主超越形象也不可见,只能通过神圣的声音被听到。基督被移出性的丑闻,既没有出生也没有死亡。显而易见这里没有提及旧约或犹太人:"约翰所宣扬的宗教根本没有'从前',也没有过去。"③《约翰行传》描写主显现的地方"在坟墓,他看起来像约翰,也是个年轻人",《使徒行传》提到听众的"疑惑"。这些人"还没有在信中站稳脚跟"(《约翰行传》,前揭,87)。约翰把这种疑惑扩展到他本人以及"他拣选的"但"经受了很多诱惑的"使徒,从中得出结论说这些异象没被说出来也没被写下来,他有意对此做出调整以适合他的听众,让他们见到"围绕着"主的"荣

---

① 俄利根,《〈约翰福音〉注疏》,前揭,I 107,124。
② 参 A. Böhlig,《十字架之光》("Lichtkreuz"),收于 Barbara Aland (ed.),*Gnosis*,1978,页 473-491,页 475-477(在这里可以找到更多阐述与《约翰行传》的观点相似的参考资料)。
③ 参 E. Junod and J.-D. Kaestli,《特征》,前揭,页 127(自译)。

耀",它"过去、现在都存在,甚至还会更多"(《约翰行传》,前揭,88)。尽管提到基督教经典,但它把自己描绘成完全的启示记录,像马克安的作品那样《约翰行传》体现了犹太经典的缺席,却从复活体验中[169]提取了一个非复活导向的信仰,相信一个变形的荣耀,这荣耀来自另一个完全超越的上帝。①

马克安的教师同行们作品中的基督复活

尤斯丁算是教师同行中最早把自己的对手诋毁为"意见持有者"(异端)的公开辩论者,他自己承认生来是撒玛利亚人。②像马克安一样,他在罗马教书。他的学生塔提安是亚述人,他接着培养出自己的学生罗东(从亚洲)。只看看这些学者的家乡,我们就会倒吸一口气,为这些学者如此深远的吸引力以及这些学派所展示的宽广背景而震惊。此外,塔提安与罗东都是很好的例子,表明这些学生的第二代依然持续着他们导师之间的那些辩论。罗东提到他的导师的书《问题集》(*Problemata*),其中塔提安试图"解释圣典中晦涩与神秘的部分",可能是犹太经典,以此回应马克安的《对比论》。罗东本人与马克安建立了关系,也针对他导师的《问题集》写了一本书《解答》(*Solutions*),还写了一本对《创世记》故事的评注。他提供了一些有关马克安的学派当中多元化的信息,以及各种不同的观点。根据罗东的说法,学派导师之间的讨论不完全在小册子里进行;他们进行了面对面的争论与挑战,就像罗东本人对阿佩莱斯的极具魅力的报道,这些讨论在原则上,远远不是后来的作家们在描述基督教历史的第一个"黑暗时

---

① 有关《多马行传》与《彼得行传》中类似的变质的信念,参 D. R. Cartlidge,《变形》,前揭。

② 参尤斯丁,《与特来弗对话录》,前揭,120。

代"①时所表现的那种贬损的风格,比如说该撒利亚的优西比乌可能就会这么做。

> 阿佩莱斯说完全没有必要去检查一个人的教义,但每个人都应该继续坚持他们的信仰。因为他断言那些相信被钉在十字架上的基督的人将会得救,只要他们做好事。不过就像我们前面说过的,他对上帝的观点是最模糊的。因为他讲一个原理,就像我们的教义也讲一个原理一样。②

从这一瞥我们可能推断,尽管他们之间有这么多不同,这些老师们还在寻找更宽广的共同点,不管是被钉在十字架上的救主,还是相信一个上帝。

在同一个语境中,德尔图良在这里驳斥之前提到的华伦提努(以及华伦提努派),他给这些聪明、[170]复杂的哲学家画了一幅和蔼可亲、色彩斑斓的肖像,而他以明显的淡化的笔调把自己描写成一个头脑简单的作者。不过就连他也把基督教描写成哲学,而且把"哲学家与殉道士"尤斯丁作为他最主要的一个博学的基督徒的反例加以介绍,把自己同尤斯丁联系起来,与"那位对所有教义进行精确研究的"爱任纽站在一起。③德尔图良由此证明基督教不只是一个供愚蠢的雄辩家讨论的事件,这些教义必须以系统的方式加以理解。

经历了至少半个世纪的激烈争论,这些论战在基督教的不同学派之间进行,特别是在罗马、亚历山大、安提阿以及其他的大城市,要在各种"异端"之间划出一道明确的分界线依然十分困难,

---

① 即使在 K. Greschat,《阿佩莱斯》,前揭,页 17-20 给出的更谨慎的评价中也显示了优西比乌否定框架的痕迹。
② 参罗东,见优西比乌,《教会历史》,前揭,V 13,8。
③ 德尔图良,《驳华伦提努主义》(Adv. Val.),5(英译 Roberts)。

在原来的意义上,这些异端指敌对的学派及其各自反驳或补充的教义的支持者。德尔图良批评华伦提努派,但他也承认他们"无疑是一个非常大的群体","他们守护他们的教义","以极大的热情"执行、维持"他们的宗教体系",他们在"接受新成员进入他们的团体"之前制定了"苛刻的条件","在五年之内为他们全职的门徒"提供"指导",为了获得"完全的知识",尽量"提高他们奥秘教义的尊严",一个听起来公允的描述,接下来是一个解释,说这些"异端"无意打破与他们的基督徒同伴的团契,而要"重申信的团契":

> 如果你真诚坦白地向他们询问,他们会报以严厉的神情,双眉紧锁对你说:"这个话题很深奥。"如果你用微妙的问题、用他们的重舌导致的含混不清试探他们,他们会重申信的团契。如果你亲近他们了解他们的观点,他们会坚持他们自己一无所知。如果你与他们密切合作,他们会通过自我牺牲摧毁你自己那点天真的要赢过他们的幻想。他们有在指导别人之前先说服别人的诀窍;真理通过教导来说服,并非首先通过说服来施教。(德尔图良,《驳华伦提努主义》,前揭,1)

德尔图良的程式化的描绘,带着后一个时代的怀疑套路,仍然显示出他了解对方的教义,同时以直接的论辩方式挑战对方的观点。他区分了这些学派的第一、第二与第三代思想家,很显然他面对的困难不只是要分辨出披着羊皮的狼。在德尔图良之前的爱任纽已经在对付这些学派的第二代学生了,他有个更棘手的工作,即把"异端"从他理解的正统中分离出来。在写信给皇帝安东尼·庇护(138—161)的《第一护教辞》(First Apology)中,尤斯丁承认就连政治权威也无法区分不同学派的[171]追随者,影射他自己之前在《驳所有异端》(Against All the Heresies)这本书里所作的努力,他是为了皇帝才写这部作品(尤斯丁,《第一护教辞》,前揭,26)。与在他之后的德尔图良一样,尤斯丁承认"二世纪中叶在罗马呈现令人神往的开放性",他的反对者"自称基督徒"。①确立正统身份的方法还没有发展起来,无论是在基督教运动内部还是在它的非基督教背景中都没有这样的标准;还没有针对单个团体的复杂网络而设的监管机制,这些团体有很亲近的家庭纽带,还有一代代的主教、长老与领袖、有个人魅力或组织能力的新成员、赞助商、政客与行政人员;这里有着对口述传统的文字表达,这种表达呈现没有约束的激增,启示或者对启示的解释以匿名、假名的方式付诸文字,护教或者德训(paraenetic)短文、福音书、行传、布道书、散文,很快还有诗歌应运而生。与他的同时代人一样,尤斯丁生活在古典时代晚期,在这个时期,还没有以一种禁止相反意见宣称者的形式出现的解决教师与学派之间思想分歧的方案。他们所拥有的都是抗辩、口头与书面批评、对抗与辩论、修改及重新编辑已有的作品,也有新的创作。但是存在着一个不断增长的对结构与限制的需求,即使在非基督教的领衔思想家像狄奥多若斯(Diodorus)(约公元前90—21)以及尤斯丁的同时代人加勒或托勒密的著作中,也能看出他们在寻找真理与神话之间的某种澄清地带。②同样,犹太教的拉比在公元70年圣殿被摧毁后也在寻求更连贯、更有约束力的方式以解决犹太教身份认同问题。这些努力,镜映在基督徒中,导致相互之间差异的增强,最终看不见彼此,在这个过程中犹太人对希腊—罗马传统逐渐失去了兴趣,以至于最重要的犹太哲学家像亚历山大的斐洛的思想,也是由基督徒传承而且只有基督徒才阅读他的作品。反过来,基督徒与犹太教的纽带弱化,基督教内部犹太传统的问题成为一块岩石,在与这块岩石的冲撞中,教会在灵性与制度上的统一都化为泡影。马

---

① C. Markschies,《灵知》,前揭,页10;参尤斯丁,《第一护教辞》,前揭,7,26,35。

② 参C. B. Kaiser,《创世论》(*Creation*,London,1991),页4。

克安试图把保罗作品与一个福音书文本糅合,把它变成一本"新约",使之与现行的"旧约"抗衡,他这一的努力,以及反对诸如此类的规划的战斗,对于那个更广泛的寻求身份认同的过程来说都是核心问题,[思想家们]在"更接近"与"更远离"真理之间构筑边界线。真理的解释也至关重要,这种解释让真理与谬误对峙,让真实脱离伪造,让神迹脱离魔术,让识别与捏造分离,让描述与宽容分离,让诚实脱离内疚以及罪恶的虚假,让信仰脱离迷信,正统与异端的分离也随之而来。不过,对于尤斯丁,就像对爱任纽甚至德尔图良或亚历山大的克莱门一样,我们还不能这么说;只有在三世纪的俄利根那里,这些裂痕才不再被弥缝。马克安与尤斯丁两人都描述了这个更早的时段,在此期间"正统"与"异端"还在形成当中。

[172]从爱任纽那里我们得知,尤斯丁写过一本反驳马克安的书,这本书已经失传。不过爱任纽引用这本书的频率比我们通常意识到的要高。事实上,他依赖它,特别是在他那本《驳异端》的第四章里。在序言中,爱任纽提到他已经在第一、二章里驳斥了华伦提努派。他考虑到别的教师(马克安、伊便尼派、塔提安),在第三章中处理了一系列详细的解释与话题。但从接下来的第四章来看,他很明显转向马克安与他的追随者。

爱任纽强调耶稣的信息指向"以色列的家",① 重申"律法从来没有阻碍他们相信上帝的儿子"(爱任纽,《驳异端》,前揭,IV 2)。但是接下来爱任纽与尤斯丁的观点一致,② 他没有简单地采取一种明确的反对马克安的立场。你会很惊讶读到那些几乎像是从马克安本人作品里拿来的段落,尤其是那些讨论终止犹太律法的部分。就像爱任纽不断重申犹太律法的重要性一样,在尤斯丁这里,律法"始于摩西",但它"必然终于[施洗者]约翰"(爱任纽,《驳异端》,

---

① 借鉴《马太福音》10:6,保罗以及《旧约》引述。
② 正如爱任纽的《驳异端》(IV 4)与尤斯丁的《与特来弗对话录》(51:1-3)两者的相似之处所显示的那样。

前揭,IV 4)。与马克安的讨论是热烈的,但始终限于相互挑战与彼此改进。尤斯丁接受了马克安的两本福音书的观点,新约的地位高于旧约,尽管他回避了马克安把前者归于基督徒、后者归于犹太人的做法。尤斯丁(与托勒密一样)反倒看见与律法相关的三个连续的阶段:前律法时代、律法时代与后律法时代,最后一个就是经由基督的出生而开始的"新约"的时代。①爱任纽也是如此,尽管他直接反对马克安,甚至比尤斯丁更强烈地重申基督是"来执行律法"的,详细说明了阶段的观念并把它发展成一部救赎的历史。而他依然接受马克安对(前)《路加福音》十六章 16 节的对比式解读的结果,即犹太律法已经走到了尽头。

在非马克安或反马克安的圈子里,这个(前)《路加福音》中有关耶稣的说法被抵消,我们可以从《马太福音》十一章 13 节较温和的解读中看到,也可以从马克安与《路加福音》两个版本之间的文本差异中看得出来。在《路加福音》十六章 17 节我们读到:

> 天地废去较比律法的一点一画落空还容易。

而马克安的理解与《路加福音》里在这之前的那句经文吻合:②

> [173]律法和先知到约翰为止,从此上帝国的福音传开了,人人努力要进去。天地废去较比律法的一点一画落空还容易。③

---

① 参 W. Kinzig,《新颖之处》,前揭,页 131f. 。
② "上帝国的福音"的"传开"无疑指向宣道的基督。
③ 参《路加福音》16:16-17。参 A. Harnack,《马克安》,前揭,页 220 * 。这个版本一定很准确地展示了马克安的(前)《路加福音》文本,因为德尔图良在其《驳马克安》(II 27)中的讨论就基于这个版本,尽管德尔图良没有提到它与我们的《路加福音》之间存在的文本差异,但他看起来并没有批评马克安的解读,而是明显地与向马克安靠拢("我们共享的福音书")。读者可能想知道还有多少处显示德尔图良喜欢马克安的解读更甚于他自己的《路加福音》版

与他之前的尤斯丁一样,爱任纽也使用《路加福音》十六章 16 节,而且把这句经文与《马太福音》三章 11 节合在一起以澄清"基督是来执行"律法,拿了果子并且"用不可熄灭的火焰烧掉无用的东西":

> 所以说"律法跟先知"与他们在一起"直到约翰"……当新的圣约被启示时,[他们]必须有一个立法的终结……他们[犹太人]的管理是暂时的……什么时候这些事情会被抛在后面?难道不是当果实被拿走,只剩下叶子,现在无力结出果子的时候?(爱任纽,《驳异端》,前揭,IV 4,2-3)

尤斯丁在他的《与特来弗对话录》与《第一护教辞》中,已经把他对律法的宣告与执行的论辩拓展到基督的死亡。以引用《诗篇》九十六章 10 节(LXX)为铺垫,尤斯丁写道:"主从树上"而不是从坟墓"统治"(尤斯丁,《第一护教辞》,前揭,41)。尤斯丁在他的《对话录》中更接近马克安,运用文本批评式的观察来捍卫基督的复活,而犹太人否认它。出于神学的原因犹太人忽略了这首赞美诗的最后一部分"从树上",因为

> 现在你们当中除他之外据说还没有一个人曾经像上帝与主那样统治万邦,他被钉上十字架,在同一首赞美诗里圣灵也确认他又复活,从[坟墓]里解脱,宣布在万邦的神灵中没有一个像他。(尤斯丁,《与特来弗对话录》,前揭,73)

"耶稣基督"却"被钉上十字架,死了,又复活,已经升天,在那里统治;借着这些以他的名在[174]万邦中由使徒宣扬的事情而得

本,总体来说,德尔图良的著作《驳马克安》本身的护教性质不太允许这种正面的论述,而是更倾向于显示这两位大师观点的差异。

着喜乐,这喜乐要给那些期盼不朽的人,主所承诺的不朽"(尤斯丁,《第一护教辞》,前揭,42)。

与马克安不同,基督复活不再与保罗连在一起,而是同使徒相关,特别是彼得与西庇太家的[雅各、约翰],以及《诗篇》二十二章显示的死者在将来的肉体复活。① 复活的基督劝使徒"读先知的书",主已经在先知的书里预言他会受难。② 根据"使徒回记录","除了先知约拿的神迹以外,再没有神迹给他们看"(参《马太福音》12:38-39),约拿的故事意味着"主将会在被钉上十字架后的第三天复活"(尤斯丁,《与特来弗对话录》,前揭,107)。虽然有约拿的前兆,尤斯丁认为,犹太人还没有忏悔,他们反倒

> 派遣选好的神职人员到世界各地,宣称一个无神也无法的异端,从一个被我们钉上十字架的加利利的骗子耶稣那里而来,他的门徒将他的尸体从十字架上解下来后放在墓里,夜间把他从坟墓里偷走,现在却骗人说他已经从死里复活而且还升天了。(尤斯丁,《与特来弗对话录》,前揭,108)

我们得知这是犹太教的第一次反基督运动。③ 尤斯丁引用我们之前在这一章里提到的"回忆录"。④ 事实上,我们甚至在犹太护教

---

① 也见尤斯丁,《第一护教辞》,前揭,21, 30(同前,35;他给出《旧约》中影射基督受难的段落,但没有把这种对应性扩展到基督复活)。

② 尤斯丁,《与特来弗对话录》,前揭,106;见氏著,《第一护教辞》,前揭,50。

③ 例如在塞尔苏斯的著作中缺失:参 G. N. Stanton,《异议》("Objections"),收于 Stephen Barton and Graham Stanton (eds),*Resurrection*,1994,页84-85。

④ 有关偷耶稣的尸体论辩,参《马太福音》27:62-66, 28:11-15;G. N. Stanton,《异议》,前揭,页85支持这一论点,而 A. Hamman,《复活》,前揭,页311把这种依赖关系倒转过来,好像犹太人的异议有历史依据似的,尤斯丁的描述也在《马太福音》中反映出来。

作品《耶稣一生》(*Toledoth Jeshu*)中找到偷耶稣的尸体的其他说法（参 G. N. Stanton,《异议》,前揭,页 85-86）。

尤斯丁对基督的复活的关注并不比马克安更少,他向他的犹太对话者证明应该相信基督的两次降临,第一次以他在十字架上被钉而告终,它应验了在埃及典型的拯救行为;第二次就是末日审判：

> 须在逾越节这天,你们逮捕他,也是在逾越节期间你们把他钉上十字架。就像逾越节的血拯救了那些在埃及的人,基督的血同样会拯救那些信他的人脱离死亡。(尤斯丁,《与特来弗对话录》,前揭,111)

[175]尤斯丁依然考虑到马克安的异议,他为犹太先知辩护：

> 任何一位先知做的事或说的话,没有哪一样是我们可以正当谴责的,绝无例外,只要我们从预表论的角度以基督所达成的事来解读他们。(尤斯丁,《与特来弗对话录》,前揭,112)

律法与先知在"新的圣约被启示"的那一刻,已经找到了他们的目标,但是与马克安不同,律法和先知依照尤斯丁与爱任纽的观点,新圣约是律法的完成(爱任纽,《驳异端》,前揭,IV 4)。爱任纽反对把新约从旧约中分离,也拒斥所谓的先知的无明。他反而看到新旧约被拯救的历史串联,从承诺与预知——而不是像马克安说的从无知——到应验了的预言与完满的知识,而非走到对立面。虽然像马克安一样,爱任纽把基督徒与犹太人分开,因为基督徒不接受先知的启示,但在先知与基督之间仍然存在关联：

> 尤斯丁在他的书《致马克安》(*To Marcion*)中说得好："我不会相信主本人,如果他不是在宣讲作为我们的制定者、制造者与养育者的道。但因为独生子从唯一的上帝那里来到我们

中间,这位唯一的上帝创造了这个世界也造了我们,他容纳、管理所有的事物,把他的作品纳入他自身当中,我对他的信心坚固,我对父的爱不能动摇,上帝把两者都赐予我们。"(爱任纽,《驳异端》,前揭,IV 6,1-2)

看起来爱任纽在他的书《驳马克安》(Against Marcion)第四章的开头,就使用了尤斯丁的书《致马克安》。他注意到所引用的马克安的福音书与《路加福音》十章22节的文本之间的差异,德尔图良指责马克安篡改了《路加福音》,① 爱任纽没有在这里批评他的对手的文本考证;他反倒把马克安的版本与相关的福音书《马太福音》《路加福音》与《马可福音》中的相似的解读作比较,也指出《约翰福音》把这句经文一并删除,他只是指责马克安夸大了自己作为一个作者与注疏者的权威,好像他"比使徒更有智慧"。

尤斯丁对马克安做出不同的回应,让我们看到从二世纪中叶起这个辩论发展的几个阶段:

> 同爱任纽不同,尤斯丁没有提到四福音书,我们还不清楚这样的结构是否已经建立。尤斯丁的耶稣传统看起来更像是反映一个统一的叙述,在这方面他的描述跟马克安的基本上没什么不同,尽管他的叙述表面上确实比马克安的更全面,而且也依赖那些至少在三本对观福音书里找到的材料……
> 尤斯丁提供了两则关于马克安的报道,每一则看起来都[176]接近罗东、克莱门、塞尔苏斯、俄利根以及后来的叙利亚传统而不是爱任纽或德尔图良。无论在哪种情况下,当尤斯丁在他的《护教论》中提到马克安时,后者对使徒著作的态度从来都不是问题。马克安在每个场合都被描述成一个同时代人,受魔鬼启发,宣扬有关另外一个比这个宇宙的创造者更高的上

---

① 正如德尔图良也指责马克安肢解了保罗书信。

帝。(A. Gregory,《接受》,前揭,页187)

撒狄的主教墨利脱是另一位与马克安合作的著名教师,他也发展出一套有关复活的教理。在公元160—170间,他讲了一篇逾越节的布道书,其中强调基督教与犹太教的一种相互对立的特征,这让我们想起马克安。墨利脱用马克安的语法发展了他自己的复活神学,但他在接受犹太经典这一方面也与尤斯丁一起反对马克安:这些都是稍纵即逝的反对上帝永恒恩典的模型,上帝只把自己启示给基督徒。①墨利脱投身于巴勒斯坦与耶路撒冷之旅,以取得"有关旧约书籍的准确信息",并列出一个旧约书目,这些经书对他就是这么重要。他从"律法与先知"中提取信息,但不是出于对犹太经典本身的兴趣,而只是要在这些经文中找到有关"救主与我们的信仰"的公开声明。墨利脱在《辑录》(Extracts)第六章记下大量节录,他在"序言中"提供了一个"他所认可的书籍的目录"。②显然,在墨利脱之前基督徒还不是很清楚究竟哪些犹太经书是可以接受的。

对于墨利脱著作的现代编辑而言,"墨利脱对旧约的关注源于马克安派与诺斯底派就古代经典的源头与权威引发的争议。他希望重申他的权威,同时又证明自己没有任何犹太化的嫌疑"。③墨利脱也写了几本《论基督的道成肉身》(On the Incarnation of Christ)来"反驳马克安",④他也以一个"对旧约权威的技术性的讨论"来反对华伦提努派;我们读到与托勒密作品字面相似的片断。⑤ 同现在很多人一样,墨利脱相信基督教基于经书,首先而且最重要的是犹太

---

① 参墨利脱,《论逾越节》,前揭,2-4;有关这点,参 W. Kinzig,《新颖之处》,前揭,页132-136。
② 墨利脱,《残篇》(Frg.),3,12-14 (64,1-66,23 Hall)。
③ S. Hall,《导论》("Introduction"),见氏编,《撒狄的墨利脱》(Melito of Sardis,1979),xli.
④ 墨利脱,《残篇》,前揭,13, 229A (68,13 Hall)。
⑤ S. Hall,《导论》,前揭,见氏编,《撒狄的墨利脱》,xli.

经典。这里没有提到，墨利脱列了一个基督教作品的目录，尽管他现存的逾越节布道书以及他的作品的残篇表明他知道《启示录》①，使用《马太福音》和《约翰福音》，也依赖《彼得福音》，而一些片段影射《使徒行传》；不过，与此相反，因为他的很尖锐的描述的中心议题是对抗马克安，所以《路加福音》[177]几乎没有提到保罗书信也缺席！基督教文本"既没有被作为经典引用也没有作为经典文献被参考"，②看起来像是马克安传统导致的结果。

与他的三福音书(《马太福音》《约翰福音》《彼得福音》)一致，墨利脱也详细讲解了复活，尽管他并不把基督复活当作一个传统的基督教信条。③就像旧的律法已经是一个被废弃、被恩典超越的模式，是主的对立面一样，主已经被杀死，但是现在又宣布"作为上帝复活了"，"因为从死里复活而不朽"(墨利脱，《论逾越节》，前揭，3-4，8.43)。墨利脱粗糙而极端的一神论④ 并没有因激烈的自相矛盾的表达而被弱化，他与马克安的想法相似，强调基督教的新，这种悖论必须被理解为旧的类型与基督开启的新的现实之间的对立(墨利脱，《论逾越节》，前揭，4.7.58)。拯救来自受难的主、我们的逾越节，但是跟在马克安那里一样，基督教的现实是主创造的新的现实。从死里复活又升到天上的基督"没有碎"在十字架上，他的身体"没有消解在泥土里"(墨利脱，《论逾越节》，前揭，70-71)。旧有的对主的观念是："上帝已被谋杀"，他也死了(墨利脱，《论逾越节》，前揭，96)，但事实上他没有死，反而从死里与那些他拯救的人一起复活。

---

① 参墨利脱的著作《论魔鬼与约翰启示》(*On the Devil and the Apocalypse of John*)，见墨利脱，《残篇》，前揭，5。

② S. Hall，《导论》，前揭，见氏编，《撒狄的墨利脱》，xlii。

③ 下文会有更多有关逾越节(Pascha)词源的论述，根据墨利脱的说法，逾越一词源于"受难"，见墨利脱，《论逾越节》，前揭，46。

④ 参墨利脱，《残篇》，前揭，7 (70 Hall)："上帝已经受难……"

墨利脱在他的布道书里做了一个最后的概括,它可能针对马克安而发:向基督忏悔,他是造物主,是父借着他造了这个世界的那一位,他塑造了人,律法与先知都宣扬他,他降临于一位童贞女而得肉身,①这四条都被马克安拒斥。墨利脱在表明他的反对立场后,继续谈论马克安也相信的受难与复活,②在最后一句话里又重复基督造物主的开端。墨利脱在另一本书《论施浸礼》中也以类似的方式挑战马克安。因为马克安否认基督的出生、幼年与受洗,墨利脱便勾画出马克安的复活与太阳—基督中心论,为基督在约旦的受洗辩护:

当太阳带着燃烧的战车结束一天的行程……他沉入大海。像一枚充满火焰、光芒四射的青铜球,浸在冷水中,发出巨大的声响,在摩擦的过程中停止发光;但里面的火苗还没有熄灭,在升起的时候又突然爆发:一样的情况……当他象征性地受洗,在水里浸泡时,他极度欢喜,视[178]水为食物。尽管是同一个,他为了人类作为新的太阳再次升起,从深处降温,在沐浴中净化……现在如果太阳跟星星月亮一起在海里沐浴,为什么基督不可以在约旦的河里受洗呢?天上的王与万物的首领,正在上升的太阳照耀冥府的死者也照耀世上的人类,他独自从天堂升起一轮太阳。③

用了与他在逾越节布道书中最后的概括同样的标题,墨利脱使用太阳—基督论,根据这个学说,基督一直都是"同一个",有光芒四射的本性,即使在他驻世时也是如此。墨利脱引入外在与内在之分,他从基督与太阳的比较中得出结论,内在的力量转化也净化外

---

① 墨利脱,《论逾越节》,前揭,104;参墨利脱,《残篇》,前揭,15;《新残篇 II》(*New Fragment II*)。
② 参墨利脱,《残篇》,前揭,16b《论主日》(*On the Lord's day*)。
③ 参墨利脱,《残篇》,前揭,8b:3 (72,20-39 Hall)。

在的身体,正如基督在他的身体里对冥府的死者显现、复活后也对人类显现一样,他的身体会经历在约旦河中的洗礼。原则上这个论辩与德尔图良更加散文化的思想离得不远,也就是说可以死的必须先是能够被生出来的。

就像在尤斯丁、爱任纽还有墨利脱——只列举几个名字——那里可以看到的情形一样,德尔图良不是第一位(也不会是最后一位)撰文反驳马克安的作者。他们攻击马克安时会很频繁地提到复活。其中一个原因当然是复活在马克安作品中的显著地位。只有在马克安之后,《路加福音》与《使徒行传》才成为被其他人接受并引用的著作,或者说,像在墨利脱那里一样,被回避或被《马太福音》《约翰福音》以及《彼得福音》所取代。马克安一方面提醒了像墨利脱之类的教师,防止他们参考保罗的书信与《路加福音》;另一方面,他引发他们对圣约的兴趣,刺激他们借助其他的福音书来挑战他对保罗著作以及一本福音书的特别关注。与马克安以及这些作品打交道自然谈到复活。

我们也可以作反证。二世纪那些不加入反马克安争辩的教师,很少展示有关复活的知识或者表现出对这个话题的兴趣。比如说,巴西利得(通常与华伦提努一起出现)很多时候与马克安并置。他比马克安年轻(参克莱门,《杂篇》,前揭,VII 106,4-107,1),主要在亚历山大教书(W. Löhr,《巴西利得》,前揭)。他表现出一些同马克安相似的地方,比如说他明显参考保罗 ① 与经典,但同马克安不同,他认可犹太经典,② 也不使用《路加福音》,而是更倾向于《马太

---

① 参对《罗马书》7:9 的注疏,见俄利根(Orig.),《〈罗马书〉注疏》(*Com. V 1 in Rom.*)(PG 14,1015A)。

② 参对《箴言》1:7 的注疏,见克莱门,《杂篇》,前揭,II 36,1 =《狄奥多土著作辑录》,前揭,16,或提及《约伯记》14:4,参克莱门,《杂篇》,前揭,IV 81,1-83,1;或对《申命记》5:9-10 的诠释,见克莱门,《狄奥多土著作辑录》,前揭,28。

福音》或者马太传统(参克莱门,《杂篇》,前揭,III 1-3)。他可能写了一本包含 24 卷[179]的《[福音书]诠释》。①他对造物主有一个肯定的看法,这位造物主可能自然被知,这里所说的知即是不可逾越的创造所具有的无限的美(参克莱门,《杂篇》,前揭,V 3,2-3)。其结果是巴西利得接受婚姻,不只像华伦提努那样承认耶稣受洗,②他甚至还庆祝这件事。③基督的复活没有在现存残篇的任何地方提到。这个缺失可能是巴西利得流传下来的作品残缺不全所致,但它与很明显的没有参与任何反马克安论战的作品一致。马克安与巴西利得专注于非常不同的神学议题,后者热衷于自然哲学,对灵魂及其轮回、苦修训练、抵抗情感影响都感兴趣。

我们也可以比较马格斯(Marcus Magus)与他的受毕达哥拉斯学派启发的创世论体系(参 N. Förster,《马克斯·马格斯》,前揭)。作为天堂的基督下降与地上的耶稣合一的结果,救赎发生在他受洗之时,这种合一在死亡时解除。数字六象征十字架之死。正如依照摩西的说法,人是在第六天被创造的,同样"最后的人也是通过第一个人"在第六天的显现"得以重生",这种显现由耶稣在准备好的那一天的第六个小时的死亡达成(爱任纽,《驳异端》,前揭,I 14,6)。复活根本没有扮演什么角色;保罗与《路加福音》也没有。

反对马克安的天使复活说的作家们坚持基督的真实性与肉体特

---

① 参卡斯塔(Agrippa Castor),见优西比乌,《教会历史》,前揭,IV 7,5-8,与来自这些《诠释》(卷 3 与卷 23)的两个残篇结合,但这不能揭示这本《诠释》的评注对象是一个还是多个、已知还是未知、文本还是福音书(《路加福音》?):参 W. Löhr,《巴西利得》,前揭,页 30-34、页 122-151、页 219-254。

② 参克莱门,《狄奥多土著作辑录》,前揭,16。

③ 参克莱门,《杂篇》,前揭,I 145,6-146,4;这里只须留意《伊便尼福音》(*Gospel of the Ebionites*)以耶稣在约旦河受洗作开头(最后一个残篇提及逾越节聚餐,耶稣说他不想与他的门徒一起吃"肉"):参 D. Lührmann and E. Schlarb,《残篇》,前揭,页 32-38。

征,通过后复活叙述表现出来,在此耶稣的教理与他把传播福音的权力传给[使徒]连在一起(参 A. Gregory,《接受》,前揭,页 322-349)。

在"[同一]传统的两条明显不同的线索之间"似乎有一个很大的分歧:"教会的作家从伊格那丢到爱任纽与德尔图良越来越多地运用、阐明新约传统里证明复活实在性的那些要素";而另外一些人"有代表性地使用、改写那些宜于被解释为异象的内容,比如基督对抹大拉的马利亚显现(《约翰福音》20∶14-18)以及对保罗显现(《使徒行传》9∶3-7)";我们可以问:"这个分歧的基础是什么?""为什么对基督显现的解释在第二个世纪成为一个对基督徒如此重要的问题,以至于那些发展第二种显现传统的人被教会传统的发言人指责为[180]'异端'?"(E. H. Pagels,《异象》,前揭,页 415)正如我们已经看到的,

> 这两个传统有不同的神学意蕴,(它们)……导致非常不同的对权威的态度——不只是在教义上,对团体内部社会的与政治的领导权而言也是如此。(E. H. Pagels,《异象》,前揭,页 415)

德尔图良与爱任纽把他们对"实实在在的历史事件"的关注发展为反对他们对手的论辩,把他们自己放在正统的位置。不过,如果德尔图良采取的策略是通过回应一个更早的传统而发展起来,我们必须质疑那个被说成是"传统立场"的编年次序。看起来它并不是以非制度化的解读对抗一种制度化的形式,从我们一路走过来所得到的证据可以看出,我们面对的是一个由相互联结的过程组成的错综复杂的迷宫。就我们能看到的资料而言,在许多现存的早期文献中基督复活很少被使用,而支持一个层级分明的权力机制的文献则更少。与此相反,情况似乎是这样的:马克安的创造性思维受保罗影响,以启示的方式(与《启示录》相关?)坚定不移地为基督教的新颖性辩论,反对基督教受惠于犹太教的说法。具有讽刺意味的是,马克安吸收了保罗拉比神学的两个典型特征,即他的经典导向以及对死者复活的信仰,特别是,基督被视为第一个果子。马克安

身为非犹太人,他也接受了希腊—罗马教育(像《路加福音》的作者),他离犹太人以及犹太基督徒已经很远,以至于他没有意识到通过阅读保罗他吸收了多少拉比的观念。看起来正是在对抗马克安的过程中拓宽了对复活叙述的理解,这类的叙述曾被多德(Charles Harold Dodd)称为"简洁"型,以区别于"翔实"型的叙述,后者适用于保罗。①"简洁"型论述

> 与宣讲福音的传统连在一起,自始至终把[十一位]门徒作为一个组合来描述,把复活的那位等同于他们以前体验到的耶稣。他以他们认识的他在世时的样子显现;跟他的门徒一起吃喝,请他们触摸他以证明他有肉体。从多德到林德布罗姆(Lindblom)到阿尔萨蒲(Alsup)的注释者都指出这种"鲜明的实在性"是这些选段的特征,②[他们表现出]对世俗的耶稣这个人的身份与连续性的关注⋯⋯耶稣作为复活的那一位显现,因此他能以末世的权柄差遣门徒去传道。(J. Alsup,《故事》,前揭,页 156)

[181]这个简洁型的答复与马克安在保罗与(前)《路加福音》基础上发展出来的教义的答复截然相反。马克安的论述较详细,其内容可能更确切地体现了权威性与启示性的特征。个人的启示以及与复活基督的相遇取消了《路加福音》证实的四十天的时限。③"这个神学立场也有直接的政治寓意";它挑战这样一种说法,即声称只有第一代"使徒"拥有确定的宗教权威,而且最特别的是它限于以

---

① C. H. Dodd,《显现》("Appearance"),载于氏编,*More New Testament Studies*,Manchester,1968,页 102;E. H. Pagels,《异象》,前揭,页 415 又特别提及 Dodd 的研究成果。
② E. H. Pagels,《异象》,前揭,页 415-416。
③ 参 G. Blum,《传统》(*Tradition*,1963),页 48;E. H. Pagels,《异象》,前揭,页 417。

雅各、彼得与约翰为中心的那十二位,所有从这些使徒的传承中获得权力的人都是主教,比方说,对于爱任纽而言,[这就是]"对他们那无可争辩的权力的证明"(E. H. Pagels,《异象》,前揭,页 417)。

作为对这种启示论立场的回应,作家们没有完全聚焦于简洁型的复活叙述,而是时不时地采用启示—翔实型叙述,反之亦然;他们无疑注意到了每一个传统提供的尽管不同但强有力的框架。这个事实说明为什么有复活叙述的福音书,尤其是后来成为正典的那几部福音传播得更远,也被更广泛地接受;为什么像《马可福音》与《约翰福音》这类福音书特别拓展了对复活基督显现的描述(《马可福音》16:9ff. 与《约翰福音》20-21)。

信仰的条规与基督复活

基督复活如何进入基督教的信条？情况似乎是这样的,第四世纪首次宗教会议信条的产生至少有两块垫脚石为其铺路。①这个信条有两个先导:信徒受洗前要问的施浸礼问题;以及"信仰的条规",这是一个在很大程度上不断变化的尝试,试图总结基督教信仰的核心内容,而这些内容是在二世纪学派论战中产生的。②

辩论中争斗的焦点是这些教师与学生所属传统与背景的广泛性。在第二世纪当个基督徒并不意味着分享共同的记忆。寻找、创造共通性是一种挑战,基督徒不像犹太人共享《托拉》那样有一个现成的共通性,不像柏拉图主义者那样可以共享他们导师的著作,

---

① 参 M. Vinzent,《形成》(*Entstehung*),收于 Wolfram Kinzig, Christoph Markschies and Markus Vinzent, *Tauffragen und Bekenntnis*, Berlin, 1999,页 185-410。

② 参 A. M. Ritter,《信条》("art. Glaubensbekenntnis"),载于 *TRE*, 13, 1984,页 406。

也不像希腊人、罗马人、叙利亚人、埃及人、波斯人以及其他族群那样有各自的家庭,有当地的、区域性的以及国家的传统。基督徒来自所有这些不同的边角,来自社会的不同阶层,在最多元的文化背景中长大。就像今天的学者想知道什么把基督徒联系在一起,第二世纪的学者也问同样的问题。正如我们之前所看到的,直到马克安模仿犹太传统提出[182]另一个圣约的观点,基督复活才被纳入可供参考的教义,这一新颖的想法被绝大多数同行接受、模仿、拓宽,并且通过融合《旧约》以创造一个基督教传统的方式进一步发展了马克安的思想。信仰条规的出现与发展跟基督教参考文献的整合齐头并进。正如莱辛(Gotthold Ephraim Lessing)早已指出的那样,早在任何一部由更规范化的基督教著作集结而成的正典被确立之前,就已经有了对信仰的概括(参 M. Vinzent,《起源》,前揭,页84-87)。不过,莱辛忽略了一点,就是许多教义在被纳入信仰条规时本身就受前者的内容影响也被其决定,包括基督徒创作的、并且开始被当作构成[共同]记忆的那些著作以及书面声明。一旦保罗的复活教义被马克安再次发现,这个由一个正在形成的信仰条规和一本基督教圣经组成的跷跷板慢慢地把基督复活推进基督徒的意识与信仰当中。在这之前基督复活还不在基督教的传统当中,这点可以从更古老的施浸礼问题看出来,这些问题只问那些待受洗者他们是否相信道成肉身与基督受难:

> 你是否相信:
> 上帝,全能的父,
> 相信耶稣基督,他唯一的儿子,我们的主,他出生又受难,
> 相信圣灵、神圣的教会、罪的赦免以及肉体的复活?①

---

① 参所谓的《古加拉太圣礼》(*Old Gelasian Sacramentary*),按照 Wolfram Kinzig 的解读,这个文本代表二世纪以来最古老的洗礼问题,参 W. Kinzig,《洗礼问题》("Tauffragen",1998)。

这些施浸礼问题只提到基督的出生与受难而不提基督复活，这些问题深深植根于基督教，其程度可以从下述事实看出来，即到1969年为止施浸礼问题一直都是罗马天主教会的标准格式！

有关如何把基督复活引入正在形成的信仰条规这个话题，我们可以参考好几位重要的教师，但在这里我们为自己设界，首先看在西方最重要的一位思想家里昂的主教爱任纽，再看在西方的另外两位，克莱门与俄利根，两人都在亚历山大执教。

爱任纽是最早为人所知的早期基督教作家，他著书反驳很多学派的观点，其结果就是他发展、塑造了他称之为信仰的条规的教义。因为其论战性的起源，他的信仰条规从反面映射出爱任纽的反对者所持信仰，这样的结构有可能容易使我们忽视爱任纽在多深的程度上受到他在写作时所要反对的观点的影响。即使在他那本护教论色彩不太浓厚的书《使徒宣讲的明证》(Demonstration of the Apostolic Preaching)中我们也可以看出他的神学受惠［于前人］以及富有争议的特征。

［183］早在这本书的序言中爱任纽就对这些"作为学派象征的交椅"①的占有者采取了批判性的立场，他们坐在傲慢者的座位上（《诗篇》一章1节），而在第二章他把自己的教理同"长老们，使徒的弟子们"（爱任纽，《使徒宣讲的明证》，前揭,3）联系起来，而不指向学派的导师。这让我们立刻想起希拉波利的帕皮亚。爱任纽特别不喜欢那些传授这样一种教理的人，他们说每样东西都是由另一位造物主所造，而不是那位基督徒以他的名字受洗而被免罪的上帝，"以上帝天父的名，以耶稣基督那位出生、死去又复活的上帝之子的名，以上帝的圣灵的名"（爱任纽，《使徒宣讲的明证》，前揭,3）。爱任纽没有提导师的名，但我们可以推论他说的是马克安以及那些受马克安影响的人。虽然如此，爱任纽也承认上帝并没有直接创造这个世界，而是通

---

① 爱任纽,《使徒宣讲的明证》(Dem.),2。

过他的灵智、他的道,并且透过他的灵在我们当中进行创造;他明显地借"保罗,他[耶稣]的使徒"来支持这个信仰(爱任纽,《使徒宣讲的明证》,前揭,5)。与这个没有特别指出的导师相反,爱任纽认为同样的灵由道发出来,而道是经由先知说出的道,耶稣基督对他们显现,这就意味着对马克安的反驳(爱任纽,《使徒宣讲的明证》,前揭,5-6)。更重要的是,爱任纽强调道在人类当中显得"可见而且能触摸到"(《路加福音》24:36ff.)以便在末日回顾所有的一切(爱任纽,《使徒宣讲的明证》,前揭,6)。这唯一的上帝跟那个绝对的上帝,被称为"父"以及"公义者"与"所有一切的上帝",犹太人的、异教徒与虔信者的上帝是同一个上帝。①马克安区分开来的东西又被爱任纽合在一起。他也对马克安撇清基督教与犹太教的关联作了修改,不过他没有放弃基督徒与犹太人在原则上的区别。爱任纽看到上帝被基督徒称为"父亲",被犹太人称为"主与立法者",被异教徒称为"造物主,物质世界的创造者以及万能的"。爱任纽认为,对所有人而言,上帝"滋养万物,他是王,是审判者"(爱任纽,《使徒宣讲的明证》,前揭,8)。在离题扯了很远,把创世、堕落与出埃及的故事重新讲述一遍之后,他详细说明拯救必须通过肉体(天堂的肉体)来完成,因为死亡支配着它(爱任纽,《使徒宣讲的明证》,前揭,31)。道成肉身是拯救行动的核心,永恒的道通过肉体来统治。②爱任纽只是顺便谈到基督复活,这是上帝显现的复活,

> 他本身成为死者的头生子,在他自身中堕落的人上升,把他提升到天堂之上到荣耀的父亲的右边[184],甚至就像先知许诺的上帝,说:我要举起那堕落了的大卫的约柜;也就是来自大卫的肉体。(爱任纽,《使徒宣讲的明证》,前揭,38)

---

① 爱任纽,《使徒宣讲的明证》,同前,7;也参氏著,《驳异端》,前揭,III 16,9。
② 相似的文献,爱任纽,《驳异端》,前揭,III 16,9,19,3。

爱任纽聚焦于基督的出生。他的复活只不过是人的肉体复活的一个信号,①听起来好像他从马克安那里借来基督复活的话题。"如果一个人不是从童贞女的身体里出生,"爱任纽反驳马克安,"他怎么能从死里复活呢? 因为如果一个没有出生的人从死里复活,这算不上什么神奇、惊人、非凡的事儿:不,真的,我们不能谈论那个没有经过出生就存在的人的复活。"(爱任纽,《使徒宣讲的明证》,前揭,39)

只有当对话者深信基督复活时这个辩论才有意义,甚至把它当作一个佐证,证明基督的"神奇""惊人与非凡的"特性,但否认他被童贞女生出——恰恰就是我们所知道的马克安的观点。

这段话揭示了爱任纽对马克安的密切关注。最后的论点强调了爱任纽在马克安论辩的基础上赋予基督复活的救赎论角色:

> 如果他[基督]没有出生,他也没有死;如果他没有死,他也就没有从死里复活;还有,如果说他没有从死里复活,他也不能战胜死并且结束死亡的统治;如果死亡没有被战胜,我们这些从一开始就已经堕落到死亡之下的人怎么能够上升到生命之中?(爱任纽,《使徒宣讲的明证》,前揭,39)

爱任纽没有挑战马克安赋予基督复活的核心地位,但他借用对手的论辩来维持一个肉体性的基督复活论(爱任纽,《使徒宣讲的明证》,前揭,62),并且证明就连基督的复活也是(犹太)经典预言过的事件(爱任纽,《使徒宣讲的明证》,前揭,72-73)。他以马克安对基督复活的信仰为基础,以此来支持他自己的信仰,即相信基督由童贞女生出,并且认为先知们已经宣告了这事。②他相信基督的

---

① 也参爱任纽受《约翰福音》影响而偏离保罗传统,见爱任纽,《驳异端》,前揭,V 7,1;参 R. Noormann,《爱任纽》,前揭,页 285,页 442-443,页 455-458。

② 爱任纽,《使徒宣讲的明证》,前揭,40;他用了二十多个章节来讨论这个话题,见《使徒宣讲的明证》,前揭,40-67。

存在先于在创世之初的摩西,他引用《创世记》一章 1 节,这一论点也得到"他的门徒约翰"(《约翰福音》1:1)的支持(爱任纽,《使徒宣讲的明证》,前揭,43)。此外,爱任纽强调这些见证耶稣的一生、他的死亡与肉体复活以及升天的门徒的权力,强调这些人被正当地称为"使徒"(爱任纽,《使徒宣讲的明证》,前揭,41)。只是到后来爱任纽才在这个文本中介绍使徒保罗,他引用了一句在[185]现存的保罗书信中找不到的经文:"爱是履行律法",而且解释说"爱上帝的那一位已经履行了律法"(爱任纽,《使徒宣讲的明证》,前揭,87),以此拒斥马克安的观点,即认为基督徒不需要遵循犹太律法(爱任纽,《使徒宣讲的明证》,前揭,87-98)。爱任纽要么使用了一个非马克安式的保罗传统,要么编造了一个,以反对贬低作为造物主的上帝的异端论调,就像他在之前的著作《驳异端》中已经反驳过的那个"异端"所主张的那样(爱任纽,《使徒宣讲的明证》,前揭,99)。

从亚历山大的克莱门①(约150—215)到俄利根(约185—254)我们可以发现一个转换。克莱门仍然支持不同的信仰也参与被广泛分享的对话,其中"对手很近","异端与正统的边界"也"没有清楚地设立,在这里人们会让那些他想要反驳的人说话,也是在这里一个人直接地受到他们的影响"(A. le Boulluec,《地位》,前揭,页58)。相比之下,他的继承者,也就是在亚历山大教理学校的俄利根,依赖于由意见组成的智慧手册,把这些内容写进教规,把它变成正统与异端,尽管他与对手直接认识,有时甚至引用他们的著作,但他通常歪曲异端的正当教理,为了反驳、拒斥而不再是跟他们讨论。

什么导致了这一转变?这一进展主要是参考文献的变化。克莱门本人还通过建立规范、实践与参考点(制度、权威、口述与书写传统)参与当时还在进行的论辩,为寻求真理而进行的论辩;俄利根则认为他尽管还处在其中,但也已经超越了一个纯粹的探索阶段,

---

① 引文见克莱门,《狄奥多土著作辑录》,前揭,9,1。

他把自己看作现成的思想的继承者,他必须阐述、重复并且把它传承下去。开放的研究已经变成了教会的学术,虽然还有原创性,但屈从于传统。俄利根,这位在东方最多产的、有着非凡禀赋的基督教作家,代表着体制化、传统化了的基督教学术的植入。从马克安开始的这个传统以及他提到的基督教的一个无可争议的文献基础到俄利根这里取得成果,趋于完善。在这个意义上,俄利根是在补充马克安开启的传统:建立在可参考的文献基础之上,依据一个最基本的哲学解经学的基督教。他的著作《论基要教理》既提到也取代了马克安的《对比论》。它是对基督教"信仰条规"的系统介绍,具有论战性。俄利根所处的环境不再是这样一种建筑工地,在这里各类手工艺者尽力开发一个项目,无需建筑方面的指导;它变成另外一种场地,在这里一个系统的规划摆在读者、外行、教士、主教(episcopi 字面意思即监督者)与执事面前,它帮助那些监督工程进展的人员,以免他们追随竞争性的设计方案。这个计划本身,虽然有护教性质,但它已经不再准备与其他可选择的方案进行交流对话,而是完全依赖于从马克安开始的书面参考文献,这就是《新约》,付诸文字的主的旨意,以及使徒与他们的信徒的工作,但也包含(马克安所反对的)《旧约》的犹太传统。

[186]尽管俄利根知道一些未解决的问题,但对绝大部分基本问题而言,他都提供了系统的解答——不过正如我们将会看到的那样,基督复活并不属于这个系列的核心信条。俄利根成为其中一个最早对基督教新旧约整本书进行广泛评注的解经学者。许多话题被巩固在"信仰的条规"中,不是因为它们对俄利根自己的哲学或救世神学很重要,而是因为它们已经在之前的几十年间被讨论过,更多时候是因为它们出现在被俄利根视为基督教经典的那些文本当中。

克莱门的《狄奥多土著作辑录》跟他的继承者的作品差异极大。它们不是论战性的。克莱门引用华伦提努,特别是狄奥多土,以及巴西利得,而且让大多现代学者不解的是,除了很少的几处微不足道的例外,他完全赞同他们。① 他很像爱任纽,也接受他引用的那些人参考的经典:《约翰福音》与保罗糅合在一起(克莱门,《狄奥多土著作辑录》,前揭,19)。他强调保罗的重要性,甚至依据狄奥多土的教义,即认为保罗成为"基督复活的使徒",尽管狄奥多土表明他把保罗列在其他使徒当中甚至之后(克莱门,《狄奥多土著作辑录》,前揭,23,2)。对于克莱门而言,保罗的信息并不一致,不应该被塞入与正统相反的范畴或异端当中;而是说,它适应于不同的人。对那些害怕知道基督灵性存在的人,保罗把基督描绘成"被生出的、易动情的",而对那些有智慧的人,他教导他们基督"从圣灵、从童贞女"而来,"因为每个人按照他自己的方式理解主,并不是所有人都用同一种方式"(克莱门,《狄奥多土著作辑录》,前揭,23)。就连克莱门所说的救赎的物质链,从宇宙的诺斯底人到灵性人与通灵的人,也是直接从他引用的诺斯底派教师那里借来的。②《辑录》这么写保罗:

> "所献的新面若是圣洁,全团也就圣洁了;树根若是圣洁,树枝也就圣洁了。"(《罗马书》11:16)到时会有一个末世婚宴,在那儿灵性人与通灵的人会相互结合,使彼此平等。这个聚会之后,[两者的]灵性精华与灵魂分离,进入神圣。(I. Dunderberg,《华伦提努》,前揭,页82)

克莱门之前,爱任纽已经对这种华伦提努教义作了描述,它融合了基督复活、救赎神学与教会学,与克莱门很相似,他也接受了最基本的华伦提努教会救赎论。使用同一个文本《罗马书》(11:16),华伦提努派看到了被救主[187]推翻的造物主的无能。经由救主通灵的人的灵性元素被拯救:

---

① 第一个异议只出现在克莱门,《狄奥多土著作辑录》,前揭,30,有趣的是克莱门在这里指责狄奥多土相信圣父受难。

② 克莱门,《狄奥多土著作辑录》,前揭,58,也参同前,61-63,80。

"新面"这样的表达意味着灵性的东西,而"全团"指我们,也就是,动物教会(the animal Church),他们说他[基督]掌管着教会的大众,把它也与他自己融为一体,只要他是"酵母"(爱任纽,《驳异端》,前揭,I 8,3)。

爱任纽接受了这个华伦提努教义,但他把肉体或物质的身体并入救赎的物质链。接沿华伦提努的保罗主义把它进一步延伸到物质的身体,基督是"睡了之人初熟的果子"(《哥林多前书》15:20),是每个人身体的头部(参《歌罗西书》1:18)。就像头部从死里复活一样,身体的所有其他部分也会复活(参爱任纽,《驳异端》,前揭,III 19,3)。这个被接受的狄奥多土的华伦提努基督复活救世神学对早期基督教影响巨大。从爱任纽与克莱门,再设法进入希坡律陀的思想,在第四世纪进入亚波里拿留(Apollinarius)(受马尔克路[Marcellus of Ancyra]的影响)、伊格那丢、格列高利(Gregory of Nyssa)的体系。①克莱门声称"他在传承一个隐秘传统,这个传统来自从使徒们开始的一连串的思想家",②他说基督在他复活之后把知识的礼物赐给"公义者雅各、约翰与彼得",彼得再把它传给其他的使徒,这些使徒再传给七十位门徒(优西比乌,《教会历史》,前揭,II 1,4)。

俄利根进一步推进了这样一种对基督教知识的传统化与使徒化。他"认为使徒当中只有彼得与西庇太的两个儿子才是真正的圣智者(Gnostics)"。③尽管他承认保罗代表使徒的权威,但他并不认为

---

① 参希坡律陀,《〈但以理书〉注疏》(In Daniel.),IV 11,5;伪阿塔那修(Ps.-Ath.),《论道成肉身与反驳阿里乌派》(De inc. et c.),Ar. 12;R. M. Hübner,《统一性》(Einheit,Leiden,1974),页314-317。

② D. M. Parrott,《信徒》,前揭,页214;参克莱门,《杂篇》,前揭,I 11,3。

③ D. M. Parrott,《信徒》,前揭,页214;参俄利根,《驳克尔苏斯》,前揭,II 64, IV 16, VI 77;《〈马太福音〉注疏》(Comm. in Matth.),XII 36,41。

保罗书信"是完全受圣灵启示的神的话语",①这种殊荣他只留给爱任纽的四福音书,这是"第一次收成"(俄利根,《〈约翰福音〉注疏》,前揭,Ⅰ14.21),其中《约翰福音》又是"第一次收成中的首要成果"(俄利根,《〈约翰福音〉注疏》,前揭,Ⅰ21)。他知道"很多"已经写好的福音书,②甚至还知道写福音书的"热潮"。但只有四本被选来"传给教会",[188]这些福音书的作者"被圣灵充满"。③为了回应马克安对保罗的重视以及他的《路加福音》版本的补充作用,俄利根把《路加福音》当作一个特殊的案例来讨论,区分了作者与他使用的材料。路加占据一个更有利的位置,因为他"见过"那更卓越的道,而保罗只听到过上帝的声音。④

俄利根处理了保罗与非保罗书信与文献:《雅各书》《彼得书》与《约翰一书》。像其他人一样,他认为这些作品"在福音书之后形成"(俄利根,《〈约翰福音〉注疏》,前揭,Ⅰ15),但他还是把它们当作新约的一部分,所以用马克安的话来说,这些作品也可以被称为"福音书"。俄利根更多地质疑以下这些作品的真实性:《希伯来书》《彼得后书》《约翰二书》《约翰三书》《犹大书》《巴拿巴书》《使徒行传》《启示录》与《黑马牧人书》。俄利根明显反对马克安,他坚持认为把"福音书"这个名称赋予这四本福音书,比赋予其他的新约文本更加准确,因此不宜称保罗[的书信]为福音书;但他部分同意马克安的说法,声称"旧约不是福音书,因为它并没有让人知道'将要来的那一位',而只是预言他"(俄利根,《〈约翰福音〉注疏》,

---

① 俄利根,《〈约翰福音〉注疏》,前揭,Ⅰ16(英译 Ronald E. Heine,《俄利根:〈约翰福音〉注疏卷1-10》(*Origen, Commentary on the Gospel according to John, Books* 1-10,The Fathers of the Church,Washington D. C. ,1989,某些地方译文略有改动)。

② 俄利根在他的《〈路加福音〉布道篇》(*Hom. in Luke*),Ⅰ2 也提到几个人的名字。

③ 同前,Ⅰ1;英译 J. T. Lienhard,《俄利根》,前揭,译文略有改动。

④ 俄利根,《〈路加福音〉布道篇》(*Hom. in Luke*),Ⅰ4。

前揭,I 17)。这一系列被认可的他同时代犹太人的作品,摩西的律法,作为"初生物"(俄利根,《〈约翰福音〉注疏》,前揭,I 14. 33)被增加到"最初的成果"当中,但明确地被置于福音书(以及多本福音)之下。尽管被修改过,马克安的观点仍然在俄利根这里被折射出来,特别是在俄利根区分福音书与旧约的地方,他有好几次重复马克安有关基督教之"新颖性"的标语:

> 在这本因为基督的到来而形成的"福音书"之前,没有什么古人的东西是福音书。但这本作为《新约》的"福音书",造就了从来不会变老的圣灵的新颖性,因知识而闪耀。这灵的新颖性把我们从"古代的文字"中解脱出来(《罗马书》7:6)。虽然它藏在所有的经典当中,但它对《新约》是独特的。(俄利根,《〈约翰福音〉注疏》,前揭,I 36)

俄利根在重复了马克安的观点之后,又补充道:

> 不过,这本产生了福音书——那个被认为也存在于《旧约》中的福音书——的"福音书"应该在一种特殊的意义上被称为"福音书"。(俄利根,《〈约翰福音〉注疏》,前揭,I 36)

俄利根的释经要点是信仰的条规,由他的老师与主教权威传承下来的解经学原则。与他们一样,俄利根为[189]人的肉体复活辩护,所以也捍卫基督的肉体复活,①但他没有兴趣对这个话题本身做详细解释。②复活成为信仰的条规的一部分,因为它的身体特性已经被马克安还有其他思想家拒斥了。就像尤里(Pierre Jurieu)

---

① 两者之间的关联,见俄利根,《残篇》(*Frg. Tit.*)(保存在潘菲鲁斯[Pamphilus]的著作中[PG 14, 1305B]);也参俄利根,《〈哥林多前书〉残篇》(*Frg. 1Cor.*),4;JTS 9 (1908), 234。

② 学者们写俄利根时通常会这样;比如说,J. Armantage,《世界》("Worlds", Bari,1975)根本没有提及复活。

(1637—1713)已经看到的那样,象征符号(*symbolum*)表明历史性的肉体被神圣化,① 这样的一个时间性的事件与事实受到福音书叙事、保罗书信以及其他《新约》文献中的实在论的支持,而且像爱任纽与俄利根之前的其他思想家已经指出的那样,我们甚至可以在整个《旧约》中找到类似的观念。与这些历史化的尝试非常不同,俄利根在回答华伦提努时也能够接受华伦提努的用语及概念。基督,"真理、生命与复活"(《约翰福音》11:25),是在涉及道的作为与拯救权力时赋予道的其中一个称号,基督的复活描述了存在于上帝之中的永恒的权力。道让我们心中充满力量并摧毁死亡,如此说来第一位从死里出生的就与那些将来要复活的同在:②

> 因为所有这些头衔都来自他的权柄与作为,这些头衔中没有一个为理解任何物质性特征提供理论依据,这些物质性特征看起来可能是指规格、形式或颜色。(俄利根,《论基要教理》,前揭,I 4)

复活的基督的神性与灵性,可以从复活节叙事那难以捉摸的特异景象中抽取出来。③ 耶稣的肉身已被转化成一个有着脱俗的神圣品质的身体(参俄利根,《驳克尔苏斯》,前揭,III 41)。俄利根虽然很接近马克安或华伦提努,但并不完全赞同他们的观点,④ 他认为复活的身体已进入上帝的不朽,虽然它本身并非完全不朽,因此他

---

① 参 M. Vinzent,《起源》,前揭,页 61-63;俄利根,《〈马太福音〉注疏》(*ser.*),33。
② 参俄利根,《〈罗马书〉注疏》(*Comm. in Rom.*),I 6;氏著,《〈出埃及记〉布道篇》(*Hom. in Ex.*),V 2,VII 4;氏著,《〈约翰福音〉注疏》,前揭,X 18。
③ 参俄利根,《驳克尔苏斯》,前揭,II 69;氏著,《〈约翰福音〉注疏》,前揭,XXXII 25(17)。
④ 参 B. Studer,《复活》("Résurrection"),载于 *Aug.*,18,1978,页 301。

还保留着"形式"或世俗人的身份。①俄利根看起来甚至已经接受了阿佩莱斯或黑摩其尼的观念,即认为基督在天堂放弃了他的灵性身体,他把这个解释为基督在天堂的第二次献身,他在为地上的人类献出世俗的身体之后,为了天堂众生又一次牺牲自己。②他甚至能够谈论三个独立的逾越节庆祝:[190]犹太教徒的、世上基督徒的以及天堂的庆典,"众天使将会以最完美的欢庆方式举行的庆典"(俄利根,《〈约翰福音〉注疏》,前揭,X 18)。

不过,正如其中一位研究了俄利根著作中基督复活论的学者所说:"看俄利根的所有神学著作,一个人绝对不能假装基督复活是其中一个中心议题,无论是把它理解为荣耀还是荣耀的永恒状态。"(B. Studer,《复活》,前揭,页 307)"俄利根感兴趣的不是复活本身,也不是耶稣身体的转化,不是复活的基督在门徒当中显现,也不是在父亲眼里受荣耀的那个段落。"(B. Studer,《复活》,前揭,页 284)

俄利根是个非常好的例子,可以用来说明经典如何逐渐产生影响并提供一个神学参考框架,不仅仅通过由早期经典注疏家开始(帕皮亚、托勒密、巴西利得、赫拉克利昂、希坡律陀还有俄利根)的强有力的宣传。至于在犹太教,基督教的发源地(以及后来的伊斯兰教,它们都源于同一个地方),基督教发展成马克安所希望的样子,即一个机构,它同时由一本书面的圣约(sola scriptura)以及受圣灵引导的解释的层级支配。而对于马克安而言,基督复活有一个中心的、神学的角色,它巩固保罗的权威性以及他的受福音书保护的书写传统,而且强调之前不为人知的基督的灵性与天使特性。在回应他的过程中,复活成为一个从身体的、实在论与历史事件的特定角度而被接受的教义,被改造成主的肉体性再现的证据,展示甚至保障了人类在未来的肉体性复活。如此这般它变成了再叙述的事

---

① 参俄利根,《驳克尔苏斯》,前揭,III 42;氏著,《诗篇选释》(Select. Ps.),1,5。

② 参俄利根,《〈利未记〉布道篇》(Hom. in Lev.),I 3。

件、被基督教经典的读者解析,俄利根的神学代表着最早也是最杰出的对圣经文本所作的一种反华伦提努、反马克安、反诺斯底的解读。把这些解读引入教会的崇拜礼仪中似乎对宣扬基督复活教义起了决定性的作用,使之进入基督徒的生命体验与意识之中,造成另外一层实质性的影响。受马克安派对保罗以及他们在礼拜时使用福音书的解读实践的影响,基督复活论可以在俄利根的系统性的论著中找到,《论基要教理》尤其在反马克安的开篇部分提到信仰的条规:

> 耶稣基督确实出生确实受难,他不是作为一个鬼魂承受[与人类一样的]死,但他确实死了;事实上,他确实从死里复活,他复活之后确实与门徒交谈,升[上天堂]。(俄利根,《论基要教理》,前揭,I pref. 4)

在他反对异教徒哲学家塞尔苏斯的护教著作中,有关基督徒信仰的声明形成一个神秘体系,这一体系被当成一种[191]对"被嘲讽的""基督复活的神秘事件"的误解而被反驳。①基督复活在俄利根的信仰条规中的微不足道可以从它在条规概要中的缺席看得出来,这里只提到耶稣是童贞女所生。②

基督复活的信仰在基督教的头 140 年间的微不足道在异教徒的文献中反映出来:有关第一个拓展了的异教徒对耶稣复活的反对,我们必须参考塞尔苏斯对基督教的十足的攻击,这些作品……写于 177—180 年间",只有俄利根的作品被保存下来。③

---

① 参俄利根,《驳克尔苏斯》,前揭,I 7; II 56-70;参 H. Chadwick,《俄利根》("Origen",1948)。
② 参俄利根,《〈约翰福音〉注疏》,前揭,XXXII 16 (9);XX 30 (24)。
③ G. N. Stanton,《耶稣》,前揭,页 149;参氏著,《异议》,前揭,页 79-94。

声称一个死人不能是不朽的(俄利根,《驳克尔苏斯》,前揭,II 16),基督徒崇拜一具尸体(同前,VII 68)。对这位异教哲学家而言,复活这个观念本身就是荒谬的(同前,V 14,VI 29),虽然他愿意讨论某些形式的不朽的可能性(同前,V 14;参 IV 56)。塞尔苏斯坚持认为"有些犹太人(应该指撒都该人)并不认同死者复活的期许,有些基督徒(可能指诺斯底派)表现了它最可憎的一面,它[复活]不但令人反感而且也是不可能的"(俄利根,《驳克尔苏斯》,前揭,V 14)。不过,他没有把这个观察与耶稣的复活联系起来。因此发现他并没有详细讨论耶稣的复活也不足为奇:他把很长的批评留给他引用的犹太人。(G. N. Stanton,《耶稣》,前揭,页 150)

在他后面对基督教的攻击中,停止引述犹太人很久之后,塞尔苏斯回到耶稣复活的证据,顺便提到妇人们出现在空荡荡的墓穴,不是犹太人在其反驳中所说的歇斯底里的女人(参俄利根,《驳克尔苏斯》,前揭,II 55 与 V 52)。很奇怪,塞尔苏斯本人没有对基督徒那些基于妇人们的证据的声明作任何评论。他反倒很刻薄地指出这个所谓的上帝的儿子"不能打开墓门,而需要别人帮忙移开石头"(俄利根,《驳克尔苏斯》,前揭,V 52)。这是一个塞尔苏斯所理解的犹太人不大可能提出的反驳;因为在犹太语境中,"上帝的儿子"并不一定意味着神性(G. N. Stanton,《耶稣》,前揭,页 150-151)。

第三章　庆祝生与死

[193]我们的研究完全可以从早期基督教的生死庆典入手。据说"独立于《新约》,有关复活节事件的最早证据是在礼拜传统中找到的"(R. Staats,《复活 II/2》,前揭,页 514)。

不过,我们对这类证据的解读,很容易被我们从小熟悉的礼拜仪式以及根深蒂固的惯性常规误导。一个人通常会把现有的证据与潜意识里已知的东西联系起来。我们会强调相似性,就算我们必须考虑与礼拜活动有关的非常不同的意义,这意义来自很遥远的过去,来自很不相同的宗教、文化与历史背景。为避免潜在的带有年代误植的回顾,我们不从早期基督徒的礼拜生活开始,而是从福音书、保罗自己的书信以及保罗与非保罗传统的文本入手,在这一章又回到在"礼拜"传统中"有关复活节事件的最早证据"。

"礼拜的"(liturgical)这个词一定让我们马上起疑。我们一旦把自己放进一个希腊—罗马犹太情境中,不管我们是尽最大还是最小的努力迈出这一步,"礼拜"(liturgy)都会是一个被热议的话题。公元 70 年耶路撒冷被罗马攻陷,变成一座罗马的城市,即爱利亚加比多连(Aelia Capitolina);圣殿作为犹太教礼拜的中心被毁,"传统的"礼拜不复存在。再也没有被祭司所主导的等级制庆典,这些祭司多为撒都该人,而庆典变成法利赛与犹太人拉比、被成千上万的朝圣者共享的庆典,也是商人、业主、货币交换者、银行家、店主、手工艺者、农民、妓女以及任何别的寻找宗教节日体验或者在耶路撒冷的圣殿教派中谋生的人共享的庆典。撒都该人的命运逐渐消失在历史的夜幕中,在这个历史转折点法利赛人与拉比们的回应引人注目。从后来的资料可以看出他们对犹太会堂、神学院与家庭这些传统的伟大承载者的重视。他们坚持维系对圣殿派(the temple cult)的活生生的记忆,同时也发展了犹太会堂,使其角色不仅仅是社区中心,而成为一个研读《托拉》与《先知书》的宗教机构,此外还是布道、集体祷告的宗教场所。①即使在今天,基督徒也知道哪个家族源自作为祭司的科亨(Cohen)族群,他们是在整个犹太圣殿礼拜中唯一注定要当祭司的族群,而圣殿将会在[194]以赛亚降临时被重建。但是由于圣殿被毁而末世未来,对还没有被恢复的圣殿的渴望、建立一套礼拜,甚至是虚假的礼拜,这种观念本身,即便在犹太教中还不算禁忌的话,至少在当时是很不情愿被提起的话题。

早期基督教著作似乎并没有偏离这样的犹太教立场。相反,作为基督徒的犹太人倒是准备好把最重要的圣殿派从耶路撒冷铲除。一些人已经远离对律法的实在论的解释转而对圣殿、教派、割礼、律法(特别是食物及有关纯净的律法)、礼仪做出灵性化的解释。保罗本人强调具有非圣殿与非律法倾向的基督教,在这里即使是团体内部的事务也要给予非宗教性的描述:主教(bishop)与执事(deacon)(《腓立比书》1:1)在那个年代是建筑与工程的监督员 ② 及其助理或同事的工作头衔。③不管是"祭司"(priest)这个与圣殿相关的字眼还是"长老"("presbyter")都同犹太会堂没有关联,这些特征在保罗的任何一封书信中都有所体现;与犹太会堂的关联是在一代或两代人之后才被再次引入基督教的。"问题在于,前君士坦丁帝国时代的教会事实上还没有教派可言。"④不管基督教与犹太教所共享的是问题还是优势,俄利根还有很多其他同时代人都把献祭灵

---

① 参 L. I. Levine,《犹太会堂》(*Synagogue*, Yale, 2000),页 151-152,作者主张"在公元 70 年之前的犹大地区没有人知道公共祷告,70 年以后才出现会堂集体祷告这样一种机构"。
② "监督员"(Overseer)是"$\epsilon\pi i\sigma\kappa o\pi o\varsigma$"一词的字面翻译。
③ "侍者"(Servant)是"$\delta\iota\acute{\alpha}\kappa o\nu o\varsigma$"一词的字面翻译。
④ F. Young,《圣殿》("Temple"),载于 *NTS*, 19, 1972,页 325。

性化，视之为"基督教灵性教派的符号"：

> 不再要求按字面义奉行，就像圣殿在基督死在十字架上之后不久就毁灭所证明的那样。基督徒不是无神论者，他们确实有一个教派，有自己的祭坛、圣殿、献祭与祭司这些设施；但它完全是非物质的。对经典的正确理解就是这样的灵性诠释。①

当《使徒行传》提到保罗的早期团体，作者有意或无意中写到了在安提阿以及其他地方教会中的长老，这无疑是年代误植。当《克莱门一书》在公元100年左右从罗马寄往哥林多时，犹太教祭司式的圣殿献祭礼拜提供了用以解释耶稣神秘事件的参照系。

如果公元70年后，基督教在一个不乐意承认教派的犹太背景中发展，那么基督徒什么时候开始在星期天聚会并且庆祝复活节呢？他们如何庆祝？庆祝什么？

法利赛人与拉比依据法利赛人的阴历来安排他们的时间；撒玛利亚人，与《死海古卷》的人们一样，用阳历。那些来自非犹太背景的基督徒带来了他们各自的宗教与文化节日及礼拜习惯，我们发现其中一些习俗逐渐进入一个正在形成的基督教礼拜节目。

[195]我们不应该通过"《新约》"的所有带有时间指示的复活节版本"来理解"星期天礼拜"。②有关基督显现的时间与地点的证据相互矛盾，这应该让我们起疑。一些资料显示星期六晚上，有些说星期天早上。③在《马太福音》二十八章1节妇人们在安息日结束时

---

① F. Young,《圣殿》，页 326-327；参俄利根，《驳克尔苏斯》，前揭，I 69, III 34, 81, IV 29-31, V 4, 33, VI 4, 70, VII 26, 44, 46, VIII 13, 17, 19, 26。

② 我不同意如下观点：R. Staats,《复活 II/2》，前揭，页 514。

③ 参《使徒行传》20：6-12；小普林尼(Pliny the Younger),《书信》(*Ep.*), X 96, 7;《马太福音》28：1;《路加福音》24：28-43;《约翰福音》20：19-26；R. Staats,《周日晚崇拜》("Sonntagnachtgottesdienste"，载于 *ZNW*, 66, 1975), 页 244。

去到空荡荡的坟墓,因此基督显现的时间是作为一周之始的星期天的晚上;在《约翰福音》二十章 1 节中,时间是在早上,"清早,天还黑的时候";在《马可福音》十六章 2 节中则稍晚一点,"出太阳的时候";《路加福音》二十四章 1 节记载说是在"七日的头一日,黎明的时候"。同样,《路加福音》把复活基督显现的地点定在耶路撒冷城里或附近,《马可福音》《马太福音》与《约翰福音》则在加利利;我们在《马可福音》后来的结尾读到"在乡下";在《使徒行传》与保罗书信(《罗马书》)则在去大马士革的路上。

神学家们通常喜欢从福音书中提取历史信息,在此类信息里找到反映礼拜实践的史实。在这个案例中,我们将需要做出这样的结论:时间与地点的多样性表明早期基督教还没有发展出一个统一的庆祝主日的传统,主日并非直接与复活节相关,它也不属于最初的基督教。①"有关基督教星期天的有争议的解释"已经被驳回,它"依赖于基督在复活节的星期天复活这样一个事实","对基督徒而言是个机会以便在每周的星期天记住它"。②《新约》从来没有提到"[基督]复活日",③这个说法很久以后才在基督教中出现;反倒是

---

① R. Bauckham,《主日》("Lord's day"),收于 D. A. Carson (ed.),*From Sabbath to Lord's Day*,Michigan,1982,页 235:"我们结论是复活基督显现的描述允许无法证明的事件,即周日崇拜源于那个时候";"没有不含糊的证据能证明 Easter(复活节)曾经被简单地称作 Κυριακή(星期天)"(同前,页 230);"就连教父们对谨守周日的辩护也以不遵守复活的主的诫命而著称"(同前,页 233)。

② W. Rordorf,《安息日》(*Sabbat*,Neuchâtel,1972),xv-xvi,或多或少引用(没有注明)了 H. Riesenfeld,《安息日》("Sabbat"),收于 Angus J. B. Higgins (ed.),*New Testament Essays*,1958,页 212;S. Bacchiocchi,《安息日》,前揭,页 74-75。

③ 参 H. Riesenfeld,《安息日》("Sabbath"),收于氏编,*The Gospel Tradition*,Philadelphia PA,1970,页 124;尽管当他提及俄利根(《驳克尔苏斯》,前揭,VIII 22)时,他的有关基督复活教义主导着《新约》包括保罗书信的论辩有时代错置之嫌。

任何命名与日期都跟犹太教的安息日密切相关。保罗与《路加福音》都谈论"安息日后的第一天"($μία\ σαββάτου$)。①我们在《新约》中没有找到任何把基督教聚会与复活联系起来的迹象,这种迹象表明

> 我们应该在基督教的记忆中引入一个新的神圣日;相反,一个人可能引用俄利根代表早期基督教的怀疑主义,以此强调星期天:"对于完美的基督徒来说,每天[196]都是主的日子。"②

没有证据"显示,与犹太人生活中的安息日相似,在地上的教会生活中一周的第一天是'神圣日'"。确实,

> 看一眼当时的社会环境就会明白这一小撮人大多来自社会的较低阶层,他们组成了首批基督徒团体,从现实性而言,这些人不太可能从他们周围的日常习惯中脱离出来,决定把一个特别的工作日当作他们的神圣日。这样的一个假设不现实也缺乏资料支持。(H. Riesenfeld,《安息日》,前揭,页 124-125)

因此,没有"简单的解释"说"星期天是他们守的日子,因为耶稣在那一天复活";相反,这是"以待决之问题为论据(petitio principii)的做法",学者们依据他们本人的一周实践活动而有一个固定的看法,然而在早期基督教中庆典也有可能只是一个"逐月的或年

---

① 参《哥林多前书》16:2;《使徒行传》20:7;E. Schürer,《星期》("Woche"),载于 ZNW,6,1905,页 2-3。

② H. Riesenfeld,《安息日》,前揭,页 212;俄利根,《驳克尔苏斯》,前揭,VIII 22;不过,俄利根这里只是反思一个犬儒主义的观点,即视整个人生为一场宴乐(参第欧根尼[Diogenes],根据普鲁塔克[Plutarch],《论心灵的安宁》[De tranq. an.],20),也见斐洛,《论特殊律法》,前揭,II 42,46;参 M. Klinghardt,《节日》("Feiertag"),收于 Jan Assmann (ed.),Das Fest und das Heilige,Gütersloh,1991,页 206-207。

度的"聚会,这样的聚会"仍然是在守那个特别的日子"。①

如果"星期天"的源头不在复活节体验当中,那么"星期天"以及它与基督复活庆典的结合又是从哪里来的呢？基督徒什么时候第一次在一周的第一天聚会"分饼"？"与耶稣复活相关的星期天庆典的合法性论证只有到第二个世纪才勉强浮出水面",而且在我们所有的众多资料中只有三个文本提及耶稣复活(《伊格那丢致马内夏书》9:1;《巴拿巴书》15:9;尤斯丁,《第一护教辞》67:7),正如我们将在下面讨论的那样,

> 在最早谈论基督教星期天的文本中,绝对没有提到耶稣复活,当基督复活真正出现在[上面提到的三个文本中]时,给人的印象就是这可能是第二手的附加内容。②

最后,在尤斯丁《第一护教辞》(67:7)中,守星期天的首要动机是纪念创世的第一天,[197]其次才是耶稣的复活。只是在一个很长的过程的最后,这个为星期天而设的称呼 ἀναστάσιμος ἡμέρα 才出现。在之前的很长一段时间,它一直被称作"一周的第一天""主日""第八天"以及"星期天"。③

---

① S. Bacchiocchi,《安息日》,前揭,页75;参更早的研究,S. V. McCasland,《由来》("Origin"),载于 *JBL* 49,1930,页65-82;后来与此相似的研究,C. W. Dugmore,《复活节》("Easter"),收于 *Neotestamentica et Patristica in honorem sexagenarii O. Cullmann*,Leiden,1962,页273。

② W. Rordorf,《星期天》(*Sunday*,London,1968),页220,继续写道:"比如,我们首先在伊格那丢的《伊格那丢致马内夏书》(9:1)读到……谨守[主日],'也是在那一天'(ἐν ᾗ καί)我们的生命通过他[sc. Jesus]以及他的死[把我们的复活与耶稣的死而不是他的复活联在一起]得以涌现。在《巴拿巴书信》(第15章)会再次读到基督徒庆祝一周的第八天,'也(ἐν ᾗ καί)是在那天耶稣从死里复活'。

③ W. Rordorf,《星期天》,前揭,页220,概括 H. Riesenfeld,《安息日》,前揭,页212的论点。

在犹太教中,"五旬节"的第一天总是落在一周的第一天。然而,只有从第二世纪后半叶开始才有基督徒守这一天的证据,①在犹太日历中它不是一个欢喜的日子或庆典。一些学者因此把基督徒在主日分饼与犹太逾越节的聚餐而不是与五旬节联系起来。这个看法得到一些学者的支持,比如说,毕克尔(Gustav Bickell)在1872年就为这一立场辩护,②但被巴姆斯达克(Anton Baumstark)称为"非常人为的[捏造]"。③巴姆斯达克转而提出"犹太礼拜生活中的另外两个"有助于理解基督徒聚会的功能,也就是"安息日早上的犹太会堂敬拜,还有围绕每一顿犹太餐进行的祷告",犹太餐是"一种几乎变成礼拜仪式的聚餐,在古代世界被称为纯晚餐(cena pura)"。④在犹太会堂里 ⑤ 为安息日而读律法与先知书一事属实,⑥但"为那些非祭司的犹太人进行的宗教仪式和宗教实践没有出现在任何一个现存的文本中"(H. A. McKay,《安息日》,前揭,页247)。如果这一时期的犹太会堂几乎没有提供任何宗教礼拜,那么

---

① J. v. Goudoever,《日历》(*Calendars*, Leiden, ²1961),页165。

② G. Bickell,《主餐》(*Messe*, Mainz, 1872);英译1891,页161-162(附更早的文献)。

③ 参E. Lanne,《礼拜仪式》("Liturgie"),收于Robert F. Taft and Gabriele Winkler (eds), *Acts of the International Congress Comparative Liturgy Fifty Years after Anton Baumstark* (1872-1948), Rome, 2001,页145-161(以及另外一些收在这本巴姆斯达克[Baumstark]会议论文集中的文章,虽说受国家社会主义意识形态的影响,但他是一位很早从意识形态角度解读礼拜史的评论家);有关复活节与逾越节的关系问题,参 G. Visonà,《复活节/逾越节/复活节布道》("Ostern/Osterfest/Osterpredigt"),载于 *TRE*, 25, 1995,页518,其中的文献至今仍有争议(Visonà本人把复活节理解为五旬节的开幕式)。

④ A. Baumstark,《礼拜仪式》(*Liturgy*, London, 1958),页43。

⑤ 不是一定要在建筑物里面进行,因为《使徒行传》已经知道这个典型的名称 προσευχή(祷告):参《使徒行传》16:13. 16。

⑥ 《使徒行传》13:14-15;参 H. A. McKay,《安息日》(*Sabbath*, Leiden u. a., 1994),页165-175。

基督徒的团体崇拜活动从什么时候开始的？他们在"指定的那一天"①的拂晓聚在一起唱基督即上帝的赞美诗，就像小普林尼（Pliny the Younger）在第二世纪所证实的那样。还有，它什么时候成为基督复活的纪念活动（小普林尼，《书信》，前揭，X 96）？我们所发现的这两者间的关联只是巧合吗？恰恰是在那个时候，在反驳马克安的辩论中，我们听到这一天获得了一个新的名字，星期天（M. Wallraff,《基督》，前揭，页90）。

安息日与星期天

[198]在考查"星期天"一词的第一次出现之前，让我们先扼要重述一下我们知道的有关犹太安息日，他们一周的第一天，与基督教团体的聚会之间的关系。②

几个世纪以来，在巴比伦流放与基督教的纪元开始之间，守作为"每周的一个休息日"的安息日（参 H. A. McKay,《安息日》，前揭，页13）已经成为犹太教内部越来越重要的戒律，甚至是拉比神学的一个典型特征。在巴比伦流放之前，就像我们在《列王记下》四章23节看到的那样，还没有一个详细的规则来限制潜在的不守安息日的行为。不过，在流放中，安息日不像与闪米特人共同遵守的割礼，而是成为犹太人身份的一个标签（参 M. Klinghardt,《节日》，前揭，页207-208）。其结果是，后流放时代的《禧年书》（Jubilee）展示了一个激进化了的观点。在最后一章提供了一个完整的违

---

① S. Bacchiocchi,《安息日》，前揭，页98-99已经表明这里的 *stato die* 可能并不是指固定重复的同一天。

② 参 H. A. McKay,《安息日》，前揭；S. Bacchiocchi,《预表论》（"Typologies"），载于 *JSJ*, 17, 1986, 页153-716。

反安息日规定的清单,这种违规要处以死刑。①《死海古卷》也讨论如此严厉的安息日诫命,但语气温和些,而且明显地排除了死刑。②在《马加比一书》(2:32-41)中,虔诚的犹太人宁愿去死也不在安息日战斗与防御。约瑟夫斯传下来一个很长的法令与书信目录,守安息日是其中最出名的一个。③与此相反,我们知道一些罗马作家对这个习俗的混杂的批评。对尤文纳尔(Juvenal)而言,安息日休息证明犹太人的懒惰;④佩尔西乌斯(Persius)(公元34—62)⑤与普鲁塔克(Plutarch)(公元45—120?)提到在安息日 ⑥ 喝酒(普鲁塔克:狄奥尼修斯宴饮),而别的作家记载了在那天禁食(R. Goldenberg,《安息日 II》,前揭,页 522),尽管约瑟夫斯知道犹太人拒斥绝食。⑦因为安息日,犹太人则要求既不服兵役(参约瑟夫斯,《犹太古史》,前揭,XIV 226),也不上法庭(同前,XIV 163)。根据斐洛的说法,如果罗马按月的谷物发放[199]落在安息日,罗马当权者甚至会把谷物留下到星期天再发给犹太人。⑧斐洛本人主张以希腊哲学家的精神与习惯来守这一天,在这一天中安静地沉思冥想以及学习美德。

---

① 有关这个问题及进一步研究资料,参 R. Goldenberg,《安息日 II》("Sabbat II",1998),页 521;H. A. McKay,《安息日》,前揭,页 56-59。

② *CD* X 14 - XII 7, CD XII 4(不包括死刑);参 H. A. McKay,《安息日》,前揭,页 53-56。

③ 参约瑟夫斯,《犹太古史》,前揭,XIV 190-267, XVI 162-173;R. Goldenberg,《安息日 II》,前揭,页 522。

④ 参尤文纳尔(Juvenal),《讽刺戏》(*Sat.*),XIV 106;同样,Rutilius Namantianus I 391;H. A. McKay,《安息日》,前揭,页 119-124。

⑤ 佩尔西乌斯(Pers.),《讽刺戏》(*Sat.*), V 184;H. A. McKay,《安息日》,前揭,页 103-107。

⑥ 参普鲁塔克(Plut.),《问题》(*Quaest. conv.*),IV 6,2;H. A. McKay,《安息日》,前揭,页 115-117。

⑦ 参约瑟夫斯,《生平》(*Vita*),279;《巴比伦塔木德有关安息日的论述》(*bShab*),118-119;H. A. McKay,《安息日》,前揭,页 77-85。

⑧ 参斐洛,《致该犹书》(*LegGai*),158。

"与流传甚广的拉比观点相反,即认为把安息日神圣化是犹太人生活最具特色的一个要素,斐洛相信所有的国家都可以参与其中,分享安息日的福祉。"①

在拉比文献《米示拿》中有两篇完整地讨论安息日的作品,《论安息日》(Shabbat)与《论安息日的规限》(Eruvin)。②尽管我们对安息日活动的细节所知甚少,但有证据显示"社区的成年男子"聚集在叫作 proseuche(犹太祷告屋)的房子里,在一起诵读、解释《托拉》,但显然他们不是为"安息日崇拜"而这么做。③《塔木德》包含一个《祝圣礼》(Qiddush)祷告,祝圣文是在安息日以及其他节日开始时对着一杯酒来诵读,另外一个《祝祷礼》(Havdalah)(分离)是在安息日结束时诵读的祝祷文。④在家里的庆祝活动以及《祝圣礼》的内容是作为对上帝创世以及出埃及的纪念,这类活动似乎可以至少追溯到基督教早期(参《路加福音》14:1;《马可福音》2:27)。

《新约》保存两个不同的安息日传统。⑤在《对观福音》中安息日休息在原则上被接受,比如说,它写道耶稣在安息日去犹太会堂,这里的会堂不一定是一座建筑,⑥"因为这是他素常的规矩"(《路加福音》4:16),他在那里教导人(《路加福音》4:16,31;6:6;13:10),这使安息日成为"他拯救使命的恰当的象征"(参 S. Bacchiocchi,《安

---

① R. Goldenberg,《安息日 II》,前揭,页 522;也参 H. A. McKay,《安息日》,前揭,页 65-69。
② 更多论述,参 R. Goldenberg,《安息日 II》,前揭,页 523-524。
③ H. A. McKay,《安息日》,前揭,页 85,页 131。
④ 更多论述,参 R. Goldenberg,《安息日 II》,前揭,页 524;《巴比伦塔木德有关逾越节的论述》(bPes),99-107。
⑤ 参 S. Bacchiocchi,《安息日》,前揭,页 26-63;S. -O. Back,《耶稣》(Jesus,? bo,1995),页 194-197。
⑥ 参 H. A. McKay,《安息日》,前揭,页 136:"因为'犹太会堂'可以指一个独立的、专门建造的一直用来当作犹太人聚会的宗教场所。它可能指一座房子里的一个特别留给安息日使用的房间。它也可以指一群人聚在一个露天的阴凉处,或者曾经构成的聚会。"

息日》,前揭,页 62)。不过,这个文本也记载了如何守这个戒律的讨论:"在安息日行善行恶,救命害命,哪样是合法的呢?"①一种回答就是对安息日的灵性化与苦修主义的解读,②就像在《多马福音》中那样:

> [200]如果你不弃绝这个世界,你不会找到天国。如果不让安息日成为安息日,你不会看到[天上的]父亲。(《多马福音》27)

《希伯来书》以更肆无忌惮的口气声称只有基督徒才能好好守安息日,从工作中停下来休息(《希伯来书》3:7-4:11)。

基督徒与犹太人反省如何守安息日。基督徒说"安息日为人而设,不是人为安息日",从《马可福音》二章 27 节可知,这个说法在拉比文献中也得到证实。③在基督教与犹太教两种文献中安息日都有末世论导向。④

不过,保罗是个谜。在保罗书信中"既没有提到安息日也没有提到'犹太会堂'"(H. A. McKay,《安息日》,前揭,页 142)。这是一个没有争议的话题吗?保罗是不是"简单地接受犹太人……守安息日,而"他与他的收信人"并不守[它]呢"?(同前)从《加拉太

---

① 《马可福音》3:4;参《马可福音》2:23-3:6;《路加福音》6:1-11, 13:10-17。

② 对《旧约》经文的引用(《马太福音》12:1-14,《何西阿书》6:6):"我喜爱认识神,胜于燔祭";也参《马太福音》24:20。

③ 参《米德拉什沙巴 1》(MekhY Shabta 1);《巴比伦塔木德中有关赎罪日的论述》(bYom),85b。

④ 参比如说,《米德拉什沙巴 1》(MekhY Ki tissa [Shabta] 1)对《出埃及记》31:13 的论述;《密西拿塔木德》(mTam)7:4;《巴比伦塔木德中有关新年的论述》(bRHSh),31a;《塔古姆》(TFrag),Ex. 20:11;《米德拉什〈创世记〉注释》(BerR),17:5, 44:17。

书》我们可以推断保罗对依照日历的戒律有一个分化的甚至复杂的看法(《加拉太书》4:10-11)，与我们在斐洛那里发现的观点非常接近。斐洛写道：

> 根据律法，就虔诚的、遵守自然及其规律的人的洁净的生活而言，每一天都被称作一个节日。(斐洛，《论特殊律法》，前揭，II 42)

保罗在讨论这个话题时也同意多元化的理解(《罗马书》14:5-9)。在《加拉太书》中保罗教导他的非谨守律法的福音书，因为他的信要写给的那些人"谨守日子、月份、节期、年份"(他不是在讨论星期!)，害怕他在他们"身上是枉费工夫了"：你们"情愿再给它作奴仆"吗(《加拉太书》4:9)？《罗马书》十四章以基督的死以及返回到生命中为基础，把禁食与死亡等同、把吃与基督返回到生命中等同，保罗强调不应该因谨守礼仪方面的不同而产生分裂，而只应该出于完全的确信来遵守礼仪。与《使徒行传》刻画的保罗很不相同，在这里保罗成为一个虔诚的安息日谨守者(《使徒行传》17:2；也参13:14,16:13-15,18:4)，与雅各一样(《使徒行传》15:21)。同样，《克莱门一书》四十章2节提倡很严格的谨守节日时间，写道主

> [201]命令我们庆祝牺牲与事奉，不可轻率、无序地进行，而是在固定的时间与时辰……这样一来那些在指定的季节献上他们的祭物的人受神接纳也是蒙福的，因为他们遵守他们的导师的律法，没有犯罪。

《约翰福音》进一步发展了在对观福音书传统中已经出现的末世论与基督论的要素，它的严谨加剧了这种情形，这种严谨性把它放在一个跟斐洛与保罗而不是跟对观福音书更接近的位置。《约翰福音》没有提到基督复活，更让人惊讶的是，在详细解释圣子把生命

给了那些从死里复活的人时,《约翰福音》表明法利赛人谨守安息日与基督徒"触犯安息日"之间的分歧使两者分道扬镳(参《约翰福音》5:16-23)。

在《歌罗西书》所反映的保罗传统中,我们注意到作者试图以灵性化的解释来弥合由拒绝谨守安息日造成的分歧:

> 所以不拘在饮食上,或节期,月息日,都不可让人论断你们。这些原是后事的影儿。那形体却是基督。(《歌罗西书》2:16-17)

从这些论辩来看,很难相信第一世纪的基督徒会轻易地放弃像谨守安息日这样的传统而把他们的聚会从第七日转到下一日,即一周的第一天。在第二世纪后期基督徒之间就逾越节的禁食与日期而产生的意见冲突诉说着一种激情,犹太历法传统在当时还被这样的激情守护着。逾越节论辩本身凸显了在多深的层次[我们可以说]基督教仍然是犹太人内部与希伯来人内部就各自对历法的不同理解而起的争论。犹太人与撒玛利亚人至少有"两个敌对的算法","一个祭司的算法,一个更通俗的算法"。采用祭司算法的有撒都该人,还有《死海古卷》提到的一些撒玛利亚人,祭司算法强调一周的第一天的价值;而法利赛人与拉比们支持通俗的算法,这种算法强调一周的第七天,"它的影响力在我们的时代开始时增强"(J. v. Goudoever,《日历》,前揭,页29)。基督徒起初遵循祭司历法,像撒玛利亚人一样,他们似乎已经把节日灵性化,也把节日的数目减少。

以上对基督教中有关安息日的简短概述充实了这样的观点,即这场新运动不是从创造一个不同的礼拜体系开始的,它几乎没有走出旧的犹太传统的几种礼拜方式。基督教团体至少还在庆祝一些传统的犹太节日,使其进一步发展;看起来他们并没有从引入新的礼拜仪式开始。

这一天"我们逾越节的羔羊—基督已经被杀献祭了"①

[202]从什么时候开始又是为了什么基督徒在一周的第一天聚会?

保罗是提供最早证据的作者。不过,当他写到"基督日"或"主耶稣日"时,他并不像通常认为的那样把这个名字与一周的第一天联系起来,而是指向那个特殊的、将来的、末世论的日子(《腓立比书》1:6,10;《哥林多后书》1:14)。在他谈论基督徒聚在一起分饼、喝那一杯来"表明主的死"时,②他提到他们"在同样的地方"聚会,但没有给出任何特殊的日子。这些聚餐并没有让他想起"主的晚餐";他们"吃的时候",聚在一起"各人先吃自己的饭,甚至有人饥饿,有人酒醉"。如果保罗知道一个不同于安息日的特别的日子,为什么他连提都不提呢? 只有一次他谈到一个每周重复的例行聚会,他督促他们留出一点礼物:

> 每逢七日的第一日,各人要照自己的进项抽出来留着,免得我来的时候现凑。③

保罗在这里所写的不是团体内部聚会的捐款,而是单个成员(每个人)抽出一些"自己的进项",这恰恰是在罗马世界的人们在一周的第一天可能做的,那就是罗马历法中所说的一周的第八天,

---

① 《哥林多前书》5:7。
② 《哥林多前书》11:20-21,26。参 S. Bacchiocchi,《安息日》,前揭,页76:"那么主的晚餐显然是纪念基督献身以及在场(parousia)而不是他的复活。"
③ 《哥林多前书》16:2。参 S. Bacchiocchi,《安息日》,前揭,页90-95。

有集市的这一天。①保罗没有提到基督徒在一周的第一天或其他哪天聚会。

在整个《新约》中唯一的另外一处出现"主日"的地方是在《启示录》一章 10 节（S. Bacchiocchi,《安息日》,前揭,页 111-131）,在一个镜映保罗末世论的段落中。对《启示录》而言这是约翰获得灵性体验的日子,这一天上帝叫他把他的异象写在一本书里。

《新约》里面还有另一个基督徒"在一周的第一天"聚会的证据（《使徒行传》20:7）：聚会从刚刚结束的安息日的夜晚持续到第二天清晨。②《使徒行传》二十章讲述了一个很吸引人的故事,有关那位不怎么幸运的犹推古,[203]因为保罗在一次分饼的聚会中太过冗长的布道,他掉下来几乎摔死。这个故事难能可贵的地方在于它使用犹推古这个名字,意思是"好运的人"：

> 过了除酵的日子,我们从腓立比开船,五天到了特罗亚,和他们相会,在那里住了七天。七日的第一日,我们聚会擘饼的时候,保罗因为要次日起行,就与他们讲道,直讲到半夜。我们聚会的那座楼上,有好些灯烛。有一个少年,名叫犹推古,坐在窗台上困倦沉睡。保罗讲了多时,少年人睡熟了,就从三层楼上掉下去,扶起他来,已经死了。保罗下去,伏在他身上,抱着他,说："你们不要发慌,他的灵魂还在身上。"保罗又上去,擘饼,吃了,谈论许久,直到天亮,这才走了。有人把那童子活活地领来,得的安慰不小。（《使徒行传》20:6-12）

事实上,《使徒行传》的文本是第一个也是最早一个有关基督

---

① S. Bacchiocchi,《安息日》,前揭,页 92,正确地指出在《哥林多书》中这不是一个与食物有关的问题,而是在讨论金钱。

② 参 S. Bacchiocchi,《安息日》,前揭,页 105（同前,之前的观点是把星期天晚上当作这场聚会的开始）。

教圣餐礼的记录。故事发生在特罗亚,时间可能是在过了逾越节两周以后。这个聚会从犹太日(the Jewish day)开始时就开始了,在那天晚上又一直持续到第二天早上太阳出来之前(参 R. Staats,《周日晚崇拜》,前揭)。楼上的灯火让我们想起耶稣在楼上分饼的故事,这是一顿在一间廉价的租来的房子 ① 里进行的晚餐,在同一天晚上他被捕。

这场景是个单一的特例还是每周或每年举办的活动我们不太清楚。在一系列的时间指示词汇(过了除酵的日子……开船,五天到了特罗亚……住了七天。七日的第一日)之后,末了提到"七日的第一日",听起来更像一个末世论的陈述而不是在引用一个既定的为哪个固定的聚会日而起的名字。这个描述让人想起在提比利亚那个很大的祷告屋中对约瑟夫斯的一个自传式的描写,这个团体在安息日早上为了一场政治集会而聚在一起,在下午集会中断,但第二天早上,即那周的第一日又聚集起来,所以当约瑟夫斯在早上七点到达时,他"发现人们已经聚集在祷告屋,尽管他们不知道为什么他们被召集到那儿"(约瑟夫斯,《生平》,前揭,272-303)。毫无疑问这些人不是为了一场定期在星期天早上举行的"祷告"而聚在一起,而是因为一场超乎寻常的、在前一天还没有落幕的辩论。

[204]在特罗西的这个晚上,保罗一定沉浸在极长的布道中,这场布道持续"到半夜"甚至更晚。"擘饼"本身发生在午夜之后。犹推古从窗口掉下去,保罗把他救活,就像耶稣把拉撒路救活一样,这一事件见证了保罗身上的权柄。这个故事既没有详细解释事件本身,也没有对隐含的象征意义作发挥;它只强调保罗"擘饼""吃了""谈论许久,直到天亮,这才走了。有人把那童子活活地领来,得的安慰不小"。如果犹推古的再生与保罗布道的内容有关联的话,它

---

① 在楼上的房间,因为租金更便宜,参 C. Kunst,《住所》("Wohnen"),收于 Jürgen Zangenberg and Michael Labahn (eds), *Christians as a Religious Minority in a Multicultural City*,2004,页 9。

也不是在说耶稣的复活,而是保罗的拯救行为。

看起来很难把这个描述与妇女们在天亮前去墓地的故事相提并论,以建立一个圣餐礼的传统,以一顿早餐为圣餐礼来庆祝基督的死与复活。这场聚会并不是从早上开始;它是在夜晚发生并且持续整晚的一个事件。有时间与空间提供给一位特邀的演说者发表长篇大论,午夜后,为擘饼做好准备;人们吃了继续聊,这位嘉宾讲到了第二天。看起来最可比拟的就是依据福音书里所说的耶稣与他的门徒一起吃的那顿晚餐。①《路加福音》把这个晚餐与主对门徒的教诲联系起来,《约翰福音》把它扩展成一个四章长的布道书,在这里擘饼只是一笔带过。

我们的下一个基督徒聚会的证据在《新约》之外找到,即所谓的《十二使徒遗训》:

> 须在主之主(On the Lord's of the Lord)聚会,擘饼,感恩,首先忏悔你的罪,这样你的供物会纯净。但不要让任何与同伴吵架的人加入到你们当中,除非他们已经和好,这样你的供物就不会被玷污;因为主这么说:"在每个地方",在任何时间,"给我洁净的供物,因为我是大君王,主说,我的名在列国中必尊为大"。(见《玛拉基书》一章 11 节)②

就像在引述《玛拉基书》时明确指出的,聚会的主要特征是其普遍性,更重要的是,《十二使徒遗训》加上它的无时间性。对照从

---

① 《马太福音》26:17-30;《马可福音》14:12-26;《路加福音》22:7-38;《约翰福音》13:1-17:26。

② 《十二使徒遗训》(*Did.*),14:1-3;英译 Ben H. Swett,网址:http://bswett.com/1998-01Didache.html,2011 年 4 月 26 日;《十二使徒遗训》(*La Doctrine des Douze Apôtres* [*Didachè*]),W. Rordorf and A. Tuilier (eds),1978,页 63-80。

《玛拉基书》引用的经文,时间这个要素恰恰没有出现(参引文中的楷体"任何时间")。"在每个地方",在任何时间,"给我洁净的供物"。时间应该像地点一样不重要。无论什么时候、不管在哪里聚餐,都应该是洁净的供物。这本身就解释了为什么在这个文本的开头,On the Lord's of the Lord 一定不要像以往那样翻译成"主日"(the Lord's day)。这个语境[205]不允许 On the Lord's of the Lord 指示一个特定的日子;这里的用意相反:《十二使徒行传》称基督徒可能在任何一天任何时候聚会。①

这里没有提到布道,《十二使徒遗训》增加了"忏悔罪过",把它与供物的洁净结合起来,虽然没有在聚会的人的供物与一个献祭的基督论之间建立关系,例如,像《哥林多前书》五章、《希伯来书》或《克莱门一书》,在这些文本中,擘饼与基督作为"已经被杀献祭"的"逾越节的羔羊"这个观念连在一起。《十二使徒遗训》中的祷告反倒聚焦于提供永恒生命与知识的基督。保罗进一步将逾越节的祭牲与作为圣殿献祭的五旬节的"初熟的果子"的基督复活结合起来(《哥林多前书》15:20-23),《十二使徒遗训》缺少这部分内容,既没有提到基督献身,也没有提到他的复活。

供物洁净与君王象征论(the King topology)表明基督徒聚会擘饼被当作一个灵性化了的献祭。与从《十二使徒遗训》中引用的主的教导相似,《玛拉基书》很明显地指向那个离域的、非时间性的圣殿。《玛拉基书》中的前一句经文写道:"甚愿你们当中有一人关上殿门,免得你们徒然在我坛上烧火。"《十二使徒遗训》中的"忏悔罪

---

① J. B. Thibaut,《仪式》(*Liturgie*,Paris,1964,页 33-34)已经给出希腊语法原因以排除"主日"这样的译法,并且"依照主的最高教义"如此建议;更多论述,包括《玛拉基书》(*Malachi*)的内容,可以在 S. Bacchiocchi,《安息日》,前揭,页 114 注 73 找到。Κυριακη这个名字的不同用法在《彼得福音》(二世纪下半叶)(35,50)中出现,撒狄的墨利脱写了一篇《论主日》(*On the Lord's day*)的文章,他似乎已经暗示一周的第一日,遗憾的是这个文本已经失传。这个词也出现在后来的文献中,参 S. Bacchiocchi,《安息日》,前揭,页 17。

过"让人想起《诗篇》二十四章,这是一个很重要的文本,我们后面会谈到。《诗篇》二十四章在祭品供上之后由祭司在圣殿吟唱。就像它在希腊文《七十士译本》的标题所揭示的那样,它不是在哪天都能吟唱的诗篇,而是在七日的第一日吟唱的那首,它强调会众的洁净:①

> 谁能登耶和华的山?
> 谁能站在他的圣所?
> 就是手洁心清,不向虚妄,
> 起誓不怀诡诈的人。
> ……
> 这是寻求耶和华的族类,
> 是寻求你面的雅各。
> 众城门哪,你们要抬起头来!
> 永久的门户,你们被举起!
> 那荣耀的王将要进来!②

[206]诵读或吟唱这首诗的基督徒一定会联想到他们自己的聚会,可能会把它与七日的第一日联系起来。

因为《使徒行传》已经暗示,基督徒在七日的第一日聚会,我们也许可以从《十二使徒遗训》推断出基督徒为什么可以在他们聚会的那天建立这种关联。他们并不需要转换,不需要从传统的安息日转换到第二天,他们认为时间限制与地域限制一样没有约束力。毫无疑问从公元70年圣殿被毁开始,甚至有可能更早,擘饼作为一场

---

① 参《诗篇》24 的标题,见《七十士译本》(LXX);E. Schürer,《星期》,前揭,页3。

② 《诗篇》24:3-7。这些字眼对洁净观念的影响与纯晚餐(*cena pura*)相关,作为在安息日圣殿诵读的一部分到现在为止还没引起人们的关注。

洁净的聚餐,可能已经取代了历法上的安息日以及在周日举行的实体性的圣殿祭祀(参前面的论述)。犹太习俗的灵性化是其中一个原因,它说明了为什么直到六世纪为止,守安息日(尽管通常被拒斥)与基督徒周日聚会在基督教团体中能够并存。①

所谓的"星期天"

尤斯丁在他的《第一护教辞》第 67 章有非常重要的一节讲述基督徒崇拜。

这个文本写于 151 年之后不久,②尤斯丁"代表所有国家中那些被不公正地仇恨的人"向君王呈上他的演讲与诉求(尤斯丁,《第一护教辞》,前揭,1)。从《护教辞》的第一章开始,尤斯丁并不是在谴责对所有基督徒的攻击,他的策略说明了基督教的多元化,他不仅要把这类攻击从教会引开,而且指责那些仍然自称"基督徒"的异见分子:

> 就像希腊人当中,那些为取悦自己教导这类理论的人都被冠以同一个名称"哲学家",尽管他们的教理不尽相同;同样,在无教养的人当中,这个招致越来越多谴责的称号是那些真有

---

① 有关犹太教的洁净食物,参 W. Horbury,《犹太教》(*Judaism*, 2006)。奥古斯丁(Aug.),《〈约翰福音〉注疏》(*In Ioh.*), 120, 5 (PL 35, 1954): *propter parasceven quam cenam puram Iudaei latine usitatius apud nos vocant*; id., *Sermo* 221 (PL 38, 1090): *usque ad parasceven quam Iudaei etiam cenam puram vocant*; 更多证据,见 E. Schürer,《星期》,前揭,页 7。

② 因为《护教辞》是写给罗马皇帝安东尼乌斯·庇护(147—161)的书信。在第 29 章中尤斯丁提到腓力斯(Felix)是埃及的总督(《俄西林古蒲草纸》中写着卢克乌斯·穆那提乌斯·腓力斯 [Lucius Munatius Felix]),从 151 年 9 月 13 日起任长官。

智慧的跟看起来有智慧的人所共享的。因为他们都叫基督徒。
(尤斯丁,《第一护教辞》,前揭,7)

虽然他们都叫基督徒,但有些人只是"看起来有智慧",他们"是披着羊皮的狼"。他们只是表面上看起来有智慧,不应该"被当作基督徒,[207]即使他们嘴上信奉基督的戒律"(尤斯丁,《第一护教辞》,前揭,16)。只有这些人,尤斯丁才建议去"惩罚"(同前,7,16)。他们是谁？尤斯丁在讲述了他自己的信仰之后,给出一个"[他]确定[属于此类]人"的名单,上面有个不折不扣的同时代人"马克安,本都人,他甚至在今天还活着而且还教导他的弟子"(同前,26);他与他的追随者都是尤斯丁的讨伐对象。

对马克安的信仰作了简要的概括之后,尤斯丁开始了一个长达26章的论辩,以捍卫他自己的反马克安的基督教立场(第27-63章!),他支持犹太先知,他们已经预言了基督出生、成长、受难、复活与升天,预言了他坐在天父的右边以及他的荣耀(参考《诗篇》24;《第一护教辞》第51章),还预言了耶路撒冷的毁灭,以及所有被马克安否认的预言;尤斯丁甚至用希腊文详细叙述了将希伯来经典翻译成希腊文的故事(尤斯丁,《第一护教辞》,前揭,31),以突出被马克安贬低为与《新约》对立的《旧约》的价值,但尤斯丁从来没有提到具体的称呼。在一个简短的有关预言与神话或诗歌的区分之后,尤斯丁概括了他支持先知的论证,然后回到前面提到的异见者,异见者中最重要、最受推崇的人物是马克安(同前,56-58):

> 有很多人相信这个人(马克安),好像只有他一个人了解真理,他嘲笑我们,尽管他们也没有证明他们所说的东西,但他们就像一群被狼控制的羊那样毫无理性地着迷了,成为无神论教义与魔鬼的牺牲品。(尤斯丁,《第一护教辞》,前揭,58)

尤斯丁接着开始第二轮讨伐,集中针对尤斯丁自己列出来的那些属于马克安的教理。不过,这一次他从像柏拉图一类的哲学家开始讲起,在尤斯丁看来,柏拉图借用了犹太先知的智慧;他接着写道创世、十字架(同前,60)、施浸礼(同前,61)、圣餐礼(同前,65-66)以及基督徒周日聚会(同前,67)。在每一个问题上尤斯丁都想把自己与马克安区分开来(同前,67),但是迄今为止在很大程度上被忽略的是,尤斯丁也接受了很多他的对手的观点。因为马克安反对谨守[208]"日子、月份、节期、年份"(《加拉太书》4:10-11),尤斯丁也断然拒绝"安息日,简单说,所有"犹太人的"节日"。①其他人,例如在罗马与马克安合作的教师托勒密,继续把犹太节日作灵性化的处理,这与他之后的俄利根的做法一样。②

有一点易被忽略,尤斯丁对星期天聚会的描述仍然是他的反马克安论辩当中的一部分:③

> 我们当中富有的帮助贫困的;我们一直在一起;对所有提供给我们的东西,我们通过他的子耶稣基督也通过圣灵来祝谢它们的缔造者。在被称为"星期天"的这一天,所有在城市与乡下住的人都在一个地方聚集,只要时间允许就会诵读《使徒回忆录》与《先知著作》(Writings of the Prophets);诵经完毕以后,会长给予口头指示,劝勉大家仿效这些好事。接着我们都站起来一起祷告,像我们之前说过的,当我们的祷告结束后,面包、酒跟水会端上来,会长以同样的方式依照他的能力祷告并祝谢,人们跟着他一起说阿门;给每个人派发一份,分享已经被

---

① 相似的观点,参德尔图良,《驳马克安》,前揭,I 20;尤斯丁,《与特来弗对话录》,前揭,18:2;《以斯拉记》(V Ezra),1:31;《丢格那妥书》4:5;雅里斯底德(Arist.),《辩护书》(Apol.),14;J. Goudoever,《日历》,前揭,页152。

② 参托勒密(Ptolemy),《致弗洛拉的信》(Ep. to Flora),8, 12, 13, 15;俄利根,《驳克塞尔苏斯》,前揭,VIII 22。

③ 参 M. Wallraff,《基督》,前揭,页 89;G. N. Stanton,《耶稣》,前揭,页75-76,页92-109。

祝福过的食物,对于那些缺席的人,执事会给他们寄去一份圣餐。那些富有的也乐意捐助的人,给出每个人认为合适的份子;所有的捐款由会长存起来,用以帮助孤儿寡妇还有那些因生病或别的原因需要帮助的人,以及那些跟我们有关系或在我们四周流浪的陌生人,一句话,照顾所有需要的人。

但"星期天"是我们全体聚会的一天,因为它是第一天,在这一天上帝在黑暗与物质中启动他的大能,创造了世界;耶稣基督我们的救主也在这一天从死里复活。因为他在那一天 Chronos[Saturn/Saturday 星期六]的前一天[星期五]被钉上十字架;在星期六之后、被称作"星期天"的这一天,对他的使徒与门徒显现,他教导他们这些事情,也就是我们已经传授的、让你们思量的教理。(尤斯丁,《第一护教辞》,前揭,67)

当我们读这些反驳马克安的描述时,我们理解了为什么尤斯丁希望强调在"被称为'太阳日'(Sun-day)的这一天"(或者:"所谓的星期天")整个团体在一个地方聚会,以及为什么他提到诵读"《使徒回忆录》与《先知著作》"。

尤斯丁强调单一的"全体聚会",因为在 144 年之后,特别是到写这本书的时候为止,也就是 151 年之后,马克安已经建立了自己的基督徒团体,这个团体无疑与尤斯丁的团体是分开聚会的。[209]纵观其《护教辞》,尤斯丁对君王指出罗马人在迫害不该迫害的基督徒。

从尤斯丁介绍这一天的名字的方式(在叫"星期天"的那天)以及他在引用段落结尾处所作的冗长的解释来看,"星期天"这个名字在罗马的基督徒当中还没被广泛接受(参 E. Schürer,《星期》,前揭,页 35)。在尤斯丁描写的那些被基督徒普遍接受的教义之中,我们没有发现类似的疏离感(比如,他从不说"所谓的感恩",或者"所谓的执事")。基督徒很不情愿接受以星球的名字命名工作日,这点也可以从来自罗马内部(包括外部)基督徒碑文的目录中看得出来，只有一处例外，从公元 269 年起，很多地方提及以星球命名的工作日，它们无一例外都出现在君士坦丁（公元 327 年）时代或之后。生活在第二个世纪的基督徒，只是很不情愿地共享一般的罗马人的经验，在那个时候他们对这些名字还不熟悉。就像我们从狄奥（Cassius Dio）这位公元 200 年左右的作家那里所知道的，星球名字并没有被视为古希腊-罗马传统的一部分，而是最近出现的新名词。①

如果"太阳—日"（Sun-day）对异教徒与基督徒而言都是一个新名词，那尤斯丁为什么又要犹豫不决地给聚在一起的基督徒介绍这个名称？诸如《与特来弗对话录》中，他从没采取这种说法。②最常见的解释是这样的："在他写给异教徒皇帝的信中，[尤斯丁]采用了一个基督徒圈子外的人直到今天还在用的称号。"③不过，就像我们刚才看到的那样，这个称号还没有被"基督徒圈子外的人"使用，也未曾在圈子内流行。况且，他对这个明显的新词所作的解释既没有参考罗马历法，也没有参考异教占星术。尤斯丁反倒加上一条参考内容，提到宇宙的创造与基督的复活；这两者的结合本身表明尤斯丁的解释具有反马克安特征，它涉及"星期天"这个词的起源。尤斯丁是在反驳马克安，在马克安那里基督复活非常重要，其中有很多原因，不只是因为这是保罗从主那里得到的很确定的启示：基督与造物主及被造物都没有任何瓜葛。我们知道，马克安以术语"光"来表达对基督复活的纪念，尤斯丁接受了这点，马克安以术语

---

① 狄奥（Cassius Dio），《罗马史》（*Hist. Rom.*），37, 18, 1-2；参 C. Pietri,《时间》（"Temps"），载于 *Le temps chrétien de la fin de l' antiquité au moyen ège, III*^{e}*-XIII*^{e} *siècles*, 1984，页 68-69。

② 参 H. A. McKay,《安息日》，前揭，页 191-192："在《对话录》24 中，尤斯丁详细解释了基督徒的第八日较犹太人第七日与犹太教割礼的优越性；割礼的血已过时，代之以救赎的血。他看起来像沉浸在玩字眼当中，以他以为的对手为代价，历为犹太男婴在他们生命的第八天行割礼。"

③ F. A. Regan,《主日》（*Dies*, Washington, 1961），页 4；也参 M. Wallraff,《基督》，前揭，页 89。

"太阳"命名聚会的这一天,也就是星期天,但他用另一个观念——同样的光也在上帝创世故事的第一天显现——来平衡、补充这个新的说法。如果基督徒在七日的第一日为擘饼而聚会已经成为犹太教圣殿祭拜的一种灵性替代物,以及对基督之死的灵性化的纪念[210],在这里基督之死被理解为逾越节羔羊的牺牲,那么我们就可以理解为什么马克安拒绝犹太人所说的基督的受难,反而把它与他认可的保罗式的太阳—象征论的基督复活说联系起来,并采纳了相应的星球的名字,这名字既不是犹太的也不是罗马的。马克安已经建议基督徒不应该庆祝造物主给予的逾越节,而应该在那一天禁食,实际上,逾越节的禁食很快就被加历斯都(Callistus)引入罗马教会,并且实施了数百年,① 他不可能按照犹太的历法计算一周的日子。星期天这个名字看起来不过是马克安的又一个"革命性的创举"(H. Koester,《宣道—福音》,前揭,页381)。从复活的观点来看,在复活的荣耀中,作为基督献身救赎的纪念,它完全可能适合马克安自己所在团体的基督徒聚会的性质。

这个马克安式的布局,也为理解尤斯丁文本中的"前后不一致"提供了新的思路。如果尤斯丁想要说耶稣基督在星期五被钉上十字架、星期天复活,他可以简单地称之为金星日与太阳日。尽管他之前已经提到了太阳日,但他认为有必要把它作为星期六之后的这一天引入,即"所谓的太阳—日";而且,它一定是"一个[对尤斯丁的基督徒读者而言]令人吃惊的发现,他们的 Κυριακή (安息日)正好是异教徒以星体命名的一周当中的太阳日"(M. Wallraff,《基督》,前揭,页90)。这个被称作"美好"而"意外的巧合"在尤斯丁那里影射上帝在星期天从黑暗中创造世界的观点,它看起来像一个

---

① R. Bauckham,《主日》,前揭,页267,注103;德尔图良,《驳马克安》,前揭,IV 12,7;希坡律陀,《〈但以理书〉注疏》(*In Danielem com.*),IV 20,3 (GCS 234);很显然安息日禁食仍然在公元1000年左右还在实施:参 M. Righetti,《年》(*L'Anno*),Milan,1969,II 39。

反驳马克安的论点。尤斯丁不乐意接受论敌的术语,这就解释了为什么会有这种做法,即略显笨拙地把马克安的复活论题,附加在尤斯丁由创世论引发的论辩之上。比较头两个世纪的逾越节文本,可以证明尤斯丁在一周的第一天与创世之初这两者之间所作的联结是一个传统的逾越节论点,而基督复活似乎是被马克安引入的一个话题。

从我们刚才说过的内容再来看,尤斯丁为什么要特别指出在他的基督徒聚会诵读什么经文,答案变得一目了然。马克安的基督教经典是由保罗的十封书信加一个福音书组成的《新约》,而尤斯丁谈论的是《使徒回忆录》(注意"使徒"与"回忆录"这两个词都使用复数!),以及《先知著作》。①

[211] 为了使他的团体免受责难与迫害,尤斯丁写了《第一护教辞》。他的策略是解释清楚"基督徒"这个称号本身并不能说明某人是不是一个可靠或虚假的哲学家与公民。对他来说,这个词是对两个不同团体的总称:他自己的,即真正的基督徒团体;与异见分子的,即马克安的团体。为了区分两者,尤斯丁概括了马克安的神学与实践的纲要,与他自己的形成对比。对星期天聚会的描述是整个策略的一部分。与别的许多反对马克安的论辩一样,尤斯丁吸收了很多马克安的观念与术语。但他很坚决地反对马克安的立场,反对把基督教与犹太教分开,把更高的上帝与宇宙的创造者分开,把

---

① 在别的情况下,尤斯丁把"回忆录"与"所谓的福音书"等同起来(《与特来弗对话录》,前揭,10:2, 100:1),与"福音书"这样的标题保持同样的距离。在我们讨论的这个段落的前一章,尤斯丁已经很小心地接受了"书面福音书的概念",根据 Stanton 的研究,$εὐαγγέλια$ 复数形式的第一个例子指向基督教文献中的"福音书籍"(gospel books):参 G. N. Stanton,《耶稣》,前揭,页 53-54;唯一一个有可能更早使用单数的人看起来是在马克安之后:《克莱门二书》8:5(主在《福音书》中说),以及《伊格那丢致非拉铁非书》,前揭,9:2;《伊格那丢致士每拿书》,前揭,5:1, 7:2,第三个例子是《十二使徒遗训》,其成书时间不可能比第一或二世纪更准确(《十二使徒遗训》,前揭,8:2,11:3,15:3-5)。

复活的基督与童贞女生出的耶稣分开。

看起来直到马克安之后，主日的庆祝才慢慢地从对圣殿的一种灵性化的替代或对主的献祭之死的纪念，变成对他的复活的庆典。随着马克安的出现，人们开始通过福音书里发现的复活节故事解读主日。不过，尽管有影响的神学家开始采纳主日的复活—象征论，①直到四世纪君士坦丁与亚波里拿留的时代，复活才与星期天以及复活节完完全全地联系起来。对基督徒而言，主日与基督复活的结合，似乎比基督复活与复活节的结合更容易理解。为什么会这样，我们只能猜想，但可能是由于缺乏一个更古老的星期天聚会的犹太传统支持这样的内容转换，而逾越节的犹太—基督教传统有很强的《出埃及记》传统，这一传统把复活节与基督的受难与死亡连在一起，它阻碍并且通常遮盖了对基督复活的纪念。更快地接受马克安把基督复活与星期天合在一起的观念，并没有使得这个新的名称更容易被基督徒接受。基督教作家早就闻到了其中的异端气息，也因为它广泛的异教徒背景而拒不接受这个称号。

另外一位，也是唯一一位"君士坦丁信教之前"的基督徒，也使用了"星期天"这个称号，他就是德尔图良。在他的两部作品当中，德尔图良"以略带贬损的口气"提到"星期天"，"意味着这个称号不可能在基督教会中被接受"。②德尔图良没有马上把这个新的名称作为有异教根源的称号否决掉，而是带着"某种特定的犹疑"来使用它，"甚至可能从反对它的意义上"来使用它（F. A. Regan,《主日》，前揭，页4）。就连四世纪的奥古斯丁也推断说"星期天"是他的反对者摩尼教的弗斯特斯（the Manichean Faustus）给主日的一个称号——摩尼教徒很容易跟马克安的信徒混在一起："你们习惯了

---

① 墨利脱、爱任纽、德尔图良、俄利根、希坡律陀——只提几个我们熟悉的名字。

② F. A. Regan,《主日》，前揭，页4；德尔图良,《护教辞》(Apol.),16,11；氏著,《论国家》(Ad nat.),I 13,3。

在你们称为星期天的那一日崇拜太阳。你们所说的[212]星期天我们称之为主日,在这一天我们不崇拜太阳,而崇拜主的复活。"①

巴拿巴与伊格那丢论庆祝基督复活

上面引用的《诗篇》二十四章也在一个二世纪的很独特的文本中使用,即所谓的《巴拿巴书》。像尤斯丁在他的《护教辞》中所做的那样,这位作者注意到安息日与《创世记》的上帝创世之间的关系(《巴拿巴书》,前揭,15:4):

> 六天之后,意思是说,六千年之后,所有事物都会终结。"他在第七日安息了",这句话指的是:他的儿子到来之后,结束邪恶的那一位掌控的时代,审判不信者,改变太阳、月亮与星宿,只有到那个时候他才会在第七日安息。(《巴拿巴书》,前揭,15:4-5,自译)

为强调他对《创世记》所作的末世论解读,作者引用《诗篇》二十四章:在圣子归来之前,没有一个人"手洁心清,意念不向虚妄"(《诗篇》24:4)。相应地,没有人能够谨守安息日,"圣化那个主已使其神圣的日子"。我们必须等待直到"主更新所有事物",因为只有到那个时候"我们才能够使那一天神圣,[而]我们自己先变得神圣"(《巴拿巴书》,前揭,15:7)。至于现在,作者加上一句"安息日"对上帝"是不可接受的",我们必须等到那一天,到那时上帝在"结束所有事物"之后进行创造的工作,他会创造一个新的"第八日的

---

① 奥古斯丁,《回复弗斯特斯》(*Reply to Faustus*),18,5(CSEL 25, 493 Zycha):*vos in die, quem dicunt Solis, solem colitis. Sicut autem nos eundem diem dominicum dicimus, in eoque non istum solem, sed resurrectionem domini veneramur*。

开端,那就是另外一个世界的开始"(《巴拿巴书》,前揭,15:8)。到此为止,这个文本看起来合乎逻辑前后一致。但作者加上一个重要的句子,这句话跟之前的论述不太吻合。他很清楚地排除了任何一种末日之前的神圣化作为,同时他又加上一个相当奇怪的结论,这个结论不再指向希望与未来,而指向现在:"因此,我们把第八天当作快乐的日子,在这一日耶稣他会从死里复活,他显现之后升天。"

很遗憾的是,《巴拿巴书》的成书日期并不确定(参以上论述)。这个文本暗示基督复活("快乐的日子,在这一日耶稣他会从死里复活……")的这种别扭的方式使得一些学者提出这样的建议,即《巴拿巴书》汇总或借用了别的文本的信息。在这一段落中作者多次提到新颖性[213],这也使得我们对这样一种可能性保持警觉,也就是说,他像尤斯丁一样,在回应马克安。这么一来就可以解释,他为什么与马克安共享如此之多的与犹太教对立的特征,比如说,拒绝守安息日,而在同时,尽管与马克安和尤斯丁不同,他又设法整合犹太传统、先知,以及这一天的算法以取代它:基督徒不庆祝第一日,而庆祝第八日。根据《巴拿巴书》,①把第八日作为一个快乐的日子跟任何谨守安息日的方式都不一样。就像在《十二使徒遗训》中那样,其背景是圣殿-神学与马克安思想的混合体,马克安认为不是在将来,而是在此刻庆祝基督复活。只有在这个案例中,作者才谈论基督的复活,而在这封信的其他部分,救赎的重点完全在忍受、基督受难与死亡。

《伊格那丢书》(*The Letters of Ignatius*)甚至比《巴拿巴书》还难解释,因为对这个文本的解读还在进行,其成书时间也还在考证当中。②让我简单地以几个观察作结语,不再增加更多的内容。

如上所示,伊格那丢与马克安有很多共通之处,包括有关保罗

---

① 是否基于保罗思想,参 J. Carleton Paget,《保罗》,前揭,页 381。
② 参之前的论述:W. Schmithals,《伊格那丢》,前揭;O. Zwierlein,《彼得》,前揭。

的知识,他两次提到保罗。①结果,基督复活几乎在他所有的书信中出现。与马克安极为相似,在伊格那丢的作品中,基督取代了"所有属于古代的东西"——犹太教、律法、守戒、《托拉》。他把这些称为"旧的传说,没有益处",还说,"因为如果我们仍然依照犹太律法生活,我们就承认我们还没有领受恩典"(《伊格那丢致马内夏书》,前揭,9)。而且,伊格那丢的作品中也存在对马克安派的太阳—基督论的反映。在他把"新的希望"解释成"不再守安息日,而是依照主的[生命? 日子?]生活"的地方,②他补充了一句与《巴拿巴书》在字面上等同的话语,也就是说它是这么一个日子,"我们的生命也在这一天升起",他使用了 $\dot{\alpha}\nu\alpha\tau\acute{\epsilon}\lambda\lambda\omega$ 这个表示太阳升起的词,而不是通常表示复活的 $\dot{\alpha}\nu\acute{\iota}\sigma\tau\eta\mu\iota$。什么使得"我们的生命"像太阳一般"升起"?是复活的基督吗?伊格那丢再一次与马克安保持一致(我们还可以加上士每拿的挪威都):不是复活的那位让我们复活,而是耶稣的死。

逾越节——"纪念我的死亡!"③

最近,有这样一个对于复活节历史的描述:

(作为复活节[Easter]为人所知的)逾越节(Pascha)庆典

---

① 《伊格那丢致以弗所书》,前揭,12:2;《伊格那丢致罗马书》,前揭,4:3。现在参考 W. Schmithals,《伊格那丢》,前揭。

② 尽管首先指安息日这一天,但这里的语境允许两种解释:参 S. Bacchiocchi,《考察》(*Esame*),Rome,1974,页 99-120。

③ 参公元一到二世纪有关复活节的论述,Hall 对这些在很大程度上相互冲突的观点做了概括,见 S. Hall,《起源》("Origins"),载于 *StP*,15,1984,页 554-567,其他研究者当中,R. Cantalamessa 主张有一个连续性的年度宴席"从第一次出埃及一直到今天的教会",W. Huber 认为"直到二世纪中叶,很多教会,特别是罗马教会根本没有复活节宴席这回事"(同前,页 555)。

从一个基督教版本的逾越节开始,[214]与其犹太先人一样在同一天庆祝这个节日,焦点集中在作为逾越节羔羊的基督身上,他为这个世界的罪献上生命,尽管这个核心主题被安置在基督事件的整体语境中,即从他的出生到人们期待的基督第二次来临。不过,到第四世纪为止,这个节日改变了其形式及意义。现在是在星期天庆祝,紧接着原本是犹太的节日,形成了一个包括星期五—星期六—星期天的三日庆典(一个三日祈祷[triduum],西方基督徒逐渐形成这个称号)的最后一部分,以纪念基督从死亡到复活这个时段。因此它的主题不再是"基督,为我们献身的逾越节的羔羊"(《哥林多前书》五章7节),而是"哈利路亚!基督复活了!"①

"这个庆典的焦点最初并不是基督的复活,而是'基督,为我们献身的逾越节的羔羊'";②在早期描述中"没有提到复活"(S. Bacchiocchi,《安息日》,前揭,页8)。或者,像另外一位学者概括的那样,"在早期教会里十字架是复活节的中心,这不是从耶稣受难日的绝望这个角度,而是从一个动态的拯救的角度来看这个问题。"③

献祭传统在保罗(《哥林多前书》5:7)与《约翰福音》中已经存在,在这里耶稣被认作"上帝的羔羊"(《约翰福音》1:36),尽管说他已经"死在十字架上,就在准备逾越节的那天(也就是,尼散月的14日),在献祭的羔羊被宰杀的那个时辰"(《约翰福音》19:14ff.),而不是在逾越节的当天。然而,接下来"兵丁来,⋯⋯见他已经死了,

---

① P. F. Bradshaw,《复活节》("Easter"),收于 P. F. Bradshaw and Lawrence A. Hoffman (eds), *Passover and Easter*, Notre Dame,1999,页1;也参 G. Visonà,《复活节》("Pasqua"),载于 *EL*,102,1988,页259。

② P. F. Bradshaw,《源起》("Origins"),收于 P. F. Bradshaw and Lawrence A. Hoffman (eds), *Passover and Easter*, Notre Dame,1999,页82。

③ G. Visonà,《复活节/逾越节/复活节布道》,前揭,页520(自译);W. Kinzig,《复活节》("Ostern"),载于 RGG^4,6,2003,页728。

就不打断他的腿。……这些事成了,为要应验经上的话说:'他的骨头一根也不可折断'"。①

作为逾越节羔羊的耶稣是在传统的 14 日(Quartodeciman)庆祝,这个日期至关重要。墨利脱与他的逾越节布道书就是一个例证。它的编辑与翻译豪尔(Stuart G. Hall)认为复活主题的合并就是墨利脱修正马克安的一个结果,"从十四日到星期天复活节庆祝"这个变化是"反马克安派、反诺斯底派的惯例,它不仅确保《旧约》的连续性,而且维护对上帝创世的纪念意义,以及对耶稣的肉体受难与复活的强调"(S. Hall,《起源》,前揭,页 567)。在《论逾越节》(On Pascha)第二部分的开头,他把《出埃及记》解释成为基督做准备的犹太预表论,在这个长长的解释之后,他引入基督教的答案,[215]对那个与犹太教逾越节哈加达(Passover Haggadah)并行的问题的答案:"行这礼是什么意思?"(《出埃及记》12:26)墨利脱回答:"你已经听到典型的描述以及与之相应的东西;也听到了神秘事件的构成。什么是逾越节?"②逾越节

> 因其特征而得名:由受难(suffer)[pathein]而有受难(suffering)[paschein]。因此知道谁是受难的那一位,谁分享受难者的苦难,为什么主出现在世上,赋予自己受难的那一位的身体,带他去天堂的高处。(墨利脱,《论逾越节》,前揭,46)

这个选段里有"亚兰语 pascha 的错误的词源说明……,在早期基督教中广泛传播",③不是复活而是道成肉身,主为自己套上受难

---

① 《约翰福音》19:32-36;参《出埃及记》12:46;《民数记》9:12。
② 墨利脱,《论逾越节》(Peri Pascha),46。
③ S. G. Hall,《撒狄的墨利脱:论逾越节》导论,前揭,页 23 注 13;也参 P. F. Bradshaw,《源起》,前揭,页 83。斐洛,《谁将会是他的神圣的继承人》(Quis rer. div. haer.),192 已经暗示了这个词源。

的人或受难的肉体这样的外衣,拯救后者并带他到"天堂的高处"。而以往的学术研究把以星期天而不是以犹太的第十四日为中心的罗马的宗教实践理解为基于基督复活的庆祝,我们现在"恰恰"是在处理

> 同样的对这个节日的解释及其神学……于是,二世纪末爱任纽在高卢说:"摩西揭示上帝之子的段落很多。他甚至知道他受难的日子,通过称之为逾越节,他象征性地预告了这件事。摩西这么久之前就预告的这一日,主受难应验了逾越节的预言"。①

只有"在二世纪结束时在亚历山大,……我们发现了对这个节日不怎么相同的理解,它关注的焦点是'时段'而不是'受难'——从死到生这一时段"。②

最早的有关逾越节的证据,就现在可以找到的资料而言,日期是从二世纪中期开始——尽管我们可以顺理成章地假设,这个节日的庆典早于它的第一次记录——它表明基督徒与犹太教徒一样,都把逾越节焦点放在救赎式的献身上面。因为犹太人对逾越节的理解在某种程度上也互不相同,基督徒也一样。他们当中的一些人"认为他们过这个节日是在履行基督的命令,在重复那个基督在他受难之前与门徒一起进餐的逾越节",而另外一些人,比如亚波里拿留,则依赖于在保罗或《约翰福音》里发现的传统,"基督的死与逾越节羔羊的巧合",而情况似乎是"很多早期基督徒根本不过逾越节"。③

就像前面提到过的,对逾越节的不同理解的背后是不同的历法

---

① P. F. Bradshaw,《源起》,前揭,页83;爱任纽,《驳异端》,前揭,IV 10,1。
② P. F. Bradshaw,《源起》,前揭,页83 提到克莱门,《杂篇》,前揭,II 11,51.2 以及俄利根,《论逾越节》,前揭,1。
③ S. G. Hall,《撒狄的墨利脱:论逾越节》导论,前揭,xxvi。

传统的支持。依据《禧年书》《死海古卷》祭司传统(尼散月14日之前的那个星期天),在撒玛利亚人当中(尼散月14日之后的那个星期天),逾越节是在一个星期天庆祝的。①我们可以看到甚至更广的多样性,但在我们这个纪元的第一世纪开始时,至少可以确定有两个更早提到的礼拜历法——拉比的阴历以及古代祭司与礼拜的阳历(A. Jaubert,《日期》,前揭,页59)。后者,而不是前者,最终被基督徒采纳。

复活节的犹太意蕴以及它的重要性可以从《利未记》二十三章1至8节看得出来。逾越节庆典是所有节日当中的第一个,紧接着是上帝"指定的时间"之内以周计的安息日:

> 耶和华的节期,就是你们到了日期要宣告为圣会的,乃是这些:正月十四日黄昏的时候,是耶和华的逾越节。这月十五日是向耶和华守的无酵节,你们要吃无酵饼七日。第一日当有圣会,什么劳碌的工都不可作。要将火祭献给耶和华七日。第七日是圣会,什么劳碌的工都不可作。(《利未记》23:4-8)

节日的内容在《出埃及记》十二章与《申命记》十六章都有记载。这是一个快乐的节日,纪念主在处罚、毁灭埃及人的同时保留了以色列人的命,"埃及地所有头生的,就是从坐宝座的法老,到关在牢里的人的长子,以及一切头生的牲畜",还有"埃及的神""尽都杀了"。当摩西召集以色列的长老时,他跟他们说:

> 你们要按着家口取出羊羔,把这逾越节的羊羔宰了。拿一把牛膝草,蘸盆里的血,打在门楣上和左右的门框上。你们谁也不可出自己的房门,直到早晨。因为耶和华要巡行击杀埃及人,他看见血在门楣上和左右的门框上,就必越过那门,不容灭命的进你们的房屋,击杀你们。这例,你们要守着,作为你们和

---

① 参 A. Jaubert,《日期》,前揭,页55;也参氏著,《耶稣》,前揭。

你们子孙永远的定例。日后,你们到了耶和华按着所应许赐给你们的那地,就要守这礼。你们的儿女问你们说:行这礼[217]是什么意思?你们就说:这是献给耶和华逾越节的祭。当以色列人在埃及的时候,他击杀埃及人,越过以色列人的房屋,救了我们各家。(《出埃及记》12:21-27)

《申命记》从一开始就强调,主是在"晚上"把以色列从埃及解放出来(《申命记》16:1)。主的逾越(passing over)(pesach 逾越节)已经被《七十士译本》译成《出埃及记》十二章23节 Παρελεύσεται (他逾越了)与《出埃及记》十二章27节的 ἐσκέπασεν (他保护了),反映了《以赛亚书》三十一章5节拯救预言:"万军之耶和华也要照样保护耶路撒冷,他必保护拯救,要越门保守。"

两个文本都给出重要的暗示,帮助我们理解犹太教以及早期基督教庆祝这个节日的形式。从《出埃及记》我们学到它首先是一个家庭的节日,而且仅仅是"若是一家的人太少,吃不了一只羔羊,本人就要和他隔壁的邻舍共取一只。你们预备羔羊,要按着人数和饭量计算"(《出埃及记》12:4)。它不是一个象征性的晚餐,而是人们举行一个纪念性的会餐,直到他们不再感到饥饿或羔羊被吃得精光,要不然,就必须在太阳出来之前把剩下的都烧掉。聚餐持续整个晚上,就像《禧年书》所证实的那样,① 约瑟夫斯与斐洛

> 应该在第十五日的夜里,在那天晚上太阳落下去的时候吃逾越节的晚餐……在固定的时间,在那一天让以色列的孩子们来守逾越节,从白天的第三个时段到晚上的第三个时段,因为一天的三分之二留给了光亮,三分之一留给晚上……。让他们在晚上进餐,直到晚上的第三个时段,从晚上的第三个时段起所有吃剩的东西都要用火烧掉。(参约瑟夫

---

① 《禧年书》(*Book of Jubilees*),49:1,10,12。

斯,《犹太古史》,前揭,III 10,5)。

约瑟夫斯重复了同样的话,不允许有任何祭品留到早上,他也提到这个节日的最基本的故事。

> 到今天,我们以同样的传统方式保持这个祭典,叫作逾越(Pascha)节,表示"越过"(passing over),因为在那一天上帝用瘟疫杀埃及人时越过了我们的人。①

斐洛的描述也很重要,特别是他在《论特殊律法》(*On Special Laws*)中的叙述。他不仅提到这个宴会包括赞美诗与祷告,而且[218]批评那些人不再从历史的角度理解这个纪念活动,而是把这个节日灵性化,从一种寓言化的、伦理的角度把它解释成灵魂的净化(斐洛,《论特殊律法》,前揭,II 145-149)。尽管斐洛在这里批评对逾越节作寓言化解读,但在其他场合他自己又提出了这样的寓言诠释:"逾越节就是当灵魂渴望挣脱非理性激情,愿意让它自己听从理性对激情的主宰。"②羔羊是象征这个灵魂进化过程的符号,从非理性的激情进化到对激情的主宰:"一只绵羊就是进步的标志,正如它的名字本身所示,因为 probation [πρόβατον] 源于 probainon [προβαίνων],意思是'往前进一步'。"③

斐洛在他的著作中自始至终认为逾越节是一场欢乐庆典,从对一个历法节日的历史纪念这个角度来看更是如此。

> 不用等待祭司……每个家在那个时候都有着神殿的特征

---

① 约瑟夫斯,《犹太古史》,前揭,II 14,6(no. 4 Cantalamessa/Quigley/Lienhard)。
② 斐洛,《谁会是他的神圣的继承人》(*Qu. rer. div. haer.*),192-193。
③ 斐洛,《论亚伯拉罕》(*Abel*),112;同样,见氏著,《立法寓言》(*Alleg.*),III 165。

与高贵,祭牲被献上,为了给那些提供食物的人以及那些收份子钱的人准备一场合适的盛宴,用神圣的净身礼把所有的都及时净化。那些在节日里共享盛宴的人聚在一起,不是像他们参加其他娱乐活动那样,用酒肉满足他们的肚子,而是以祷告与赞歌实践他们承袭的风俗习惯。①

基督教内部早期在历史的解读与灵性化的解读之间的分歧,无不是犹太的,它确实建立在犹太人对逾越节的理解之上,甚至可以存在于同一个作者的作品当中,像我们已经看到的那样。拯救与献祭牲同在,两者都可以从历史的或寓言—灵性的角度去理解。

在圣殿毁灭之前,那些在耶路撒冷想吃一只全羊(或野山羊)的家庭或兄弟会要在圣殿献上他们的祭牲,即所谓的逾越节祭(Korban Pesach)。因为这[219]是一个神圣的供奉,按礼节不净的人都不允许献上祭物或享用逾越节祭;例如这个禁忌就适用于任何没有受割礼的人,②就算他是这个家里的奴隶也一样(《出埃及记》12:44),也适用于麻风病人或那些被死人沾染而变成不洁净的人(《论逾越节》,前揭,66b)。

就我们能够从早期基督教得到的证据来看,保罗无疑与斐洛对逾越节的寓言解读一致,他接受斐洛的理解,把供奉与庆祝团契理解为灵性化的圣殿。在这样一个灵性化的传统当中,保罗基于他本人有关主的晚餐的传统,把作为祭牲的羔羊等同于耶稣,这对保罗来说不算迈出很大的一步,在这里主本身暗示着两者的同一性

---

① 斐洛,《论特殊律法》,前揭,II 145-9;有关吟唱的论述,参《论逾越节》(Pesahim),95b。

② 《出埃及记》12:48:"若有外人寄居在你们中间,愿向耶和华守逾越节,他所有的男子务要受割礼,然后才容他前来遵守,他也就像本地人一样;但未受割礼的,都不可吃这羊羔。"《论逾越节》再次提及这种同伴关系或兄弟同盟:"逾越节供奉的祭物只能在三个部门宰杀,每个部门由三十人组成。"或者说总共有五十人,他们不能全是改信者(《论逾越节》,前揭,64b;91b)。

(《哥林多前书》11:23-27)。

但它看起来是更大的一步,因为我们不仅承认保罗把逾越节羔羊等同于耶稣,而且意识到这样的象征论会导致基督与耶和华的同一:"你们要记念这日,守为耶和华的节,作为你们世世代代永远的定例。"(《出埃及记》12:14)

保罗已经反驳了自夸,也告诫一个小小的不良行为会如何在整个团体中扩散:他用了酵母的例子,这让他想起无酵饼、逾越节,他通过把基督当作祭牲的逾越节羔羊的方式重写他的酵母比喻:

> 你们这自夸是不好的,岂不知一点面酵能使全团发起来吗?你们既是无酵的面,应当把旧酵除净,好使你们成为新团;因为我们逾越节的羔羊基督已经被杀献祭了。所以我们守这节不可用旧酵,也不可用恶毒(或作阴毒),邪恶的酵,只用诚实真正的无酵饼。(《哥林多前书》5:6-8)

对观福音书也把耶稣的最后的晚餐解释为逾越节的筵席,《马可福音》特别强调羔羊的牺牲(《马可福音》14:12-15)。《马太福音》加入了末世论的特征,①而《路加福音》引入了"祭司长和文士在想法子怎么才能杀害耶稣",接下来是犹大的背叛[220](《路加福音》22:2-3)。就对保罗的知识而言,《路加福音》强调对逾越节的一种个性化的解释,同时保罗书信也引用了主的教诲:"你们也应当如此行,为的是记念我。"②像在保罗书信中一样,通过主的这个教诲,《路加福音》对整个故事做了彻底的神格唯一

---

① 《马太福音》26:18。逾越节的末世论气息很快散失;参 G. Rouwhorst,《十四日教派逾越节与犹太逾越节》("The Quartodeciman Passover and the Jewish Pesach"), *Questions Liturgiques* 77 (1996), 152-173.

② 《路加福音》22:19,《哥林多前书》11:24-25。

论的修整。

《约翰福音》通过把基督的十字架之死"放在尼散月第十四日的下午"这种方式(《约翰福音》18:28),把保罗与对观福音书的传统推进一步,它不仅使基督成为象征性的逾越节羔羊,和保罗书信与《对观福音》一样,而且把耶稣等同于逾越节的献祭。在《约翰福音》的开头,我们读到:"约翰看见耶稣来到他那里,说:'看哪,上帝的羔羊,除去世人罪孽的!'"(《约翰福音》1:29)然后很快就说约翰的门徒离开他跟着耶稣,因为耶稣是上帝的羔羊(《约翰福音》1:35-37)。基督作为救赎的祭牲如上所述在《希伯来书》中再次出现,基督作为牺牲的"羔羊"这一主题在《启示录》中获得中心位置,在这里他是"律法规定的牺牲品",是"被杀的羔羊",但当上帝"擦去各人脸上的眼泪",①到那个时候他作为全地的末日的救主而来,作为"万主之主与万王之王",作为"统治的权柄直到永永远远"(《启示录》5:6-13;也参 6:1,5,7,12,16)。

和在保罗书信与《路加福音》中的情形一样,在《启示录》中牺牲的羔羊与上帝本身之间的区别不那么清晰了(《启示录》17:14),尽管在这里——不同于斐洛或保罗——不是这个团体而是上帝与羔羊才是灵性的圣殿(《启示录》21:22-23)。

保罗对逾越节的献祭与灵性的解释,在罗马与小亚细亚的保罗团体中一直保持其重要性。托勒密,这位二世纪早期活跃在罗马的教师知道这点,②《圣逾越节布道书》(Homily on the Holy Pascha)的

---

① 参《以赛亚书》25:8;《启示录》7:9-10,14,17;参 8:1; 12:11;13:8;11;14:1,4,10;15:3;19:7,9;21:9,14;22:1,3。

② 参托勒密,《致弗洛拉的信》,前揭,5, 13-15 (SC 24bis, 62-66 Quispel; no. 17 Cantalamessa/Quigley/Lienhard):"使徒保罗讲得很清楚,逾越节与无酵的面包是他使用的意象,他说,'我们逾越节的羔羊基督,已经被杀献祭了',这样一来,'你们既是无酵的面,应当把旧酵除净'——他说的酵是指邪恶——'好使你们成为新团'。"(《哥林多前书》5:7)

匿名作者也知道。这位布道书作者视逾越节为"灵性盛宴",①经由苦难、从苦难中解脱的灵性盛宴。②逾越节[221]获得从筵席的角度给出的诠释,指当耶稣在圣餐礼中、在十字架上交出自己时的筵席。拯救的要素是知识,"灵性的、坚不可摧的知识"。同样,亚波里拿留把逾越节(Pascha)与希腊文的 paschein($Πάσχειν$,受难)或 pathos($πάθος$,受难)联系起来。③他的《论逾越节》(On Passover)更有意思,因为作者熟悉对观福音书(至少精通《马太福音》),也熟悉《约翰福音》与《使徒行传》,但并没有把逾越节与复活连在一起,他仍然把逾越节完全与基督受难以及他"在逾越节那天被埋葬,还放一块石头在墓穴口"这些叙述联系起来。基督的伟大献身发生在

尼散月的第十四日,因此应该在这一天庆祝复活节。不过,依照对观福音书他的反对者们在这天纪念最后的晚餐,把耶稣的受刑时间定为尼散月的第十五日。但是在这场争议当中双方似乎都没有庆祝基督复活这一天。在这个语境中我们可能列举后面几个世纪的文本提供的进一步的证据,表明早期把复活当作纪念基督之死的节日这样一种理解如何在东西方持续存在,直到第五甚至第六世纪。④

按照优西比乌的说法,就连君士坦丁大帝也在逾越节开始他的演说,布道书《致圣人们的聚会》(To the Assembly of the Saints),其方式是把人的身体的复活与更新和"基督受难日"联系起来:

---

① 无名氏,《神圣逾越节布道篇》(Homily on the Holy Pascha, 62, 1) SC 27, 181 Nautin; no. 27d Cantalamessa/Quigley/Lienhard。
② 同前。
③ 亚波里拿留(Apol. Hier.),《论逾越节》(On Pascha)(no. 26 Cantalamessa/Quigley/Lienhard)。
④ W. Kinzig and M. Vinzent,《信条》("Creed"), 1999, 页 548-549。

那比白天与太阳更加灿烂的光芒,身体死亡好久以后第一个有关身体复活与更新的誓言,承诺的神圣标记,导向永恒生命的道路———一句话,受难的日子——来到,最受人爱戴的博士们。①

里昂的爱任纽知道四本正典福音书,也知道《使徒行传》与保罗书信,但是每当涉及对逾越节的描述时,他只是重复我们从亚波里拿留那里知道的信息,即"这神秘事件的名字是'苦难/受难'(*Pathos* [suffering]),自由的源泉"。②

把逾越节与受难等同起来并不只是一个亚洲传统。比如亚历山大的克莱门,他写了一篇对墨利脱著作的回复,用了同样的标题"论逾越节"(*On Pascha*),在这篇文章中他遵循爱任纽的字源学解释。③尽管克莱门无疑受爱任纽的知识影响,[222]即对《马太福音》、《路加福音》与《约翰福音》的知识,他在《论逾越节》的相关段落里引用这些经文,因此也提到复活,但这无非是把复活作为逾越节正确日期的一个佐证,而逾越节的名字仍然是从救主的受难而来。第一位对这种"错误的"字源说明提出批评的人是俄利根,他在那本写于公元 245 年左右的著作《论逾越节》中澄清此事。他承认"大多数弟兄——如果不是所有的——认为逾越节被称作'Pascha'是从'救主''受难'(passion)而来",但他通过以下的论述修正

---

① 优西比乌(Euseb. Caes.),《君士坦丁志》(*Laus Const.*),1。
② 爱任纽,《使徒宣讲的明证》,前揭,25(no. 29 Cantalamessa/Quigley/Lienhard);氏著,《驳异端》,前揭,IV 10,1。这个所谓的阿凯乌斯(Achaeus),《残篇》(*Frg.*, no. 31 Cantalamessa/Quigley/Lienhard)是个损坏的爱任纽文本,通过几个手抄本保存下来,这些手稿表明这里对"逾越节"所做的歧出的解释只出现在非爱任纽的导论当中:参 H. Jordan,《阿凯乌斯》("Achaeus", 1912)。
③ 克莱门,《论逾越节》(*On Pascha*),frg. 28(no. 36 Cantalamessa/Quigley/Lienhard)。

了这种观点:

> 这里说的筵席准确地说在希伯来语中并不叫"Pascha"而是"phas(h)"。筵席这个名字是由 phi、alpha、sigma 三个字母组成,加上粗希伯来送气音。翻译后,它的意思是"通过"(passage)。因为是在这个节日人们从埃及出发,所以称之为"phas(h)"是合乎逻辑的,那也就是"通过"(passage)。这个名字在希腊语中不能像在希伯来语中那样读出来,因为不使用粗希伯来送气音,希腊人不能说"phas(h)"。其结果是这个名字被希腊化了,在先知书里我们读到 phasek,在这基础之上进一步希腊化就变成 pascha。所以,如果我们当中的任何人在希伯来人跟前贸然地说逾越节之所以有这个称呼是因为救主受难,他们会嘲笑他完全不懂这个名称的含义。①

正如前面所看到的,俄利根本来可以凭借亚历山大的斐洛的论述澄清此事,他确认了我们的观察,也就是说一直到第三世纪,复活节都是与基督的受难联在一起。基督在十字架上的死被视为救赎行为,而不是他的复活。我们在阅读其他的文献也得到同样的结果,这些文献属于所谓的第十四日争议,即二世纪有关违反逾越节禁食性质与时间的争论。与这些文献的内容相反,优西比乌在他的导论中,把基督复活作为确定逾越节日期以及取消星期天禁食的理由。②框架与内容之间的差异反映出从二到四世纪对逾越节的理解

---

① 俄利根,《论逾越节》,前揭,1 (no. 37 Cantalamessa/Quigley/Lienhard)。
② 优西比乌,《教会历史》,前揭,V 23,1-2, 24,11;有关优西比乌与他的复活神学,参下面的论述。对他而言,八神(the Ogdoad)明显地跟复活联在一起,参优西比乌,《〈诗篇〉注疏》(*Comm. in Ps.*),6 (PG 23, 120A-B);同前,11 (140B)。

所发生的变化。

我们可以加上二世纪的其他支持俄利根观点的文献。到二世纪末,逾越节无不等同于基督的受难。比如说,赫拉克利昂,我们所知道的第一篇《约翰福音》注释的作者,他在二世纪后半叶写道:

> 这[是]一场盛大的筵席;因为它是救主受难的描绘,当羊儿不但被宰杀,而且被吃掉时,它带来了祥和。献祭[223]象征着救主在这个世界所受的苦难;被吃象征着婚礼中[高潮后]的宁静。①

《启示录》十九章7-9节建立了牺牲的羔羊与婚礼的筵席之间的关联;赫拉克利昂得出这个结论而且指向作为一场欢乐庆典的逾越节,庆祝救主受难。②我们可以再引用殉道者尤斯丁的话,他在其《与特来弗对话录》中只提到俄利根称之为让自己在犹太人眼里显得可笑的那些观点:

> 我们的主受难又被钉上十字架,他并非受律法诅咒,而是要显明只有他能够拯救那些依然信仰他的灵魂。当埃及人的头生子被毁灭时,逾越节的血洒在每个人的门柱与门楣上,解放那些在埃及被救的人。因为逾越节是基督,他后来被杀献祭了(参《哥林多前书》5:7),就像以赛亚也说过的话:"他像羔羊

---

① 见俄利根,《〈约翰福音〉注疏》,前揭,X 117;依照伊皮法纽,《药库》,前揭,XXVI 4,5-7,巴比罗诺斯替派把逾越节等同于"受难"(suffering),但是,如果伊皮法纽说得没错,他们把它理解为性爱激情。这个结婚的观念再现于无名氏,《神圣逾越节布道篇》,前揭,17,1(SC 27, 145 Nautin; no. 27b Cantalamessa/Quigley/Lienhard)。

② 如上所述,也参托勒密,《致弗洛拉的信》,前揭,5,8-10, 13-15(SC 24bis, 62-66 Quispel; no. 17 Cantalamessa/Quigley/Lienhard)以及他对逾越节的灵性解读。

被牵到宰杀之地。"(《以赛亚书》53:7)书上写着,在逾越节这一天你们抓住他,也是在逾越节这天你们把他钉上十字架。如同逾越节的鲜血拯救了那些在埃及的人,基督的宝血也能让那些信他的人出离死亡。那么如果没有门上的记号,上帝会被骗吗?我不会这么说;但我肯定他已经通过基督的宝血事先宣告了未来对人类的拯救。①

对尤斯丁而言,就像在他之后的爱任纽一样,拯救人类的是基督的宝血。按照尤斯丁的说法,特来弗提供了一个概述,其中提到耶稣被钉上十字架、升天、基督再来、永恒的国度、但没有基督复活,尤斯丁的回答跟我们刚刚引述的观点相似。②

就连三世纪早期在罗马写作的希坡律陀,也不晓得有任何别的方式解释逾越节:"基督本人就是早已被预言过的逾越,在既定的日子得以应验。"③他在其《论逾越节》的第一卷中指出:

[224]事先声明"我不再吃逾越节的筵席"的人,在逾越节之前以恰当的方式享用他的晚餐。他没有吃逾越节的筵席:他让它受难。因为这不是享受这桌筵席的正当时间。④

与尤斯丁作品中的特来弗一致,希坡律陀在保存下来的《论以利加拿与哈拿》(On Elkanah and Hannah)的残篇中谈论了三个季

---

① 尤斯丁,《与特来弗对话录》,前揭,111(see no. 19 Cantalamessa/Quigley/Lienhard)。
② 尤斯丁,《与特来弗对话录》,前揭,40(see no. 18 Cantalamessa/Quigley/Lienhard)。
③ 希坡律陀,《反驳所有异端》,前揭,frg.,见:《逾越节纪事》(Paschal Chronicle)(no. 45 Cantalamessa/Quigley/Lienhard)。
④ 希坡律陀,《论逾越节》,见:《逾越节纪事》,前揭,(no. 46 Cantalamessa/Quigley/Lienhard)。

节——只有前面两个季节的文本被保留下来：

> 为何一年当中的三个季节预示着救主本人，他可能应验有关他的神秘预言：在逾越节，他也许显示他就要被作为一只羔羊宰杀献祭，也表明他是真正的逾越节羔羊——就像使徒说的，"逾越节的羔羊基督已经被杀献祭了"（《哥林多前书》5：7）。在五旬节，他提前给出一个天国的信号，他自己先进入天堂，把人性作为礼物献给上帝。①

我们从头两个世纪里有关逾越节的字源解释中学到了什么？所有能找到的资料都证明，逾越节是对基督受难与死亡的一场纪念活动。如果有附加的成分，那也就是对未来的审判以及复活的末世论展望。没有什么地方与基督复活相关。《使徒书信》以及其中有关逾越节的两个段落可以作为一个概要。第一个段落以这样的告诫开始："纪念我的死亡！"逾越节是基督徒对基督受难与死亡的"纪念"，同时也是对我们所抱的末世论期盼的纪念，期盼主回来进行最后审判。②

如前面所述，在公元 160 到 170 年间，墨利脱在他的布道书《论逾越节》中，为我们提供了"最详尽的"对逾越节的"神学解释"，这种解释从头两个世纪开始就被保存下来（S. Bacchiocchi，《安息日》，前揭，页 82）。它仍然作为对《出埃及记》故事的一种解释，被放在犹太教《逾越节哈加达》的改编本当中（《出埃及记》12：11-30），它

---

① 希坡律陀，《论以利加拿与哈拿》（*On Elkanah and Hannah*）（no. 47 Cantalamessa/Quigley/Lienhard）。

② 但需留意，在伊皮法纽的版本中既没有八也没有主日；相反，伊皮法纽版本写道："我有他的模样与形式，有他的权柄与完整性，也有他的光。我是他的完全[实现了的、整个的]道。"

再现的主题依然是"主的受难"(v. 58),作者发现这个事件"在很久以前早就被预言"(v. 58),不只是被"作为祭牲的羔羊"预言……而且以很多别的《旧约》的方式……尽管墨利脱在他的布道书中也有几次顺便提到复活,但从语境来看,很显然复活在这里只是作为逾越节受难剧本的收场白被提及。它所强调的[225]实际上是耶稣的受难与死亡,这也构成这篇布道书以及这个庆祝活动不断再现的主题。(S. Bacchiocchi,《安息日》,前揭,页82)

墨利脱对逾越节(Pascha/Passover)的定义也没有出乎我们的意料:

什么是逾越节?
它的名字确实来自那个事件——
"庆祝逾越节"(tou paschein)是从"受难"而来(tou pathein)。
因此,要了解受难者是谁,与受难者一起忍受苦难的又是谁(v. 46)。

过了几年,在墨利脱之后,德尔图良把施浸礼与逾越节联系起来:"逾越节为施浸礼提供了最庄严的日子,因为就是在那个时候我们主的受难完成,我们进入其中则被洗礼"(德尔图良,《论洗礼》[De bapt.],9)。庆典、庄严与受难的结合突出了诺克(A. D. Nock)曾经给出的结论:耶稣的"死本身就是胜利"(A. D. Nock,《复活》,前揭,页48)。

正如马克安在二世纪基督复活论兴起当中扮演一个举足轻重的角色一样,俄利根在建立逾越节礼拜传统方面也扮演了同样重要的角色,逾越节用以纪念基督受难的胜利、降到地狱,以及复活。俄利根不只是思辨神学家,而且也是早期灵性解经学家,他从福音书的角度解读犹太经典,在这个意义上,他是独一无二的。

俄利根在其《〈约翰福音〉注疏》中,以末世论的观点解释保罗《哥林多前书》五章7节"与福音书上有关献祭的羔羊的说法的相符"。①他对历史性的及物质性的事物感兴趣,视之为不同类型的灵性实在,而且他对三种形式的逾越节作了区分:第一种是发生在"最早的人们"所处的时期的逾越;第二种是属于基督徒的逾越节;第三种是末世论的逾越。第一种仅仅被当作不完美的预兆,第二种被称为真正的逾越,接下来是最后的第三种逾越(同前)。在其《〈民数记〉注疏》中,俄利根把《约翰福音》一章29节("上帝的羔羊")与《哥林多前书》五章7节("基督,我们的逾越节羔羊")结合起来,而且把基督徒的逾越提升到犹太教的逾越之上。②透过被基督教作品训练的法眼,俄利根展示了一个很有创意的斐洛派对经典的灵性化诠释。因为在他之前只有马克安一个人这么做,俄利根很严格地应用了一套纯粹的基督教经典诠释法,但他对"旧约"与"新约"的说法还迟疑不决,尽管他知道这些说法(W. Kinzig,《新约》,前揭,页531)。

他的伦理灵性主义在他的护教论作品《驳克塞尔苏斯》有所阐释,在这部著作中他建立起对逾越节的解释,把逾越节解释为"越过",但又把对保罗就《哥林多前书》五章7节所作的一个圣餐礼意义上的解读伦理化、去时间化了:

> [226]如果一个人理解"我们逾越节的羔羊基督,已经被杀献祭了"(《哥林多前书》5:7),也知道他应该通过吃逻各斯的肉来"守这节"(《哥林多前书》5:8),那么他无时无刻不在守

---

① 俄利根,《〈约翰福音〉注疏》,前揭,(no. 38 Cantalamessa/Quigley/Lienhard)。

② 俄利根,《〈民数记〉注疏》(*Comm. in Num.*),23,6(no. 38 Cantalamessa/Quigley/Lienhard)。

逾越节,意思是"越过之前的奉献"。因他总是在思想、在每个字眼、在每个行为上践行逾越,从此生的事务飞越到上帝,急忙向着上帝的城赶去。除此之外,如果一个人能够真心地说,"我们与基督一同活过来",而且说"他又叫我们与基督耶稣一同复活,一同坐在天上"(《以弗所书》2:5-6),那么这个人会一直生活在五旬节的日子里——特别是当他"上了所住的一间楼房"(《使徒行传》1:13)把时间留给祈求与"祷告"(《使徒行传》1:13-14),为了值得"天上下来的大风"(《使徒行传》2:2),这风能让可朽物当中的魔鬼连同其影响都消失殆尽,这样一来,他就值得享有上帝给予的如同火焰般的舌头(《使徒行传》2:3)。①

与俄利根一起,我们就要走出这本书设定的研究范围。这个研究试图勾勒出头两个世纪中有关基督复活信仰的历史。随着基督教经典的固化,这些经典扮演着透镜的角色,透过它来解读那一段时间内基督教运动的发展状况,基督教著作变成参考著作,透过这些著作可以看出,在复活成为基督教信条中的一个核心教规——如果对一些传统来说复活不是核心教规的话——之前,基督复活只是逾越节三日礼拜当中的其中一个要素,这点我们需要在将来的一本专著中阐明。在头两个世纪当中,除了保罗之外,对更大范围的教会来说,基督复活很快变得几乎没有什么神学重要性、影响甚微。只有当马克安使保罗作品再次浮出水面,当他把福音书引入基督教时,基督复活才开始被认可。没有马克安,基督教信条也许会以基督受难作为终结,就像最早的施浸礼问题所显示的那样:你相信耶稣基督——出生并且受难(natum et passum)的那一位吗?

---

① 俄利根,《驳克尔苏斯》,前揭,VIII 22。

参考文献

(Die Abkürzungen folgen Siegfried M. Schwertner, *Internationales Abkürzungsverzeichnis für Theologie und Grenzgebiete* [Berlin, ²1993]).

van Aarde, Andries, Ebionite Tendencies in the Jesus Tradition, *Neotest* 40 (2006): 353-382.

Abramowski, Luise, Die,, Erinnerungen der Apostel" bei Justin, in: *Das Evangelium und die Evangelien*, Peter Stuhlmacher (ed.) (Tübingen, 1983): 341-353.

Adams, Edward, *The Earliest Christian Meeting Places: Almost Exclusively Houses?* (London, 2013).

Adler, Joshua J., The Bible and Life after Death, *JBQ* 22 (1994): 85-90.

Aland, Barbara, Marcion: Versuch einer neuen Interpretation, *ZThK* 70 (1973): 420-447.

-(ed.), *Gnosis: Festschrift Hans Jonas* (Götingen, 1978).

-Die Rezeption des neutestamentlichen Textes in den ersten Jahrhunderten, in Jean-Marie Sevrin (ed.), *The New Testament in Early Christianity* (1989): 1-38.

-Art. Marcion/Marcioniten, *TRE* 22 (1992): 89-101.

-Sünde und Erlösung bei Marcion und die Konsequenz für die sog. beiden Götter Marcions, in *Marcion und seine kirchengeschichtliche Wirkung* (2002): 147-157.

Aland, Kurt, Methodische Bemerkungen zum Corpus Paulinum bei den Kirchenvätern, in Adolf M. Ritter (ed.), *Kerygma und Logos, Festschrift Carl Andresen* (Göttingen, 1979): 29-48.

Alexander, Philipp S., Torah and Salvation in Tannaitic Literature, in D. A. Carson, Peter T. O'Brien and Mark A. Seifrid, *Justification and Variegated Nomism* I (Tübingen, 2001): 261-301.

Allenbach, Jean, La figure de Jonas dans les textes préconstantiniens ou l'histoire de l'exégèse au secours de l'iconographie, in André Benoit u. a. (ed.), *La Bible et les Pères* (Paris, 1971): 97-112.

Allert, Craig D., *Revelation, Truth, Canon and Interpretation* (Leiden u. a., 2002).

Allison, Dale C., *Resurrecting Jesus* (New York and London, 2005).

Alsup, John E., *The Post-Resurrection Appearance Stories of the Gospel Tradition* (Stuttgart, 1975).

Altermath, François, *Du corps psychique au corps spirituel* (Tübingen, 1977).

Anatolios, Khaled, Athanasius's Christology Today, in Peter W. Martens (ed.), *In the Shadow of the Incarnation: FS Brian E. Daley* (University of Notre Dame, 2009): 29-49.

Armantage, James, The Best of Both Worlds, in *Origeniana* I (Bari, 1975): 339-347.

Armstrong, Jonathan J., The Paschal Controversy and the Emergence of the Fourfold Gospel Canon, *StP* 45(2010): 115-123.

Arnal, William, Rez. zu M. Vinzent, Christ's Resurrection in Early Christianity, *Journal of Religion in Europe* 5 (2012): 415-417.

Attridge, Harold W., *The Epistle to the Hebrews*, Helmut Koester (ed.) (Philadelphia, 1989).

-Art. Hebräerbrief, RGG^4 3 (2000): 1494-1497.

Baarda, Tjitze, Marcion's Text of Gal. 1:1, *VigChr* 42 (1988): 236-256.

Babalis, Costa, Rez. zu M. Vinzent, Christ's Resurrection in Early Christianity, *Laval Theologique et Philosophique* 68 (2012): 437-438.

Bacchiocchi, Samuele, *Un Esame dei testi biblici e patristici dei primi quattro secoli allo scopo d'accertare il temp e le cause del sorgere della domenica come Giorno del Signore*, Diss. (Rome, 1974).

-*From Sabbath to Sunday* (Rome, 1977).

-*The Sabbath in the New Testament*, Biblical Perspectives 5 (Michigan, 1985, ²1990).

-Sabbatical Typologies of Messianic Redemption, *JSJ* 17 (1986): 153-176.

Back, Sven-Olav, *Jesus of Nazareth and the Sabbath Commandment* (Åbo, 1995).

Balas, David L., The Use and Interpretation of Paul in Irenaeus's Five Books*Adversus Haereses*, *The Second Century* 9 (1992): 27-39.

Bammel, Caroline P., Rez. zu J. R. Hoffmann (1984), *JTS* 39 (1988): 227-232.

Bardy, Gustave, Rev. of C. Schmidt, *RB* 50 (1921): 110-123.

Barnard, Leslie W., Judaism in Egypt, AD 70-135, *CQR* 160 (1959): 320-34 = *id.*, *Studies* (1966): 41-55.

-The Dead Sea Scrolls, Barnabas, the Didache and the Later History of the,, Two Ways", *SJTh* 13 (1960): 45-59 = *id.*, *Studies* (1966): 87-107.

-*Studies in the Apostolic Fathers and their Background* (Oxford, 1966).

Barnes, Timothy D., The Date of Ignatius, *The Expository Times* 120 (2008): 119-130.

-*Early Christian Hagiography and Roman History* (Tübingen, 2010).

Barnett, Albert E., *Paul Becomes a Literary Influence* (Chicago, 1941).

Barrett, Charles K., Pauline Controversies in the Post-Pauline Period, *NTS* 20 (1974): 229-245.

Barth, Karl, *The Doctrine of Reconciliation: Church Dogmatics* IV/2, übers. v. Geoffrey W. Bromiley (Edinburgh, 1958 = 1967); deutsche Orignalausgabe: *Die Lehre von der Versöhnung: Kirchliche Dogmatik* IV/2 (Zollikon-Zürich, 1955)

Barton, Stephen and Graham Stanton (eds), *Resurrection: Essays in Honour of Leslie Houlden* (Cambridge, 1994).

Bauckham, Richard, The Lord's day and Sabbath and Sunday in the Post-Apostolic Church, in D. A. Carson (ed.), *From Sabbath to Lord's Day* (Michigan, 1982): 221-250; 251-298.

-u. a. (ed.), *The Epistle to the Hebrews and Christian Theology* (Grand Rapids, 2009).

Bauer, Walter, *Rechtgläubigkeit und Ketzerei im ältesten Christentum* (Tübingen, 1934 = $^{2\text{erw.}}$ 1964).

Baumgarten, Joseph M., The Heavenly Tribunal in Jewish Apocalyptic, *AN-*

RW 2, 19/1 (1979): 219-239.

Baumstark, Anton, *Comparative Liturgy*, überarb. Bernard Botte, engl. Ausg. F. L. Cross (London, 1958); französische Originalausgabe: *Liturgie comparée* (Chevetogne, ³1953).

Baur, Ferdinand Christian, *Paulus, der Apostel Jesu Christi* (Stuttgart, ²1866).

Becker, Adam H. and Annette Yoshiko Reed (eds), *The Ways that Never Parted* (Tübingen, 2003).

Becker, Eve-Marie, Marcion und die Korintherbriefe nach Tertullian, Adversus Marcionem V, in *Marcion und seine kirchengeschichtliche Wirkung* (2002): 95-109.

Becker, Jürgen, Die Gemeinde als Tempel Gottes und die Tora, in Dieter Sänger and Matthias Konradt (eds), *Das Gesetz im frühen Judentum und im Neuen Testament* (2006): 9-25.

BeDuhn, Jason D., *The First New Testament: Marcion's Scriptural Canon* (Salem, 2013).

Bellinzoni, Arthur J., The Gospel of Matthew in the Second Century, *The Second Century* 9 (1992): 197-258.

-The Gospel of Luke in the Second Century CE, in Richard P. Thompson and Thomas E. Phillips (eds), *Literary Studies in Luke-Acts: Essays in Honor of Joseph B. Tyson* (Macon, Ga., 1998): 59-76.

-The Gospel of Luke in the Apostolic Fathers: An Overview, in Andrew F. Gregory and Christopher M. Tuckett (eds), *Trajectories* (2005), 45-68.

Berger, Klaus, *Die Auferstehung des Propheten und die Erhöhung des Menschensohnes* (Göttingen, 1976).

Bertram, Georg, Die Himmelfahrt Jesu vom Kreuz aus und der Glaube an seine Auferstehung, in *FS Adolf Deißmann* (Tübingen, 1927): 187-217.

-Art. Auferstehung I (des Kultgottes), *RAC* 1 (1950): 919-930.

Bertrand, Daniel Alain, *Le Baptême de Jésus* (Tübingen, 1973).

Bettiolo, Paolo u. a. (ed.), *Ascensio Isaiae: Textus*, CChr. SA 7 (Turnhout, 1995).

Beyschlag, Karl, *Clemens Romanus und der Frühkatholizismus* (Tübingen, 1966).

Bickell, Gustav, *Messe und Pascha* (Mainz, 1872), übers. v. William F. Skene, *The Lord's Supper and the Passover Ritual* (Edinburgh, 1891).

Bisconti, Fabrizio, Sull' unità del linguaggio biblico nella pittura cimiteriale romana, in Cesare Casale Marcheselli (ed.), *Parola e Spirito: Studi in onore di Settimio Cipriani*I (Brescia, 1982): 731-740.

-Letteratura patristica e iconografia paleocristiana, in Antonio Quacquarelli (ed.) *Complementi interdisciplinary di Patrologia* (Rom, 1989): 367-412.

Black, C. Clifton, *Mark* (Columbia, 1994).

Blackman, Edwin C., *Marcion and his Influence* (London, 1948).

Blowers, Paul M., Making Ends Meet, *StP* 44 (2010): 163-175.

De Boer, Esthera A., *The Gospel of Mary* (London and New York, 2004).

Böhlig, Alexander, Zur Vorstellung vom Lichtkreuz in Gnostizismus und Manich？ismus, in Barbara Aland (ed.), *Gnosis* (1978): 473-491.

Bommes, Karin, *Weizen Gottes*, Theophaneia 27 (Köln and Bonn, 1976).

Boobyer, George H., The Indebtedness of 2 Peter to 1 Peter, in Angus J. B. Higgins (ed.), *New Testament Essays* (1958): 34-53.

Botte, Bernard, Les dénominations du dimanche dans la tradition chrétienne, in *Le dimanche* (Paris, 1965): 7-28.

Bousset, Wilhelm, *Jüdisch-christlicher Schulbetrieb in Alexandria und Rom* (Göttingen, 1915).

Bouwman, Gijs, Samaria in Lucas-Handelingen, *Bijdragen* 34 (1973): 40-59.

Bowden, John, Resurrection in Music, in Stephen Barton and Graham Stanton, *Resurrection* (1994): 188-197.

Bowersock, Glen W., *Martyrdom and Rome* (Cambridge, 1995).

Bowman, John, *Samaritanische Probleme* (Stuttgart, 1967).

Boyce, Mary, *Zoroastrians* (London, 1979 = 2003).

-*Zoroastrianism*, Columbia Lectures on Iranian Studies 7 (Costa Mesa, 1992).

-and Frantz Grenet, *A History of Zoroastrianism*, mit einem Beitrag von Roger

Beck, Handbuch der Orientalistik, 3 vols. (Leiden, 1975 = $^{2erw.}$ 1989 = $^{3erw.}$ 1996; 1982; 1975 = $^{2erw.}$ 1991).

Bradshaw, Paul F. and Lawrence A. Hoffman (eds), *Passover and Easter* (Notre Dame, 1999).

-Easter in Christian Tradition, in*id.* and Lawrence A. Hoffman, *Passover and Easter* (1999): 1-7.

-The Origins of Easter, in *id.* and Lawrence A. Hoffman, *Passover and Easter* (1999): 81-97.

-*Eucharistic Origins*, Alcuin Club Collections 80 (London, 2004).

Brankaer, Johanna and Hans-Gebhard Bethge (eds), *Codex Tchacos* (Berlin and New York, 2007).

Bremmer, Jan N., *The Rise and Fall of the Afterlife. The 1995 Read-Tuckwell Lectures at the University of Bristol* (London and New York, 2002).

-Descents to Hell and Ascents to Heaven in Apocalyptic Literature, in John J. Collins (ed.), *Oxford Handbook of Apocalyptic Literature* (Oxford, 2013): 340-357.

Brent, Allen, *Hippolytus and the Roman Church in the Third Century* (Leiden u. a., 1995).

-*Ignatius of Antioch* (London and New York, 2008).

Brock, Ann Graham,*Mary Magdalene*(Harvard, 2003).

Brooks, James A., Clement of Alexandria as a Witness to the Development of the New Testament Canon, *The Second Century* 9 (1992): 41-55.

Brox, Norbert, Altkirchliche Formen des Anspruchs auf apostolische Kirchenverfassung, *Kairos NF* 12 (1970): 113-140.

-Tendenzen und Parteilichkeit im Osterfeststreit des zweiten Jahrhunderts, *ZKG* 83 (1972): 291-324.

-Rom und ,,jede Kirche" im 2. Jh., *AHC* 7 (1975): 42-78.

-Probleme einer Frühdatierung des römischen Primats, *Kairos NF* 18 (1976): 81-99.

-Mehr als Gerechtigkeit: Die außenseiterischen Eschatologien des Markion und Origenes, *Kairos* 24 (1982): 1-16.

-Das Papsttum in den ersten drei Jahrhunderten, *GK* XI (1985): 25-42.

Bruun, Patrick, Symboles, signes et monogrammes, in Henrico Zilliacus, *Sylloge Inscriptionum Christianarum Veterum Musei Vaticani*, AIRF I 2 (Helsinki, 1963): 73-166.

Budge, Ernest A. W., *Coptic Apocrypha in the Dialect of Upper Egypt* (London, 1913).

Brugarolas, Miguel, Rez. zu M. Vinzent, Christ's Resurrection in Early Christianity, *Scripta Theologica* 44 (2012): 529-530.

Caillet, Jean-Pierre and Helmuth Nils Loose, *La vie d'éternité* (Paris and Genf, 1990).

Cambe, Michel, La Prédication de Pierre (ou: Le Kérygme de Pierre): *Apocrypha* 4 (1993): 177-195.

Cameron, Ron (ed.), *The Other Gospels* (Philadelphia, PA, 1982).

von Campenhausen, Hans, Die Passionssarkophage, *Marburger Jahrbuch für Kunstwissenschaft* 5 (1929): 39-85.

-Die Nachfolge des Jakobus, *ZKG* 53 (1950/51): 133-144 = id., *Aus der Frühzeit des Christentums* (Tübingen, 1963): 135-151, hiernach zitiert.

-Polykarp von Smyrna und die Pastoralbriefe, *SHAW. Phil. -hist. Kl.* (Heidelberg, 1951): 5-51 = id., *Frühzeit* (1963): 197-252, hiernach zitiert.

-Bearbeitungen und Interpolationen des Polykarpmartyriums, *SHAW. Phil. -hist. Kl.* (Heidelberg, 1957): 5-48 = id., *Frühzeit* (1963): 253-301.

-Das Alte Testament als Bibel der Kirche vom Ausgang des Urchristentums bis zur Entstehung des Neuen Testaments, in id., *Frühzeit* (1963): 152-196.

-*Aus der Frühzeit des Christentums* (Tübingen, 1963).

-*Kirchliches Amt und geistliche Vollmacht in den ersten drei Jahrhunderten* (Tübingen, 1953, ²1963) = *Ecclesiastical Authority and Spiritual Power in the Church of the First Three Centuries*, übers. v. John Austin Baker (London, 1969).

-*The Formation of the Christian Bible*, übers. v. John Austin Baker (London, 1972).

-Ostertermin oder Osterfasten?, *VigChr* 28 (1974): 114-138 = id., *Urchristliches und Altkirchliches* (Tübingen, 1979): 300-330.

Cantalamessa, Raniero, Méliton de Sardes, *RevSR* 37 (1963): 1-26.
-*L'omelia 'In S. Pascha' dello Ps. -Ippolito di Roma* (Milan, 1967).
-*La Pasqua della nostra salvezza* (Milan, 1971).
-*La Pasqua nella Chiesa antica*, Traditio Christiana IV (Turin, 1978); engl. Übers. : *id.*, *Easter in the Early Church*, weitere Anmerkungen durch James M. Quigley und Joseph T. Lienhard (Collegeville, 1993); deutsche Übers. : *id.*, *Ostern in der Alten Kirche*. Aus dem Italienischen ins Deutsche übertragen von Annemarie Spoerri, Traditio Christiana IV (Bern, Frankfurt a. M. and Las Vegas, 1981).

Carleton Paget, James, *The Epistle of Barnabas* (Tübingen, 1994).
-Paul and the Epistle of Barnabas, *Novum Testamentum* 38 (1996): 359-381.
-*Jews, Christians and Jewish Christians in Antiquity* (Tübingen, 2010).
-Marcion and the Resurrection: Some Thoughts on a Recent Book, *Journal for the Study of the New Testament* 35 (2012): 74-102.

Cartlidge, David R., Transfigurations of Metamorphosis Traditions in the Acts of John, Thomas, and Peter, *Semeia* 38 (1986): 53-66.

Cavallin, Hans C., Leben nach dem Tode im Spätjudentum und im frühen Christentum, *ANRW* 2, 19/1 (1979): 240-345.

Cerrato, J. A., Martha and Mary in the Commentaries of Hippolytus, *StP* 34 (2001): 294-297.

Chadwick, Henry, Origen, Celsus and the resurrection of the body, *HThR* 41 (1948): 83-102.

Charlesworth, James H., *The Old Testament Pseudepigrapha* I-II (New York, 1983, 1985).
-u. a. (ed.), *Resurrection* (New York and London, 2006).

Claussen, Carsten, The Eucharist in the Gospel of John and in the *Didache*, in Andrew F. Gregory and Christopher. M. Tuckett (eds), *Trajectories* (2005): 135-163.

Conzelmann, Hans und Andreas Lindemann, *Arbeitsbuch zum Neuen Testament* (Tübingen, ³1977).

Copan, Paul and Ronald K. Tacelli (eds), *Jesus' Resurrection* (Madison,

2000).

Cowley, Arthur Ernest, *The Samaritan Liturgy* (Oxford, 1909).

Craig, William Lane, Gerd Lüdemann, Paul Copan and Ronald Keith Tacelli, *Jesus' Resurrection: fact or figment?* (Downers Grove, 2000).

Cribiore, Raffaella, *Writing, Teachers, and Students in Graeco-Roman Egypt* (Atlanta, 1996).

Cullmann, Oskar, Samarien und die Anfänge der christlichen Mission (zuerst publiziert in Französisch, 1953/4), in *id.*, *Vorträge und Aufsätze* (Tübingen, 1966): 232-240.

-*Der johanneische Kreis* (Tübingen, 1975).

-Von Jesus zum Stephanuskreis und zum Johannesevangelium, in *Jesus und Paulus: Festschrift für Werner Georg Kümmel* (Göttingen, 1975): 44-56.

Dalferth, Ingolf U., *Der auferweckte Gekreuzigte* (Tübingen, 1994).

Dassmann, Ernst, *Sündenvergebung durch Taufe, Buße und Martyrerfürbitte in den Zeugnissen frühchristlicher Frömmigkeit und Kunst* (Münster, 1973).

DeConick, April D., *Recovering the Original Gospel of Thomas* (London, 2005).

-The Mystery of Betrayal, in Madeleine Scopello (ed.), *The Gospel of Judas in Context* (2008): 239-264.

Deines, Roland, *Pharisäer* (Tübingen, 1997).

Dibelius, Martin and Hans Conzelmann, *The Pastoral Epistles*, trans. Philip Buttolph and Adela Yarbro, ed. Helmut Koester, Hermeneia (Philadelphia, PA, 1977); deutsche Originalausgabe: *Die Pastoralbriefe* (Tübingen, $^{4\text{erg.}}$ 1966).

von Dobbeler, Axel, *Der Evangelist Philippus in der Geschichte des Urchristentums* (Tübingen and Basel, 2000).

von Dobschütz, Erich, *Das Kerygma Petri kritisch untersucht* (Leipzig, 1893).

Dodd, Charles Harold, The Appearances of the Risen Christ, in *id.*, *More New Testament Studies* (Manchester, 1968): 102-133.

Dölger, Franz Joseph, *Die Sonne der Gerechtigkeit und der Schwarze* (Münster, 1918 = $^{2\text{erw.}}$ 1970).

-*IXΘYΣ* (Rome, 1910).

-*Sol Salutis* (Münster, 1925).

Dreyfus, François, L'argument scripturaire de Jésus en faveur de la résurrection des morts (Marc, XII, 26-27), *RB* 66 (1959): 213-225.

Duensing, Hugo, Rez. zu C. Schmidt, *Gespräche Jesu mit seinen Jüngern nach der Auferstehung* (1919), *GGA* 184 (1922): 241-252.

-(ed.), *Epistula Apostolorum* (KlT 152) (Berlin, 1925).

Dugmore, Clifford William, Lord's Day and Easter, in *Neotestamentica et Patristica in honorem sexagenarii O. Cullmann* (Leiden, 1962): 272-281.

Dunderberg, Ismo, Valentinian Teachers in Rome, in Jürgen Zangenberg and Michael Labahn, *Christians as a Religious Minority in a Multicultural City* (2004): 157-174.

-The School of Valentinus, in Antti Marjanen and Petri Luomanen (eds), *Companion* (2005): 64-99.

Dupont, Dom J., Le nom d'Apôtres, *OrSyr* 1 (1956): 267-290. 425-444.

Edwards, Mark, *Catholicity and Heresy in the Early Church* (Farnham and Burlington, 2009).

-He rose again from the dead, *Church Times* 2. 12. 2011: 28.

Ehrhardt, Arnold A. T., Judaeo-Christians in Egypt, the Epistula Apostolorum and the Gospel to the Hebrews, *StEv* 3 (1964): 360-382.

Ehrman, Bart D., Textual Traditions Compared: The New Testament and the Apostolic Fathers, in Andrew F. Gregory and Christopher M. Tuckett (eds), *The Reception of the New Testament in the Apostolic Fathers* (2005): 9-27.

van Eijk, A. H. C., The Gospel of Philip and Clement of Alexandria, *VigChr* 25 (1971): 94-120.

Elliott, James K., (ed.), *The Apocryphal New Testament* (Oxford, 1993).

Elze, Martin, *Tatian und seine Theologie* (Göttingen, 1960).

-*Überlieferungsgeschichtliche Untersuchungen zur Christologie der Ignatiusbriefe*, Habil. (Tübingen, 1963).

Endsjø, Dag Øistein, *Greek Resurrection Beliefs and the Success of Christianity* (New York, 2009).

Fenton, John, The Ending of Mark's Gospel, in Stephen Barton and Graham

Stanton (eds), *Resurrection* (1994): 1-7.

Finkel, Asher, *The Pharisees and the Teacher of Nazareth* (Leiden and Köln, 1964).

Fitzmyer, Joseph A., Review of A. Díez Macho, *Neophyti* 1 (1970), *Journal of Biblical Literature* 91 (1972): 575-8.

-, The Oxyrhynchus *Logoi* of Jesus and the Coptic Gospel according to Thomas, *TS* 20 (1995): 505-560.

Fontaine, Petrus F. M., *The Light and the Dark* (Amsterdam, 1993).

Forestell, J. Terence, *The Word of the Cross* (Rom, 1974).

Förster, Niclas, *Marcus Magus* (Tübingen, 1999).

Foster, Paul, The Epistles of Ignatius of Antioch, *ET* 117 (2006): 487-495; 118 (2006): 2-11.

-(ed.), *The Non-Canonical Gospels* (London, 2008).

Gager, John G., Marcion and Philosophy, *VigChr* 26 (1972): 53-59.

Gamble, Harry Y., *Books and Readers in the Early Church* (New Haven and London, 1995).

Goldenberg, Robert, Art. Sabbat II, *TRE* 29 (1998): 521-525.

von der Goltz, Eduard, *Ignatius von Antiochien als Christ und Theologe* (Leipzig, 1894).

Goodman, Martin D., *State and Society in Roman Galilee, A. D. 132-212* (Totowa, 1983).

Gordon, Robert P., *Hebrews* (Sheffield, 2000).

van Goudoever, J., *Biblical Calendars* (Leiden, ²1961).

-The Celebration of the Resurrection in the New Testament, *StEv* 3 (1964): 254-259.

Goulder, Michael D., The two roots of the Christian myth, in John Hick (ed.), *The Myth of God Incarnate* (1977): 64-86.

-Did Luke know any of the Pauline Letters, *PRSt* 13 (1986): 97-112.

-Hebrews and the Ebionites, *NTS* 49 (2003): 393-406.

Gounelle, Rémi, *La descente du Christ aux enfers. Institutionnalisation d'une croyance* (Paris, 2000).

Graf, Friedrich Wilhelm and Klaus Wiegandt (eds), *Die Anfänge des Christentums* (Frankfurt a. M., 2009).

Grant, Robert M., *The Formation of the New Testament* (London, 1965).

-*After the New Testament* (Philadelphia, 1967).

Gregory, Andrew, Disturbing Trajectories, in Peter Oakes (ed.), *Rome in the Bible and the Early Church* (2002): 142-166.

-*The Reception of Luke and Acts in the Period before Irenaeus* (Tübingen, 2003).

-Prior or Posterior?, *NTS* 51 (2005): 344-360.

-1*Clement* and the Writings that later formed the New Testament, in *id.* and Christopher M. Tuckett (eds), *Reception* (2005): 129-157.

-and Christopher M. Tuckett (eds), *Trajectories through the New Testament and the Apostolic Fathers* (Oxford, 2005).

-and Christopher M. Tuckett (eds), *The Reception of the New Testament in the Apostolic Fathers* (Oxford, 2005).

Grelot, Pierre, Du Sabbat Juif au Dimanche Chrétien, *MD* 123 (1975): 79-107; 124 (1975): 14-54.

Greschat, Katharina, *Apelles und Hermogenes* (Leiden u. a., 1999).

Gruber, Johann Nepomuk, *Die Ophiten* (Würzburg, 1864).

Guerrier, Louis (ed.), *Le Testament en Galilée de Notre-Seigneur Jésus-Christ*, PO 11/3 (Paris, 1913).

Günter, Wolfgang, *Taube, Löwe, Kreuz und Anker* (Wuppertal, 2007).

Haenchen, Ernst, *The Acts of the Apostles*, übers. v. R. McL. Wilson (Oxford, 1971 = Göttingen, [14]1965); deutsche Originalausgabe: *Die Apostelgeschichte* (Göttingen, [16]1977).

Hachlili, Rachel, *Ancient Synagogues - Archaeology and Art: New Discoveries and Current Research*, Handbook of Oriental Studies, Sect. 1, Ancient Near East, Vol. 105 (Leiden and Boston, 2013).

Hall, Stuart, Melito in the light of the Passover Haggadah, *JTS NS* 22 (1971): 29-46.

-(ed.), *Melito of Sardis: On Pascha and Fragments* (Oxford, 1979).

-The Origins of Easter, *StP* 15 (1984): 554-567.

Haller, W., Die Lehre von der Auferstehung des Fleisches bis auf Tertullian, *ZThK* 2 (1892): 274-342.

Hamman, Adalbert, La Résurrection du Christ dans l'Antiquité Chrétienne, *RevSR* 49 (1975): 292-318; 50 (1976): 1-24.

(von) Harnack, Adolf, *De Apellis gnosi monarchica* (Leipzig, 1874).

-Ein neues Evangelienbruchstück, *Aus Wissenschaft und Leben* II (Gießen, 1911): 239-250.

-*Marcion: Das Evangelium vom fremden Gott* (Leipzig, 1923. ²1924 = Darmstadt, 1960).

-*The Origin of the New Testament and the Most Important Consequences of the New Creation*, übers. v. J. R. Wilkinson (London, 1925); deutsche Originalausgabe: *Die Entstehung des Neuen Testaments und die wichtigsten Folgen der neuen Schöpfung* (Leipzig, 1914).

-*Marcion* (Berlin and New York, 2003).

Harries, Richard, *The Passion in Art* (Aldershot, 2004).

Hartenstein, Judith, *Die zweite Lehre* (Berlin, 2000).

-Spekulationen über ein altes Philippusevangelium, *ZAC* 13 (2009): 62-75.

-Geschichten von der Erscheinung des Auferstandenen in nichtkanonischen Schriften und die Entwicklung der Ostertradition, in Tobias Nicklas, Andreas Merkt and Joseph Verheyden (eds), *Gelitten* (2010): 123-142.

Hartog, Paul A., The Opponents of Polycarp, in Andrew F. Gregory and Christopher M. Tuckett (eds), *Trajectories* (2005): 375-391.

Harvey, Anthony, ,,They discussed among themselves what this 'rising from the dead' could mean" (Mark 9.10), in Stephen Barton and Graham Stanton (eds), *Resurrection* (1994): 69-78.

Hays, Christopher, Marcion vs. Luke, *ZNW* 99 (2008): 213-232.

Head, Peter M., Is P^4, P^{64} and P^{67} the Oldest Manuscript of the Four Gospels?, *NTS* 51 (2005): 450-457.

Hedrick, Charles W. and Robert Jr. Hodgson, *Nag Hammadi, Gnosticism,* and *Early Christianity* (Peabody, 1986).

Heszer, Catherine, *The Social Structure of the Rabbinic Movement in Roman Palestine* (Tübingen, 1997).

Hick, John (ed.), *The Myth of God Incarnate* (London, 1977).

Higgins, Angus J. B. (ed.), *New Testament Essays: Studies in Memory of Thomas Walter Manson* (Manchester, 1958).

Hilgenfeld, Adolf, *Die Apostolischen Väter* (Halle, 1853).

-Die Ignatiusbriefe und ihr neuester Vertheidiger, *ZWTh* 3 (1874): 96-121, 305-345.

-Das Kerygma Petrou, *ZWTh* 36 (1893): 518-541.

Hill, Charles E., *The Johannine Corpus in the Early Church* (Oxford, 2004).

-Ignatius, ,,the Gospel", and the Gospels, in Andrew F. Gregory and Christopher M. Tuckett (eds), *Trajectories* (2005): 267-285.

-*Who Chose the Gospels?* (Oxford, 2010).

Hills, Julian, *Tradition and Composition in the* Epistula Apostolorum (Minneapolis 1990).

Hockel, Alfred, *Christus der Erstgeborene* (Düsseldorf, 1965).

van den Hoek, Johanna Louise, *Clement of Alexandria and his use of Philo in the* Stromateis (Leiden, 1988).

Hönig, Adolf, *Die Ophiten* (Berlin, 1889).

Hoffman, Daniel, The Authority of Scripture and Apostolic Doctrine in Ignatius of Antioch, *JETS* 28 (1985): 71-79.

Hoffmann, R. Joseph, *Marcion* (Chico, 1984).

-How then know this troublous teacher?, *The Second Century* 6 (1987/88): 173-191.

Holloway, Paul, *Coping with Prejudice* (Tübingen, 2009).

Horbury, William, *Jewish Messianism and the Cult of Christ* (London, 1998).

-*Herodian Judaism and New Testament Study* (Tübingen, 2006).

Horn, Friedrich Wilhelm, Das *Testamentum Flavianum* aus neutestamentlicher Perspektive, in *Josephus und das Neue Testament*, ed. v. Christfried Böttrich (Tübingen, 2007): 117-136.

Hornschuh, Manfred,*Studien zur Epistula Apostolorum*(Berlin, 1965).

Hovhanessian, Vahan,*Third Corinthians*(New York u. a., 2000).

Horst, Pieter Willem van der, Jewish Poetical Tomb Inscriptions, in Jan Willem van Henten and *id.*, *Studies in Early Jewish Epigraphy* (Leiden, 1994): 135-138.

-Was the Synagogue a Place of Sabbath Worship Before 70 CE?, in Steven Fine (ed.), *Jews, Christians and Polytheists in the Ancient Synagogue* (London and New York, 1999): 18-43.

Huber, Wolfgang,*Passa und Ostern*(Berlin, 1969).

Hübner, Reinhard M., *Die Einheit des Leibes Christi bei Gregor von Nyssa* (Leiden, 1974).

-*Εἰς θεὸς Ἰησοῦς Χριστός*, MThZ 47 (1996): 325-344, jetzt (mit Lit. and Anm.) in Reinhard M. Hübner and Markus Vinzent, *Monarchianismus* (1999): 207-240.

-Die Ignatianen und Noët von Smyrna, in Reinhard M. Hübner and Markus Vinzent, *Monarchianismus* (1999): 131-206.

-and Markus Vinzent, *Monarchianismus im 2. Jahrhundert* (Leiden u. a., 1999).

Hupfloher, Annette, Kultgründungen durch Individuen im klassischen Griechenland, in Jörg Rüpke and Wolfgang Spickermann (eds), *Reflections on Religious Individuality: Greco-Roman and Judaeo-Christian Texts and Practices*, Religionsgeschichtliche Versuche und Vorarbeiten 62 (Berlin and Boston, 2012): 11-41.

Hurtado, Larry, *Lord Jesus Christ* (Grand Rapids, 2003).

Hvalvik, Reidar,*The Struggle for Scripture and Covenant*(Oslo, 1994).

Isenberg, Sheldon, An Anti-Sadducee Polemic in the Palestinian Targum Tradition, *HThR* 63 (1970): 433-444.

Isser, Stanley Jerome, *The Dositheans* (Leiden, 1976).

James, Montague Rhode (ed.), *The Apocryphal New Testament* (Oxford, 1924).

Jaubert, Annie, *La Date de la Cène* (Paris, 1957); engl. Übers.: dies., *The Date of the Last Supper* (New York, 1965).

-Jésus et le Calendrier de Qumrân, *NTS* 7 (1960/61): 1-30.

Jensen, Robin Margaret, *Understanding Early Christian Art* (Oxford, 2000 = 2007).

Jeremias, Jürgen, *Die Briefe an Timotheus und Titus* (Göttingen, 1975).

Jervell, Jacob, *Die Apostelgeschichte* (Göttingen, 1998).

Johnson, Alfred M. Jr., Philip the Evangelist and the Gospel of John, *Abr-Nahrain* 16 (1975/6): 49-72.

Joly, Robert, *Le dossier d'Ignace d'Antioche* (Bruxelles, 1979).

Jones, Stanley F., *An Ancient Jewish Christian Source on the History of Christianity*, (Atlanta, 1995).

-An Ancient Jewish Christian Rejoinder to Luke's Acts of the Apostles, in Robert F. Stoops, Jr. (ed.), *The Apocryphal Acts of the Apostles in Intertextual Perspectives* (Atlanta, 1997): 223-245.

-Jewish Christianity of the *Pseudo-Clementines*, in Antti Marjanen and Petri Luomanen (eds), *Companion* (2005): 315-334.

Jordan, Hermann, Wer war Archaeus, *ZNW* 13 (1912): 157-160.

Jounel, Pierre, *Le dimanche* (Paris, 1990).

Junod, Eric, Les attitudes d'Apelles, disciple de Marcion, à l'égard de l'Ancien Testament, *Aug.* 22 (1982): 113-133.

-and Jean-Daniel Kaestli, Les Traits Caractéristiques de la Théologie des , Actes de Jean", *RevThPh* 26 (1976): 125-145.

Kaiser, Christopher B., *Creation and the History of Science* (London, 1991).

Kasser, Rodolphe (ed.), *The Gospel of Judas, together with the Letter of Peter to Philip, James, and a Book of Allogenes from Codex Tchacos* (Washington DC, 2006 = 2. überarb. 2008).

Kee, Howard Clark, *The Beginnings of Christianity: An Introduction to the New Testament* (New York and London, 2005).

Keefer, Kyle, *The Branches of the Gospel of John* (London and New York, 2006).

Kellermann, Ulrich, *Auferstanden in den Himmel* (Stuttgart, 1979).

King, Karen L., *The Gospel of Mary of Magdala* (Santa Rosa, 2003).

King, Peter, *The History of the Apostles Creed* (London, ⁵1737).

Kinzig, Wolfram, *Erbin Kirche*, AHAW. PH 1990/2 (Heidelberg, 1992).

-*Novitas Christiana* (Göttingen, 1994).

-Καιν ή διαθ ή κη, *JTS N. S.* 45 (1994): 519-544.

-Art. Ostern II. , *RGG*⁴ 6 (2003): 728f.

-and Markus Vinzent, Recent Research on the Origin of the Creed, *JTS NS* 50 (1999): 535-559.

-Christoph Markschies and Markus Vinzent, *Tauffragen und Bekenntnis* (Berlin, 1999).

Klein, Franz-Norbert, *Die Lichtterminologie bei Philon von Alexandrien und in den Hermetischen Schriften* (Leiden, 1962).

Klinghardt, Matthias, *Gesetz und Volk Gottes* (Tübingen, 1988).

-, ⋯⋯ auf daß du den Feiertag heiligest", in Jan Assmann (ed.), *Das Fest und das Heilige* (Gütersloh, 1991): 206-233.

-Die Veröffentlichung der christlichen Bibel und der Kanon, *Zeitschrift für Neues Testament* 12 (2003): 52-57.

-, ,,Gesetz" bei Markion und Lukas, in Dieter Sänger and Matthias Konradt (eds), *Das Gesetz im frühen Judentum und im Neuen Testament* (2006): 99-128.

-Markion vs. Lukas, *NTS* 52 (2006): 484-513.

-The Marcionite Gospel and the Synoptic Problem, *NovT* 50 (2008): 1-27.

-Das Aposteldekret als kanonischer Integrationstext. Konstruktion und Begründung von Gemeinsinn, in Markus Öhler (ed.), *Aposteldekret und antikes Vereinswesen: Gemeinschaft und Ordnung* (Tübingen, 2011): 91-112.

-Der vergossene Becher. Ritual und Gemeinschaft im lukanischen Mahlbericht, *Early Christianity* 3 (2012): 33-58.

-Inspiration und Fälschung. Die Transzendenzkonstruktion der christlichen Bibel, in Hans Vorländer (ed.), *Transzendenz und die Konstitution von Ordnung* (Berlin and New York, 2013): 331-355.

Kloppenborg, John S. , Didache 1. 1-6. 1, James, Matthew, and the Torah, in Andrew F. Gregory and Christopher M. Tuckett (eds), *Trajectories* (2005): 193-221.

Klostermann, Erich (ed.), *Apocrypha I.*, KlT 3 (Berlin, 1908).

Knohl, Israel, On „the Son of God", Armilus, and Messiah Son of Joseph, *Tarbiz* 68 (1998): 13-38.

-,,By Three Days, Live", *JR* 88 (2008): 147-158.

Knox, John,*Marcion and the New Testament*(Chicago, 1942).

Koch, Gerhard,*Die Auferstehung Jesu Christi*(Tübingen, ²1965).

Koch, Guntram, *Early Christian Art and Architecture*, übers. v. John Bowden (London, 1996); deutsche Originalausgabe: *Frühchristliche Kunst. Eine Einführung* (Stuttgart, 1995).

-*Frühchristliche Sarkophage* (München, 2000).

Koch, Hugo, Petrus und Paulus im zweiten Osterfeststreit?, *ZNW* 19 (1919/20): 174-179.

Koester, Helmut, From the Kerygma-Gospel to Written Gospels, *NTS* 35 (1989): 361-381.

-*Ancient Christian Gospels* (London and Philadelphia, 1990).

-Gospels and Gospel Traditions in the Second Century, in Andrew F. Gregory and Christopher M. Tuckett (eds), *Trajectories* (2005): 27-44.

Köhler, Wolf-Dietrich,*Die Rezeption des Matthäusevangeliums in der Zeit vor Irenäus*(Tübingen, 1987).

Kollwitz, Johannes and Helga Herdejürgen, *Die ravennatischen Sarkophage* (Berlin, 1979).

Körtner, Ulrich H. J., *Papias von Hierapolis* (Göttingen, 1983).

Koschorke, Klaus, Die „Namen" im Philippusevangelium, *ZNW* 64 (1973): 307-322.

Kraft, Robert A., *Barnabas and the Didache*, The Apostolic Fathers 3 (Toronto u. a., 1965).

-(ed.),*Epître de Barnabé. Introduction, traduction et notes par P. Prigent*, SC 172 (Paris, 1971).

Krause, Martin, Das Literarische Verhältnis des Eugnostosbriefes zur Sophia Jesu Christi, in Alfred. Stuiber and Alfred Hermann (eds), *Mullus* (Münster, 1964): 215-223.

Kretschmar, Georg, Christliches Passa im 2. Jahrhundert und die Ausbildung der christlichen Theologie, *RSR* 60 (1972): 287-323.

Kroymann, Emil (ed.), *Quinti Septimi Florentis Tertulliani Opera II*, Opera Montanistica, CChrSL II (Turnhout, 1954): 1399-1410.

Kunst, Christiane, Wohnen in der antiken Großstadt, in Jürgen Zangenberg and Michael Labahn (eds), *Christians as a Religious Minority in a Multicultural City* (2004): 2-19.

Kutsch, Ernst, *Neues Testament -Neuer Bund?* (Neukirchen-Vluyn, 1978).

Lampe, Peter, *Die stadtrömischen Christen in den ersten beiden Jahrhunderten* (Tübingen, ²1989).

-*From Paul to Valentinus* (Minneapolis, 2003).

-Early Christians in the City of Rome, in Jürgen Zangenberg and Michael Labahn (eds), *Christians as a Religious Minority in a Multicultural City* (2004): 20-32.

de Lange, Nicholas, *Jewish Reception of Greek Bible Version* (Tübingen, 2009).

Langerbeck, Hermann, Zur Auseinandersetzung von Theologie und Gemeindeglauben in der römischen Gemeinde in den Jahren 153-165, in *id.*, *Aufsätze zur Gnosis* (Göttingen, 1967): 167-179.

Lanne, Emmanuel, Les dix leçons de Liturgie Comparée d'Anton Baumstark au Monastère d'Amay-sur-Meuse en 1932, in Robert F. Taft and Gabriele Winkler (eds), *Acts of the International Congress Comparative Liturgy Fifty Years after Anton Baumstark (1872-1948)* (Rome, 2001): 145-161.

Last, H., Art. Auferstehung II, *RAC* 1 (1950): 930-938.

Le Boulluec, Alain, La Place de la Polémique Antignostique dans le Peri Archôn, in *Origeniana* I (Bari, 1975): 47-61.

Lechner, Thomas, *Ignatius adversus Valentinianos?* (Leiden u. a., 1999).

Leclerq, Henry, Résurrection du Sauveur, *DACL* 14 (1948): 2398-2401, 2400.

Leppä, Heikki, *Luke's Critical Use of Galatians*, Ph. D. Diss. (Helsinki, 2002).

Levine, Lee I., *Judaism and Hellenism in Antiquity. Conflict or Confluence*?

(Seattle and London, 1998).

-*The Ancient Synagogue* (Yale, 2000).

Licona, Michael R., *The Resurrection of Jesus* (Downers Grove, 2010).

Lienhard, Joseph T., *Origen: Homilies on Luke* (Washington DC, 1996).

Lietzmann, Hans, *Kleine Schriften* II (Berlin, 1958).

-*Geschichte der Alten Kirche* (Berlin, $^{4/5}$1975).

Lieu, Judith, The Women's Resurrection Testimony, in Stephen Barton and Graham Stanton (eds), *Resurrection* (1994): 34-44.

-*Christian Identity in the Jewish and Graeco-Roman World* (Oxford, 2004).

-*Neither Jew nor Greek?* (Oxford, 2005).

-As much my apostle as Christ is mine, *Early Christianity* 1 (2010): 41-59.

-The Enduring Legacy of Pan-Marcionism, *Journal of Ecclesiastical History* 64 (2013): 557-561.

Lindars, Barnabas, *The Theology of the Epistle to the Hebrews* (Cambridge, 1991).

Lindemann, Andreas, *Paulus im ältesten Christentum* (Tübingen, 1979).

-*Der Kolosserbrief* (Zürich, 1983).

-*Die Clemensbriefe* (Tübingen, 1992).

-*Paulus. Apostel und Lehrer der Kirche* (Tübingen, 1999).

-Paul's Influence on ,, Clement" and Ignatius, in Andrew F. Gregory and Christopher M. Tuckett (eds), *Trajectories* (2005): 9-24.

-Vom Brief nach Thessaloniki zum Neuen Testament, in Friedrich Wilhelm Graf and Klaus Wiegandt (eds), *Die Anfänge des Christentums* (2009): 261-307.

Löhr, Winrich, *Basilides und seine Schule* (Tübingen, 1996).

-Did Marcion distinguish between a just god and a good god? in *Marcion und seine kirchengeschichtliche Wirkung* (2002): 131-146.

Lohse, Bernhard, *Das Passafest der Quartadecimaner* (Gütersloh, 1953).

Lona, Horacio E. ,? ber die Auferstehung des Fleisches (Berlin and New York, 1993).

-*Der erste Klemensbrief* (Göttingen, 1998).

-*An Diognet* (Freiburg, 2001)

Lüdemann, Gerd, *Die Auferstehung Jesu* (Stuttgart, 1994).

-*What really happened to Jesus: A Historical Approach to the Resurrection* (Louisville, 1995); deutsch: Was mit Jesus wirklich geschah: die Auferstehung historisch betrachtet (Stuttgart 1995).

-*The Resurrection of Christ: A Historical Inquiry* (New York, 2004); deutsch: *Die Auferweckung Jesu von den Toten: Ursprung und Geschichte einer Selbsttäuschung* (Lüneburg, 2002).

-*The Acts of the Apostles* (Amherst, 2005); deutsch: *Das frühe Christentum nach den Tradition der Apostelgeschichte. Ein Kommentar* (Göttingen, 1987).

-The First Three Years of Christianity: *Toronto Journal of Theology* 25 (2009): 19-40.

Lührmann, Dieter und Egbert Schlarb, *Fragmente apokryph gewordener Evangelien in griechischer und lateinischer Sprache* (Marburg, 2000).

Luhmann, Niklas, *Soziale Systeme. Grundriβ einer allgemeinen Theorie* (Frankfurt a. M., 1984).

Lukas, Volker, *Rhetorik und literarischer „Kampf": Tertullians Streitschrift gegen Marcion als Paradigma der Selbstvergewisserung der Orthodoxie gegenüber der Häresie* (Frankfurt a. M. u. a., 2008).

Luomanen, Petri, Passion and Resurrection. Traditions in Early Jewish-Christian Gospels, in Tobias Nicklas, Andreas Merkt and Joseph Verheyden (eds), *Gelitten* (2010): 187-208.

McCasland, Selby Vernon, The Origin of the Lord's Day, *JBL* 49 (1930): 65-82.

McDonald, John and Angus J. B. Higgins, The Beginnings of Christianity according to the Samaritans, *NTS* 18 (1971/2): 54-80.

McKay, Heather A., *Sabbath and Synagogue* (Leiden u. a., 1994).

Magen, Yityhak, *The Samaritans and the Good Samaritan* (Jerusalem, 2008).

Mahé, Jean-Pierre, Tertullien et l'epistula Marcionis, *RSR* 45 (1971): 358-371.

-(ed.), *La Chair du Christ*, SC 216/7 (Paris, 1975).

-Mise en scène et effets dramatiques dans l'? vangile de Judas, in Madeleine Scopello (ed.), *The Gospel of Judas in Context* (2008): 23-32.

Main, Emmanuelle, Les Sadducéens et la résurrection des morts, *RB* 103 (1996): 411-432.

Mara, Maria Grazia, Il Kerygma Petrou, in Angelo Brelich (ed.), *FS A. Pincherle*, *SMSR* 38 (1967): 314-342.

Marcion und seine kirchengeschichtliche Wirkung, eds v. Gerhard May and Katharina Greschat (Berlin and New York, 2002).

Marjanen, Antti, *The Woman Jesus Loved*, Diss. (Helsinki, 1995).

-and Petri Luomanen (eds), *A Companion to Second-Century Christian "Heretics"* (Leiden and Boston, 2005).

Markschies, Christoph, Valentinian Gnosticism, in John D. Turner and Anne McGuire (eds), *The Nag Hammadi Library After Fifty Years* (Leiden, 1997): 401-438.

-New Research on Ptolemaeus Gnosticus, *ZAC* 4 (2000): 225-254.

-Die valentinianische Gnosis und Marcion -einige neue Perspektiven, in *Marcion und seine kirchengeschichtliche Wirkung* (Berlin and New York, 2002): 159-175.

-*The Gnosis* (London and New York, 2003); deutsche Originalausgabe: *Die Gnosis* (München, 2001).

-Lehrer, Schüler, Schule, in Ulrike Egelhaaf-Gaiser and Alfred Schäfer (eds), *Religiöse Vereine in der römischen Antike* (Tübingen, 2002): 97-120.

-and Jens Schröter (eds), *Antike christliche Apokryphen in deutscher Übersetzung* (Tübingen, 2012).

Martin-Achard, Robert, *From Death to Life*, übers. v. John Penney Smith (Edinburgh and London, 1960); Originalausgabe: *De la mort à la resurrection* (Neuchâtel, 1956).

Matera, Frank J., *Galatians* (Collegeville, 2007).

Matthews, Christopher R., *Philip* (Leiden u. a., 2002).

May, Gerhard, Der ,,Schiffsreeder" Markion, *StP* 21 (1989): 142-153.

Mees, Michael, *Ps* 22 (21) und *Is* 53 in frühchristlicher Sicht, *Aug.* 22

(1982): 313-335.

Meinhold, Peter, Geschichte und Exegese im Barnabasbrief, *ZKG* 59 (1940): 255-303.

Metzger, Bruce M. , *New Testament Tools and Studies* (Leiden, 1960).

-*The Early Versions of the New Testament* (Oxford, 1977).

-*Manuscripts of the Greek Bible* (New York and Oxford, 1981).

-Important Early Translations of the Bible, *BS* 150 (1993): 35-49.

Metzner, Rainer, *Die Prominenten im Neuen Testament. Ein prosopographischer Kommentar* (Göttingen, 2008).

Meyer, Marvin, Interpreting Judas, inMadeleine Scopello (ed.), *The Gospel of Judas in Context* (2008): 41-55.

Milburn, Robert,*Early Christian Art and Architecture*(Berkeley, 1988).

Mitchell, Margaret M. , Patristic Counter-Evidence to the Claim that ,,The Gospels Were Written for All Christians", *NTS* 51 (2005): 36-79.

Moffitt, David M. , *Atonement and the Logic of Resurrection in the Epistle to the Hebrews* (Leiden and Boston, 2011).

Moll, Sebastian, Three against Tertullian, *JTS NS* 59 (2008): 169-180.

-*The Arch-Heretic Marcion* (Tübingen, 2010).

Molland, Einar, Die literatur-und dogmengeschichtliche Stellung des Diognetbriefes, *ZNW* 33 (1934): 289-312.

Moule, Charles F. D. , *The Birth of the New Testament* (London, 1966).

Mount, Christopher,*Pauline Christianity*(Leiden u. a. , 2002).

Mulder, Frederik, Rez. zu M. Vinzent, Christ's Resurrection in Early Christianity, *Theology* 115 (2012): 123-124.

Myllykoski, Matti, Cerinthus, in Antti Marjanen and Petri Luomanen (eds), *Companion* (2005): 213-246.

Nagel, Titus,*Die Rezeption des Johannesevangeliums im 2. Jahrhundert*(Leipzig, 2000).

Neusner, Jacob, The Rabbinic Traditions about the Pharisees before 70 A. D. , *Kairos* 14 (1972): 57-70.

Nickelsburg, George W. E. , *Resurrection, immortality, and eternal life in in-*

tertestamental Judaism and early Christianity (Cambridge, Mass., 1972, erw. 2006).

Nicklas, Tobias, Michael J. Kruger and Thomas J. Kraus, *Gospel Fragments* (Oxford, 2009).

-Andreas Merkt and Joseph Verheyden (eds), *Gelitten, Gestorben, Auferstanden* (Tübingen, 2010).

Nock, Arthur Darby, The Resurrection, in Alfred E. J. Rawlinson, *Essays on the Trinity and the Incarnation* (London, 1928): 47-50.

Nolland, John, Do Romans Observe Jewish Customs?, *VigChr* 33 (1979): 1-11.

Noormann, Rolf, *Irenäus als Paulusinterpret* (Tübingen, 1994).

Nongbri, Brent, The Use and Abuse of P^{52}: Papyrological Pitfalls in the Dating of the Fourth Gospel, *HThR* 98 (2005): 23-48.

-Grenfell and Hunt on the Dates of Early Christian Codices: Setting the Record Straight, in *Bulletin of the American Society of Papyrologists* 48 (2011): 149-62.

Norelli, Enrico, La resurrezione di Gesù nell'Ascensione di Isaia, *Cristianesimo nella Storia* 1 (1980): 315-366.

-Situation des apocryphes pétriniens, *Apocrypha* 2 (1991): 31-83.

Oakes, Peter (ed.), *Rome in the Bible and the Early Church* (Carlisle, 2002).

Odom, Robert L., *Sabbath and Sunday in Early Christianity* (Washington, 1977).

Oepke, A., Art. Auferstehung II (des Menschen), *RAC* 1 (1950): 930-938.

Onuki, Takashi, *Gnosis und Stoa* (Freiburg i. d. Schweiz, Göttingen, 1989).

Orbe, Antonio, Adversarios anonimos de la Salus carnis, *Gregorianum* 60 (1979): 9-53.

-*Teologia de San Ireneo* I. (Madrid, 1985).

-*Introduccion a la teologia de los siglos II y III*, 2 vols (Rome, 1987).

-Hacia la doctrina marcionita de la redencion, *Gregorianum* 74 (1993): 45-74.

Orsini, Pasquale and Willy Clarysse, Early New Testament Manuscripts and Their Dates. A Critique of Theological Palaeography, *Ephemerides Theologicae Lovanienses* 88 (2012), 443-74.

Pagels, Elaine H., Visions, Appearances, and Apostolic Authority, in Barbara Aland (ed.), *Gnosis* (1978): 415-430.

-and Karen L. King, *Reading Judas* (New York, 2007).

Palmer, D. W., The Origin, Form, and Purpose of Mark XVI. 4 in Codex Bobbiensis, *JTS NS* 27 (1976): 113-122.

Parrott, Douglas M., Gnostic and Orthodox Disciples in the Second and Third Centuries, in Charles W. Hedrick and Jr. Robert Hodgson (eds), *Nag Hammadi, Gnosticism, and Early Christianity* (1986): 193-219.

Patterson, Lloyd G., Irenaeus and the Valentinians, *StP* 18 (1989): 190-220.

Paulsen, Henning, Das Kerygma Petri und die urchristliche Apologetik, *ZKG* 88 (1977): 1-37 = in id., *Zur Literatur* (1997): 173-209.

-*Zur Literatur und Geschichte des frühen Christentums* (Tübingen, 1997).

Pearson, Birger A., The Problem of ,,Jewish Gnostic" Literature, in Charles W. Hedrick and Robert Hodgson, Jr. (eds), *Nag Hammadi* (1986): 15-35.

Perkins, Ann, *The Art of Dura-Europos* (Oxford, 1973).

Pervo, Richard I., *Dating Acts* (Santa Rosa, 2006).

Peterson, Silke, Warum und inwiefern ist Judas ein ,,Dämon"?, *ZAC* 13 (2009): 108-126.

Petersen, William J., Tatian the Assyrian, in Antti Marjanen and Petri Luomanen (eds), *Companion* (2005): 125-158.

Pietri, Charles, Le temps de la semaine à Rome et dans l'Italie chrétienne (IV-VIe s.), in *Le temps chrétien de la fin de l'antiquité au moyen âge, IIIe-XIIIe siècles* (Paris, 1984): 63-97.

Plisch, Uwe-Karsten, Das Evangelium des Judas, *ZAC* 10 (2006): 5-14.

Plumptre, E. H., The Samaritan Element in the Gospels and Acts, *The Expositor* (series 1) 7 (1878): 22-40.

Pokorny, Petr, Die Eschatologie des Thomasevangeliums, *ZAC* 13 (2009):

48-54.

Porter Stanley E. (ed.), *The Pauline Canon* (Leiden, 2004).

Pouderon, Bernard, Réflexions sur la formation d'une élite intellectuelle au IIe siècle, in *id.* and Joseph Doré, *Les Apologistes chrétiens et la culture grecque* (Paris, 1998): 237-269.

Preuschen, Erwin (ed.), *Antilegomena* (Gießen, 1905).

Prigent, Pierre, *L'art des premiers chrétiens* (Paris, 1995).

Puech, Emile, *La Croyance des Esséniens en la Vie Future*, 2 Bde. (Paris, 1993).

Pummer, Reinhard, Samaritan Synagogues and Jewish Synagogues: Similarities and Differences, in Steven Fine (ed.), *Jews, Christians and Polytheists in the Ancient Synagogue* (London and New York, 1999): 118-160.

Quispel, Gilles, Marcion and the Text of the New Testament, *VigChr* 52 (1998): 349-360.

Räisänen, Heikki, Marcion, in Antti Marjanen and Petri Luomanen (eds), *Companion* (2005): 100-124.

Rasimus, Tuomas (ed.), *The Legacy of John* (Leiden, 2009).

Reagan, J. N., *The Preaching of Peter*, Diss. (Chicago, 1923).

Regan, Francis A., *Dies Dominica and Dies Solis* (Washington, 1961).

Resch, Alfred, *Agrapha* (Leipzig, 1906 = Darmstadt 1967).

Reuss, Eduard, *History of Christian Theology in the Apostolic Age*, übers. v. Annie Harwood, 2 Bde. (London, 1872/4); deutsche Originalausgabe: *Die Geschichte der Heiligen Schriften Neuen Testaments* (Braunschweig, ^{6}1887).

Rich, Andrew N. M., The Platonic Ideas as the Thoughts of God, *Mnemosyne* IV 2 (1954): 123-133.

Richard, Marcel, La question pascale au II^{e}siècle, *L'Orient syrien* 6 (1961): 179-212.

-La lettre de St. Irénée au pape Victor, *ZNW* 56 (1965): 260-282.

Richardson, Cyril C., A New Solution to the Quartodeciman Riddle, *JTS NS* 24 (1973): 74-84.

Riesenfeld, Harald, Sabbat et jour du Seigneur, in Angus J. B. Higgins (ed.), *New Testament Essays* (1958): 210-217.

-The Sabbath and the Lord's Day in Judaism, the Preaching of Jesus and Early Christianity, in *id.*, *The Gospel Tradition* (Philadelphia, PA, 1970): 111-137.

Righetti, Manlio, *L'Anno liturgico*, 3 vol. s (Milan, 1955ff.).

Rist, Martin, Pseudepigraphic Refutations of Marcionism, *JR* 22 (1942): 39-62.

-III Corinthians as a Pseudepigraphic Refutation of Marcionism, *The Iliff Review* 26 (1969): 49-58.

-Pseudepigraphy and the Early Christians, in David Edward Aune (ed.), *Studies in the New Testament and Early Christian Literature* (Leiden u. a., 1972): 75-91.

Ristow, Günter, Passion and Ostern im Bild der Spätantike, in *Spätantike und frühes Christentum* (1983): 360-379.

Ritter, Adolf Martin, *Das Konzil von Konstantinopel und sein Symbol* (Göttingen, 1965).

-'Art. Glaubensbekenntnis (se), V. Alte Kirche', *TRE* 13 (1984): 399-412.

-Creeds, in *Early Christianity. In Honour of W H C Frend*, ed. v. Ian Hazlett (London, 1991): 92-100.

-Die Lehrentwicklung im Rahmen der Katholizität, in Carl Andresen and Adolf Martin Ritter (eds), *Handbuch der Dogmen-und Theologiegeschichte* I (Göttingen, ²1999).

Rius-Camps, Josep, Orígenes y Marción, in *Origeniana* I (Bari, 1975): 297-312.

Robinson, James M., The Sources of the *Gospel of Judas*, in Madeleine Scopello (ed.), *The Gospel of Judas* (2008): 59-67.

Röhser, Günter, Rez. zu M. Vinzent, Christ's Resurrection in Early Christianity, *Theologische Revue* 109 (2013): 287-289.

Roloff, Jürgen, Art. Apostel/Apostolat/Apostolizität I: *TRE* 3 (1978): 430-445.

Rordorf, Willy Alwin, *Der Sonntag*, Diss. (Zurich, 1962), engl. Übers.:

Sunday, übers. v. A. A. K. Graham(London, 1968).

-*Sabbat et dimanche dans l'Eglise ancienne*, übers. v. Etienne Visinand, Willi Nussbaum (Neuchâtel, 1972); deutsche Originalausgabe: *Sabbat und Sonntag in der Alten Kirche* (Zürich, 1972).

-Un chapitre d'? thique Judéo-Chrétienne: Les deux voies, in *Judéo-Christianisme*: FS J. Daniélou = *RSR* 60 (1972): 109-129.

-u. a., *The Eucharist of the Early Christians*, übers. v. Matthew J. O'Connell (New York, 1978); Originalausgabe: *L'eucharistie des premiers chrétiens* (Paris, 1976).

-and André Tuilier (Übers.), *La Doctrine des Douze Apôtres (Didachè)*, SC 248 (Paris, 1978).

-Christus als Logos und Nomos, in Adolf Martin Ritter (ed.), *Kerygma und Logos*: FS Carl Andresen (Göttingen, 1979): 424-434 = id., *Lex Orandi -Lex Credendi*, Paradosis 36 (Freiburg i. d. Schweiz, 1993): 192-202.

-Art. Sunday, *Encyclopedia of the Early Church* II (1992): 800f.

Rose, Jenny, *The Image of Zoroaster* (New York, 2000).

Rostovtzeff, Michael, *Dura-Europos and its Art* (Oxford, 1938).

Roth, Dieter T., Marcion's Gospel and Luke, *JBL* 127 (2008): 513-527.

-Matthean Texts and Tertullian's Accusations in *Adversus Marcionem*, *JTS NS* 59 (2008): 580-597.

-Did Tertullian Possess a Greek Copy or Latin Translation of Marcion's Gospel?, *VigChr* 63 (2009): 429-467.

-*Towards a New Reconstruction of the Text of Marcion's Gospel*: History of Research, Sources, Methodology, and the Testimony of Tertullian, PhD (The University of Edinburgh, 2009).

Rouwhorst, Gam, The Quartodeciman Passover and the Jewish Pesach, *Questions Liturgiques* 77 (1996), 152-173.

Runia, David T., Philo, Alexandrian and Jew, in id., *Exegesis and Philosophy* (Aldershot, 1990): 1-18.

Sabugal, Santos, *Anástasis* (Madrid, 1993).

Sänger, Dieter and Matthias Konradt (eds), *Das Gesetz im frühen Judentum und im Neuen Testament: Festschrift für Christoph Burchard zum 75. Geburtstag* (Göttingen and Freiburg i. d. Schweiz, 2006).

Sanders, Edward P. , Common Judaism and the Synagogue in the First Century, in Steven Fine (ed.), *Jews, Christians, and Polytheists in the Ancient Synagogue* (London and New York, 1999): 1-17.

Sasson, Victor, The Vision of Gabriel and Messiah in Mainstream Judaism and in Christianity: Textual, Philological, and Theological Comments (3. September 2009: http://victorsasson. blogspot. com/2009/09/vision-of-gabriel-and-messiah-in. html, besucht am 21. 11. 2009).

Schäfers, Joseph, *Eine altsyrische antimarkionitische Erklärung von Parabeln des Herrn und zwei weitere andere altsyrische Abhandlungen zu Texten des Evangeliums* (Münster, 1917).

Scharlemann, Martin H. , *Stephen* (Rome 1968).

Schenke Robinson, Gesine, The Relationship of the Gospel of Judas to the New Testament and to Sethianism, *Journal of Coptic Studies* 10 (2008): 63-98.

-The *Gospel of Judas* in the Light of the New Testament and Early Christianity, *ZAC* 13 (2009): 98-107.

Schillebeeckx, E. , *Christ the Sacrament of the Encounter with God*, New York, 1963.

Schmid, Ulrich,*Marcion und sein Apostolos*(Berlin u. a. , 1995).

Schmidt, Carl,*Gespräche Jesu mit seinen Jüngern nach der Auferstehung*(Leipzig, 1919).

-Rez. zu H. Duensing (ed.), *Epistula Apostolorum* (1925), *OLZ* 28 (1925): 855-859.

Schmithals, Walter,*Paul and the Gnostics*, übers. v. John E. Steely (Nashville and New York, 1972); deutsche Originalausgabe: *Paulus und die Gnostiker* (Hamburg, 1965).

-*The Theology of the First Christians*, übers. v. O. C. Dean, Jr. (Louisville, 1997); deutsche Originalausgabe: *Theologiegeschichte des Urchristentums* (Stuttgart u. a. , 1994).

-Zu Ignatius von Antiochien, *ZAC* 13 (2009): 181-203.

Schneemelcher, Wilhelm, Paulus in der griechischen Kirche des zweiten Jahrhunderts, *ZKG* 75 (1964): 1-20.

-(ed., übers. v. R. McL. Wilson), *New Testament Apocrypha* (2002/3); deutsche Originalausgabe: *NTApo* I^6-II^5 (Göttingen, 1989-1990).

Schoedel, William R. (ed.), *The Apostolic Fathers* V (London and Toronto, 1967).

Schönewolf, Otto, *Die Darstellung der Auferstehung Christi* (Leipzig, 1909).

Schröter, Jens, Die Forschung am *Thomasevangelium* im Berliner Arbeitskreis für koptisch-gnostische Schriften, *ZAC* 13 (2009): 38-54.

Schubert, Kurt, Das Problem der Auferstehungshoffnung in den Qumrantexten und in der frührabbinischen Literatur, *WZKM* 56 (1960): 154-167.

Schürer, Emil, Die siebentägige Woche im Gebrauch der christlichen Kirche der ersten Jahrhunderte, *ZNW* 6 (1905): 1-66.

Schwabe, Moshe and Baruch Lifshitz, *Beth She'arim* II: The Greek Inscriptions (Jerusalem, 1974).

Scobie, Charles H. H., The Origins and Development of Samaritan Christianity, *NTS* 19 (1973): 390-414.

Scopello, Madeleine (ed.), *The Gospel of Judas in Context* (Leiden and Boston, 2008).

Scroggs, Robin, The Earliest Hellenistic Christianity, in Jacob Neusner (ed.), *Religions in Antiquity* (Leiden, 1968): 176-206.

Seewald, Peter, *Jesus Christus* (München, 2009).

Segal, Alan F., *Life after Death* (New York u. a., 2004).

Sellin, Gerhard, Art. Auferstehung. 4. Neues Testament, *RGG*^{4} 1 (1998): 917-919.

Sevrin, Jean-Marie (ed.), *The New Testament in Early Christianity* (Leuven, 1989).

Shoemaker, Stephen J., Rethinking the „Gnostic Mary", *JECS* 9 (2001): 555-595.

Sichtermann, Helmut, Der Jonaszyklus, in *Spätantike und frühes Christentum* (1983): 241-248.

Sieber, John H., An Introduction to the Tractate Zostrianos from Nag Hammadi, *NT* 15 (1973): 233-240.

Siegert, Folker, Unbeachtete Papiaszitate bei armenischen Schriftstellern, *NTS* 27 (1980/1): 605-614.

Sim, Ronnie J., Rez. v. M. Vinzent, Christ's Resurrection in Early Christianity, *Journal for the Study of the New Testament* 34 (2012): 130-131.

Skarsaune, Oskar, *The Proof from Prophecy* (Leiden, 1987).

Snyder, Graydon F., *Ante pacem* (Macon, $^{2.\ \text{erw.}}$ 2003, ^{1}1985).

Säding, Thomas, Die Biographie zweier Apostel: Petrus und Paulus, in Friedrich Wilhelm Graf and Klaus Wiegandt (eds), *Die Anfänge des Christentums* (2009): 122-167.

Spätantike und frühes Christentum, ed. v. Herbert Beck and Peter C. Bol (Frankfurt a. M., 1983).

Spiro, Abram, Stephen's Samaritan Background, in Johannes Munck (ed.), *The Acts of the Apostles* (Garden City, 1967): 285-300.

Sprinzl, Josef, *Die Theologie der apostolischen Väter* (Wien, 1880).

Srawley, James Herbert, *The Epistles of St. Ignatius* (London, 1900).

Staats, Reinhart, Ogdoas als ein Symbol für die Auferstehung, *VigChr* 26 (1972): 29-52.

-Die Sonntagnachtgottesdienste der christlichen Frühzeit, *ZNW* 66 (1975): 242-263.

-Art. Auferstehung II/2, *TRE* 4 (1979): 513-529.

-Art. Auferstehung der Toten (Alte Kirche), *TRE* 4 (1979): 467-477.

Stanton, Graham N., Early Objections to the Resurrection of Jesus, in Stephen Barton and *id.* (ed.), *Resurrection* (1994): 79-94.

-*Jesus and Gospel* (Cambridge, 2004).

Stausberg, Michael, *Die Religion Zarathustras*, 3 Bde. (Stuttgart, 2002-2004).

-*Zarathustra und seine Religion* (München, 2005).

Stegmüller, Otto, Ein Bruchstück aus dem griechischen Diatessaron (P. 16388), *ZNW* 37 (1938): 223-229.

Stemberger, Günter, Das Problem der Auferstehung im Alten Testament, *Kairos* 14 (1972): 273-290.

-*Der Leib der Auferstehung* (Rome, 1972).

-Art. Auferstehung. 3. Antikes Judentum, *RGG*⁴ 1 (1998): 916f.

Stommel, Eduard, Zum Problem der frühchristlichen Jonasdarstellungen, *JAC* 1 (1958): 112-115.

Stroumsa, Guy G., *Das Ende des Opferkults: Die religiösen Mutationen der Spätantike* (Berlin, 2011).

Studer, Basil, La résurrection de Jésus d'après le ,, Perì Archôn " d'Origène, *Aug.* 18 (1978): 279-309.

Sturdy, John, *Redrawing the Boundaries: The Date of Early Christian Literature* (London and Oakville, 2007).

Sühling, Friedrich, *Die Taube als religiöses Symbol im christlichen Altertum* (Freiburg i. Br., 1930).

Sumney, Jerry L., The Letter of Eugnostos and the Origins of Gnosticism, *NT* 31 (1989): 172-181.

Teicher, J. L., Ancient Eucharistic Prayers in Hebrew, *JQR* 54 (1963): 99-109.

Telfer, William, Was Hegesippus a Jew?, *HThR* 53 (1960): 143-153.

Temkin, Owsei, *Hippocrates in a World of Pagans and Christians* (Baltimore, Maryland, 1991).

Terence Forestell, J., *The Word of the Cross*, AnBib 57 (Rome, 1974).

Testini, Pasquale, *Archeologia Cristiana* (Rom u. a., 1958).

Thibaut, Jean Baptiste, *La Liturgie Romaine* (Paris, 1964).

Till, Walter C. (ed.), *Die gnostischen Schriften des koptischen Papyrus Berolinensis* 8502, bearb. v. Hans-Martin Schenke (Berlin, ²1972).

Trobisch, David, *Die Endredaktion des Neuen Testaments* (Freiburg i. Br., 1996).

Tuckett, Christopher M., The *Didache* and the Writings that later formed the New Testament, in Andrew F. Gregory and Christopher M. Tuckett, *Reception* (2005): 83-127.

-*The Gospel of Mary* (Oxford, 2007).

Twigg, Matthew, Rez. v. M. Vinzent, Christ's Resurrection in Early Christianity, *The Expository Times* 124 (2013): 201-202.

Tyson, Joseph B., *Marcion and Luke-Acts* (Columbia, 2006).

Vaganay, Léon, *L'Evangile de Pierre* (Paris, 1930).

Verheyden, Joseph, Before Embarking on an Adventure, *StP* 44 (2010): 145-156.

Vermes, Geza, *The Resurrection* (London, 2008).

Vielhauer, Philipp, *Geschichte der urchristlichen Literatur. Einleitung in das Neue Testament, die Apokryphen und die Apostolischen Väter* (Berlin, ^{1}1975; $^{2.\ erw.}$ 1978).

Vinzent, Markus, History does not always tell stories, in *La Narrativa Cristiana Antica* (Rome, 1995): 133-155.

-Ertragen and Ausharren -die Lebenslehre des Barnabasbriefes, *ZNW* 86 (1995): 74-93.

-Christ's Resurrection, *StP* 31 (1997): 225-233.

-Ich bin kein körperloses Geistwesen, in Reinhard M. Hübner and Markus Vinzent, *Monarchianismus* (1999): 241-286.

-Die Entstehung des römischen Glaubensbekenntnisses, in Wolfram Kinzig, Christoph Markschies and Markus Vinzent, *Tauffragen und Bekenntnis* (Berlin, 1999): 185-410.

-Der Schluß des Lukasevangeliums bei Markion, in *Marcion und seine kirchengeschichtliche Wirkung* (2002): 79-94.

-Art. Viktor I. , *TRE* 35 (2003): 93-97.

-Rome, in Margaret M. Mitchell and Frances M. Young (eds), *Christianity, The Cambridge History of Christianity* I (Cambridge, 2006): 397-412.

-*Der Ursprung des Apostolikums im Urteil der kritischen Forschung* (Göttingen, 2006).

-Give and Take amongst Second Century Authors: The *Ascension of Isaiah*, the *Epistle of the Apostles* and Marcion of Sinope, *StP* 50 (2010): 105-129.

-*Christ's Resurrection in Early Christianity and the Making of the New Testa-*

ment（Farnham，2011）（dies die englische Originalausgabe der hier vorgelegten，revidierten Übersetzung）.

-Marcion the Jew：*Judaisme ancien* 1（2013）：159-201.

-Marcion's Roman Liturgical Traditions, Innovations and Counter-Rites：Fasting and Baptism, *StPat* 71（2014）：187-211.

-*Marcion and the Dating of the Synoptic Gospels*, Studia Patristica Supplement 2（Leuven, 2014）.

Visonà, Giuseppe, Pasqua quartodecimana e cronologia evangelica della passione, *EL* 102（1988）：259-315.

-(ed.),*In Sanctum Pascha*(Mailand, 1988).

-Art. Ostern/Osterfest/Osterpredigt I, *TRE* 25（1995）：517-530.

Wagenmann, Julius,*Die Stellung des Apostels Paulus neben den Zwölf in den ersten zwei Jahrhunderten*(Gießen, 1926).

von Wahlde, Urban C., The References to the Time and Place of the Crucifixion in the *Peri Pascha* of Melito of Sardis, *JTS NS* 60（2009）：556-569.

Wahle, Hedwig, Die Lehren des Rabbinischen Judentums über das Leben nach dem Tod, *Kairos* 14（1972）：291-309.

Wallraff, Martin,*Christus verus Sol*(Münster, 2001).

Waschke, Ernst-Joachim, Art. Auferstehung. 2. Altes Testament, *RGG*[4] 1（1998）：915f.

Weiss, Johannes, *Der Barnabasbrief kritisch untersucht*（Berlin, 1888）.

Weiss, Zeev, *The Sepphoris Synagogue. Deciphering an Ancient Message through Its Archaeological and Socio-Historical Contexts*（Jerusalem, 2005）.

Welborn, Laurence L., On the Date of 1 Clement, *Biblical Research* 24（1984）：34-54 = *id.*, The Preface to 1 Clement, in Ciliers Breytenbach and Laurence L. Welborn (eds), *Encounters with Hellenism*（Leiden, 2004）：197-216.

Wengst, Klaus (ed.), *Didache（Apostellehre）, Barnabasbrief, Zweiter Klemensbrief, Schrift an Diognet*（Darmstadt, 1984）.

Wenham, David and Craig Blomberg (eds), *Gospel Perspectives*（Sheffield, 1986）：401-418.

Wessel, Klaus, *Der Sieg über den Tod*（Berlin, 1956）.

Wettstein, Johann Jacob, *Novum Testamentum Graecum* II (Amsterdam, 1752 = Graz, 1962).

Wickham, Lionel, Rez. v. M. Vinzent, Christ's Resurrection in Early Christianity, *Times Literary Supplement* 6 (2012): 27.

Wiles, Maurice, A Naked Pillar of Rock, in Stephen Barton and Graham Stanton (eds), *Resurrection* (1994): 116-127.

Williams, Margaret H., The Shaping of the Identity of the Jewish Community in Rome in Antiquity, in Jürgen Zangenberg and Michael Labahn (eds), *Christians* (2004): 33-46.

Witte, Bernd, *Das Ophitendiagramm nach Origenes' Contra Celsum VI 22-38* (Altenberg, 1993): 149-163.

Wolter, Michael, *Die Pastoralbriefe als Paulustradition* (Göttingen, 1988).

Wright, Nicholas Thomas, *The Resurrection of the Son of God* (London, 2003).

Wucherpfennig, Ansgar, *Heracleon Philologus* (Tübingen, 2002).

Wurst, Gregor, Das Judasevangelium, in Christoph Markschies and Jens Schröter (eds), *Antike christliche Apokryphen in deutscher Übersetzung* (2012), II 1220-1234.

Yardeni, Ada and Binyamin Elitzur, Document, *Cathedra* 123 (2007): 155-166 (in Hebräisch).

Young, Frances M., Temple Cult and Law in Early Christianity, *NTS* 19 (1972): 325-338.

Zangenberg, Jürgen and Michael Labahn, *Christians as a Religious Minority in a Multicultural City* (London and New York, 2004).

Zwierlein, Otto, *Petrus in Rom* (Berlin u. a., ^{2}2010).

-Die Datierung der Acta Iohannis und der Papyrus Kellis Gr. Fragm A I, *ZPE* 174 (2010): 65-84.

-Der Briefwechsel der Korinther mit dem Apostel Paulus (3 *Kor*) im Papyrus Bodmer X und die apokryphen Paulusakten, *ZPE* 175 (2010): 73-97.

图书在版编目（CIP）数据

保罗与马克安：一种思想史考察 /（德）马克斯·文森著；郑淑红译.--北京：华夏出版社，2018.11
（西方传统：经典与解释）
书名原文：Christ's Resurrection in Early Christianity: and the Making of the New Testament
ISBN 978-7-5080-9155-6

Ⅰ.①保… Ⅱ.①马… ②郑… Ⅲ.①马克安－基督教－思想评论 Ⅳ.①B978

中国版本图书馆 CIP 数据核字(2017)第 051489 号

保罗与马克安——一种思想史考察

作　　者	［德］马克斯·文森
译　　者	郑淑红
责任编辑	马涛红　刘雨潇
责任印制	刘　洋
出版发行	华夏出版社
经　　销	新华书店
印　　装	三河市少明印务有限公司
版　　次	2018 年 11 月北京第 1 版 2018 年 11 月北京第 1 次印刷
开　　本	880×1230　1/32
印　　张	12
字　　数	320 千字
定　　价	89.00 元

华夏出版社　地址：北京市东直门外香河园北里 4 号　邮编：100028
网址：www.hxph.com.cn　电话：(010)64663331(转)
若发现本版图书有印装质量问题，请与我社营销中心联系调换。

版权声明

Christ's Resurrection in Early Christianity: and the Making of the New Testament, 1st edition. By Markus Vinzent / 9781409417927

Copyright © 2011 by Routledge

Authorised translation from the English language edition published by Routledge, a member of the Taylor & Francis Group.

All Rights Reserved.

本书原版由Taylor & Francis出版集团旗下Routledge出版公司出版，并经其授权翻译出版。版权所有，侵权必究。

Huaxia Publishing House is authorized to publish and distribute exclusively the Chinese (Simplified Characters) language edition. This edition is authorized for sale throughout Mainland of China. No part of the publication may be reproduced or distributed by any means, or stored in a database or retrieval system, without the prior written permission of the publisher.

本书中文简体翻译版授权由华夏出版社独家出版并在限在中国大陆地区销售。未经出版者书面许可，不得以任何方式复制或发行本书的任何部分。

Copies of this book sold without a Taylor & Francis sticker on the cover are unauthorized and illegal.

本书封面贴有 Taylor & Francis 公司防伪标签，无标签者不得销售。

北京市版权局著作权合同登记号：图字 01-2017-3946 号

西方传统：经典与解释
Classici et Commentarii
HERMES
刘小枫◎主编

古今丛编

货币哲学 [德]西美尔 著
孟德斯鸠的自由主义哲学
——《论法的精神》疏证 [美]潘戈 著
莫尔及其乌托邦 [德]考茨基 著
试论古今革命 [法]夏多布里昂 著
但丁：皈依的诗学 [美]弗里切罗 著
在西方的目光下 [英]康拉德 著
大学与博雅教育 董成龙 编
探究哲学与信仰
——基尔克果与苏格拉底 [美]郝岚 著
民主的本性
——托克维尔的政治哲学 [法]马南 著
梅尔维尔的政治哲学
——《切雷诺》及其解读 李小均 编/译
席勒美学的哲学背景 [美]维塞尔 著
果戈里与鬼 [俄]梅列日科夫斯基 著
自传性反思 [美]沃格林 著
黑格尔与普世秩序 [美]希克斯 等著
新的方式与制度
——马基雅维利的《论李维》研究
[美]曼斯菲尔德 著
科耶夫的新拉丁帝国 [法]科耶夫 等著
《利维坦》附录 [英]霍布斯 著
或此或彼（上、下）[丹麦]基尔克果 著
海德格尔式的现代神学 刘小枫 选编
双重束缚 [法]基拉尔 著
古今之争中的核心问题
——施米特的学说与施特劳斯的论题 [德]迈尔 著
论永恒的智慧 [德]苏索 著
宗教经验种种 [美]詹姆斯 著
尼采反卢梭 [美]凯斯·安塞尔-皮尔逊 著
舍勒思想评述 [美]弗林斯 著
诗与哲学之争 [美]罗森 著

神圣与世俗 [罗]伊利亚德 著
但丁的圣约书 [美]霍金斯 著

古典学丛编

探究希腊人的灵魂 [美]戴维斯 著
尤利安文选 马勇 编/译
论月面 [古罗马]普鲁塔克 著
雅典谐剧与逻各斯
——《云》中的修辞、谐剧性及语言暴力
[美]奥里根 著
莱园哲人伊壁鸠鲁 罗晓颖 选编
《劳作与时日》笺释 吴雅凌 撰
希腊古风时期的真理大师 [法]德蒂安 著
古罗马的教育 [英]葛怀恩 著
古典学与现代性 刘小枫 编
表演文化与雅典民主政制
[英]戈尔德希尔、奥斯本 编
西方古典文献学发凡 刘小枫 编
古典语文学常谈 [德]克拉夫特 著
古希腊文学常谈 [英]多佛 等著
撒路斯特与政治史学 刘小枫 编
希罗多德的王霸之辨 吴小锋 编/译
第二代智术师
——罗马帝国早期的文化现象 [英]安德森 著
英雄诗系笺释 [古希腊]荷马 著
统治的热望
——修昔底德笔下的阿尔喀比亚德和帝国政治
[美]福特 著
论埃及神学与哲学
——伊希斯与俄赛里斯 [古希腊]普鲁塔克 著
凯撒的剑与笔 李世祥 编/译
伊壁鸠鲁主义的政治哲学
[意]詹姆斯·尼古拉斯 著
修昔底德笔下的人性 [美]欧文 著
修昔底德笔下的演说 [美]斯塔特 著
古希腊政治理论 [美]格雷纳 著
神谱笺释 吴雅凌 撰
赫西俄德：神话之艺
[法]居代·德·拉孔波 等著

赫拉克勒斯之盾笺释　罗逍然 译笺
《埃涅阿斯纪》章义　王承教 选编
维吉尔的帝国　[美]阿德勒 著
塔西佗的政治史学　曾维术 编

古希腊诗歌丛编
古希腊早期诉歌诗人　[英]鲍勒 著
诗歌与城邦　[美]费拉格、纳吉 主编
阿尔戈英雄纪（上、下）
[古希腊]阿波罗尼俄斯 著
俄耳甫斯教祷歌　吴雅凌 编译
俄耳甫斯教辑语　吴雅凌 编译

古希腊肃剧注疏集
希腊肃剧与政治哲学　[美]阿伦斯多夫 著

古希腊礼法
希腊人的正义观　[英]哈夫洛克 著

廊下派集
廊下派的神和宇宙　[墨]里卡多·萨勒斯 编
廊下派的城邦观　[英]斯科菲尔德 著

希伯莱圣经历代注疏
希腊化世界中的犹太人　[英]威廉逊 著
第一亚当和第二亚当　[德]朋霍费尔 著

新约历代经解
属灵的寓意　[古罗马]俄里根 著

基督教与古典传统
保罗与马克安
——一种思想史考察　[德]文森 著
加尔文与现代政治的基础　[美]汉考克 著
无执之道
——埃克哈特神学思想研究　[德]文森 著
恐惧与战栗　[丹麦]基尔克果 著
托尔斯泰与陀思妥耶夫斯基
[俄]梅列日科夫斯基 著
论宗教大法官的传说　[俄]罗赞诺夫 著
海德格尔与有限性思想（重订版）
刘小枫 选编
上帝国的信息　[德]拉加茨 著
基督教理论与现代　[德]特洛尔奇 著

亚历山大的克雷芒　[意]塞尔瓦托·利拉 著
中世纪的心灵之旅
——波纳文图拉神学著作选　[意]圣·波纳文图拉 著

德意志古典传统丛编
彭忒西勒亚　[德]克莱斯特 著
穆佐书简　[奥]里尔克 著
纪念苏格拉底——哈曼文选　刘新利 选编
夜颂中的革命和宗教
——诺瓦利斯选集卷一　[德]诺瓦利斯 著
大革命与诗话小说
——诺瓦利斯选集卷二　[德]诺瓦利斯 著
黑格尔的观念论　[美]皮平 著
浪漫派风格——施勒格尔批评文集　[德]施勒格尔 著

美国宪政与古典传统
美国1787年宪法讲疏　[美]阿纳斯塔普罗 著

世界史与古典传统
西方古代的天下观　刘小枫 编
从普遍历史到历史主义　刘小枫 编

启蒙研究丛编
浪漫的律令
——早期德国浪漫主义概念　[美]拜泽尔 著
现实与理性　[法]科维纲 著
论古人的智慧　[英]培根 著
托兰德与激进启蒙　刘小枫 编
图书馆里的古今之战　[英]斯威夫特 著

荷马注疏集
不为人知的奥德修斯　[美]诺特维克 著

品达注疏集
幽暗的诱惑
——品达、晦涩与古典传统　[美]汉密尔顿 著

欧里庇得斯集
自由与僭越
——欧里庇得斯《酒神的伴侣》绎读　罗峰 编译

阿里斯托芬集
《阿卡奈人》笺释　[古希腊]阿里斯托芬 著

色诺芬注疏集
居鲁士的教育　[古希腊]色诺芬 著
色诺芬的《会饮》　[古希腊]色诺芬 著

柏拉图注疏集

柏拉图书简　彭磊 译著

克力同章句　程志敏 郑兴凤 撰

哲学的奥德赛——《王制》引论　[美]郝兰 著

爱欲与启蒙的迷醉
　　——论柏拉图的《会饮》　[美]贝尔格 著

为哲学的写作技艺一辩
　　——《斐德若》疏证　[美]伯格 著

柏拉图式的迷宫——《斐多》义疏　[美]伯格 著

哲学如何成为苏格拉底式的　[美]朗佩特 著

苏格拉底与希琵阿斯　王江涛 编译

理想国　[古希腊]柏拉图 著

谁来教育老师——《普罗塔戈拉》发微　刘小枫 编

立法者的神学
　　——柏拉图《法义》卷十绎读　林志猛 编

柏拉图对话中的神　[法]薇依 著

厄庇诺米斯　[古希腊]柏拉图 著

智慧与幸福
　　——柏拉图的《厄庇诺米斯》　程志敏 选编

论柏拉图对话　[德]施莱尔马赫 著

柏拉图《美诺》疏证　[美]克莱因 著

政治哲学的悖论
　　——苏格拉底的哲学审判　[美]郝岚 著

神话诗人柏拉图　张文涛 选编

阿尔喀比亚德　[古希腊]柏拉图 著

叙拉古的雅典异乡人
　　——柏拉图《书简七》探幽　彭磊 选编

阿威罗伊论《王制》　[阿拉伯]阿威罗伊 著

《王制》要义　刘小枫 选编

柏拉图的《会饮》　[古希腊]柏拉图 等著

苏格拉底的申辩（修订版）　[古希腊]柏拉图 著

苏格拉底与政治共同体　[美]尼柯尔斯 著

政制与美德——柏拉图《法义》疏解　[美]潘戈 著

《法义》导读　[法]卡斯代尔·布舒奇 著

论真理的本质　[德]海德格尔 著

哲人的无知　[德]费勃 著

米诺斯　[古希腊]柏拉图 著

亚里士多德注疏集

亚里士多德《政治学》中的教诲　[美]潘戈 著

品格的技艺　[美]加佛 著

亚里士多德哲学的基本概念　[德]海德格尔 著

《政治学》疏证　[意]托马斯·阿奎那 著

尼各马可伦理学义疏
　　——亚里士多德与苏格拉底的对话　[美]伯格 著

哲学之诗
　　——亚里士多德《诗学》解诂　[美]戴维斯 著

对亚里士多德的现象学解释　[德]海德格尔 著

城邦与自然——亚里士多德与现代性　刘小枫 编

论诗术中篇义疏　[阿拉伯]阿威罗伊 著

哲学的政治
　　——亚里士多德《政治学》疏证　[美]戴维斯 著

普鲁塔克集

普鲁塔克的《对比列传》　[英]达夫 著

普鲁塔克的实践伦理学　[比利时]胡芙 著

阿尔法拉比集

政治制度与政治箴言　阿尔法拉比 著

莎士比亚绎读

莎士比亚的历史剧　[英]蒂利亚德 著

莎士比亚戏剧与政治哲学　彭磊 选编

莎士比亚的政治盛典　[美]阿鲁里斯/苏利文 编

丹麦王子与马基雅维利　罗峰 选编

洛克集

上帝、洛克与平等　[美]沃尔德伦 著

卢梭集

论哲学生活的幸福　[德]迈尔 著

致博蒙书　[法]卢梭 著

政治制度论　[法]卢梭 著

哲学的自传
　　——卢梭的《孤独漫步者的遐思》　[美]戴维斯 著

文学与道德杂篇　[法]卢梭 著

设计论证
　　——卢梭的《社会契约论》　[美]吉尔丁 著

卢梭的自然状态　[美]普拉特纳 等著

卢梭的榜样人生
　　——作为政治哲学的《忏悔录》　[美]凯利 著

莱辛注疏集
- 汉堡剧评 [德]莱辛 著
- 关于悲剧的通信 [德]莱辛 著
- 《智者纳坦》研究版 [德]莱辛 等著
- 启蒙运动的内在问题
  ——莱辛思想再释 [美]维塞尔 著
- 莱辛剧作七种 [德]莱辛 著
- 历史与启示——莱辛神学文选 [德]莱辛 著
- 论人类的教育
  ——莱辛政治哲学文选 [德]莱辛 著

尼采注疏集
- 尼采引论 [德]施特格迈尔 著
- 尼采与基督教
  ——尼采的《敌基督》论集 刘小枫 编
- 尼采眼中的苏格拉底 [美]丹豪瑟 著
- 尼采的使命
  ——《善恶的彼岸》绎读 [美]朗佩特 著
- 尼采与现时代
  ——解читать培根、笛卡尔与尼采 [美]朗佩特 著
- 动物与超人之间的绳索 [德]A.彼珀 著

施特劳斯集
原著
- 论僭政(重订本)——色诺芬《希耶罗》义疏
  [美]施特劳斯 [法]科耶夫 著
- 苏格拉底问题与现代性(增订本)
  ——施特劳斯讲演与论文集:卷二
- 犹太哲人与启蒙(增订本)
  ——施特劳斯演讲与论文集:卷一
- 霍布斯的宗教批判
- 斯宾诺莎的宗教批判
- 门德尔松与莱辛
- 哲学与律法——论迈蒙尼德及其先驱
- 迫害与写作艺术
- 柏拉图式政治哲学研究
- 论柏拉图的《会饮》
- 柏拉图《法义》的论辩与情节
- 什么是政治哲学
- 古典政治理性主义的重生(重订本)
- 回归古典政治哲学——施特劳斯通信集
- 苏格拉底与阿里斯托芬

研究作品
- 论源初遗忘
  ——海德格尔、施特劳斯与哲学的前提 [美]维克利 著
- 政治哲学与启示宗教的挑战 [德]迈尔 著
- 阅读施特劳斯 [美]斯密什 著
- 施特劳斯与流亡政治学 [美]谢帕德 著
- 隐匿的对话
  ——施米特与施特劳斯 [德]迈尔 著
- 驯服欲望
  ——施特劳斯笔下的色诺芬撰述 [法]科耶夫 等著

施米特集
- 宪法专政
  ——现代民主国家中的危机政府 [美]罗斯托 著
- 施米特对自由主义的批判 [美]约翰·麦考米克 著

伯纳德特集
- 古典诗学之路(第二版)
  ——相遇与反思:与伯纳德特聚谈 [美]伯格 编
- 弓与琴(重订本)
  ——从柏拉图解读《奥德赛》 [美]伯纳德特 著
- 神圣的罪业 [美]伯纳德特 著

布鲁姆集
- 巨人与侏儒(1960-1990)
- 人应该如何生活——柏拉图《王制》释义
- 爱的设计——卢梭与浪漫派
- 爱的戏剧——莎士比亚与自然
- 爱的阶梯——柏拉图的《会饮》
- 伊索克拉底的政治哲学

沃格林集
- 自传体反思录 [美]沃格林 著

大学素质教育读本
- 古典诗文绎读 西学卷·古代(上、下)
- 古典诗文绎读 西学卷·现代编(上、下)

中国传统：经典与解释
Classici et Commentarii
家亚霸丛
刘小枫 陈少明◎主编

《孔丛子》训读及研究 / 雷欣翰 撰
论语说义 / [清]宋翔凤 撰
周易古经注解考辨 / 李炳海 著
浮山文集 / [明]方以智 著
药地炮庄 / [明]方以智 著
药地炮庄笺释·总论篇 / [明]方以智 著
青原志略 / [明]方以智 编
冬灰录 / [明]方以智 著
冬炼三时传旧火 / 邢益海 编
《毛诗》郑王比义发微 / 史应勇 著
宋人经筵诗讲义四种 / [宋]张纲 等撰
道德真经藏室纂微篇 / [宋]陈景元 撰
道德真经四子古道集解 / [金]寇才质 撰
皇清经解提要 / [清]沈豫 撰
经学通论 / [清]皮锡瑞 著
松阳讲义 / [清]陆陇其 著
起凤书院答问 / [清]姚永朴 撰
周礼疑义辨证 / 陈衍 撰
《铎书》校注 / 孙尚扬 肖清和 等校注
韩愈志 / 钱基博 著
论语辑释 / 陈大齐 著
《庄子·天下篇》注疏四种 / 张丰乾 编
荀子的辩说 / 陈文洁 著
古学经子 / 王锦民 著
经学以自治 / 刘少虎 著
从公羊学论《春秋》的性质 / 阮芝生 撰

刘小枫集

以美为鉴：注意美国立国原则的是非未定之争
古典学与古今之争 [增订本]
这一代人的怕和爱 [第三版]
沉重的肉身 [珍藏版]
圣灵降临的叙事 [增订本]
罪与欠
儒教与民族国家
拣尽寒枝
施特劳斯的路标
重启古典诗学
设计共和
现代人及其敌人
海德格尔与中国
共和与经纶
现代性与现代中国
现代性社会理论绪论
诗化哲学 [重订本]
拯救与逍遥 [修订本]
走向十字架上的真
西学断章

编修 [博雅读本]
凯若斯：古希腊语文读本 [全二册]

译著
普罗塔戈拉（详注本）
柏拉图四书

经典与解释辑刊

1 柏拉图的哲学戏剧
2 经典与解释的张力
3 康德与启蒙
4 荷尔德林的新神话
5 古典传统与自由教育
6 卢梭的苏格拉底主义
7 赫尔墨斯的计谋
8 苏格拉底问题
9 美德可教吗
10 马基雅维利的喜剧
11 回想托克维尔
12 阅读的德性
13 色诺芬的品味
14 政治哲学中的摩西
15 诗学解诂
16 柏拉图的真伪
17 修昔底德的春秋笔法
18 血气与政治
19 索福克勒斯与雅典启蒙
20 犹太教中的柏拉图门徒
21 莎士比亚笔下的王者
22 政治哲学中的莎士比亚
23 政治生活的限度与满足
24 雅典民主的谐剧
25 维柯与古今之争
26 霍布斯的修辞
27 埃斯库罗斯的神义论
28 施莱尔马赫的柏拉图
29 奥林匹亚的荣耀
30 笛卡尔的精灵
31 柏拉图与天人政治
32 海德格尔的政治时刻
33 荷马笔下的伦理
34 格劳秀斯与国际正义
35 西塞罗的苏格拉底
36 基尔克果的苏格拉底
37 《理想国》的内与外
38 诗艺与政治
39 律法与政治哲学
40 古今之间的但丁
41 拉伯雷与赫尔墨斯秘学
42 柏拉图与古典乐教
43 孟德斯鸠论政制衰败
44 博丹论主权
45 道伯与比较古典学
46 伊索寓言中的伦理
47 斯威夫特与启蒙
48 赫西俄德的世界
49 洛克的自然法辩难
50 斯宾格勒与西方的没落
51 地缘政治学的历史片段